QUI A TUÉ DANIEL PEARL ?

BERNARD-HENRI LÉVY

Qui a tué Daniel Pearl ?

GRASSET

Pour Adam Pearl.

Avant-propos

Ce livre commence le 31 janvier 2002, jour de la mort de Daniel Pearl, ce journaliste américain enlevé, puis décapité, à Karachi, par une bande de fous de Dieu.

Je dirai, le moment venu, où je me trouvais, et dans quelles circonstances, lorsque je vis, pour la première fois, l'image de cette décapitation.

Je raconterai comment, pourquoi, j'ai décidé, ce jour-là, de consacrer le temps qu'il faudrait, alors que je ne connaissais pas cet homme, à élucider le mystère de sa mort.

L'enquête a duré un an.

Elle m'a mené de Karachi à Kandahar, New Delhi, Washington, Londres, et encore Karachi.

C'est cette histoire que je raconte ici.

C'est le récit de cette enquête, de cette recherche de la vérité, qui fait la matière de cet ouvrage : aussi brut que possible ; au plus près de ce que j'ai vu et vécu ; la part du doute et celle de la conviction ; les impasses et les petits pas ; les vrais, les faux, témoins ; les bouches qui s'ouvrent parce qu'on sait que vous savez ; les acteurs cachés qui vous confient leur part de secret ou qui, au contraire, vous égarent ; les moments où, de chasseur, l'enquêteur a l'impression de devenir chassé ; la peur comme un mauvais sentiment ou comme un bon conseiller – cette peur sans laquelle il n'y a pas de reportage à la mesure du climat, des ambiances grises, des ombres en pleine lumière, propres aux pays douteux ; les faits ; rien que les faits ; et, quand le réel se dérobait, la part forcée de l'imaginaire ; en somme, un romanquête.

Le premier objet de cette enquête ce fut, bien entendu, Pearl lui-même.

L'énigme de ces « hommes doux » dont parle Dostoïevski.

La vie de ce grand journaliste, américain et juif, mais qui était bien d'autres choses encore : citoyen de la planète ; homme curieux des autres hommes ; heureux du monde, ami des oubliés ; grand vivant, solidaire des ébranlés ; un détaché engagé ; un généreux ; un optimiste irrésistible ; un personnage lumineux qui faisait profession, si besoin, de penser contre soi et qui avait choisi de rendre le bien pour le mal et de comprendre.

Sa mort, à partir de là.

La chronique de cette mort.

Qui il a vu.

Ce qu'il a fait.

S'il y avait, dans l'enquête qu'il menait, de quoi expliquer que l'on veuille le réduire au silence et le tuer.

L'enquête sur l'enquête, alors.

Refaire, à partir des indices qu'il a laissés, à sa place en quelque sorte, et pour lui, l'enquête qui lui coûta la vie.

Remettre mes pas dans les siens ; retrouver, d'Islamabad à Karachi, les traces de cet homme qui, sans le savoir, entrait dans les ténèbres ; marcher comme lui ; observer comme lui ; essayer de penser comme lui, de ressentir ce qu'il a ressenti – et cela jusqu'à la toute fin, l'instant de cette mort et ce qu'il a vécu à cet instant – un an à essayer de reconstruire l'instant de la mort d'un homme que je n'avais jamais rencontré.

Ensuite, il y a les autres, ceux qui l'ont assassiné et, notamment, l'un d'entre eux, le cerveau du crime, Omar Sheikh.

L'effroi devant ce personnage.

L'horreur de sa haine de l'humain.

Mais aussi, comme pour sa victime, la volonté têtue de comprendre – la volonté d'entrer, non, bien sûr, dans ses raisons, mais dans sa passion, son délire glacé, sa façon de vivre et de réagir, de vouloir et préparer son crime.

Physique des passions sanglantes.

Chimie de la vocation meurtrière.

Non plus le diable en tête, mais dans la tête du diable, pour essayer d'entendre un peu de ce tourment assassin dont bien d'autres, avant Pearl, ont été les victimes – et dont d'autres, après lui, le seront, hélas, comme lui.

Comment ça marche, le démoniaque, aujourd'hui ?

Que se passe-t-il dans l'âme d'un homme qui, sans raison, *de sang-froid*, choisit d'épouser le mal, de viser le crime absolu ?

Qu'est-ce qui, en ce début de siècle, fait que l'abjection devient désir et destin ?

Qui sont ces nouveaux possédés qui pensent que tout est permis, non plus parce que Dieu n'existe pas, mais parce que, précisément, il existe et que cette existence les rend fous ?

Distance et proximité.

Dégoût extrême et volonté de connaître.

Omar, ce laboratoire.

Et puis leur monde, enfin.

Ce monde qui est aussi le nôtre et où a été possible la mort atroce de Daniel Pearl.

Ce monde inconnu, sans repères, dont je ne me lasse pas, depuis dix ans, entre guerres oubliées, engagement bosniaque et « Rapport afghan », de guetter la gestation – et dont cette affaire Pearl, avec tout ce qu'elle implique, toutes les forces qu'elle met en jeu et ses ramifications inattendues, m'a permis de découvrir de nouveaux compartiments.

Le monde de l'islamisme radical avec ses codes, ses mots de passe, ses territoires secrets, ses mollahs de cauchemar qui soufflent la folie dans les âmes, ses petites mains, ses maréchaux.

Celui du nouveau terrorisme et, notamment, de Ben Laden dont on verra qu'il eut sa part dans l'histoire et dont la silhouette, le mystère triste, les armes de destruction subtile ou massive, les allées et venues, ne pouvaient que hanter ces pages.

Et puis ces questions : le choc ou non des cultures ; un islam ou deux ; comment l'islam des lumières peut triompher de ce Dieu assoiffé de cadavres, broyant les corps et les âmes dans le creuset d'une loi déboussolée ; si les monstres froids d'aujourd'hui sont toujours, ou non, des Etats ; quelle réponse à la haine quand elle cimente des pays à la dérive ; quel rempart contre le théologico-politique chauffé à blanc ; si l'esprit de croisade et le combat contre l'« axe du Mal » sont la riposte appropriée ; s'il faut se résigner à ce que la faillite de l'Universel, la volonté de vengeance planétaire, la régression, fassent écho à la nouvelle maladie des âmes.

Un dernier mot.

Si ce livre commence au début de l'année 2002, le fait est qu'il se termine en avril 2003, en pleine guerre anglo-américaine en Irak.

Et je comprends mieux, en l'achevant, pourquoi cette guerre, depuis ses prémices, m'inspirait un si vif sentiment de malaise.

Ce n'est, certes, pas que je sois pacifiste.

Ce n'est pas que je sois moins sensible que d'autres à l'idée de voir le peuple irakien, qui mourait de sa petite mort, dans l'oubli des nations, débarrassé de son bourreau.

Mais voilà. Je rentrais de cet autre monde. Tout le temps qu'a duré le débat sur la question de savoir si renverser Saddam était la priorité du moment et si le sort de la planète se jouait, ou non, à Bagdad, j'étais dans le trou noir de Karachi. Et je ne pouvais pas, je ne peux toujours pas, ne pas songer que cette guerre irakienne, par-delà même son coût politique et humain, par-delà ses morts civils et le nouveau tour qu'elle ne manquera pas de donner à la roue mauvaise de la guerre des civilisations, témoignait d'une singulière erreur de calcul historique.

Un régime déjà largement désarmé quand, dans les bas-fonds des villes pakistanaises, se trafiquaient les secrets nucléaires.

Un tyran à son automne, un fantôme de l'histoire du XXe siècle, au moment où, là-bas, se concoctaient les configurations barbares de demain.

Un des derniers dictateurs politiques, répertorié dans les bestiaires anciens, à l'heure où je voyais se dresser des bêtes sans espèce, aux ambitions sans limites, pour qui la politique n'est, au mieux, qu'une fiction utile.

Et, contre ce dictateur, à l'appui de cette guerre-spectacle donnée en pâture à l'opinion mondiale, une coalition de fortune où – suprême dérision – l'on prétendait enrôler ce même Pakistan que je voyais devenir la propre maison du Diable.

C'est cela aussi l'affaire Pearl.

Une invitation à ne pas se tromper de siècle.

L'occasion d'explorer cet enfer silencieux, plein de damnés vivants, où se nouent nos prochaines tragédies.

3 avril 2003.

PREMIÈRE PARTIE

Danny

1

UNE NUIT À KARACHI

Arrivée à Karachi.

La première chose qui frappe c'est, dès l'aéroport, l'absence totale d'Occidentaux.

Il y avait bien un Anglais dans l'avion, sans doute un diplomate, qui avait embarqué, en même temps que moi, à Islamabad.

Mais une voiture blindée est venue l'attendre, au pied de la passerelle, avant que ne commence le débarquement des passagers et l'a emmené, sous escorte, à travers les pistes.

Pour le reste, des visages fermés ; des appels à la prière mêlés aux annonces des départs et des arrivées ; du douanier au porteur, des mendiants aux chauffeurs de taxi qui me fondent dessus ou aux militaires casqués qui filtrent les abords de l'aéroport, une expression dure, hostile, qui s'allume dans les regards à mon passage ; un air de surprise, aussi, ou de curiosité incrédule, qui en dit encore plus long sur le caractère incongru de la présence, ici, en ce printemps 2002, d'un voyageur occidental ; pas de femmes ; c'est même la première chose qui saute aux yeux, cette impression, très rare, d'un monde absolument sans femmes. Et, perdu dans la foule, œil cerné de khôl, cheveux couleur de miel sombre, costume croisé bleu marine taché, fripé, les poches bourrées d'improbables papiers – mais une sorte d'œillet à la boutonnière en signe, j'imagine, de bienvenue –, le chauffeur que m'a envoyé le Marriott et qui me conduit à sa voiture, de l'autre côté de l'aéroport : la police vient de trouver une bombe et est allée la faire exploser dehors, près du parking, provoquant le déplacement massif de tous les véhicules.

« Américain ? demande-t-il après un long moment d'observation dans son rétroviseur.

— Non, Français. »

Il semble soulagé. Les positions françaises sur l'Irak, sans doute. La politique arabe de la France.

« Première fois à Karachi ?

— Première fois. »

Je mens, bien entendu. Mais je ne vais pas lui dire que, oui, bien sûr, je connais le Pakistan. Je ne vais pas commencer à lui raconter qu'il n'était pas né que j'étais déjà là : 1971... Zulfikar Ali Bhutto, en gloire et majesté, aux portes du pouvoir... son chic... son allure... sa haute culture de grand féodal pakistanais passé par les écoles britanniques et ne se doutant évidemment pas, dans son optimisme, qu'il pourrait, huit ans plus tard, finir au bout d'une potence... Giscard qui le fascinait... Servan-Schreiber dont il voulait savoir si les gens de mon âge, en France, le lisaient... cette culture... ces femmes dévoilées dans les meetings de son parti... Ayub Khan, Yahya

Khan, les militaires au pouvoir, ces brutes, vous verrez,
ça ne durera pas... la guerre du Bangla-Desh, alors...
prendre parti pour les Bangladais opprimés, en train de
se séparer du Pakistan qui lui-même est en train de s'oc-
cidentaliser... entrer dans Dacca avec l'armée indienne...
le président Mujibur Rahman et ses grosses lunettes
brillantes d'ironie... mon premier emploi, auprès de lui,
comme conseiller aux questions de planification... mon
premier livre... ma participation, autrement dit, à ce qui
était, pour moi, une guerre de libération nationale mais
qui reste, pour les Pakistanais, l'événement traumatique
par excellence, le dépeçage de leur pays, une Alsace-
Lorraine sans recours... Je sais que l'une des pièces les
plus lourdes du dossier Pearl fut d'avoir, avant Karachi,
été en poste en Inde. Pire : je sais que, dans l'esprit des
islamistes et, peut-être, des services secrets pakistanais,
dans cette logique folle où le moindre signe prend des
allures de preuve ou d'aveu, le fait tout bête qu'il ait
« gardé un appartement à Bombay » confirmait qu'il était
un ennemi du pays, l'agent d'une puissance étrangère et,
donc, un homme à abattre. Alors je ne dis rien. Je ne vais
pas me risquer à révéler, moi aussi, que, dans une autre
vie, il y a trente ans, j'étais un adversaire actif, militant,
du régime pakistanais. Il semble, encore, soulagé.

« Et ta religion ? C'est quoi, ta religion ? »

Cette question-là, je ne m'y attendais pas. Ou, en tout
cas, pas comme ça, pas si vite, ni avec cet aplomb.

Je pense à Pearl encore et à ses derniers mots, tels
que les a fixés la vidéo filmée par les ravisseurs : « my
father is a Jew, my mother is a Jew, I am a Jew... »

Je pense à l'histoire incroyable – lue, juste avant de partir, sur le site de Reporters sans frontières – d'Aftab Ahmed, le directeur d'un journal de Peshawar, qui avait laissé passer une lettre de lecteur très vaguement hostile à la vague d'antisémitisme qui déferle, en ce moment, sur le pays et, donc, très très vaguement favorable à ce que l'on cesse de traîner les Juifs dans la boue à longueur de colonnes : tollé ! procès pour blasphème ! manifestations monstres de chefs religieux et d'islamistes devant le tribunal ! fermeture du journal ! incendie de son imprimerie ! tuez-le ! pendez-le ! qu'il nous laisse, ce mécréant, haïr qui bon nous semble et pour des raisons qui nous paraissent, nous, de bonnes raisons ! il échappera de justesse à la peine de mort, ce directeur de journal, et, au bout de cinquante-quatre jours, finira par sortir de prison – mais au prix d'une « lettre d'excuse au peuple musulman », d'une suspension de parution de cinq mois et d'un collaborateur, Munawar Hasan, responsable des pages éditoriales, toujours en prison un an après !

Je pense, en fait, à tout ce que l'on m'a dit de l'antisémitisme enragé des Pakistanais et à cette seconde recommandation – « ne pas en parler... jamais... ce sont des antisémites qui, comme souvent, n'ont jamais vu un Juif de leur vie et qui ne feront pas le rapprochement avec ton nom... alors, silence, hein, silence... ne répondre à aucune question ni provocation... passé indien et, en plus, juif c'est beaucoup pour un seul homme et tu n'évoques ça à aucun prix... »

Les sujets tabous au Pakistan : l'Inde ; le Kashmir, que l'on veut « libérer » de la domination indienne et qui doit être, à vue de nez, une sorte de Bangla-Desh d'aujourd'hui, sanglant mais larvé ; et puis, donc, le judaïsme.

« Athée, dis-je alors. Ma religion c'est athée. »

La réponse l'étonne. Je vois son gros œil incrédule qui me scrute à travers le rétroviseur. Athée vraiment ? C'est possible, ça, d'être de religion athée ? Mais comme ça semble possible en effet, comme je n'ai pas l'air de plaisanter, il en conclut, j'imagine, qu'il est en présence d'une fantaisie d'Occidental mais que mieux vaut encore ça que juif, catholique ou hindou – et il sort de sa poche une vieille cigarette, humide de sueur, qu'il m'offre en gage d'amitié.

« Non, merci, dis-je, je ne fume pas. » Et j'entreprends de l'interroger à mon tour sur sa religion à lui ; sa vie ; ses enfants ; les mendiants croisés à la sortie de l'aéroport ; les vendeurs de cartes postales à l'effigie de Ben Laden ; ce type, perché sur un échafaudage, en train de peindre en lettres noires, sur une façade, « Bush = Butcher » ; cet autre qui, à un feu rouge, la barbe enfermée dans un filet, me propose une dose d'héroïne – est-ce qu'il y a tant de drogués qu'on le dit au Pakistan ? et Ben Laden ? est-ce que Ben Laden est vivant ? j'entends dire qu'il est un héros pour la plupart des habitants de Karachi, est-ce vrai ? j'ai lu qu'il y avait, dans la ville, deux millions d'Afghans, Bangladais, Arabes, Soudanais, Somaliens, Egyptiens, Tchétchènes, bref d'étrangers sans papiers, formant une armée de réserve naturelle pour les agents recruteurs d'al-Qaïda – qu'en pense-t-il ? et ces vieux, là, demi-nus, crasseux d'ans et de poussière, hirsutes, chargés de fagots, sortant d'une rue latérale comme une colonne de fourmis ? et cet autre, accroupi, sur le bord de la rue, un tablier autour de la taille, un chapeau de paille crevé sur la tête, dans les ruines d'une maison qu'il fouille patiemment ? et celui-ci, le visage croûteux, béquille levée comme une arme qui menace les voitures ? et celui-là, figé sur le trottoir, les bras en croix, on dirait un épouvantail que le vent va emporter ? je croyais que Karachi était une ville riche… je n'imaginais pas qu'il y eût tant de misère, de décombres, de vagabonds… je n'imaginais pas ces têtes de demi-morts… ces dos accablés… ces spectres titubant dans la demi-pénombre de la nuit qui vient… savez-vous, ami chauffeur, que l'on dirait des troupeaux de loups ? et celui-là, qui gratte sa lèpre, savez-vous ce qu'il me rappelle ? et ce squelette accroupi ? bref, tout, vraiment tout, toutes les questions possibles et imaginables, plutôt que de le laisser poser la sienne, la suivante, celle dont je sais qu'elle va inévitablement venir et qui sera de savoir ce qu'un Français athée qui en est à sa « first time in Pakistan » peut venir faire ici, aujourd'hui, dans cette ville dont il n'ignore pas, lui, qu'elle est au bord de l'apocalypse : si je suis là en « touriste », pour « affaires », pour autre chose et, dans ce cas, pour quoi…

L'idée, pour ce premier voyage, n'est-elle pas de ne rien dire ? Tout le principe de ce début d'enquête n'est-il pas de rester, le plus longtemps possible, incognito ? J'ai la chance d'avoir gardé dans mon passeport, le visa « entrées multiples » qui m'a été donné en février, lors de ma « mission afghane ». Donc, je n'ai rien dit à personne. Rien demandé. Je n'ai pas eu besoin de repasser par l'ambassade du Pakistan, de raconter ma vie, de m'expliquer. Et je suis bien décidé, maintenant que je suis ici, à ne pas en dire davantage.

Cela durera ce que cela durera. Cela posera des problèmes, forcément, dans les contacts avec les uns et les autres, et, notamment, les officiels. Mais tant pis pour les officiels. J'aurai d'autres occasions de revenir voir les officiels me réciter ce que je sais déjà : que Pearl était là depuis Noël ; qu'il était sur la piste de l'homme aux chaussures piégées de l'airbus Paris-Miami, Richard Colvin Reid ; qu'il a été « over intrusive », trop « fouineur », trop fourrant son nez dans des affaires délicates qui ne regardent pas les étrangers ; qu'il a eu tort de faire confiance à cet Omar Sheikh qui l'a embobiné en lui promettant de le conduire au gourou de Reid, Mubarak Ali Shah Gilani, leader de la Jamaat ul-Fuqrah, cette secte terroriste, inscrite par le FBI sur la liste des organisations terroristes, et qui, le jour dit, au lieu de le conduire à Gilani, l'a emmené dans une maison des faubourgs de Karachi où, au bout de huit jours, le 31 janvier, on l'a exécuté ; qu'Omar Sheikh a été arrêté ; qu'il est, en ce moment même, en procès ; que c'est, à travers lui, tout le procès de l'islamisme au Pakistan que le régime a décidé d'instruire ; nous suivons le dossier, monsieur Lévy ! laissez la justice aller au bout de son travail ! ne soyez pas, à votre tour, over intrusive, over fouineur...

Pour l'heure, il y a les lieux. Les atmosphères. L'air que Pearl a respiré, tous les jours, depuis son arrivée, un matin d'hiver, à l'aéroport de Karachi. Il y a le Marriott, où j'ai pris, moi aussi, une chambre. L'hôtel Akbar, à Rawalpindi, où il a vu, pour la première fois, son futur bourreau, Omar Sheikh, et où il faudra que j'aille. Le

Village Garden, dans le bas de la ville, où ils avaient rendez-vous, le soir de l'enlèvement. Il y a le lieu de son supplice. Celui où on a retrouvé son corps, découpé en dix morceaux, puis recomposé pour l'inhumation : le buste ; la tête, posée à la base du cou ; les bras tranchés au niveau de l'épaule ; les cuisses ; les jambes ; les pieds. Il y a tous ces lieux, tragiques ou ordinaires, où il a été et où je veux essayer de retrouver, de sentir en creux, son empreinte. Et pour tout cela, pour tout cet entour du mystère Pearl, pour revenir sur ses traces, remettre mes pas dans ses pas, pour imaginer ce qu'il a senti, vécu, souffert, je n'ai besoin ni de visa ni de rencontres au sommet ni, surtout, de trop de visibilité.

Ce rôle de touriste ordinaire me convient, autrement dit, plutôt bien. Au moins me permet-il de conjurer le vrai risque qui serait d'être pris pour un « journaliste » : catégorie, non seulement infamante, mais inintelligible dans un pays dont je sais – et dont j'aurai vite l'occasion de vérifier – qu'il est drogué au fanatisme, dopé à la violence et qu'il a perdu jusqu'à l'idée de ce que peut être une presse libre. Daniel Pearl... Le groupe de journalistes anglais lapidés, en décembre, dans les collines pachtounes de Chaman... L'équipe de la BBC attaquée, dans les mêmes dates, quelque part à la frontière afghane... Le journaliste de l'*Independent*, Robert Fisk, tabassé, blessé, par une foule de réfugiés afghans fanatisés... Sans parler de Shaheen Sehbaï, le courageux directeur de la rédaction du *News* menacé de mort par les services secrets pour être allé trop loin dans son investigation sur, précisément, l'affaire Pearl : carrément obligé, lui, de fuir aux Etats-Unis... Donc, profil bas. Je suis content de mon profil bas.

« Désolé, c'est la police », dit brusquement le chauffeur en se rangeant sur le bas-côté.

Prétextant les embouteillages mais voulant, en réalité, retrouver, dans une rue latérale, une guest-house où j'ai habité quelques semaines, il y a trente ans, avant mon départ pour le Bangla-Desh, j'avais en effet demandé à ce que nous quittions l'artère principale. Et, tout à mes souvenirs, tout à ce sentiment bizarre d'avoir déjà vu ces rues, ces maisons basses, mais dans une autre vie et comme en rêve, tout à mes sombres réflexions, aussi, sur la liberté de la presse au Pakistan et sur le lent passé disparu de cette ville que j'ai bien aimée mais qui me semble affreusement métamorphosée, je n'ai pas prêté attention au flic qui est sorti de la pénombre – cheveux longs, vareuse fripée, les yeux injectés de sang et passés au khôl, jeune mais pas juvénile, les traits durs, une mitraillette tenue nerveusement à bout de bras et, dans l'autre main, une torche dérisoire dont le faisceau n'est pas plus large qu'un crayon et qu'il braque sur nous.

« Il faut que tu descendes. Il va te demander quelque chose. J'allais trop vite. »

Et le flic – le faux flic ? – de me tirer en effet, sans ménagement, hors de mon siège ; de me toiser ; de considérer d'un air dégoûté mon vieux blouson et ma barbe de trois jours ; et de me sortir de la poche la poignée de roupies que j'ai changées à l'aéroport puis mon passeport.

Le passeport, visiblement, le surprend.

« Lévy ? fait-il, incrédule... are you Lévy ? is your name, really, Lévy ? »

Un instant, je me dis : « catastrophe ! invalidation immédiate de la thèse selon laquelle, les Pakistanais n'ayant jamais vu un Juif de leur vie, mon nom etc. ». Et puis, la mémoire bangladaise me revenant, je me souviens que, dans ce pays, « Lévy » est le nom d'un bataillon de paramilitaires prestigieux, inventés et baptisés par les Anglais pour faire la police aux frontières (exactement : les « Levy Malakand », du nom des Malakand, ces zones semi-tribales, proches de l'Afghanistan, où l'armée régulière ne pénètre pas et s'en remet donc aux « Levys » du soin de faire régner l'ordre...) – je me souviens de cette homonymie, ma foi assez réjouissante, et sens bien que c'est elle qui, comme il y a trente ans, lorsque, m'étant égaré, je m'étais retrouvé nez à nez, à Jessore, avec une unité d'élite de l'armée pakistanaise, va me tirer d'affaire.

« Deux mille roupies, dit-il, radouci, ton du bazariste qui vous fait un prix d'ami. Excès de vitesse, tu n'es pas en règle : mais, pour toi, ce sera seulement deux mille roupies. »

Je songe à protester. Je pourrais monter sur mes grands chevaux, m'insurger, invoquer le respect dû au Levy Malakand, appeler à mon secours le chauffeur qui est, pendant tout l'incident, resté dans sa voiture, la tête sur le volant, feignant de dormir, et attendant que cela se passe. Mais non. Surtout pas. Je laisse les deux mille roupies. Et, comme si de rien n'était, sans un mot de reproche ni de commentaire au chauffeur, je remonte dans le taxi – trop heureux d'entrer ainsi, pour de bon, dans le rôle du touriste racketté. Tout est bien. Bon début. Baltasar Gracian : « les choses du monde se doivent regarder à l'envers pour les voir à l'endroit ».

2

LES LIEUX DU SUPPLICE

Je suis dans la maison où Pearl a été détenu.

Enfin... Je dis « la » maison comme s'il n'y en avait qu'une et que je fusse sûr qu'il ait été détenu, supplicié, dépecé et enterré au même endroit.

En réalité, nul n'en sait rien et il y a des gens, à Karachi, pour supposer qu'à la fois pour brouiller les pistes, déjouer les recherches du FBI et des Rangers pakistanais, réduire les risques d'être dénoncés par le voisinage, les ravisseurs ont pu le transporter de cache en cache, pendant sept jours, dans cette agglomération de quatorze millions d'habitants, tentaculaire, qu'est Karachi.

Mais enfin il y en a une, au moins, à laquelle tout le monde pense car c'est celle où, le 17 mai, après des mois de recherches dans tous les cimetières de la ville, on a retrouvé les boutons de chemise de Daniel Pearl, le siège de voiture sur lequel on le voyait assis dans les photos envoyées à la presse par les ravisseurs – et puis, dans le jardin, un mètre sous terre, son corps en dix morceaux : c'est là, au cœur du quartier de Gulzar

e-Hijri, que, selon toute vraisemblance, a eu lieu l'exécution ; et c'est là que, supposition pour supposition, je
suppose qu'il a été détenu dès le premier soir.

Il faut une petite heure de voiture pour y arriver.

Il ne faut rien demander à personne mais juste envoyer
son « fixeur » pakistanais en avant-garde, s'assurer qu'il
n'y a pas, ce jour-là, de patrouille policière aux abords
d'un site jugé toujours aussi sensible et s'annoncer, par
acquit de conscience, auprès des autorités informelles
des quartiers, puis des camps de réfugiés afghans, que
l'on traverse.

Il faut, à partir du Village Garden, ce restaurant, en
plein centre, où le chef des ravisseurs, Omar Sheikh,
lui avait fixé rendez-vous, prendre Sharah e-Faisal,
l'avenue du Roi Fayçal, qui monte vers l'aéroport et
que l'on suit pendant une vingtaine de minutes : c'est
une bonne route, rassurante, qui traverse des quartiers
de bureaux, une base de la marine, des résidences pour
militaires à la retraite, le musée de l'armée de l'air, le
musée Jinnah ainsi que le Finance and Trade Center où
sont regroupés les sièges sociaux de quelques-unes des
grandes banques pakistanaises.

Il faut prendre, à main gauche, Rashid Minhas Road
qui est, à nouveau, une grande avenue avec forte présence de l'armée : à droite, le « ordnance depot » ; sur
le trottoir d'en face, un autre ensemble de résidences
pour officiers à la retraite ; un cinéma ; le parc à thèmes
« Aladin » avec ses jeux aquatiques, ses espaces
vidéo, ses arcades commerçantes ; les jardins d'Iqbal,
bourrés de monde ; le National Institute of Public

Administration, université pour adultes où se recyclent les hauts fonctionnaires. Circulation fluide, là aussi. Route parfaitement calme. Impression de vie normale, du moins le jour de mon passage – mais pourquoi en serait-il allé autrement le jour où c'est lui, Pearl, qui fit le trajet ?

Au bout de dix minutes, peut-être quinze, on prend, vers l'est, la Super Highway, cette autoroute à quatre voies, la « lifeline », la « ligne de vie », du Pakistan, qui file vers Hyderabad : on passe le quartier de Sorhab Goth avec son terminal de bus et de camions ; un marché aux légumes ; un interminable faux parc, sans arbres ni végétation, construit sur les décombres de quartiers pachtouns détruits dans les années 80 ; un village de réfugiés afghans, plein de petits restaurants où l'on sert du « pulao » et du thé avec, comme à Kaboul, des raviers de petites amandes enrobées de sucre ; un restaurant en construction ; des immeubles modestes, plus pauvres que sur Rashid Minhas, mais ni plus ni moins que dans certains quartiers du centre de Karachi. Rien, là non plus, qui fût de nature à affoler Pearl. Rien qui donnât à penser qu'il entrait dans je ne sais quel lointain et terrifiant no man's land.

A gauche à nouveau, juste après le restaurant en construction, une autre grande artère, en moins bon état, mais encore tout à fait acceptable, la Mehran Avenue : un poteau indique le Karachi Institute of Information Technology ; un autre, le Dreamworld Family Resort, sorte d'espace de jeux où les jeunes Pakistanais organisent l'équivalent de nos rave-parties ; d'autres encore annoncent Maymar Apartments,

ou Ghulshan e-Maymar Complex, ou Karachi
Development Authority, une institution para-étatique
qui s'occupe de développement urbain – ou encore,
visible sur la gauche, la Dawat Academy International
University dont la construction est au point mort (on n'a
fini que la mosquée adjacente). Le paysage, là, est plus
ingrat. Il y a quelque chose de sinistre, soudain, dans
ces terrains vagues, ces maisons à demi finies dont les
étages inférieurs sont squattés, ces eucalyptus sans eau
qui n'en finissent pas de mourir. Mais ce n'est toujours
pas l'atmosphère de fin du monde, l'enfer, les bas-fonds
impénétrables et sordides, que l'on nous a décrits lorsqu'il a fallu expliquer l'échec de la police pakistanaise
à retrouver vivant le journaliste américain.

Et puis, toujours sur la gauche, une rue plus étroite,
Sharah e-Mullah Jewan Road, où, pour la première fois
– mais je roule depuis près d'une heure – le décor bascule vraiment : un autre terrain vague ; un paysage de
rocailles et de dépôts d'ordures ; peu de maisons ; une
route presque complètement déserte, ni voitures ni pié-
tons, sur laquelle on roule trois ou quatre minutes avant
de se garer et de finir les deux cents derniers mètres à
pied. A cinq cents mètres, à droite, une grande maison
abandonnée, surmontée d'une antenne télé. Huit cents
mètres plus loin, la madrasa Jamia Rashidia avec, en
face, un terrain de jeu et, derrière, un paquet de bicoques
qui semblent abandonnées. Et puis, entre la première
grosse maison et la madrasa, deux fermes qui se font
face, ceintes du même mur de briques de ciment apparentes, haut d'environ un mètre cinquante – c'est dans la
première que Daniel Pearl a été tenu prisonnier.

Tel est le trajet (il en existe un autre, par-derrière, mais plus long, et plein de policiers) qu'il a dû emprunter.

Tel est le temps (une heure, peut-être moins) qu'a duré ce dernier voyage : un rapport de police, s'appuyant sur la déposition de l'un des conjurés, Fazal Karim, et repris par la presse pakistanaise, parlera de plusieurs heures de circulation et d'un changement de véhicule – mais pourquoi, mon Dieu ? dans quel intérêt, puisque la victime était en confiance ?

Telles sont les principales étapes de son transfert dans une zone dont on a beaucoup trop dit, je le répète – et il faudra s'en souvenir quand se posera la question de savoir ce qu'a fait, ou n'a pas fait, la police pakistanaise pour le retrouver vivant –, que c'était une zone hors d'atteinte, une jungle : c'est un bas quartier, sans doute ; c'est un secteur malfamé, dangereux, propice à tous les trafics et plein, notamment, de maisons du même type que celle-ci, où l'industrie de l'enlèvement, florissante à Karachi, a toujours eu ses planques ; mais chacun, d'abord, sait cela ; chacun sait que la plupart de ces prétendues fermes sont des repaires de mafieux ou d'islamistes ; et puis j'ai refait donc ce trajet et témoigne qu'à l'exception de ce tout dernier tronçon, on ne quitte finalement pas la ville.

Qu'a fait Pearl pendant ce temps ?

Qu'a-t-il bien pu penser ? quelles idées lui sont passées à travers la tête, tout au long de ce voyage ?

A-t-il compris qu'il était tombé dans un piège et qu'on ne le menait pas à ce Gilani dont il avait sollicité l'interview ?

A-t-il posé des questions ? S'est-il inquiété, impatienté, fâché ? A-t-il fallu le menacer ? bloquer la portière ? le maîtriser ? le frapper ?

Un voisin, dont le fils est élève à la madrasa, me raconte qu'on l'aurait vu arriver les yeux bandés à l'entrée du terrain, devant la grille de la maison.

Tout est possible, bien entendu.

Et, en admettant que cela fût, en admettant qu'après la Super Highway, à l'entrée de Sharah e-Mullah Jewan Road, sur cette partie du trajet moins fréquentée et où le flux de voitures se raréfie, on ait pris la précaution de lui passer un foulard sur les yeux, cela ne fut pas forcément de nature à l'inquiéter : ce n'est pas la première fois qu'on aura imposé cela à un journaliste que l'on mène à une personnalité sensible dont le repaire doit rester secret ; moi-même, en Colombie, lorsqu'on me conduisit, au fond du Cordoba, à Carlos Castano, le chef psychopathe des paramilitaires fascistes... ou bien, trente ans plus tôt, à l'époque du Bangla-Desh, quand on me mena, dans la banlieue ouest de Calcutta, au chef maoïste Abdul Motin que pourchassaient à l'époque toutes les polices des deux Bengales...

Mais, au fond de moi, je n'y crois pas.

Je ne vois pas les ravisseurs prenant ce risque de rouler avec, dans leur voiture, un étranger aux yeux bandés.

Pas plus que je ne crois qu'il ait trouvé, lui, Pearl, sur cette route que j'ai refaite avec ses yeux, matière à inquiétude particulière.

Et mon sentiment c'est qu'il a dû rester plus ou moins confiant tout au long de ce parcours somme toute classique pour un reporter qui a l'habitude de Karachi.

Un geste d'appréhension, peut-être. Des idées sombres qui lui traversent la tête mais qu'il chasse. Je l'imagine trouvant le temps long, la route chaotique, mais interrogeant ses accompagnateurs, noircissant des pages de carnet, de travers, comme toujours quand on écrit en roulant, plaisantant, notant ce qu'il voit, PNS Karsaz, Kentucky Fried Chicken, Gulberg, Knightsbridge Restaurant, Bundoo Khan, North Karachi Sind Industrial Estate, Karachi Development Authority... Et ensuite, dans la dernière partie, si on lui a réellement mis le bandeau sur les yeux, plus inquiet, sur ses gardes, mais continuant de noter, mentalement, ce qu'il ne peut plus noter par écrit : les bruits, les odeurs, la probable distance franchie et, dans la toute fin, après qu'il est descendu de voiture, les derniers écueils, les reliefs qu'il devine sous ses pas et qui le mènent à la maison où il va enfin avoir son interview – content d'être là, s'ébrouant, dans cet espace clos où, selon les déclarations des ravisseurs à la police, sa première question, en arrivant, aurait été : « où est Gilani ? où est l'homme que je suis censé voir ? » ; sur quoi Bukhari, l'homme qui menait le petit convoi sur sa motocyclette et qui dirigera bientôt l'exécution, lui aurait passé un bras fraternel autour des épaules tandis que, de l'autre main, il lui mettait un pistolet entre les côtes. Mais même là, il n'y a pas cru. Même avec le pistolet dans les reins, même en entendant Bukhari lui dire, avec un grand sourire, « now, you are kidnapped », il a encore cru à une blague et a attendu qu'on le fasse entrer dans le bâtiment, qu'on le fouille, qu'on le déshabille et le mette en slip, pour commencer à comprendre ce qui était en train de lui arriver.

Dans son dos – et, aujourd'hui, dans le mien – la maison de Saud Memon, le propriétaire du terrain.

A côté, la maison à un étage de Fazal Karim, le chauffeur de Memon, qui assistera à toute la scène, tiendra probablement la tête de Pearl pendant l'exécution et découpera, pour finir, le corps en dix morceaux.

Quelques centaines de mètres plus loin, la madrasa Jamia Rashidia dont les élèves affirment qu'ils n'ont rien vu, rien entendu, jusqu'au jour – le sixième, deux jours avant la mise à mort – où l'Américain aurait profité du moment où on l'accompagnait aux toilettes pour tenter de s'enfuir à travers la bouche d'aération et où, montés sur les toits, ils auraient vu Fazal Karim et un autre, en représailles, le frapper et lui tirer une balle dans la jambe : « tu vas payer, maintenant... tu vas ramper, comme un ver, dans la poussière... ».

En face, de l'autre côté de la rue, bordés par un rideau d'acacias aux branches desquels on a accroché des sacs plastique blancs, deux bâtiments en construction qui ne devaient pas exister à l'époque : volonté de la police de voir occuper les lieux ? d'y encourager les installations ?

Là, sous ses pieds et, aujourd'hui, sous les miens, vide, si parfaitement silencieuse que l'écho de mes pas dans les branches et les feuilles de palme qui tapissent maintenant le sol m'assourdit, la petite cour plantée, elle aussi, d'acacias, de palmiers, de bambous et de manguiers, où l'on a retrouvé les restes de son corps supplicié, accompagnés, comme pour le corps des saints, de leurs pauvres reliques : trois morceaux de corde verte décolorée, des pilules antidiarrhée, deux sièges de voiture, un bout de son polo de jogging, trois sacs plastique tachés de sang où l'on a dû envelopper sa chair démembrée ; quelle mort étrange ! quel savant art du supplice ! comment fait-on pour, au couteau, et sans qu'il se rigidifie, couper un corps en autant de morceaux ?

Et ici, à l'abri d'une clôture où l'on a indiqué en grosses lettres noires la direction de la National Public School, caché des éventuels regards de la rue par un autre rideau d'acacias très vert et très dense, le bâtiment de parpaings, tout en longueur, avec ses deux pièces sans électricité (alors que le reste du quartier est électrifié), basses de plafond (je ne peux y tenir sans courber la tête ni, j'imagine, lui non plus), humide, puant la vieille pomme et le plâtre mouillé (un système rudimentaire de récupération des eaux de pluie arrive là, dans la pièce, et déborde), où il a vécu six jours et six nuits, où il a été interrogé, où on l'a ramené après sa tentative d'évasion et où il a été finalement tué, puis dépecé, dans la nuit du 31, alors que ses ravisseurs avaient encore le front de demander au *Wall Street Journal* et à la famille une rançon. Le Golgotha de Daniel Pearl. Le lieu de son calvaire. Danny pitoyable et nu, sanglant, à la façon de ce jeune Chinois, découpé vivant sur ordre du prince Ao-Han-Ouan, dont l'agonie, les yeux révulsés, le visage extatique, le sourire étrange et comme raidi par la souffrance, avaient tant impressionné Georges Bataille – le fameux « supplice aux cent morceaux » du *Coupable* et de *L'Expérience intérieure*...

Le lieu a-t-il été refait ? réoccupé ?

Je ne le pense pas ; tout semble, au contraire, en l'état.

La même grille de métal, cadenassée et scellée par la police, avec sa cascade de bougainvillées blanches et rouges qui la recouvrent, maintenant, à demi.

La même enceinte que j'escalade à l'endroit où, j'imagine, Pearl avait pensé s'échapper : dans les arbres, près du puits creusé le long du mur pour servir de fosse septique – un monticule de terre bien tassée qu'il avait, en arrivant, dû remarquer.

Le même jardin abandonné, plein d'insectes, odeurs de jasmin mêlées à celle, pestilentielle, de la fosse, une sorte de baignoire en plein air qui devait servir aux ravisseurs de réserve d'eau et que doivent utiliser les policiers de passage.

Et quant à la pièce elle-même, c'est le même sol de ciment avec des taches de cire et de suie qui indiquent l'emplacement des bougies et des lanternes ; les mêmes murs de briques cimentées, très épais ; une tache de sang marron, mal lavée, sur un mur ; une poignée de cheveux ; un vasistas, donnant sur la rue, fermé par une fenêtre de fer que l'on avait achevé de murer avec des planches ; une porte de bois plein, sans clef ni poignée, barrée par une poutre glissée dans des anneaux de fer eux-mêmes cadenassés ; des matériaux de construction dans un coin ; des filets de pêche ; des mottes de paille mêlée de boue ; de la bourre de matelas avec des toiles d'araignée ; des vieux pots de terre, type pots de fleurs, jetés dans un angle, sous le vasistas ; des colonies de fourmis rouges ; des cafards ; deux cuillers et une assiette abandonnées ; un réveil rose bonbon, avec une seule aiguille ; des paquets de cigarettes froissés ; un brasero éteint ; un lit de cordes.

Telle est la prison de Daniel Pearl.

Tel est le lieu de son martyre, son cénotaphe.

Je reste là une heure, laissant le silence des lieux lentement pénétrer en moi : à jamais, dans mon souvenir, le terrible décor de ce supplice aux dix morceaux ; et, en moi, une amitié à en pleurer avec cet homme ordinaire et exemplaire, sans histoires et admirable, qui a trouvé, ici, son dernier point de tangence avec la vie.

UN MYSTÉRIEUX SOURIRE

Sur les photos de Pearl qu'ont prises les ravisseurs dans son lieu de détention et qu'a conservées le consulat britannique à Karachi il y a un détail très étrange.

Je ne parle pas des photos que tout le monde connaît et qui ont fait le tour du monde quand les ravisseurs les ont adressées, par e-mail, à la rédaction du *Wall Street Journal*, puis à la presse internationale en général.

Je ne parle pas de celle, par exemple, où il est assis sur un vieux siège de voiture, la tête dans les genoux, un peu hirsute, et où il a un revolver pointé à quelques centimètres de la tempe.

Je ne parle pas de celle, presque la même, où le revolver s'est rapproché et où l'homme qui le tient lui empoigne, de l'autre main, les cheveux pour l'obliger à baisser davantage la tête : au premier plan, ses poignets enchaînés ; une autre chaîne aux chevilles ; le corps est ramassé ; on sent l'accablement, le désespoir, la peur.

Je ne parle pas non plus de la troisième, probablement de la même série, où il s'est redressé et où, toujours sur le même fond bleu, sans doute un drap tendu pour empêcher que l'on n'identifie le mur et la maison, il regarde l'objectif : on lui a mis les cheveux en ordre ; lui-même s'est ressaisi ; mais le regard est flou ; le bas du visage est bouffi ; il a la pâleur un peu grise que prend la peau en prison ; on dirait qu'on l'a drogué, ou frappé (à mon avis, ces trois photos ont été prises le jour de sa tentative d'évasion ; ou, peut-être, le lendemain, jour d'une seconde tentative, pendant sa promenade ; ou peut-être cet autre jour où un élève de la madrasa voisine est venu cogner à la porte de la ferme et où, d'après les policiers, Pearl s'est mis à appeler au secours, à tue-tête, comme un fou ; pas le genre de choses, n'est-ce pas, qu'apprécient ses ravisseurs...).

Non. Je pense à deux autres photos que la presse internationale n'a, à ma connaissance, pas reproduites et qui ont été prises le lendemain – veille de la mise à mort.

Sur l'une, il tient un exemplaire du *Dawn*, le grand quotidien de Karachi, censé dater le cliché et prouver que le captif est, alors, toujours en vie : il est calme ; recoiffé ; il a des cheveux d'enfant fraîchement coupés ; sur ses lèvres entrouvertes, s'attarde une fin de sourire ; l'œil, clair, fixe l'objectif ; on lui a retiré ses chaînes et il tient le journal des deux mains, d'un geste sûr, juste à l'endroit qu'il faut pour ne cacher ni le titre ni la photo ; sur ce visage-ci, sur ce corps qui semble redevenu maître, et de son expression, et de son regard, et de son maintien, je ne lis aucune trace de peur ou d'inquiétude.

Et quant à l'autre, elle est plus surprenante encore. Il y a le même journal derrière lui. Sauf qu'il a dû être scotché, cette fois, sur la tenture bleu marine et il a donc les mains libres. Je ne distingue pas les doigts de la main droite, cachés par le haut du cadre ; mais je vois, en revanche, le bras bizarrement levé en un geste qui pourrait être un geste de triomphe, ou d'au revoir, ou un bras d'honneur ; et quant aux doigts de l'autre main, ils sont cachés par la cuisse et invisibles à ceux des geôliers qui se tiennent sur sa gauche – mais, en regardant bien, en observant, notamment, la position de l'annulaire qui me semble légèrement raidi et en retrait par rapport aux autres doigts, j'ai la nette impression qu'il est en train d'esquisser un discret « fuck you ! » visible de nous seuls, qui allons recevoir cette image. Pearl blague-t-il ? Le V de la victoire d'un côté, le « fuck you » de l'autre – nous adresse-t-il un message et lequel ? Une chose ne trompe pas. C'est ce visage espiègle, presque joyeux. C'est ce sourire parfaitement détendu. Ce sont ces cheveux redressés, et qui semblent flamber. C'est cette façon décontractée, presque nonchalante, de se tenir. Il est, à cette date, prisonnier depuis six jours. Il est, au fond de Karachi, dans une pièce de quelques mètres carrés, insalubre. Il est aux mains d'hommes dont il a forcément compris qu'ils sont, non seulement des islamistes, mais des tueurs. On lui a pris ses lunettes. On les lui a peut-être cassées. On le nourrit mal. Ayant, selon le témoignage de l'un de ses gardiens, entendu ses ravisseurs parler d'« injection » et craignant que l'on n'injecte du poison dans ses aliments, il a même fait la grève de la faim pendant deux jours et n'a recommencé de manger qu'à la condition qu'un des gardes goûte ses sandwichs avant lui.

On lui a lié les mains. Enchaîné les pieds. Il va mourir, maintenant, dans quelques heures. Or il a l'air détendu du type qui juge finalement intéressante la situation où il se trouve – il a la mine que l'on se donne, soit quand on veut rassurer les proches, soit quand on a de bonnes raisons de n'être tout simplement pas inquiet.

Il y aura d'autres mystères, beaucoup d'autres mystères, que je n'éluciderai pas, dans l'affaire Pearl.

Il y aura ce rapport de police, par exemple, que je lirai à Karachi et où l'on voit Fazal, qui ne parle pas l'anglais mais qui le comprend, déclarer qu'il a vu, le tout dernier jour, l'un des Yéménites venus pour le tuer s'approcher de Pearl, lui parler dans une langue que lui, Fazal, ne comprenait tout à coup plus – et Pearl s'éclairer, puis se rembrunir à nouveau, puis lui répondre, longuement, en hurlant, dans la même langue. Quelle langue, alors ? Français ? Hébreu ? Ce sont les deux langues que parlait Pearl. Mais un Yéménite parlant français... Ou hébreu... Et pour dire quoi ? Comme c'est étrange.

Il y aura toutes ces images qui poseront d'autres types de problèmes aux enquêteurs, aux instituts médico-légaux de Lahore et d'ailleurs et, désormais, à l'écrivain – à commencer, n'est-ce pas, par la fameuse vidéo envoyée par les ravisseurs, après l'exécution, au consulat américain de Karachi et que j'ai vue, revue, des dizaines et des dizaines de fois. Pourquoi Danny ne se débat-il pas davantage quand la main, armée du long couteau, entre dans le champ ? Pourquoi ne voit-on pas le sang couler ? Pourquoi le visage, dans la dernière phase de l'égorgement, présente-t-il déjà cette rigidité cadavérique ? Quand l'autre main, venue, elle, par-derrière, lui immobilise la tête, puis s'y reprend pour mieux assurer sa prise, quand les doigts, du coup, se déplacent sur le front et y laissent une trace blême, visible sur les photogrammes, n'est-ce pas la preuve que le sang a cessé de circuler et que Pearl est déjà mort quand on le décapite ? Autre hypothèse encore : Danny a-t-il été drogué – lui a-t-on, comme au jeune Chinois extasié du « supplice aux cent morceaux » de Bataille, injecté une dose d'opium avant de l'égorger ? Ou bien faut-il croire le témoignage de Fazal Karim, l'homme qui mènera les enquêteurs à sa sépulture, quand il dira : « nous avons eu un problème de caméra ; la cassette, on s'en est aperçus au dernier moment, s'était bloquée dans le magasin ; on a donc dû recommencer ; on a dû, alors que la moitié du travail était faite et que la tête ne tenait plus qu'à un fil, réintroduire le couteau dans la plaie et rejouer l'ensemble de la scène » ?

Mais voici, déjà, un premier mystère.

Voici, oui, une première question qui me tourne dans la tête depuis que je découvre ces deux photos.

Pearl, au moment où elles sont prises, est confiant.

Sans doute y a-t-il eu, la veille, lors de la première série de clichés, un moment particulièrement difficile. Sans doute a-t-il senti, ne serait-ce qu'en arrivant, le parfum de la catastrophe. Mais mon sentiment c'est que, ce jour-là, quand sont pris ces deux derniers clichés, les choses sont plus ou moins rentrées dans l'ordre : il ne croit pas qu'on va le tuer ; il n'est même pas sûr que l'idée l'effleure ; il regarde ses bourreaux – mais il a le bon regard du type plus passionné qu'inquiet de ce qui est en train de lui arriver.

Est-il naïf ?

Vit-il, comme la plupart des reporters que je connais, et comme moi chaque fois que je me suis essayé à ce métier, dans la croyance magique en son invulnérabilité de principe ?

Les tueurs lui auraient-ils donné des assurances et seraient-ils même, à cet instant, résolus à le laisser en vie ?

Serait-ce ce « moment d'inquiétude, incertitude, indécision » noté par Leonardo Sciascia dans sa relation du martyre d'Aldo Moro détenu par ces intégristes des années 70 qu'étaient les Brigades rouges italiennes ?

Surviendrait-il toujours, forcément, dans toutes les situations de ce genre – et est-ce la conséquence de cela que l'on voit sur les clichés ? – ce moment de flottement et, peut-être, de pitié qui, dans le cas de Moro, serait venu, le 15 avril, au moment du fameux « communiqué numéro 6 » où les brigadistes annoncent que « le moment est venu de faire un choix » ?

Les ravisseurs ont-ils rassuré Pearl ? Lui ont-ils dit : « don't worry, you are our guest, the negociations are going on » ? Lui ont-ils donné des livres, un Coran ? un jeu d'échecs ? des cartes ?

Je crois que, contrairement à ce qu'a écrit la presse occidentale, l'exécution et son enregistrement vidéo n'étaient pas nécessairement programmés et se sont peut-être imposés, pour des raisons que nous ignorons, à un moment très précis de sa détention.

Mon hypothèse c'est, pour l'heure, qu'entre les tueurs et lui, entre les jihadistes et le grand journaliste libéral, tolérant, ouvert aux cultures du monde et ami de l'Islam, s'est nouée une relation de confiance, presque de complicité et d'entente.

Ma conviction c'est que s'est produit un phénomène du même type que celui noté, donc, par Sciascia (je m'aperçois, d'ailleurs, qu'il y a quelque chose dans ces clichés de l'air qu'avait Moro sur la fameuse photo adressée, le 20 avril, à la *Repubblica* et où il tenait à la main, lui aussi, le journal de la veille) : cette « familiarité quotidienne qui s'instaure inévitablement » au fond de la « prison du peuple » ; cet « échange de paroles » ; cette « consommation commune de la nourriture » ; ce partage symbolique, ce jeu, entre « le sommeil du prisonnier » et « la veille du geôlier » ; ce soin qu'ils doivent prendre de « la santé » de l'homme qu'ils ont « condamné à mort » ; ces « menus gestes », ces « mots » que, « par inadvertance », ils se disent mais qui « émanent des plus profonds mouvements de l'âme » ; ces « regards qui se croisent aux moments les plus désarmés » ; l'« imprévisible échange des sourires à l'improviste » ; toutes ces occasions, jour après jour, « pour que geôlier et prisonnier, bourreau et victime, fraternisent ».

Le connaissant, sachant l'infatigable journaliste qu'il est, je suis même prêt à parier qu'il met à profit ces quelques jours pour parler, blaguer et, de fil en aiguille, mine de rien, poser enfin les questions qui, depuis des semaines, lui brûlent les lèvres.

Mettons, pour être précis, qu'il y ait eu le choc du premier jour, le vertige, l'instant de panique. Mais je

suis persuadé qu'il en est allé de cette situation comme
de toutes celles qu'affrontent les grands reporters en
difficulté : un instant d'effroi, oui, et puis on s'ha-
bitue, on renoue avec les anciens réflexes, on oublie
complètement le danger – je suis persuadé qu'il a
vite recouvré ses esprits et que, même là, dans cette
cabane de fortune où il doit dormir sur une paillasse,
manger dans une gamelle, supporter le froid, il n'a
rien perdu de cette curiosité qui le dévore et trouve
enfin l'occasion de s'assouvir : ne les a-t-il pas sous la
main, après tout, les jihadistes qu'il cherchait depuis
son arrivée de Bombay ? ne les voit-il pas vivre, fonctionner, s'engueuler, réagir à l'actualité, prier ? n'a-t-il
pas des journées entières et des nuits, non seulement
pour les observer, mais pour les mettre à la question,
susciter leurs confidences, comprendre ? mieux : qui
sait s'il n'a pas réussi à le percer à jour, le mystère de
ce fameux Gilani qu'il voulait interviewer et qui, on le
verra, l'obsédait – et qui sait si ce n'est pas le sens de ce
bras levé sur la dernière photo ?

Il s'est passé quelque chose, à ce moment-là.

Il s'est produit un événement qui fait que les ravisseurs ont changé d'avis et ont envoyé chercher trois
Yéménites, professionnels de ce genre de crime,
chargés de l'exécuter.

La question, alors, c'est : quoi ?

Qu'est-ce qui, au juste, s'est produit ?

A quel moment, exact, de la détention ?

Les hommes d'Omar Sheikh ont-ils changé d'humeur ?

Est-ce – comme il n'a, lui, Omar, pas cessé de le répéter, avec une insistance très étrange, depuis le tout premier jour de son procès – sa tentative d'évasion, la veille, qu'ils ne lui ont, réflexion faite, pas pardonnée ?

Y a-t-il eu délibération ? Procès ?

Un événement extérieur qui aurait tout fait basculer ?

Un accident ?

Un ordre venu d'en haut, et pourquoi ?

Une interférence, mais laquelle ?

Le télescopage de plusieurs logiques, dont il aurait fait les frais ?

C'est tout le sujet de ce livre.

C'est le mystère qu'il va falloir élucider – sa trame, son fil rouge.

4

LA MISE À MORT

Quelle heure ?

Nuit ?

Jour ?

La vidéo ne le dit pas.

Les procès-verbaux de la police pakistanaise non plus.

Alors, mettons que ce soit la fin de la nuit.

Ou, plus exactement, le petit jour, cinq heures du matin, avant le chant du premier coq.

C'est Karim, le gardien de la ferme, chargé, depuis une semaine, de sa surveillance rapprochée, qui est venu le réveiller.

Il s'entend bien, en principe, avec Karim. Ils ont pris l'habitude, le soir, après que l'on a mouché les lampes et que les autres sont partis se coucher, de longues conversations où le Pakistanais, dans un mauvais anglais, lui parle de ses cinq enfants, de sa petite maison de Rahim Yar Khan, de ses difficultés, et où lui, infatigable, pose et repose la même question : que nous reprochez-vous ? pourquoi nous haïssez-vous ? quel crime vaut à l'Amérique d'être si terriblement réprouvée ? que devrions-nous faire, être, pour retrouver la confiance de votre peuple et des peuples pauvres en général ?

Là, pourtant, quelque chose ne va pas.

Dans le demi-sommeil où il est, il sent bien que ce n'est plus le même Karim. Il est buté. Fermé. Il a une façon de lui arracher sa couverture, puis de lui ordonner de s'habiller qui ne ressemble plus au bon compagnon qui, la veille, lui donnait sa leçon quotidienne d'urdu. A un moment, comme il a les doigts gourds, un peu inco-hérents, qui ont du mal à nouer ses lacets, le Pakistanais fait une chose qui le glace et qu'il n'aurait jamais faite auparavant : les lèvres serrées, sans le regarder, il lui dit « laisse tomber les lacets, là où tu vas, tu n'as pas besoin de lacets » – et, à cela, à ces mots, à cette façon, surtout, de les prononcer, il comprend qu'il s'est passé quelque chose pendant la nuit, qu'ils ont pris une décision et que cette décision n'est pas de le remettre en liberté.

Il a peur, tout à coup.

Il sent un froid terrible qui le pénètre – et, pour la première fois depuis qu'il est là, il a peur.

En même temps, pourtant, il n'y croit pas.

Non, de nouveau, il n'y croit pas – il n'arrive pas à penser que les choses, en une nuit, aient pu se dégrader à ce point.

D'abord, il est leur allié. Leur a-ll-i-é. Cent fois, depuis huit jours, il leur a dit que s'il n'en restait qu'un, s'il devait ne plus y avoir qu'un Américain, et un Juif, pour tendre la main aux musulmans en général et à ceux du Pakistan en particulier, s'il devait être le dernier à récuser le thème absurde de la guerre des civilisations et à garder foi dans la paix avec l'Islam, eh bien il serait cet homme-là, lui, Daniel Pearl, Juif de gauche, progressiste, Américain hostile – toute sa carrière en témoigne – à ce que l'Amérique peut avoir de bête et arrogant, ami des incomptés, de l'universel orphelin, des déshérités.

Et puis il a de la chance. Il a toujours été un de ces types qu'une chance insolente protège. C'est ce que son père, au même moment, est en train de répéter à la presse et c'est ce que lui-même n'a cessé de dire depuis quinze ans qu'il fait ce métier. Danny a une bonne étoile. Un ange veille sur Danny. Il ferait beau voir que la chance ait tourné ici, au Pakistan, à la veille du jour où il devait repartir en Amérique ! Quelle singulière ironie du sort ce serait si sa bonne fortune l'abandonnait au moment même où ils ont appris, avec Mariane, qu'ils attendaient un garçon !

Avoir su, à Karachi, trouver un gynécologue musulman acceptant de faire une échographie et de dire le sexe d'un ange encore à naître, et ne pas réussir à convaincre des islamistes qu'il y a erreur sur la personne, qu'il n'est pas cet espion juif et sioniste que certains articles de presse, paraît-il, dénoncent en lui : non, ce serait absurde ! et, tout ce qui est absurde étant, aux yeux de ce rationaliste invétéré, à la fois idiot, impossible, irréel, il en conclut que cela n'aura pas lieu et qu'il finira, forcément, par faire entendre raison à ses geôliers.

La porte vers l'extérieur, en direction de la deuxième pièce, là où se trouvent les autres, est ouverte. Karim, toujours buté, toujours fuyant, lui fait signe d'avancer. Tant pis pour les souliers. Il le suit sans trop d'appréhension, finalement – humant, au passage, le bon parfum des bougainvillées et des manguiers.

C'est en entrant dans la pièce qu'il comprend.

Il n'y croit toujours pas, mais il comprend.

Leur tête, d'abord.

L'air attentif qu'ils ont ce matin.

Cette communauté de terreur qu'il devine dans leur façon de se tenir et de le regarder avancer.

Il savait, à force de parler, que Bukhari, le chef du commando, avait le sang d'une bonne douzaine de chiites sur les mains. Il savait que Amjad Hussain Farooqi, ou Lahori, le chef du Lashkar i-Janghvi, étaient liés à al-Qaïda. Mais il savait sans savoir. Ils avaient beau le lui dire, Bukhari avait beau lui avoir lancé, l'autre soir, avec un rire d'enfant : « toi, tu as peut-être un ange, moi j'ai un démon », ils avaient trop bonne tête, pour qu'il les voie comme des tueurs.

Là, tout à coup, ça y est.

Muets, les mains croisées dans le dos, la mine sinistre à la faible lueur des lampes à pétrole disposées au centre de la pièce et qui font une clarté vacillante, ils ont leur autre visage : celui qu'ils devaient avoir quand ils coulaient dans la chaux vive les enfants chiites des familles voisines de la mosquée de Binori Town à Karachi ; il a lu un article, un jour, sur le sujet – là, brusquement, il comprend.

Et puis il y a ces trois types dans le coin de la pièce, près de la porte, qui n'étaient pas là hier et qui, assis sur leurs talons, des canettes de soda vides à leurs pieds, semblent l'esprit ailleurs, ou en prière : ils ont le foulard à carreaux rouges et blancs des combattants palestiniens mais, à leur longue tunique blanche relevée sur les mollets, à leurs pieds nus, au poignard à manche de corne de vache recourbé qu'ils portent, tous trois, à la ceinture et que l'on appelle, à Sanaa, le jambiya, il reconnaît des Yéménites.

« Couche-toi ! » ordonne Bukhari, voix sourde, caverneuse, comme s'il se parlait à lui-même.

Le sol est nu. Il fait froid. Il ne voit pas où il faudrait qu'il se couche.

« Couche-toi ! » s'impatiente Bukhari, un ton plus haut.

Et, à sa grande surprise, il s'avance vers lui et lui donne un coup de pied dans les tibias qui le fait tomber sur les genoux tandis que les autres se jettent sur lui – deux lui liant les mains avec un bout de corde verte et l'autre, qui sort des plis de sa tunique une seringue énorme, lui relevant la chemise pour le piquer au ventre.

Il se débat : « vous êtes fous, que faites-vous ? je suis votre ami ». Mais eux le frappent, maintenant. Bukhari lui crie : « tais-toi » et eux lui donnent des coups de pied dans le ventre, dans la tête. Il se tait. Il halète. Il essaie de se protéger le visage. Il est ivre de stupeur et d'effroi. Puis, quand il a trop mal pour se relever seul, ils le prennent sous les bras et le remettent debout.

Il se sent bizarre, maintenant. La tête lourde. Les oreilles qui bourdonnent. L'impression d'être aspiré par un entonnoir de sable. Mais, en même temps, mêlée à la peur, à la douleur, aux larmes, à la torpeur, une euphorie qui commence de le gagner – l'esprit comme une flamme vive qui semble s'échapper du corps et flotter à côté de lui.

« Ils m'ont drogué, se dit-il. C'est la seringue, ces salauds m'ont drogué. »

Il ne saurait dire, en vérité, si l'idée le rassure ou l'inquiète encore davantage.

« Tu vas répéter après moi, lui dit alors Bukhari, en sortant un papier de sa poche et en faisant signe de se lever à l'un des Yéménites qui tient un camés-cope avec moniteur intégré sur le côté que, gêné par la sueur qui lui coule entre les cils, se mêle aux larmes et l'aveugle, il prend d'abord pour une arme qui va le tuer à bout portant : "mon nom est Daniel Pearl, je suis un Juif américain, j'habite à Encino, en Californie". »

Daniel répète. Il a un peu de mal. Il est essoufflé. Mais il répète.

« Tu vas dire : "je viens du côté de mon père d'une famille de sionistes ; mon père est juif ; ma mère est juive ; je suis juif. »

Daniel dirait bien au Yéménite qu'il est trop près, que ce n'est pas comme ça qu'on filme, qu'il va lui faire la tête « fish eye » des opérateurs débutants. Mais, malgré l'état bizarre où ils l'ont mis, malgré ce mélange de douleur dans tout le corps et d'euphorie, il a assez de lucidité pour comprendre que ce n'est pas le moment et, donc, il répète encore.

« Articule, dit Bukhari, parle moins vite, plus dis-tinctement : "ma famille suit le judaïsme ; nous avons fait de nombreuses visites familiales en Israël ; dans la ville de Bnei Brak, en Israël, il y a une rue qui s'appelle Haïm Pearl Street, du nom de mon arrière-grand-père". »

Comment savent-ils cela ? songe Danny. Où sont-ils allés chercher l'information ? Bnei Brak n'est pas une ville, c'est un village. Et la notoriété du pauvre Haïm Pearl, son aïeul, n'a jamais dépassé le cercle étroit qu'il constitue avec son père, sa mère, ses sœurs. Alors, il ne va pas répéter ça, se dit-il. Il ne peut pas laisser ces barbares mettre leurs sales pattes sur ce joli secret familial... Mais Farooqi approche déjà. Il voit son énorme godasse qui lui a fait si mal tout à l'heure. En sorte que, docile, s'autorisant juste un demi-sourire dont il espère qu'il se verra à l'image, il change d'avis et répète : « ma famille suit le judaïsme ; nous avons fait de nombreuses visites familiales en Israël... »

Bukhari a l'air content. Il se racle la gorge. Il crache par terre. Il félicite le Yéménite, sans avoir l'air de comprendre que cet incapable est trop près – mais tant pis. Et, à lui, Danny, il fait un signe d'encouragement qui semble vouloir dire : « tu vois ! tu y arrives ! » et qui, un instant, lui redonne espoir.

« Répète encore, reprend-il après un long moment plongé dans la lecture de son papier, répète ceci : "ne sachant rien de la situation où je me trouve, étant incapable de communiquer avec quiconque, je pense aux prisonniers de Guantanamo qui sont dans la même situation que moi". »

Là, ça va. C'est sa ligne. Il est d'accord pour condamner les conditions de détention des prisonniers de Guantanamo. Le seul problème c'est qu'il est hors d'haleine et qu'il a un débit trop haché. Le Yéménite fait la grimace. Il faut refaire la prise.

« Encore, reprend Bukhari : "je réalise que c'est le genre de problèmes que, partout dans le monde, auront de plus en plus les Américains ; pas un lieu où ils seront en sécurité ; pas un lieu où ils pourront aller librement ; et cela, aussi longtemps qu'ils permettront à leur gouvernement de mener la même politique". »

Ce n'est pas mauvaise volonté. Non, ça aussi, il peut, à la rigueur, le dire. Mais c'est la drogue qui doit produire son effet. La tête lui fait mal. Il a les jambes en chiffon et de plus en plus de difficulté à se concentrer. Est-ce que Bukhari peut le comprendre ? Est-ce qu'il peut lui dicter, maintenant, des phrases plus courtes ?

Cette phrase, alors, dictée par un Bukhari soudain compréhensif, presque humain, le menton dans la main comme si toute la scène lui donnait matière à méditer.

« Nous, Américains, ne pouvons continuer de payer pour la politique de notre gouvernement. »

Puis, cette série d'autres, une à une, patiemment, comme avec un enfant :

« Le soutien inconditionnel à Israël... Vingt-quatre veto pour justifier les massacres de bébés innocents... Le soutien aux régimes dictatoriaux du monde arabe et musulman... La présence américaine en Afghanistan... »

Voilà. C'est fini. Le Yéménite arrête sa caméra. Va-t-on le laisser s'asseoir, maintenant ? lui donner un peu d'eau ? Il est si mal.

C'est alors que se produit un événement extraordinaire.

Bukhari va pour régler la flamme des lampes à pétrole qui projettent une lumière, tout à coup beaucoup plus vive.

Il lance un ordre sec à Fazal qui, depuis qu'ils sont entrés dans la pièce, était allé s'installer dans le coin des Yéménites, recroquevillé sur lui-même, comme s'il avait froid, et qui, du coup, se lève et vient, les yeux agrandis et fixes, se placer juste derrière lui.

Sur un signe de lui, sans un mot, les autres Pakistanais se lèvent aussi et sortent : tout juste entrevoit-il, derrière la porte vite refermée, une lumière d'aube sale, un grand ciel en mouvement, un vol d'oiseaux qui s'égaillent – tout juste sent-il, sur sa figure tuméfiée par les coups, la bienfaisante fraîcheur du premier vent, annonciateur de l'aube.

Ne restent dans la pièce, outre Fazal Karim, que le Yéménite cameraman, essoufflé, qui s'affaire sur son caméscope ; et les deux autres Yéménites qui sortent leur poignard de sa gaine et se lèvent à leur tour : l'un vient se placer dans son dos, à côté de Fazal Karim ; l'autre à sa gauche, tout près, presque collé à lui, son arme dans la main droite.

Il l'aperçoit, tout à coup.

Il n'avait pas pu le voir jusqu'à présent car il était dans l'ombre et que, de toute façon, sans lunettes, il n'a jamais vu à plus de deux mètres.

Il voit ses yeux brillants, fiévreux, trop enfoncés dans les orbites, étrangement suppliants – un instant, il se demande si on ne l'a pas drogué, lui aussi.

Il voit son menton mou, ses lèvres agitées d'un léger tremblement, ses oreilles trop grandes, son nez osseux, ses cheveux raides et noirs, couleur goudron.

Il voit sa main, large, velue, avec des jointures noueuses, des ongles noirs et une longue cicatrice, granuleuse, qui court du pouce au poignet et semble la couper en deux.

Il voit le couteau, enfin. Il n'a jamais vu un couteau d'aussi près, se dit-il. Le manche en corne de vache. Le cuir. Une ébréchure près du manche. Un peu de rouille. Et puis il y a une autre chose. Le Yéménite renifle. Il cligne de l'œil et, en même temps, comme s'il battait la mesure, il ne cesse de renifler. Est-ce qu'il est enrhumé ? Non. C'est un tic. Il se dit : « c'est bizarre, c'est la première fois que je vois un musulman qui a un tic ». Il se dit aussi : « les anciens bourreaux... c'était bien, cette idée de masquer les anciens bourreaux, de les cagouler... » Il fait chaud. Il a mal au crâne. Il a une terrible envie de dormir.

Le signal vert de la caméra s'allume.

Fazal lui fait face, lui lie les poignets, puis, revenant dans son dos, lui prend les cheveux à pleine main.

La nuque, songe-t-il, en secouant la tête pour tenter de se dégager ; le centre de la volupté ; le poids du monde ; l'œil caché du Talmud ; la hache du bourreau.

Le regard de cet homme, songe-t-il encore, en regardant le Yéménite au couteau. Une fraction de seconde, leurs regards se croisent et il comprend, à cet instant, que cet homme va l'égorger.

Il voudrait dire quelque chose.

Il faudrait, il le sent bien, dire une dernière fois qu'il est un journaliste, un vrai, pas un espion – il faudrait pouvoir hurler : « est-ce qu'un espion aurait fait confiance à Omar Sheikh ? est-ce qu'il serait venu au rendez-vous comme ça, sans couverture, en confiance ? »

Mais ce doit être la drogue qui finit de faire son effet.

Ou la corde qui lui entre dans les poignets et le fait souffrir.

Les mots ne sortent pas.

Parler devient difficile, comme de respirer sous l'eau.

Il essaie de tourner la tête pour regarder une dernière fois Karim et lui dire avec les yeux : la cigarette... souviens-toi de la cigarette que tu m'as offerte hier soir... souviens-toi de tout ce que je t'ai raconté de l'aide que nous avons apportée, nous, les journalistes américains, aux moudjahidin afghans pendant le jihad contre les Russes... souviens-toi comme tu as été ému... tes mains sur mes épaules... ton accolade brusque et fraternelle... – mais Karim le tient d'une main de fer, il ne parvient pas à bouger d'un millimètre.

Il a des pensées parasites, alors, qui semblent revenir de zones très obscures, comme assoupies, de sa mémoire : sa bar-mitsva à Jérusalem ; sa première crème glacée, dans un café de Dizengoff, avec son père, à Tel-Aviv ; George, le marchand de souliers bulgare rencontré dans le métro de Londres ; son copain, le bassiste belge ; le violoniste irlandais avec qui il a joué, l'année dernière, dans un bar de Soho ; le bruit mou et

chuintant des obus de l'armée de libération du Tigré, la
dernière nuit, à Asmara ; le mariage avec Mariane, dans
ce château, près de Paris ; le matador de Hemingway,
l'épaule gauche en avant, l'épée qui heurte l'os et
refuse d'entrer, il suffit pourtant d'un tiers de la lame,
bien dirigée et enfoncée d'assez haut, pour atteindre,
s'il n'est pas trop gros, l'aorte d'un taureau ; son père,
encore, qui le porte sur ses épaules au retour d'une promenade ; le rire de sa mère ; une miche de pain français
avec ses crevasses goûteuses et profondes.

Comme le Yéménite tueur empoigne le col de sa
chemise et le lui déchire, il pense un instant à d'autres
mains. Des caresses. Des jeux de son enfance. Nadour,
l'ami égyptien de Stanford, avec qui il se battait,
pour jouer, entre les cours – qu'est-ce qu'il a bien pu
devenir ? Il pense à Mariane, le dernier soir, si dési-
rable, si belle – que veulent les femmes, dans le fond ?
la passion ? l'éternité ? elle était si fière, Mariane, qu'il
ait son scoop Gilani ! elle lui manque tant ! A-t-il été
imprudent, vraiment ? aurait-il dû se méfier davantage
de cet Omar ? mais comment savoir ? comment se
douter ? Il pense à la main serrée d'un réfugié kosovar,
à l'agonie ; il pense à ce mouton qu'il a vu étouffer,
à Téhéran, l'année dernière ; il pense qu'il préfère
Bombay à Karachi, et le Livre secret des brahmanes au
Coran ; ses souvenirs sont comme des chevaux de bois
qui lui tournent dans la tête.

Il sent le souffle chaud, haletant, un peu fétide, du
Yéménite.

Il sent, venant de la cour, une odeur sucrée qu'il
n'avait pas remarquée et qui, absurdement, le gêne :

c'est drôle, se dit-il, pas lavé depuis huit jours... on se fait très bien, finalement, à sa puanteur... mais celle-là... celle des autres...

Il entend des bruits bizarres, qui viennent de plus loin et qui sont comme, à l'oreille, l'écho d'une conque – il se dit même, un instant : est-ce que ce ne serait pas des pas ? des voix ? des gens qui vont me sauver ?

C'est drôle. Il aurait dit, jusqu'à ce matin : cette cour est silencieuse, on n'entend rien. Mais là, il entend tout. Elle est bruissante d'une confuse mais furieuse rumeur. C'est comme une avalanche de bruits insoupçonnés. Jamais de sa vie il n'avait écouté avec une telle attention les bruits qui peuplent le silence et dont il voudrait qu'ils étouffent le souffle du Yéménite.

Un instant de vertige.

Sa sueur qui se refroidit.

Sa pomme d'Adam qui bataille dans son cou frêle.

Il est saisi d'un terrible hoquet, et vomit.

Redressez-le ! dit le Yéménite tueur. L'autre Yéménite, derrière lui, le prend sous les aisselles, comme un paquet, et le redresse.

Mieux que ça ! insiste-t-il, en s'éloignant un peu – air de l'artiste qui se recule pour mieux voir son tableau. C'est au tour de Karim, alors, de lui lever la tête – face au ciel, le cou bien dégagé, gonflé par le cri qui vient, quoiqu'un peu incliné sur le côté.

Ecarte-toi ! dit-il au troisième, le Yéménite à la caméra, qui est trop près et qui va le gêner. Et l'homme à la caméra s'écarte en effet, très lentement, comme saisi d'un effroi sacré à la pensée de ce qui, maintenant, va se produire.

Pearl, les yeux fermés, sent le mouvement de la lame vers sa gorge. Il entend comme un bruit d'air froissé près de son visage et conclut que le Yéménite est en train de répéter. Il ne parvient toujours pas à y croire tout à fait. Mais il a froid. Il grelotte. Tout son corps se rétracte. Il voudrait arrêter de respirer, se faire petit, disparaître. Il voudrait, au moins, pouvoir baisser la tête et pleurer. L'a-t-il déjà fait ? se demande-t-il. Est-ce un pro ? Et s'il n'avait pas l'habitude ? s'il le ratait et devait s'y reprendre à deux fois ? Sa vue commence à se brouiller. La dernière image du monde, se dit-il. Il transpire et frissonne à la fois. Il entend l'aboi d'un chien dans le lointain. Le bourdonnement d'une mouche, toute proche. Puis, enfin, le cri d'une poule qui se confond avec son propre cri, stupeur et douleur mêlées, inhumain.

Car ça y est. Le couteau est entré dans la chair. Doucement, très doucement, il a commencé sous l'oreille, très en arrière du cou. Certains m'ont dit que c'était comme un rituel. D'autres, que c'est la méthode classique pour trancher, tout de suite, la corde vocale et empêcher la victime de crier. Mais Pearl s'est cabré. Il a furieusement cherché de l'air dans son larynx charcuté. Et le mouvement qu'il a fait est si violent, la force qui lui est revenue si grande, qu'il échappe à la prise de Karim, hurle comme une bête et s'effondre, en râlant, dans son sang qui coule à flots. Le Yéménite à la caméra hurle aussi. A mi-chemin, les mains et les bras pleins de sang, le Yéménite tueur le regarde et s'arrête.

La caméra n'a pas fonctionné. Il faut, pour la caméra, tout arrêter et recommencer.

Vingt secondes passent, peut-être trente – le temps, pour le Yéménite, de remettre en marche et de recadrer. Pearl est couché sur le ventre, maintenant. La tête, à demi coupée, s'est écartée du buste, loin en arrière des épaules. Les doigts des deux mains sont plantés, telles des serres, dans la terre. Il ne bouge plus. Il geint. Il hoquette. Il respire encore, mais par à-coups, en émettant un râle, entrecoupé de gargouillements et de gémissements de chiot. Karim met les doigts, alors, dans la plaie pour en écarter les lèvres et dégager le terrain pour le retour du couteau. Le deuxième Yéménite incline l'une des lampes pour mieux voir, sort son propre couteau et, fébrile, comme enivré par la vue, l'odeur, le goût du sang chaud qui s'échappe de la carotide comme d'une tuyauterie crevée et lui gicle à la figure, coupe puis arrache la chemise. Et le tueur, alors, achève sa besogne : le couteau à côté de la première blessure ; les cervicales qui craquent ; une nouvelle giclée de sang qui lui arrive dans les yeux et l'aveugle ; la tête qui, roulant d'arrière en avant comme si elle était encore animée d'une vie propre, finit par se détacher ; et Karim qui la brandit, tel un trophée, face à la caméra.

Le visage de Danny froissé comme un chiffon. Ses lèvres qui, à l'instant où la tête se détache, semblent animées d'un dernier mouvement. Et le liquide noir qui, comme il se doit, lui coule de la bouche. J'ai vu, souvent, des tués. Aucun, pour moi, n'éclipsera ce visage que je n'ai pas vu et que je suis en train d'imaginer.

5

VISITE AUX PARENTS-COURAGE

« Non, ce n'est pas cela... »

Je suis à Los Angeles. Mulholland Drive. Cette couleur de ciel unique au monde. Cette lumière qui blesse les yeux. Une petite maison, en bordure de la route, avec garage apparent, fleurs en pot suspendues aux balcons, cascades de petits cactus. Je suis en train, à demi-mot, très prudemment, avec tout le tact possible, d'exposer aux parents de Daniel Pearl mes premières conclusions, et ma version de la mort de leur fils.

« Non, non, ce n'est pas cela, me coupe Judea, le père, avec sa bonne tête de faux Francis Blanche, ses yeux intelligents et doux – et parfois, dans le regard, des éclairs de tristesse infinie. Il y a une vidéo, c'est vrai. Mais elle a deux parties. Elle a été enregistrée, j'en suis sûr, à deux moments distincts de la journée. Et vous ne pouvez pas faire comme si les deux parties disaient la même chose, comme si elles étaient dites sur le même ton. »

Quelles sont ces deux parties ? Et qu'est-ce que cela change ?

« Tout, me répond-il. Cela change tout. Vous avez les moments où il dit ce que vous savez sur les Etats-Unis, les prisonniers de Guantanamo. Là, le ton est mécanique en effet. Sans âme. Le texte, manifestement, lui est dicté. Peut-être même lui met-on sous les yeux, hors champ, des cartons. Il bute sur certains mots. Il met de longs "uuuuuh" entre ses mots. Il fait des fautes de prononciation exprès. Il dit "Amrica" par exemple car, sur le carton, ils ont dû écrire "Amrica". Bref, il fait tout pour bien nous faire comprendre, à nous qui allons recevoir ce message, qu'il ne pense pas un mot de ce qu'il dit. Et puis vous avez l'autre partie, celle où il dit : "mon nom est Daniel Pearl... je suis un Juif américain... j'habite à Encino, Californie... je viens du côté de mon père d'une famille de sionistes... mon père est juif... ma mère est juive... je suis juif..." »

Ce texte-là, Judea le connaît par cœur. Il pourrait, je le sens bien, le réciter jusqu'au bout, comme un poème. Par moments, il a des intonations, une voix, qui ne sont plus tout à fait à lui, mais à Danny, son fils... Quant à l'autre morceau du texte, celui où il est question de Guantanamo et de la politique américaine, je trouve étrange qu'il paraisse si certain qu'il lui a été dicté et qu'il le récite à contrecœur, mécaniquement : j'aurais pensé le contraire ; j'ai pensé et écrit le contraire ; mais je le laisse dire...

« Ecoutez-la bien, cette deuxième partie... Ecoutez... »

Son visage s'est éclairé. Il sourit. Regarde sa femme qui sourit aussi, fragile, douloureuse, joli visage aigu, à demi caché par une frange de cheveux bien noirs et des lunettes, silhouette minuscule, flottant dans sa longue robe-chasuble, à mi-chemin des morts et des vivants. Il prend sa main. La caresse imperceptiblement. Ils ont l'air qu'ils ont sur une photo magnifique, dans l'escalier du bureau, datant de l'époque, il y a quarante-trois ans, où ils arrivaient d'Israël. La maison est pleine de photos de Danny, bien sûr. Mais il y a aussi des photos de Michele et Tamara, ses sœurs. De Mariane, sa femme, et du petit Adam. Et il y a ces deux portraits d'eux, magnifiques et glorieux, éclatants – la petite Juive irakienne et le petit Juif de Pologne arrivant en Amérique, comme les immigrants d'Ellis Island, car ils savent que là est le pays de la liberté ; et c'est à cela qu'ils ressemblent tout à coup.

« Cette partie sur son judaïsme, il l'a dite. Ce sont ses mots. Ce sont ses phrases. Personne ne le force plus à rien. Il n'y a plus de cartons pour lui dicter quoi que ce soit. Combien de fois dois-je vous répéter que deux et deux font quatre, que je suis juif, et que j'en suis fier – voilà ce qu'il leur dit ! J'imagine que, à ce moment de la vidéo, il est encore confiant. Il ne sait pas ce qui va arriver. Et, alors, il leur parle, il leur explique ses origines, son background. Nous avons tous des racines, n'est-ce pas ? Eh bien voici les miennes. Vous êtes musulmans. Moi, je suis juif. Mais, à la fin des fins, nous sommes d'abord des humains... »

Nouveau regard à sa femme qui a, derrière sa frange, le même regard attendri que lorsque, tout à l'heure, elle me montrera la chambre de son fils, ses peluches, ses trophées de football, son journal intime quand il était tout petit et prenait ses bonnes résolutions de début d'année (dans l'ordre : ne plus se mettre les doigts dans le nez et faire des progrès en mathématiques ; le jour suivant : j'ai fait des progrès en mathématiques, je me mets toujours les doigts dans le nez). J'ai l'impression qu'il ne veut pas poursuivre sans avoir son assentiment.

« Et puis... Il y a, dans cette première partie du texte, une chose tout à fait extraordinaire. C'est la phrase où il dit : à Bnei Brak, en Israël, il y a une rue qui s'appelle Haïm Pearl Street, du nom de mon arrière-grand-père... »

Mais oui, dis-je. C'est une phrase qui, moi aussi, m'a paru très étrange. Est-ce vrai, d'abord ? Y a-t-il, vraiment, une rue, à Bnei Brak, qui porte ce nom-là. Et si oui, comment diable l'ont-ils su ?

« Mais justement ! s'exclame Judea. Justement ! »

Il semble euphorique maintenant. Presque enfantin. Il a sa tête, pour le coup, de grand savant en train de faire une découverte majeure – il a la tête qui doit être celle du professeur Pearl, membre de la National Academy of Engineering, sommité mondiale en matière d'intelligence artificielle, dans ses grands moments de jubilation heuristique.

« Ils ne pouvaient pas le savoir, justement ! Personne, au monde, ne pouvait le savoir ! C'est vrai, bien entendu. Mon grand-père a vraiment été cette figure, ce héros local, à Bnei Brak, le village, à dix kilomètres de Tel-Aviv, où il s'installe, dans les années 20, avec vingt-cinq autres familles de hassidim, originaires, comme lui, de Ostrowitz, en Pologne. Mais personne, à part nous, ne le sait. Personne. Ce qui veut dire... »

Le visage se rembrunit. Souvent, chez elle comme chez lui, je verrai cette alternance d'euphorie et de tristesse extrême : les moments où reviennent, je suppose, les images les plus insoutenables ; les moments où tout s'efface, vraiment tout, les récits et le témoignage, l'analyse, la courtoisie avec le visiteur français qui se penche sur l'affaire Pearl, l'échange des idées, le souci de comprendre – car n'existe plus, soudain, que le visage d'un enfant supplicié, et qui appelle.

« Ce qui veut dire que cette phrase est un message. Aux ravisseurs, à qui il dit : voilà qui je suis, j'en suis fier, je suis d'une famille où l'on construisait des villes et où construire des villes, creuser des puits, planter des arbres, était la plus belle chose que l'on puisse faire en ce monde – avis aux amoureux de la destruction et de la mort ! Mais à nous d'abord, sa mère et moi, qui sommes les seules personnes au monde, vous dis-je, à nous souvenir qu'il y a, à Bnei Brak, une rue qui porte le nom de mon grand-père. Et il nous dit quoi, alors, ce message ? Je me suis, vous l'imaginez bien, posé la question des milliers et des milliers de fois depuis des mois. Eh bien ma théorie c'est que c'est un message codé dont le sens est : "je suis Danny ; tout va bien ; je suis bien traité ; ce que je dis, je le dis librement puisque je dis une chose que personne, à part vous et moi, ne peut savoir ; je suis votre fils chéri ; je vous aime". »

Ruth a les larmes aux yeux. Lui regarde au plafond, retenant ses propres larmes. Il se lève. Va chercher une assiette de biscuits pour moi. Un séchoir électrique pour elle car elle a les cheveux humides et il craint qu'elle ne prenne froid. Je pense à ces personnages d'Isaac Babel, dans *Cavalerie rouge*, qui, jusqu'à la dernière minute, quand le cosaque tueur de juifs va leur taillader le visage ou les dépecer, continuent d'affirmer « je suis juif ». Je pense à ce vieux rabbin de je ne sais plus quel roman d'Isaac Bashevis Singer qui, face à la brute pogromiste qui s'apprête à le frapper, lui couper la barbe, l'humilier, dit sa prière en secret et, à mille petits signes dont la subtilité va échapper au barbare et ne seront visibles que de Celui qui voit tout, persiste à affirmer, sans arrogance, tranquillement, avec cette fermeté intérieure qui fait les grands tempéraments et les martyrs, son appartenance inentamée à la communauté honnie. Comment n'y ai-je pas pensé plus tôt ? Comment ai-je pu répéter, comme tout le monde, et ici même, dans ce livre : « forcé de proclamer son judaïsme... humilié... » ? Alors que c'est le contraire ! Un geste de fierté ! Un moment de dignité ! Tout à fait raccord, dans le fond, avec tant de scènes que l'on m'a racontées : cette soirée à Islamabad, chez Khalid Khawaja, l'ancien pilote de Ben Laden, devenu son ami, où l'on commence à faire le procès d'Israël et des Juifs et où il glace la compagnie en disant juste « je suis juif » ; cette conversation, en Syrie, avec sept militants d'un quelconque Hezbollah en train de parler des « deux religions », l'islam et le christianisme – et lui qui, d'une voix douce, sans emphase, laisse tomber qu'il y en a une troisième, la sienne, le judaïsme. Mais Judea revient. Et je sens que c'est à moi d'enchaîner.

« Ce que vous dites est si lumineux, tout à coup. Si parfaitement évident. Car je l'ai vue, moi, la cassette. Je me la suis passée des dizaines de fois, plan par plan, image par image. Et il y avait des choses, en effet, que je ne m'expliquais pas : des ruptures de rythme et de ton... des expressions différentes... la barbe qui n'est pas la même... l'état du vêtement... des moments où Danny parle à la caméra et d'autres où il l'oublie... les plans de face et de profil... les yeux baissés... moqueur quand il dit : "pas un lieu où les Américains seront en sécurité ; pas un lieu où ils pourront aller librement"... convaincant quand il parle de son arrière-grand-père... bizarrement brutal, sans réplique, les mots qui claquent comme des coups de fouet, dans le moment fameux où il dit "mon père est juif, ma mère est juive, je suis juif "... moqueur encore, ou plutôt non, ravi, sourire d'enfant, quand il prononce la phrase qui, en principe, le condamne : "je viens du côté de mon père d'une famille de sionistes"... Si vous avez raison, cher Judea, tout s'éclaire. Une longue interview, n'est-ce pas, presque une conversation, tournée dans la durée, peut-être des heures, voire l'ensemble de la journée, voire plusieurs journées – et puis, ensuite, ces coupes, ce montage. »

Judea hoche la tête. Il semble accablé, vieilli de dix ans en dix minutes, mais hoche silencieusement la tête.

« Il y a autre chose que je voudrais vous dire et qui va dans votre sens. J'ai été frappé, moi aussi, par l'air confiant qu'il a sur certaines images. Je ne parle plus de la vidéo, non. Encore qu'à la réflexion il n'a pas, même dans la vidéo, l'air d'un homme qui sait qu'il va mourir. Dans le dernier passage, par exemple, celui sur les rapports des Etats-Unis et d'Israël, les vingt-quatre veto, etc., il a franchement l'air de se payer leur tête. Non. Je parle des photos. Vous savez : toutes ces fameuses photos où il a son haut de jogging, les chaînes aux pieds, et qu'ils ont envoyées à la presse pendant la détention. Il y a deux de ces photos que la presse n'a pas publiées et où.... »

Nouveau changement de physionomie de Judea. De nouveau, il bondit.

« Comment cela, pas publiées ? Des photos de Danny que la presse n'a pas publiées, vous êtes sûr ?

— Je crois, oui... Il me semble... Je ne les ai pas vues, en tout cas... J'ai à peu près tout lu, tout vu, de ce qui s'est publié sur la mort de votre fils et ces deux photos-là, où il semble si confiant, presque heureux, je ne crois pas, non, les avoir vues publiées... »

La vérité c'est que je ne sais plus. Son émotion, son excitation, l'importance qu'il attache à ce détail, finissent par me troubler et me faire douter. Est-ce si important ? je lui demande. Mais oui, voyons... Réfléchissez... Il y a quatre photos... Quatre... Imaginez qu'il y en ait une cinquième... D'où sort-elle ? Qui l'a prise ? Qui surtout l'a donnée à qui ? Vous voyez bien que cela change tout ! Venez avec nous, vérifions...

Il se lève. Ruth se lève. Ils m'entraînent dans la pièce à côté, qui sert de modeste siège à la Fondation Daniel-Pearl qu'ils ont créée à la mémoire de leur enfant et où sont rangés, par terre, dans des cartons, tous les dossiers, les textes des uns et des autres, les hommages, les articles. Et nous voilà donc à genoux, tous les trois, en train de déplacer les cartons, de fouiller, de rechercher la moindre photo parue dans la plus humble feuille : « peut-être ce carton-ci... non, celui d'en dessous... encore en dessous... attends, laisse-moi faire, c'est trop lourd... prends plutôt le dossier où il y a les articles israéliens... »

J'ai honte, tout à coup, d'avoir déclenché cette frénésie.

Je les sens, à l'idée d'une photo inédite, dans l'état d'affairement où ils devaient être l'année dernière, quand on n'était pas encore certain de la mort de leur Danny et que l'on s'accrochait à un indice, un détail, une bribe d'information pour reprendre espoir.

Il y a quelque chose de si pathétique, surtout, dans cette manière, face à la tragédie accomplie, d'aller chercher dans le passé, dans un épisode minuscule d'un temps, hélas, sans recours, comme une ultime et rétrospective raison de croire et d'espérer, que j'en suis bouleversé.

D'autant qu'au bout de dix minutes passées à me présenter des clichés, toujours les mêmes, où je ne retrouvais toujours pas ma fameuse nouvelle photo, ils finissent par me présenter un numéro du *Jerusalem Post*. Et là, autant pour moi : je suis obligé de reconnaître qu'en effet, c'est bien celle-là, elle était rare, mais pas inédite, je suis désolé...

« Revenons à la vidéo », reprend Ruth, que cette absurde recherche a épuisée. Elle a, je l'ai tout de suite vu, des problèmes de respiration. Elle est toute petite. Toute menue. Mais elle a une façon de s'essouffler qui appartient, d'habitude, aux diabétiques et aux gros. Et, là, c'est terrible : elle peine à reprendre sa respiration ; elle halète ; une tête de survivante, me dis-je ; si juvénile encore, si gracieuse et cette tête, pourtant, de rescapée ;

comment vit-on après un pareil désastre ? où puise-t-on la force des gestes de la vie ? revenons, dit-elle ; et elle n'est pas fâchée, je le sens bien, que nous retournions sur le canapé.

« Nous ne l'avons pas vue, cette vidéo. On nous l'a racontée. On nous en a donné la transcription. Mais vue, ce qui s'appelle voir, nous ne l'avons pas vue, non – comment une maman pourrait-elle voir une chose pareille ? Nous aurions préféré, d'ailleurs, qu'on ne la voie pas du tout. Quand CBS l'a montrée et que, à partir de CBS, elle est partie sur tout Internet, nous étions, mon mari et moi, très en colère. Il faut montrer ce dont ces gens sont capables, avait dit "l'expert" en questions islamiques de la chaîne – et le fait de le montrer dissuadera les gens d'aller vers l'islamisme. Quelle blague ! C'est l'inverse. Pour un tas de gens, c'était un argument, au contraire. Un outil de recrutement et de propagande dans les mosquées. Vous, au fait, qu'en pensez-vous ? »

Je dis que les deux thèses se défendent. Mais que, dans ces cas-là, dans le doute, la censure est la plus mauvaise des solutions. Elle hausse les épaules – comme pour dire que la bataille, de toute façon, est perdue. Elle poursuit.

« Vous qui l'avez vue, ma question c'est : comment est-il habillé ? porte-t-il, jusqu'au bout, son jogging ? »

Puis, voyant que je ne saisis pas bien le sens de sa question :

« Je veux dire : est-ce qu'il y a un moment, dans la bande, où il est torse nu ? est-ce que vous avez vu mon Danny torse nu ? »

Je sais qu'il y a, en effet, ce moment dans la bande. Je sais que lorsque la main, au premier plan, termine son œuvre de boucherie, lorsqu'on la voit s'affairer dans la plaie, il est, en effet, torse nu mais qu'arrive un dernier plan, très bizarre, où il a de nouveau son jogging bleu et rose. Mais je n'ose le lui dire. Je sens tant de douleur dans ses mots, tant d'imploration secrète, que j'aimerais pouvoir lui répondre ce qu'elle attend, ce qu'elle espère – mais quoi ? Je me tais.

« Et puis autre chose. Avez-vous une explication de la façon dont ils l'ont tué ? Cette manière de le couper en morceaux, puis de le recomposer pour l'enterrer. »

J'entends Judea, le savant, l'homme de la rigueur et de la méthode, qui grommelle dans son coin :

« Trop de questions à la fois ! »

Et elle, toute petite fille, grondée, presque honteuse :

« C'est vrai. Mais j'aimerais tellement savoir. »

Et lui, voix sourde, oppressée :

« Ils ne l'ont quand même pas découpé pour le faire entrer plus facilement dans les sacs plastique. »

Je ne sais que répondre, là non plus. J'aimerais tant leur dire ce qu'ils voudraient entendre et qui leur ferait un peu de bien, ou moins de mal. Mais, de nouveau, comment savoir ? A tout hasard, je dis :

« Il faudrait regarder du côté des Algériens qui sont les grands spécialistes de ce type de mise en scène. C'est un message, il me semble. Une adresse à l'Occident. Voilà comment nous vous traiterons désormais. Voilà ce que nous ferons de vous. D'autant... »

Je suis en train de me dire que le 31 janvier, date probable de la mort de Danny, ne devait pas être très loin de la fête du Mouton.

« D'autant que nous ne devions pas être loin de l'Aïd, n'est-ce pas. Alors, peut-être ont-ils voulu nous dire : à partir d'aujourd'hui, nous n'égorgerons plus seulement les moutons, mais vous, chiens d'Américains, de Juifs, d'Européens. »

Je sens que Judea est en train de chercher, dans sa tête de savant absolu, si l'on était vraiment, début février, dans les parages de l'Aïd. Ainsi faisait-il du temps de Danny, son fils chéri, quand celui-ci lui téléphonait, en catastrophe, à l'heure du bouclage : peux-tu me calculer, papa, la date du ramadan il y a douze ans ? l'heure de la marée, à Karachi, la semaine prochaine ? le temps qu'il faisait à Waterloo ? la prochaine éclipse du soleil ? l'heure du lever du soleil, le jour de la décapitation de Louis XVI ?

« Et quant à votre deuxième question, madame, quant à savoir pourquoi ils ont éprouvé le besoin de le recomposer avant de l'enterrer... »

Elle me coupe. Et, dans un souffle, très vite, petite voix nouée par le sanglot qui vient, elle dit :

« Peut-être quelqu'un a-t-il voulu, à la fin, prendre soin de lui. »

6

LE VISAGE DE DANNY

J'ai revu Ruth et Judea, les parents-courage.

J'ai correspondu avec eux.

J'ai vu Daniel Gills, l'ami d'enfance, avec qui il fonda, entre six et sept ans, son premier club, sa première amicale, et qui sera, vingt ans plus tard, son témoin de mariage.

J'ai vu des collègues, américains ou non, qui l'ont croisé à Karachi et dans le reste de sa vie professionnelle.

J'ai lu Steve LeVine, son collègue du *Wall Street Journal* qui suit l'évolution de l'enquête pour le journal et qui aurait dû, en principe, être à Karachi à sa place, mais voilà, il se mariait, et c'est Danny qui a été désigné, et il a même fallu, à cause de cela, annuler, au dernier moment, la réunion de famille prévue, le 18 janvier, à San Francisco.

Et puis Mariane, bien sûr, presque tout de suite – je venais, à New York, montrer *Bosna !* et elle était là, accompagnée de Tom Jennings, un autre ami de Pearl, avec qui elle envisageait, si digne, si belle, Antigone moderne, de réaliser, à Karachi, un film de devoir et de vérité sur les traces de son mari : revenir à Karachi ? refaire, portant le nom qu'elle porte, le chemin de Daniel Pearl ? mais oui ! pas l'ombre d'une hésitation ! ne pas laisser se figer la douleur et la mémoire ; ne pas se figer, soi-même, dans le chagrin ; et ne pas se dissoudre dans le deuil ; et puis Adam, n'est-ce pas ; penser au petit Adam Pearl, né de père décédé, qui est devenu sa raison de vivre et dont elle m'enverra une si jolie photo pour le jour de l'an 2003.

Mariane Pearl, donc. Son air de vestale et son regard de cendre. Ses cheveux noirs, très bouclés, ramenés sur la tête, en chignon, comme sur les photos. Sa jolie nuque. Ce drôle de mélange de Française et, désormais, d'Américaine, et puis un peu cubaine, et bouddhiste, et juive à cause de Daniel. Mariane, dans son appartement vide, mal installé, des Tours Stuyvesant, dans le bas de la ville : je sens bien qu'elle sera de passage, maintenant, dans cette vie ; je devine qu'elle ne fera plus, avant longtemps, que les gestes qu'il faut faire pour le bonheur de son bébé... Mariane au restaurant, ce soir-là, et encore le suivant : sa peau mate, pas maquillée, juste le maquillage du malheur ; un vieux tee-shirt, trop large, choisi n'importe comment, elle que l'on voit si coquette sur les photos du bonheur dans le salon des Pearl ; ses réponses brèves ; son refus du pathos ; la légère distance qu'elle creuse dès que la question se fait trop précise – « joker... je ne réponds pas... là, vraiment, ce n'est pas possible... je ne peux pas répondre à cette question... » Mariane Pearl qui, chaque fois qu'elle apprendra que je retourne à Karachi, m'enverra un petit

Danny

message amical, fraternel : « take care... prenez garde
à vous... » Mariane que je revois, dans une interview
ancienne pour la BBC, au moment de la plus grande
incertitude et alors que tout le monde espère encore que
les ravisseurs n'ont pas commis l'irréparable : elle est
enceinte de six mois, brisée et pleine d'espoir, intense
– et je l'entends, dans cette interview, s'écrier : « si quelqu'un doit donner sa vie pour le sauver ce sera moi ; con-
tactez-moi, s'il vous plaît ; je suis prête ».

A elle et aux autres, j'ai posé les mêmes questions.

Chaque fois, j'ai glané des photos, des documents,
des bribes de souvenirs, des lambeaux de vie.

Plonger dans le passé d'un homme comme dans un
sac.

Fouiller, du bout de la plume, dans le petit tas de
secrets et de clichés.

Il fallait, derrière le visage supplicié, retrouver l'autre
visage, le vrai : celui, non de Pearl, mais de Danny.

Je voulais, si éperdument, comprendre qui était le
Danny qu'ils ont ciblé, puis tué.

Penser à Daniel Pearl comme à un vivant.

Dieu, disent les Prophètes dont nous nous sommes,
lui comme moi, un peu nourris, n'est pas le Dieu des
morts, c'est d'abord le Dieu des vivants.

Il y a l'enfant magnifique, étrangement blond, dont
j'ai été si ému de visiter la chambre, à Los Angeles.

Il y a l'enfant joueur de football, à genoux près de
son ballon, grandes chaussettes orange, cheveux toujours blonds, longs, visage de petit prince, frais comme
un jasmin, il pose pour la photo, peut-être contient-il

un fou rire, il ne sourit qu'avec les yeux – mais quel sourire !

Il y a le bon copain, les histoires de gosses à Mulholland Drive, les clubs enfantins, les sorties de classe, les longs espaces sous les arbres, les étés perpétuels, la tarte à la noix de coco après les cours de violon, la vie heureuse.

Il y a, très vite, le fou de musique. Photos de lui au violon, guitare, mandoline, piano, batterie. Photos de groupe à Bombay. Photos d'un autre groupe, très rock années 80, à Berkshire. Cette photo encore, noir et blanc, splendide : dix-huit ou vingt ans, smoking, nœud papillon, cheveux courts à la Tom Cruise, tête levée vers le public, sur ses lèvres un sourire retenu – il vient de donner son dernier coup d'archet, j'entends les applaudissements, il va saluer, il est content. Vos activités préférées ? demande le questionnaire d'entrée à Stanford. « Sport et musique, windsurf et violon »... Votre relation ? je demande à Gills. « La musique ; les filles, mais d'abord la musique ; nous étions toute une bande et c'est la musique qui faisait le lien ; rock ; pop ; mais aussi, à quinze ans, un concert d'Isaac Stern, ou de Stéphane Grappelli, ou de Miles Davis. » Oh ! le bonheur de Judea, musicien lui aussi, le jour où il a découvert que son petit garçon était « une oreille », une oreille « absolue » ! merci, mon Dieu, pour ce miracle ! merci pour ce don !

Il y a le bon camarade, à nouveau. La prodigalité avec les confrères. Ce titre donné à l'un. Cette formule soufflée à l'autre. La gentillesse avec les plus jeunes. L'insolence contrôlée avec les aînés. La fidélité au

« Journal », il n'y en a qu'un, c'est « le » journal, le sien, et tant pis si c'est aussi celui de la Dow Jones Company qui n'est pas exactement sa tasse de thé : quand le *New York Times*, en 1998, juste avant son départ pour Londres, tente de le débaucher et le fait avec les arguments sonnants et trébuchants qui, en général, et en Amérique en particulier, font tout de même un peu réfléchir, il décline, refuse la surenchère – « je ne suis pas un mercenaire, dit-il, j'aime mon journal, j'aime mes copains, je reste ».

Trop beau ? Trop sulpicien ? Peut-être. Il est là, lui, heureusement, pour corriger. Il est là, dans ses réponses au questionnaire d'entrée à Stanford, modeste, moqueur, ne se prenant surtout pas au sérieux : je suis « paresseux », écrit-il, de son écriture réfléchie, bien lisible, aux lettres bien séparées et presque, parfois, dissociées – l'écriture encore un peu enfantine d'un homme à qui on a dû cent fois dire « applique-toi ! on ne te lit pas ! » ; mon problème c'est que je suis « paresseux » et qu'il m'arrive, « heureusement pas souvent », d'éprouver du « mépris » pour « les humains » ; il arrive aussi que des « petites contrariétés » tournent, chez moi, au « pessimisme généralisé »...

Il y a le séducteur. Gare, là aussi, au sulpicisme. Mais vrai charme. Vrai magnétisme. Récits, à Londres et Paris, de femmes captivées. Drôlerie du personnage. Irrésistible fantaisie. Capable, en dix minutes, de composer une chanson pour une fille qui lui plaisait. Capable aussi, comme Solal, de se donner une heure pour la séduire et d'y parvenir. Danny, insistera sa mère, tout à coup très « mère juive », fière, oh ! si fière de son petit garçon devenu homme à femmes, avait deux raisons de plaire aux jeunes filles. Pas seulement aux jeunes filles, d'ailleurs. Il était le charme même. Tout le monde, hommes et femmes, tombait en son pouvoir. Premièrement il s'intéressait à elles, il les regardait de telle manière qu'elles avaient le sentiment, à cet instant, d'être ce qu'il y avait de plus important au monde. Deuxièmement, il a été un enfant aimé, a so beloved child – he knew it, il le savait ; et rien de tel que cet amour reçu pour faire un adulte bien dans sa peau, un séducteur...

Il y a les photos, encore. Il y a toutes ces photos que j'ai disposées, devant moi, par terre, dans ma chambre d'hôtel de Los Angeles, et dont la vibration, la force qu'elles dégagent, me font, tout à coup, presque peur. Il y a Danny seul, en gros plan, avec ce regard pétillant et crédule derrière les lunettes – « le joyau de l'œil, véridique et rieur », dit le poète. Il y a Danny debout, avec ses parents, bon fils, bon garçon, air de tendresse infinie. Danny barbu, de profil, devant une fenêtre ouverte sur la mer, il a plu, le ciel est bleu poudré. Danny de dos, dans un cône de lumière qui l'isole. Danny en tee-shirt, regard clair, sourire très doux, élégance désinvolte, beau visage bien dessiné – c'est à Arthur Miller jeune que, cette fois, il ressemble. Danny avec Mariane, tee-shirt orange sur pantalon beige : ils marchent dans les rues d'une grande ville, peut-être Milan, Turin ou, tout simplement, Paris, arcades du Palais-Royal, ils sont jeunes, ils ont l'air heureux, je les entends respirer, je devine leurs voix enjouées et leurs rires, je vois les regards qu'ils échangent, je sens leur souffle léger.

Danny bébé. Danny enfant, devant l'océan. Danny
ado, tenant une batte de base-ball, sage comme une
image, immobilité ironique. Ou, avec ses sœurs, à la
proue d'un bateau blanc, ponton, crépuscule éclatant et
chaud, une mouette au-dessus de leurs têtes. Ou avec sa
sœur encore, dans le jardin familial, fin d'après-midi
californienne, vent léger, soleil, la taquinant sous l'œil
amusé de deux copains. Ou bien un autre jardin, baigné
de chaleur, brise légère, où il est avec son violon, en
train de déchiffrer une partition de Bach que lui tient
son ami Gills. Danny avec Tova, sa grand-mère, elle
a quatre-vingt-douze ans, elle vit à Tel-Aviv, elle lui
porte un regard extasié, il sourit, il l'adorait. Danny en
reportage, une rue arabe il me semble, ses cheveux ont
poussé, il porte une queue-de-cheval, tout lui sourit.

Il y a sa photo de mariage, debout encore, devant
une grille, un photographe au second plan, des amis.
Mariane a les épaules nues. Jupe de taffetas orange.
Echarpe de gaze ou de mousseline. Un bouquet de
fleurs à la main. Silhouette parfaite. Sa nuque délicate,
bien dégagée. J'imagine, en fond sonore, un prélude
de Chopin ou une mazurka. Elle rayonne. Lui est sapé.
Légèrement emprunté. Costume beige un peu raide.
Cheveux courts fraîchement coupés. Il lui tient la main.
Au fond de la pupille, une interrogation confiante, une
lumière tendre, le juvénile orgueil du bonheur qui s'accomplit. Pas l'ombre d'une ombre, non. Pas la moindre
nuance à laquelle se raccrocher pour, après, venir se
dire : « voilà... c'était écrit... la tragédie pointait sous
l'image enchantée ». Même pas, dans les regards, ce
léger recul, cette distance de soi à soi, qui témoignent,

d'habitude, qu'une place est laissée à l'hypothèse du sort contraire ou, simplement, à l'inquiétude. Non. Présent absolu. Joie et béatitude. J'ai vu peu de visages, dans ma vie, aussi comblés. Il y a très peu d'hommes, il me semble, qui ont le bonheur heureux et Pearl était de ceux-là. (Et pourtant, si, cela me revient... Cette confidence de Ruth, hier, en me quittant... Ce jour, avant ou juste après son mariage, où il lui aurait dit que c'était trop de bonheur, justement, trop de chance, et qu'il espérait ne pas avoir, un jour, à payer pour tant de chance... A-t-il vraiment dit cela ? M'a-t-elle vraiment dit qu'il l'avait dit ? Ou est-ce moi qui rêve ? ou qui ai mal compris ? Je ne sais plus. Trop de photos, oui. Il y en a tant que j'en ai le tournis et que, peut-être, je déraisonne...)

Il y a le journaliste. J'ai sous les yeux le pieux recueil édité par son journal, *At Home in the World*. Chez moi sur la planète. Tout un programme. Le mot d'ordre intime, la devise, de cet infatigable globe-trotter qui s'intéresse au destin d'un stradivarius autant qu'au mystère des bouteilles de coca-cola iranien, aux problèmes posés par la datation du ramadan autant qu'à la querelle des Yéménites et des Ethiopiens sur l'origine de la reine de Saba. Chroniques bizarres. Reportages courageux. Le type qui, dans le grand journal de l'establishment de la côte Est, démonte les thèses de l'Otan sur la situation au Kosovo. Celui qui, lorsque la Maison-Blanche fait bombarder une usine chimique au Soudan car elle croit que ce n'est pas une usine chimique mais une fabrique clandestine d'armes biologiques, est le premier à aller y voir et à crier : « non ; c'était bien une usine de produits chimiques ; l'Amérique a fait une tragique erreur ». Un reportage à Qom. La vogue du rock à Téhéran. Le combat pour les médicaments génériques, notamment dans le cas des malades atteints du sida. L'implication d'al-Qaïda dans le trafic de diamants en Tanzanie... Daniel Pearl, contrairement à ce que l'on a souvent dit, n'est pas un reporter de guerre : « il faut être entraîné, disait-il, pour couvrir une guerre ; je ne suis pas entraîné ; c'est pourquoi je n'ai pas voulu aller en Afghanistan et ai préféré le Pakistan ». Mais on sent, en revanche, le très bon et très grand journaliste. On sent le flâneur passionné, l'arpenteur infatigable de tous les lointains, l'amour des êtres et du monde – on sent le fou d'info qui vit, corps et âme, ses reportages.

Danny était-il imprudent ? On l'a dit. Je n'ai cessé, pendant cette année d'enquête, de rencontrer, à Karachi, Madrid, Washington, des gens qui m'ont dit : « risques inconsidérés... l'avais prévenu... n'a rien voulu écouter... quelle pitié... » Un pas de plus et, notamment au Pakistan, on tomberait dans l'odieux : « a eu ce qu'il méritait... c'est triste mais c'est comme ça... tant pis pour lui... c'est ainsi... » C'est le contraire, bien sûr. Bonne mesure des risques. Saine peur de ce pays et des fous qui le défigurent – en témoignent ses courriers électroniques à ses parents. Il n'était pas protégé, d'accord. Mais qui l'était, à l'époque ? Quel journaliste, avant « l'affaire Daniel Pearl », se baladait avec l'une de ces escortes de « gunmen » à casquette orange ou bleue qui protègent les huiles pakistanaises ? Aujourd'hui encore, il n'y en a guère. On me l'a proposé, lors de l'un de mes séjours. Mais j'ai tout de suite compris, primo que c'est le genre de précaution dont la principale fonction est de vous signaler à l'attention des malveillants ; secundo, qu'un flic à la retraite, payé dix dollars par jour et encore, n'a pas beaucoup de raisons, en cas de problème, de se faire trouer la peau à votre place. Pearl, je le répète, n'est pas un reporter de guerre ; pas l'ombre d'une fascination, chez lui, pour cette saloperie qu'est la violence des hommes sur les hommes ; la prudence, disait-il, est une dimension du courage...

Et puis une chose encore. Sait-on que c'est lui, Pearl, qui, en 1998, trois ans avant l'affaire Pearl, s'est porté candidat pour rédiger, à l'usage du *Wall Street Journal*, une sorte de « bible » du reporter sur les questions de sécurité ? Il avait tout prévu. Le « Journal » s'en est inspiré dans ses recommandations à ses reporters. Sauf un sujet, un seul, sur lequel il avait fait l'impasse : l'enlèvement ! l'attitude à avoir en cas d'enlèvement ! Les spécialistes sont formels. Ils disent tous, par exemple, qu'il y a une règle absolue qui est de ne pas tenter de fuir. Jamais. Mais voilà. C'est la seule règle qu'il ne connaissait pas. C'est la seule situation à laquelle il n'avait pas réfléchi. Il a tout prévu, tout, sauf ce qu'il convient de faire en cas d'enlèvement. Quelle ironie ! Quelle coïncidence ! De même, d'ailleurs, que ce rêve de Ruth, le 23, à l'heure même du kidnapping. Danny défait, hirsute, qui lui apparaît au fond d'une impasse. « Qu'y a-t-il mon chéri ? que se passe-t-il ? – Rien ; ils m'ont juste fait boire de l'eau ; beaucoup d'eau ; ce n'est rien. » Mais il a l'air si mal... Si pâle et si mal...

Ruth, cette nuit-là, se réveille en sueur, en sursaut, et se précipite sur son e-mail : « Danny are you all right ? please, answer immediately ! »

Imprudence encore. L'hypothèse selon laquelle il se serait fait manipuler par les services américains. Qui m'a dit cela ? Qu'importe. Le raisonnement est le suivant. Un collègue du *Wall Street Journal* achète sur le marché de Kaboul, au lendemain de la guerre américaine et de la fuite des talibans, un ordinateur d'occasion. Il l'ouvre. Il découvre avec stupeur que le disque dur contient tout un tas d'informations étranges qui sentent l'al-Qaïda. Il transmet au journal. Lequel transmet aux services. Lesquels, une fois l'information traitée, reviennent vers le journal dans l'espoir – classique – qu'il s'y trouvera un journaliste, ou plusieurs, pour valider ou pas les premières conclusions de leur débriefing. Possible bien entendu. Tout est possible, absolument tout, dans cette affaire tellement étrange. Et quant à cette hypothèse d'un Danny en contact avec les services, pourquoi pas ? où serait le problème ? un bon journaliste, un sourcier de la vérité, ne va-t-il pas chercher l'information partout où il pense pouvoir la trouver ? ne fait-il pas flèche de tout bois ? le fer dans toutes les plaies ? serai-je accusé d'être un agent indien quand j'irai, à New Delhi, interroger les services indiens sur ce qu'ils savent de sa mort ? un agent de la CIA quand j'irai, à Washington, voir où en est l'enquête et glaner, là aussi, des indices, des bribes de vérité, peut-être des témoignages ? La seule chose dont je sois sûr c'est que Danny est un journaliste aguerri. Un malin. Un qui ne s'en est jamais laissé conter ni par les autorités ni par les demi-sel ou les espions. La seule chose que je ne puisse imaginer c'est qu'il ait franchi la ligne jaune qui démarque les amants de la vérité des agents de telle ou telle cause ou même des militants.

Il y a le Juif qui a toujours pensé que, s'il avait un fils, il le ferait circoncire et qui, en 1998, écrivait à sa mère : « je transmettrai à mes enfants toute la tradition juive que je connais et, avec ton aide, peut-être un peu plus ». Juif comment, ai-je demandé à Ruth et Judea ? Juif. Fidèle à cette part de sa mémoire. Juif parce qu'être juif c'était une façon, pour lui, d'avoir de la mémoire. Kippour. Les grandes fêtes. Le dîner du vendredi soir quand il était à Los Angeles. Cette autre conversation avec sa mère, ou peut-être la même, je ne sais plus, où il demande : « et si je me mariais hors de ma foi, out of my faith, qu'en dirais-tu ? ». Il pensait à Mariane, se souvient Ruth ; il l'aimait tant ! elle le rendait si heureux ! et il était tellement clair qu'ils avaient la vraie foi, tous les deux, qui est la foi du cœur ! Et cette photo de bar-mitsva au mur des Lamentations, kippa, châle de prière, les yeux baissés sur le Livre. Et cette autre, le même jour, la Torah dans les bras, plus grande que lui, cette pure lumière qui fuse de ses yeux. Et les questions qu'il nous posait, à sa mère et moi, surtout sa mère, sur nos familles, nos racines : comment êtes-vous juifs, comment le suis-je – cela, visiblement, le passionnait. Et sa façon, à chaque attentat en Israël, où qu'il se trouve dans le monde, d'appeler, de prendre des nouvelles de Tova, sa grand-mère, et de ses cousins de Tel-Aviv.

Israélien ? dis-je alors. J'ai lu, dans mon pays, qu'il était américain, mais aussi israélien, double nationalité, les Français disent parfois double allégeance – qu'y a-t-il de vrai là-dedans ? Judea hésite. C'est que... C'est moi qui ai un passeport israélien.... Et Ruth aussi, bien sûr... Alors, tout dépend comment vous prenez la chose. Du point de vue israélien, son père et sa mère étant israéliens, Danny l'était aussi, automatiquement en quelque sorte. Mais il n'y pensait pas. Nous non plus. La seule trace de cela c'est quand il avait trois ans : il avait été inscrit, alors, sur le passeport israélien de Ruth. Mais est-ce que cela fait de vous « un » Israélien ?

Et politiquement ? ai-je encore demandé. Comment était-il, politiquement ? très critique vis-à-vis de son pays ? antiaméricain ? Là, Judea rit. Peut-être me suis-je mal exprimé. Peut-être ai-je eu tort de dire « anti-américain ». Car, pour la première fois depuis trois heures que nous parlons, Judea éclate de rire, oui, de bon cœur – et, au fond, tant mieux, cela me fait plaisir. Antiaméricain, vous dites ? Vous voulez rire ? Qui est allé vous raconter cette bêtise ? N'allez quand même pas me dire que c'est pour cela que vous l'appréciez en France et en Europe ! Aimait son pays, au contraire. Fier d'être citoyen américain. Connaissait, depuis tout gosse, les noms et les biographies de nos présidents. Savez-vous pourquoi il a voulu appeler son bébé Adam ? Il a appris, la veille de son enlèvement, que ce serait un garçon et, avec Mariane, il a décidé de l'appeler Adam. Eh bien c'est à cause de John Quincy Adams, sixième président des Etats-Unis, fervent abolitionniste, qui s'est battu contre l'esclavage. Il y avait le côté prénom œcuménique, OK. Il y avait l'idée qu'il se dirait dans toutes les langues et dans toutes les religions. Mais il y avait aussi ça, l'hommage à un grand président qui était aussi un grand Américain. Danny, je vous le répète, était passionnément américain. Bien plus américain que moi, par exemple, qui reste un sacré foutu immigré d'Israël.

Et à part ça ? dis-je. A part être fier d'être américain ? Sur Israël ? Sur les Palestiniens ? Il pensait quoi, au-dedans de lui, sur Israël et les Palestiniens ? Judea hésite à nouveau. Je m'aperçois – il s'aperçoit – que, au fond, il n'en sait rien. Aimait le peuple juif, ça c'est sûr. Aimait profondément Israël. Se révoltait intérieurement quand il voyait ce pays caricaturé, stigmatisé : il savait, lui, que les Israéliens n'aiment pas la guerre ; il savait qu'ils font leurs périodes de réserve en traînant les pieds ; il a des cousins, là-bas, et il savait qu'ils pleurent dans leurs tanks quand ils partent en opération. Mais aimait aussi la justice. Refusait d'avoir à choisir entre Israël et la justice. Et partisan, donc, de deux Etats – ça vous va ?

Le fond du problème, insiste encore Judea, c'est que Danny n'avait pas d'idées, pas de positions ni d'opinions, car il était journaliste avant toute chose. N'attendez pas de lui qu'il milite pour ceci ou qu'il s'engage pour cela. N'espérez pas qu'il prenne parti pour les Juifs, ou pour les Palestiniens, les Juifs ont raison parce que... les Palestiniens n'ont pas tort, parce que... Le rôle du journaliste, disait-il, n'est pas de décerner des prix de vertu. Le rôle du journaliste est d'établir les faits, un point c'est tout.

J'insiste auprès de Danny Gills, l'ami d'enfance, tout gêné d'avoir à parler de son vieux copain, intimidé d'être là, chez les parents, dans ce rôle de témoin ultime. J'imagine le petit garçon, déjà trop gros, dominé par son ami. J'imagine leurs rencontres, le soir, quand ils sortaient promener les chiens. Qui m'a dit que le dernier mail de Pearl, le soir du 23, fut pour prendre des nouvelles du chien ? Peut-être lui, Gills. Son chien était malade. Mais voilà il est guéri. Et c'est Pearl qui n'est plus là, son regard se voile, il essuie une larme de gros garçon ému. Bref, j'insiste. Peut-être parce que je ne veux pas renoncer à mon idée de Danny vrai démocrate américain, je lui dis : « la guerre en Irak, par exemple ; je sais que c'est toujours un problème de faire parler les morts ; mais vous qui le connaissiez si bien... s'il était là, il dirait quoi ? » Et, de fait, Gills confirme. Devant Ruth et Judea qui l'écoutent, comme moi, sans rien dire, il confirme : « critique, bien sûr ; intégralement critique ; Judea a raison de dire que cette histoire d'être contre l'Amérique c'est bullshit ; mais cette connerie de guerre, ça, je vous le signe, il serait contre ».

Il y a le Danny juif et américain, mais ouvert aux cultures du monde et à la culture, notamment, de l'autre. Ce Juif apprend un peu d'arabe, à Londres, quand il a trente ans : à cause de sa mère, sépharade, née en Irak ? sans doute ; mais pas seulement ; à cause, aussi, de ce désir de l'autre, de cette ouverture à l'énigmatique altérité du visage de son prochain, de son lointain. Cet Américain s'insurge contre les thèses à la mode sur le choc des civilisations, le clash inévitable des cultures, etc. : lui et Omar, son assassin, lisent Huntington, on le verra, au même moment ; sauf que le tueur adhère, adore cette mort qu'on lui promet – alors que lui résiste, refuse le désastre annoncé ; s'il n'en reste qu'un, ce sera moi ; s'il doit ne rester qu'un Américain, et un Juif, pour croire que n'est pas fatale la confrontation avec l'islam, eh bien je serai cet Américain et ce Juif, je ferai ce qui est en mon pouvoir pour conjurer l'inévitable.

Conversation avec Gills, après le 11 septembre, sur le Coran. Ne prêche-t-il pas, le Coran, la haine des infidèles ? Oui, bien sûr, répond Danny. Mais pas seulement. On ne peut pas, on n'a pas le droit, de ne sélectionner, dans un livre pareil, que les passages négatifs. Il y a un autre Coran dans le Coran, qui est message de miséricorde et de paix.

Et puis cette très belle scène que rapporte Robert Sam Anson dans son récit pionnier, paru dans *Vanity Fair* quelques mois après sa mort : on est en novembre 2001, veille des bombardements US sur Kaboul ; les manifestations se multiplient dans tout le Pakistan ; Danny est à Peshawar, pris dans une de ces manifestations où l'on brûle des effigies de Bush et des drapeaux ; ne reste pas là, lui dit Hamid Mir, le journaliste qui l'accompagne, c'est dangereux ; si, répond Danny, je suis là, je veux comprendre, je veux voir dans les yeux de ces gens pourquoi ils nous détestent. L'anecdote est peut-être fausse. Un collègue, qui le connaît bien, m'a dit qu'il la trouvait peu vraisemblable. Ce serait dommage. Car elle illustre bien cette curiosité qu'il avait, cette soif de connaître l'autre, cette non-haine radicale – le meilleur des Américains ?

Il y a le Danny – j'ai lu ses textes – qui, même s'il est fier de l'Amérique, pense que l'Amérique et, en général, l'Occident, sont les obligés du monde, qu'ils sont en dette.

Il y a l'humaniste intraitable qui, malgré tout ce qu'il voit et a vu dans sa vie, continue de vouloir croire que l'homme est, non un loup, mais un frère, un semblable, pour l'autre homme.

Il y a le journaliste qui, en allant inlassablement, par ses reportages, au-devant des oubliés du monde, paie sa dette, la nôtre, celle de ces foules d'Occidentaux repus et satisfaits qui se moquent de la misère du monde et ne pensent pas être « les gardiens de leurs frères ».

Il y a l'autre dette, il le sait bien. Il est assez juif pour savoir que le problème ce sont aussi ces autres foules, musulmanes, qui refusent trop souvent de reconnaître leur propre dette à l'endroit de certain Livre et du peuple qui l'a porté. Mais il paie tout de même. Il paie d'avance, en quelque sorte – sans attendre et sans être assuré, donc, d'être payé de retour. Et cela est admirable.

Il y a ce visage – il n'y en a pas tant que cela – où l'époque peut se regarder sans rougir.

Il y a cet antidote vivant – car, d'une certaine façon, Pearl est vivant : il l'est à cause de l'émotion que sa mort a suscitée ; mais à cause aussi des valeurs dont chacun sent bien, confusément, qu'il les incarnait... – à toutes les sottises modernes sur la guerre des civilisations et des mondes.

Savait-on ce que l'on faisait en le tuant ?

Savait-on ce que l'on tuait en tuant ce journaliste-ci ?

Et est-ce pour cela que, de mon côté, je me suis intéressé à lui – est-ce pour la même raison, mais inversée, que j'ai résolu, un jour, et, en vérité, tout de suite, d'entreprendre cette enquête, de refaire ce chemin, d'écrire ce livre ?

Je ne sais pas. C'est toujours très difficile de retracer l'origine d'un livre. Je suis à Kaboul, ce matin-là. Je viens juste d'arriver. C'est le début de cette « mission de réflexion sur la participation de la France à la reconstruction de l'Afghanistan » que m'ont confiée le Président de la République française et le Premier ministre et qui m'occupa un bout de l'hiver 2002. J'ai eu, la veille au soir, en m'attardant après le couvre-feu, un petit incident avec des miliciens du chef de guerre néo-fondamentaliste et vieux-terroriste Abdul Rasul Sayyaf. Et c'est le président Karzaï qui, ce matin-là, m'apprend la nouvelle. Nous sommes dans son bureau, avec quelques-uns de ses ministres. On lui apporte un papier. Il blêmit. Et nous annonce, d'abord en persan pour Mohammed Fahim et Yunous Qanouni, puis en anglais à mon intention : on a la confirmation de la mort, par égorgement, du journaliste américain Daniel Pearl...

Les images, un peu plus tard. Le choc de la vidéo. L'émotion. La compassion. L'identification, forcément. Tous les journalistes du monde ont dû, forcément, et ne serait-ce qu'un instant, s'identifier à cet homme qui leur ressemblait, soudain, comme un frère. Leur propre mort, cet ange masqué, dont ils guettent en vain le visage de

reportage en reportage et qui est là, tout à coup, sous les
traits détruits de l'un d'entre eux. L'image aussi d'un
journaliste américain, lumineux, sympathique, croisé,
à l'été 1997, à Asmara, en Erythrée, et qui cherchait,
comme moi, à entrer en contact avec le chrétien soudanais, en lutte contre les islamistes de Khartoum, John
Garang : était-ce lui, déjà ? comment se souvenir ? on
ne sait pas, n'est-ce pas, quand on rencontre un journaliste, à Asmara, en train d'essayer des panamas chez un
Italien de la Piazza Centrale, qu'il va se faire égorger,
quatre ans plus tard, et que son image va vous poursuivre un an durant et, probablement, davantage ? Ce que
je sais c'est que, pour ces raisons et pour les autres, pour
celles qui m'apparaissent dans l'instant et pour celles
que je connais maintenant, parce que l'histoire de Pearl
me fait peur et qu'elle m'empêche d'avoir peur, à cause
de ce qu'elle nous dit de l'horreur de l'époque et, également, de sa part de grandeur, à cause de ce que Pearl
représentait vivant et qu'il doit continuer d'incarner
mort, à cause des combats qui étaient les siens et qui,
pour l'essentiel, restent les miens, à cause de tout cela,
son image est là, désormais, qui ne me quitte plus.

Ce semblable. Ce frère. Ce mort et ce vivant. Ce mort
qu'il faut rendre vivant. Et cet engagement, ce contrat,
d'abord entre moi et lui, puis entre moi et moi, d'y con-
tribuer un peu. D'habitude c'est pour le tuer qu'on met
un contrat sur un homme. Ici c'est l'inverse : un contrat
sur la tête de Pearl, mais pour le ressusciter.

DEUXIÈME PARTIE

Omar

1

DANS L'ŒIL DU BARBARE

L'assassin.

Je suis de retour en Europe.

Cinq mois se sont écoulés depuis le meurtre de Pearl et ma décision d'écrire ce livre.

Je suis en train de mettre au clair mes notes sur sa vie – et en train, aussi, de lire et relire le recueil de ses articles qu'a publié le *Wall Street Journal*.

Et j'avoue que, plus le temps passe, plus je réfléchis à tout cela, plus j'avance, sinon dans l'enquête, du moins dans l'épaisseur de la personnalité de cet homme et dans le mystère de son assassinat, plus je m'interroge sur les raisons qui ont bien pu pousser des hommes à désigner un tel être pour une mort aussi barbare – et plus m'intrigue la personnalité de son assassin.

Non qu'il y ait « un » assassin, bien entendu.

Non que l'on puisse dire de quiconque : voilà, c'est « l'assassin », c'est l'homme qui a tué Daniel Pearl, c'est dans sa cervelle qu'est née l'idée et c'est son bras qui l'a exécutée.

Et le peu que je sais déjà de l'affaire, le peu que tout le monde sait et que j'ai compris aussi, c'est que ce fut un crime complexe au contraire, impliquant des acteurs en très grand nombre – le peu qui, dès aujourd'hui, semble établi c'est qu'il a fallu, non pas un, mais plusieurs hommes pour apprivoiser Danny, désarmer sa vigilance, l'attirer dans le piège du rendez-vous au Village Garden, le conduire à Gulzar e-Hijri, le séquestrer, le tuer, l'enterrer : j'ai cité les Yéménites, n'est-ce pas... et Bukhari, l'homme qui lui dictait les mots à dire à la caméra... et Fazal Karim, l'homme qui lui tient la tête pendant qu'on lui coupe le cou... j'ai nommé Saud Memon, propriétaire du terrain... Lahori... j'aurais pu en citer d'autres que je n'ai pas encore très clairement identifiés, mais patience, cela viendra... ce n'est pas un crime, c'est un puzzle... ce n'est pas une organisation, c'est une armée... et rien ne serait plus réducteur, face à ce puzzle, cette armée, que de prendre celui-ci ou celui-là et de décréter : « c'est l'assassin ».

Mais enfin qu'il y ait eu un homme, en même temps, pour recruter ce monde, qu'il y ait eu un cerveau pour, ayant conçu le principe du crime, canaliser leurs énergies et distribuer à chacun son rôle, qu'il ait fallu un architecte à cette pyramide, un chef à cet orchestre noir, qu'il ait fallu un maître d'œuvre à ce meurtre commis en commun, qu'il ait fallu un « émir » qui, même s'il ne fut pas forcément présent, ni dans la geôle de Gulzar e-Hijri, ni même, on le verra, au rendez-vous du Village Garden, a désigné la cible, défini la stratégie, tiré toutes les ficelles, requis Bukhari, Fazal Karim, Lahori, les autres, cela n'est pas non plus douteux.

Il s'appelle, cet homme, Omar.

Il s'appelle, exactement, Omar Sheikh – prénom : Omar ; nom : Sheikh (et non, comme disent souvent les Pakistanais, Sheikh Omar, de la même façon que l'on dit Mollah Omar).

C'est lui que je nomme « l'assassin ».

C'est lui qui, arrêté au lendemain de la mort de Danny, avec trois de ses complices, à Lahore, dans le nord du pays, a avoué être le « mastermind », la tête pensante, de l'opération.

C'est lui qui, tout de suite, a déclaré aux enquêteurs : « I planned the kidnapping, j'ai planifié l'enlèvement, car j'étais sûr de pouvoir traiter avec le gouvernement américain pour obtenir la libération d'une ou deux personnes, comme l'ancien ambassadeur des talibans au Pakistan, Mullah Abdul Salam Zaeef. »

C'est lui dont les trois complices – ainsi que d'autres, qui ne sont pas encore jugés – ont tout de suite déclaré, eux aussi, qu'il les avait appelés, un à un, tout au long du mois de janvier : « j'ai un Juif... un Américain... une belle cible... pas difficile... ce sera une excellente monnaie d'échange... »

C'est lui, encore, qu'un tribunal d'Hyderabad, au nord-est de Karachi, vient, ce 15 juillet, au terme d'un procès à rebondissements qui dure depuis trois mois et a connu trois changements de juge, des menaces d'attaques terroristes, des suspensions sans nombre, des ajournements, des pressions et chantages divers, de condamner à être pendu.

Et c'est à lui que je pense quand j'écris de l'assassin, au singulier, qu'il m'intrigue : c'est son visage que j'ai en tête quand je me dis qu'il faut, sans tarder, et sans attendre, notamment, de connaître toutes les autres pièces du puzzle, toutes les ramifications du crime, ses complices, ses commanditaires éventuels, s'intéresser à l'assassin.

Donc, portrait d'Omar.

Faites attention, m'a pourtant dit Mariane, à New York.

Gardez-vous de personnaliser à l'excès et, à propos d'Omar comme, d'ailleurs, de ses complices, de faire trop de psychologie, de trop entrer dans leur folie ou, pire, dans leur logique.

Gardez-vous de leur faire et, d'abord, de lui faire l'inestimable cadeau de cette vedettisation qui est tout ce dont, au fond, il rêve : la gloire du barbare ; le quart d'heure warholien sur fond d'abîme et de crime ; pourquoi ne pas laisser tout cela en l'état ? pourquoi ne pas renvoyer cet homme à son insignifiance essentielle ? pourquoi s'intéresser à l'âme d'Omar ?

En un sens, bien sûr, elle a raison.

C'est même le vieux précepte qui m'a guidé chaque fois que j'ai eu affaire, comme ici, à une figure du Mal en ce monde et dont elle est en train de m'inviter à ne pas perdre de vue la bonne et sage leçon : les pièges de la complaisance... le risque, à trop comprendre, de finir par excuser... le risque, en racontant comment cela fut, de donner à croire, peu à peu, par glissements progressifs des plaisirs du sens et de la raison, qu'il était inévitable, presque naturel, qu'il en allât ainsi... « n'entre pas dans les voies du méchant, de peur qu'elles ne deviennent un piège au milieu de toi » (Deutéronome)... n'entre pas dans la tête du pervers de peur de laisser s'émousser, en toi, la force vive de la révolte, de la colère (ma position de toujours quand j'ai travaillé, par exemple, sur les figures du fascisme au XXe siècle)...

Et en douterais-je, hésiterais-je, pour ce crime-ci, à faire valoir la loi qui, d'habitude, me guide, qu'achèveraient de me convaincre les réactions très étranges auxquelles donne déjà lieu, à Karachi, la focalisation sur cet homme.

Cet « islamiste modéré » qui, dans le courrier des lecteurs d'un des journaux en anglais d'Islamabad, expliquait, en avril, juste avant mon voyage, qu'Omar avait au moins le mérite de « défendre ses idées », d'aller « au bout de ses principes » et que, pour cela au moins, il méritait le respect des « vrais musulmans ».

Le cas de Adnan Khan, cet ancien du Jaish e-Mohammed, l'une des principales organisations islamistes et terroristes, qui a fait cinq ans de prison, entre 1989 et 1994, pour le meurtre de son propriétaire et qui, quelques semaines après la mort de Pearl, s'est accusé du crime pour en décharger Omar, son héros : « ma vie n'avait pas de sens, a-t-il avoué à la police du Sind après qu'elle eut vérifié qu'il n'y était, en réalité, pour rien... les mêmes gestes, les mêmes saisons, les mêmes jours, les mêmes tracas... alors que lui... sa vie... à la fois juste et admirable... bonne et glorieuse pour l'islam... Dieu le bénisse... j'ai voulu l'aider... j'ai voulu sauver ce grand homme... »

Cette lettre adressée à Omar lui-même, début juillet, dans sa prison d'Hyderabad et dont j'ai eu connaissance

par un de ses avocats. « Je m'appelle Sikandar Ali Mirani,
explique à peu près l'auteur. J'habite Larkana. J'admire
votre combat. Vous êtes, à mes yeux comme aux yeux
de tous mes amis, un prophète moderne de l'islam. Et,
à ce prophète, à ce saint, je veux exposer mes doutes,
mes difficultés, mes malheurs – et je veux demander,
aussi, son aide. Vous êtes d'une riche famille, n'est-ce
pas ? Votre père a des affaires en Angleterre ? Eh bien
demandez-lui, s'il vous plaît, de m'aider à immigrer à
Londres. Usez vous-même de votre influence pour me
permettre d'y faire, comme vous, des études. » Le jeune
homme joignait la copie de son passeport. Plus, comme
pour un casting ou une demande d'emploi, une photo
qui a dû être prise pour la circonstance : jeune homme
gauche, un peu empâté, mais faisant le dur. Et, au dos
de l'enveloppe, de la même écriture sage et bien construite, son adresse à Larkana...

Des lettres comme celle-là, interceptées par la direction de la prison, il en arrive des dizaines toutes les
semaines.

Elles témoignent de l'écho qu'ont eu, non seulement
au Pakistan, mais dans l'ensemble du monde arabo-
musulman, le geste d'Omar, la leçon donnée (autre
thème de la lettre de Sikandar Ali Mirani) aux Juifs et
aux Américains – ainsi que, semble-t-il, son attitude
pendant le procès, sa façon de faire face, son arrogance,
son refus d'accepter les règles d'un droit calqué sur
celui des Anglais.

Et elles obligent, c'est vrai, à la plus extrême prudence quand on entreprend de brosser le portrait de cet
homme et d'entrer dans le mystère de ses motifs.

N'empêche.

Je lis les comptes rendus du procès parus dans la presse locale et que m'a adressés mon interprète et assistant – mon *fixeur* – pakistanais.

Je vois l'étrange réaction, en effet, de cet homme qui semble ne s'être réellement défendu que sur des points de détail mais qui, pour le reste, assume absolument son geste.

J'ai sous les yeux, surtout, une page du *Dawn*, le grand quotidien de Karachi, parue aujourd'hui, 16 juillet 2002, au lendemain du verdict.

On y voit deux photos en vis-à-vis.

Celle de Danny, de face, avec son regard pétillant, cette lueur éblouie dans l'œil qui le rendait curieux de tout, son air d'ironie bienveillante, son humour, son amitié si visible pour le monde autour de lui et, sur les lèvres, comme un ancien sourire qui aurait mis un peu de temps à s'effacer et que le photographe aurait capté.

Celle d'Omar, de profil, beau lui aussi, visage bien construit, front haut, regard sans vice ni malice encore qu'un peu voilé, physionomie intelligente et plutôt franche, lunettes d'écaille, menton volontaire sous la barbe bien taillée, bon gars dans le fond, sourire acidulé mais à peine, dégaine d'intellectuel archi-occidentalisé – rien qui, en tout cas, signale l'islamiste obtus, le fanatique ; rien, vraiment, qui nous dise : « voilà... c'est moi... l'assassin... c'est de cette tête qu'est sorti le projet de tuer, puis dépecer, un Américain exemplaire... »

J'ai beaucoup d'autres photos.

J'ai rapporté du Pakistan, et mes fixeurs m'ont régulièrement e-mailé, une photo au moins de ceux de ses complices que la police a identifiés : assassins enfoncés dans leur propre vertige, têtes de brute, la haine sur le visage, la mort dans les yeux – tête basse ou rire de démon, ergots vengeurs ou demi-sourire du tortionnaire qui attend son heure, toujours la même impression du crime à fleur de peau.

Mais j'avoue qu'aucun ne me fait l'effet d'Omar – aucun ne m'impressionne comme cet homme étrange, apparemment policé et doux, raffiné et subtil, et qui, sur les autres photos de lui qui paraissent, elles, dans la presse anglo-saxonne et ont été prises à la toute fin du procès, ne se départ jamais d'une impassibilité confondante, que l'on a rarement vue sur le visage d'un condamné à mort.

Ce monstre qui est aussi un homme comme les autres, ce tueur sur le visage de qui je ne parviens à voir, je le répète, aucun des stigmates qui, dans l'imagination commune et dans la mienne, signalent la présence du Mal absolu, cet homme manifestement astucieux, cet arrogant qui, à l'énoncé de la sentence, en sortant de la salle d'audience, n'a rien trouvé de mieux à dire à ses juges que : « rira bien qui rira le dernier, on verra qui mourra le premier, de moi ou de ceux qui veulent me voir hors de ce monde », ce personnage énigmatique dont je lis, dans le *Guardian*, la brève, trop brève, biographie mais dont le mélange de lucidité et d'aveuglement, de culture et de brutalité criminelle me rappelle Ilich Ramirez Sanchez, alias le Chacal, alias Carlos, le terroriste vénézuélien qui défraya la chronique des années 70 et 80 et m'inspira, naguère, quelques-unes des pages du *Diable en tête*, c'est peu de dire qu'il m'intéresse ou m'intrigue : il va être, forcément, le second personnage de ce livre.

Car qui est, donc, Omar ?

D'où vient-il et que sait-on de lui, de son parcours criminel, de sa vie, en ce début d'été 2002 ?

Il n'a pas trente ans, voilà déjà ce que l'on sait.

Il est lié à l'un des groupes islamistes, le Jaish e-Mohammed, les plus extrémistes, les plus violents et les plus en vue du Pakistan – et c'est le chef de ce groupe, Masood Azhar, mélange d'idéologue et de brute, de saint homme et de tueur en série, qui a été son maître en terrorisme, son mentor.

On sait aussi qu'il n'en est pas à son coup d'essai puisqu'il a déjà été arrêté et condamné une première fois, voilà huit ans, en Inde, pour des enlèvements exécutés sur le même modèle que celui de Daniel Pearl et dont le but était d'obtenir la mise en liberté, justement, de Masood Azhar emprisonné, quelques mois plus tôt, pour terrorisme anti-indien dans la province disputée du Kashmir. Ses victimes de l'époque – trois touristes anglais et un américain – ont été, elles, à la dernière minute, délivrées par la police indienne. Mais, dans les interviews qu'elles donnent, depuis quelques semaines, à la presse anglo-saxonne, dans leurs intarissables récits sur le thème : « j'ai vu l'animal... j'ai passé huit jours, dix, quinze, trente-deux, dans sa compagnie... voici ce que je sais de lui... voici l'impression qu'il m'a laissée... », elles racontent un personnage paradoxal, à la fois totalement instable et intellectuellement bien construit, qui jouait aux échecs et lisait *Mein Kampf*, haïssait les Juifs et les skinheads, citait le Coran à tout bout de champ mais ne semblait pas animé, pour autant, d'une piété extrême et leur avait annoncé, en s'en excusant, qu'il les décapiterait si ses revendications n'étaient pas satisfaites.

On sait encore qu'il a fait, à cause de ces enlèvements, six ans de prison en Uttar Pradesh, puis à New Delhi, et qu'il n'a recouvré la liberté que le 31 décembre 1999, à la faveur d'un détournement d'avion spectaculaire et sanglant : l'avion de la Indian Airlines, Katmandou-Delhi, détourné sur l'aéroport de Kandahar, en pleine époque taliban, par le groupe de combattants, de « jihadistes » pakistanais auquel lui et Masood Azhar appartenaient. Un passager décapité, déjà, à l'avant de l'appareil, froidement, quand il s'est agi de démontrer aux Indiens et au monde la détermination des terroristes. Et les cent cinquante-cinq autres passagers libérés, au bout de huit jours de tractations et de menaces, en échange de lui, donc, Omar Sheikh et de son mentor Masood Azhar.

Et puis on sait enfin que cet homme-là, ce forcené, ce criminel récidiviste et endurci, ce maniaque de l'enlèvement, ce fou de Dieu, cet homme que sa haine de l'Occident vient, pour la seconde fois en huit ans, de conduire au crime et, cette fois, au quasi-suicide, n'est pas pakistanais, mais anglais – je lis, plus exactement, qu'il est, comme tous ses camarades du Jaish e-Mohammed, d'origine pakistanaise mais qu'il est né anglais, qu'il a un passeport anglais, qu'il a passé son enfance et son adolescence en Angleterre, qu'il a fait, en Angleterre, les études les plus brillantes qui soient, que sa famille habite Londres, que son adresse est à Londres, bref, qu'il est à proprement parler anglais.

Monstruosité d'un homme ordinaire ou humanité d'un monstre hors pair ? C'est le thème de cette autre enquête à laquelle je tiens, il me semble, autant qu'à l'autre. Dans la tête du Diable.

2

UN ANGLAIS PARFAIT

Je suis allé à Londres où Omar est né, le 23 décembre 1973, dans une famille arrivée de Lahore en 1968.

Je me suis rendu à la maternité du Whipps Cross Hospital, le grand hôpital public de la banlieue est, un peu décati comme sont parfois les hôpitaux publics anglais, mais prospère, moderne, bonne médecine et environnement laïque, où Qauissia, sa mère, est venue le mettre au monde : famille libérale ; large d'esprit ; manifestement pas regardante quant au respect des règles coraniques en matière d'accouchement et de naissance.

J'ai retrouvé, à Wanstead, toujours dans la banlieue est, l'affaire d'import-export de prêt-à-porter, Perfect Fashions, que le père a fondée à l'époque et dont il s'occupe aujourd'hui encore avec le frère cadet d'Omar, Awais. C'est un petit magasin, 235 Commercial Road, au coin de Myrdle Street. C'est une pièce unique, toute en longueur, encombrée de gros cartons plastifiés, empilés les uns sur les autres et marqués soit « made in Pakistan » soit « Boston » (le nom d'une autre société ?). Les rares cartons ouverts le jour de mon passage, les quelques robes exposées en vitrine, sur des cintres ou des mannequins de cire, laissaient deviner des étoffes ordinaires, des couleurs criardes, des coupes et des modèles simples, destinés à des grossistes. Mais l'entreprise est prospère. Ses bilans, retrouvés au registre du commerce de Londres, montrent une activité intense, une structure financière équilibrée, des profits avant impôt de 500 000 livres par an depuis cinq ans. La famille Sheikh est une famille aisée. Le petit Omar a été élevé dans l'opulence. J'imagine une enfance heureuse, une adolescence facile. Perfect Fashions, au fait... Il me dit quelque chose, ce nom de Perfect Fashions... Je vérifie... C'est presque ça... Au 10 *bis* de la rue Cambacérès, entre Hélène Pilgram et l'Amicale des diamantaires, la maison Couture Fashion, ANJ 32-49, dans un vieux roman de Modiano... Une autre rue des « Boutiques obscures » ?

J'ai retrouvé la maison que la famille a acquise en 1977 et qu'elle possède toujours, Deyne Court Gardens, à l'angle de Colvin Street, à deux pas du Wanstead Bowls Club, pas loin non plus d'un club d'échecs où Omar avait ses habitudes (car il fut, cela me sera dit et répété, à chaque étape de mon enquête, un excellent joueur d'échecs). C'est une rue résidentielle, dans un paysage de verdure et de jardins. C'est un cottage anglais typique, avec un perron coquet, des verrières en arceaux, un toit à pans coupés, des murs de briques peintes, un bouquet d'arbres en façade et, à l'arrière, un jardin sans clôture et ouvert sur un pré. Il est un peu tôt, ce matin-là. C'est l'heure, très anglaise,

de la camionnette du laitier et des journaux dans la
boîte aux lettres. Les rideaux, à l'étage, sont tirés. La
famille qui reste tard, le soir, au magasin, doit probablement dormir. L'une des chambres a les volets clos : la
chambre d'Omar ? Mais, en faisant le tour par le pré et
en regardant par les fenêtres du rez-de-chaussée, je vois
un salon coquet, un hall d'entrée où sont suspendus
deux manteaux d'homme et un imperméable de femme
à capuche, une cuisine équipée, une table déjà dressée,
une jolie nappe, trois coquetiers, des boîtes de céréales,
un pot de lait, des assiettes fleuries. Tout cela respire la
famille unie, la campagne à la ville, la vie sans histoires,
le bonheur. Tout cela raconte une histoire qui devait être
déjà celle, en plus paisible encore, de la maisonnée, il y
a dix ans, au temps où Omar, le grand fils, était là. On
est loin, en tout cas, du paysage de misère et d'oppres-
sion, de malheur et de vie gâchée, que l'on a tendance à
associer à la généalogie du terrorisme.

« Je n'ai rien à vous dire, m'a dit Saeed Sheikh, le
père, d'une voix lasse et contenue, un soir où, l'ayant
longtemps guetté, j'ai fini par le surprendre, sortant de
chez lui, en gabardine bleu marine et chapeau mou. Je
n'ai rien à vous dire, non. Laissez-moi. » Mais j'ai eu
le temps d'entrevoir, dans la nuit et le froid, ses yeux
d'enfant vieilli, son sourire blême de grand myope, sa
barbe raide en éventail, la bizarrerie d'une paupière
tombante qui doit lui donner un air perpétuellement
ironique – j'ai eu le temps d'entrevoir, à la lumière des
lampadaires, ce chic très Commonwealth qui m'avait
déjà frappé dans une photo de lui que j'avais vue dans
le *Guardian*.

J'ai rencontré Awais Sheikh, le frère cadet. Il avait, au téléphone, et après consultation de son père, écarté, lui aussi, l'idée de me voir. Mais je l'ai surpris, un début d'après-midi, dans la boutique de Commercial Road. « Je passais par là, monsieur Sheikh... juste un petit bonjour... voir si vous n'avez pas changé d'avis... si votre père vous interdit toujours de me recevoir... j'écris un livre sur Daniel Pearl, c'est vrai... mais aussi sur votre frère... alors pourquoi ne pas se parler ? pourquoi ne pas me dire ce que vous savez, et du procès, et de votre frère ? j'ai l'impression, moi, que ce fut un procès bâclé, une parodie de justice – c'est incroyable, on n'a jamais vu ça, est-ce que je me trompe ? » Et M. Sheikh Junior, vingt-cinq ans, tee-shirt de jeune Anglais en vacances, accent oxfordien, regard intelligent dans un bon visage d'adolescent prolongé, de m'offrir une tasse de thé et d'accepter un bout de conversation, à bâtons rompus, entre les cartons.

« Non, non, Oxford c'est ma sœur. Moi, c'est Cambridge. Des études de droit à Cambridge. C'est la raison pour laquelle, si nous décidons de discuter, nous n'aurons pas besoin d'avocat pour fixer les règles du jeu – nous ferons ça vous et moi, ce sera un jeu d'enfant pour moi. Le problème, vous comprenez, c'est le procès d'appel. Mon frère s'est pourvu en appel et notre père insiste pour que rien ne soit dit qui puisse interférer avec la procédure. Si j'ai toujours travaillé là ? Non. J'ai travaillé, d'abord, à la City. J'étais courtier en actions. Et puis il y a eu ce grand malheur. Mon père s'est retrouvé seul. Complètement seul avec ma mère et nos avocats. Et j'ai dû lui venir en aide, le rejoindre à Perfect Fashions, le réconforter. Nous sommes une famille unie. Nous nous serrons les coudes dans l'épreuve – et, là, quelle épreuve ! quel malheur ! est-ce que vous vous imaginez avoir un frère condamné à mort alors qu'il est innocent ? »

Le téléphone n'arrête pas de sonner. Mohammed, l'employé, vêtu à la pakistanaise, avec le grand pyjama et la tunique blanche traditionnelle, répond dans un anglais parfait. Je note que, contrairement à Awais, il porte la barbe. Je remarque aussi, au-dessus de sa tête, une affiche qui ressemble à un calendrier et qui indique les « paroles du Prophète » prévues pour les grands moments clefs de la vie – naissances, deuils, bonjour, au revoir, condoléances : Mohammed, ou Awais ? l'employé ou le patron ?

« Mais vous, monsieur Lévy... Parlez-moi un peu de vous... Que pensez-vous de la Palestine ? de la guerre en Afghanistan ? de la Tchétchénie ? de l'Irak ? de la Bosnie ? » Et puis, après que j'ai montré patte blanche : « vous me dites que le procès de mon frère a été un mauvais procès, que la justice pakistanaise est une parodie de justice – d'accord ! mais ne dites pas que c'est incroyable, qu'on n'a jamais vu ça, etc. ; car Guantanamo... qu'est-ce que vous faites, dans ce cas, de Guantanamo ? est-ce que la justice de Bush ne se conduit pas aussi mal que celle de Musharraf ? »

Nous parlons une demi-heure. Je sens le jeune intellectuel très concerné par ce qu'il appelle le massacre des musulmans en Europe et dans le monde. Je sens aussi le petit frère fasciné, quoi qu'il ait fait, par un aîné qu'il ne se décide pas à voir sous les traits d'un criminel. En 1994 déjà, alors qu'Omar avait organisé, en Inde, sa première prise d'otages, alors que toute la presse anglaise venait l'interroger sur le curieux destin de ce grand frère qui, pour avoir lié son sort à celui de groupes jihadistes en lutte pour la libération du Kashmir, était en train de croupir dans les prisons d'Uttar Pradesh, il confiait : « Omar est un homme bon, une âme élevée. » Et, aujourd'hui encore, alors que l'homme bon s'est rendu coupable d'un crime qui a bouleversé le monde, alors que son image est à jamais associée à celle du corps martyrisé de Daniel Pearl, il prétend ne le voir, lui, que comme un bon garçon, défenseur de la veuve et de l'orphelin, toujours prêt à s'enflammer pour les plus nobles causes – « le journaliste américain décapité ? oui, bien sûr, c'est terrible... je m'associe à la douleur de la famille... mais cela ne ressemble pas à mon frère... je ne crois pas, je vous le répète, qu'il ait fait cela... savez-vous qu'il avait l'âme si délicate qu'il évitait de lire les faits divers dans les journaux de peur d'avoir à s'enflammer, à prendre fait et cause pour la victime ? savez-vous que, une fois, il a sauté sur les rails du métro, à Londres, juste avant l'arrivée de la rame, pour secourir une vieille dame qui venait de tomber ? » Mais enfin, je ne sens pas l'idéologue. Je ne sens pas le fanatique. Je suis en face, je le répète, d'un musulman conscient de l'être et vibrant – qui l'en blâmerait ? – au sort des Tchétchènes ou des Palestiniens ; mais, à aucun moment, je n'ai le sentiment d'avoir affaire à un islamiste militant déguisé en ancien de Cambridge.

Je suis, en sortant de chez lui, allé à Leytonstone
Station qui est une station de métro à ciel ouvert, non
loin du domicile familial : trop ancien, bien sûr... personne, parmi les employés, pour se souvenir de cette
histoire... mais j'ai essayé d'imaginer le grand et agile
gaillard sautant sur la voie, bloquant la rame, dégageant
le corps de la vieille dame – pourquoi pas ?

Je suis allé à la Nightingale Primary School, la jolie
petite école, typiquement anglaise, tout près de chez lui,
presque à la campagne, où il passe ses premières années :
personne, non plus, pour s'y souvenir de lui... mais je
l'imagine bon élève, zéro problème, dessins d'enfants
sur les mêmes murs qu'aujourd'hui, scolarité facile et
gaie... c'est si près n'est-ce pas ? le petit peut rentrer
seul, à pied, avec ses camarades...

Je suis allé à la Forest School de Snaresbrook, une
école privée plutôt huppée qui compte parmi ses anciens
élèves des gens comme Peter Greenaway, l'acteur Adam
Woodyatt ou le capitaine de l'équipe anglaise de cricket,
Nasser Hussain, et où il fit l'essentiel de ses études
secondaires. George Paynter, le directeur, qui était alors
professeur d'économie, a conservé des images de lui
très précises. Il se souvient d'un élément brillant et de
bulletins exceptionnels. Il se souvient d'une chose en
particulier, qui l'atteste : « les frais de scolarité... il y
a des frais de scolarité, à la Forest School, qui devaient
être, à l'époque, d'une dizaine de milliers de livres par
an... or nous avons une tradition qui est d'en dispenser,
chaque année, une poignée d'élèves particulièrement
étincelants... eh bien Omar était de ceux-là... laissez-

moi allumer l'ordinateur... oui, c'est bien cela... la famille avait les moyens de payer... mais c'est nous qui, au mérite, l'en dispensions... vous voyez, c'est la preuve de ce que je vous dis... » Il le revoit, au premier rang, si sage, si concentré, toujours parfaitement attentif, donnant l'exemple. Il le revoit « head of house », mélange de chef de classe et de moniteur, aidant les plus petits, organisant les soirées théâtrales ou les distributions de prix, assistant les surveillants dans l'organisation de la cantine, poli avec les parents, bon esprit avec les camarades, adorable avec nous, les professeurs, rougissant à tout bout de champ, serviable. Jamais dissipé ? Jamais. Jamais violent ? Insolent ? Jamais. Juste une façon bizarre, quand j'avais fini mon topo et qu'un point lui semblait obscur, de croiser les bras, de se jeter en arrière sur sa chaise et de lancer de sa grosse voix d'adolescent trop précoce un « no sir ! » terriblement sonore que la classe, à force, finissait par attendre et qui la faisait se tordre de rire. Et quand je m'étais expliqué, quand j'avais élucidé le point, il décroisait les bras et, satisfait, sur le même ton, lançait un « yes sir » qui mettait à nouveau la classe en joie – mais vous appelez ça de l'insolence ? il voulait juste comprendre ! il n'aimait pas ne pas comprendre ! et moi je l'aimais bien, vraiment bien, c'est sûrement l'un des élèves auxquels je me suis le plus attaché.

J'ai profité d'un séjour à Lahore, au Pakistan, pour visiter le Aitchinson College, où il passe une parenthèse de deux années avant de revenir à la Forest School. Pourquoi ces deux années ? Est-ce lui, Omar, qui, comme il le prétendra plus tard, a éprouvé le besoin de

renouer avec ses « racines » musulmanes ? Ou est-ce
Saeed, son père, qui a dû, pour ses affaires, se rapprocher du Pakistan ? La question n'est pas sans importance car, de la réponse qu'on lui apporte, dépend l'idée
que l'on se fait du moment où commence le retour vers
l'islam du futur militant kashmiri. Ce que je sais – et qui
va plutôt dans le sens d'une décision du père – c'est que
celui-ci crée, à Lahore, avec un cousin, une nouvelle
affaire qui s'appelle Crystal Chemical Factories Ltd et
c'est lorsque celle-ci fait faillite que la famille revient
à Londres. Et ce que j'ai surtout découvert c'est que la
Forest School (où il est élève de neuf à treize ans mais
où il reviendra, de quinze à dix-sept, après la parenthèse
Aitchinson) est une école religieusement assez mar-
quée où est prévu, au moins deux fois par semaine, un
rassemblement des élèves, tous les élèves, à la chapelle anglicane – habitude ne posant apparemment aucun
problème au jeune Omar qui, dans la seconde comme
dans la première période, et ne serait-ce qu'à cause de
ses fonctions de « head of house », était toujours là,
dans la chapelle, au premier rang, sans états d'âme.

Bref, je visite le Aitchinson College. Je ne crois pas,
donc, qu'il s'y soit retrouvé pour des raisons liées à sa
foi ou au souci de ses racines. Mais, quand bien même
cela eût été, quand bien même cette cure de Pakistan
aurait correspondu, si peu que ce fût, à la volonté de se
ressourcer au pays de ses ancêtres, force est de constater
qu'il aurait bien mal choisi le lieu. Avec ses pelouses
impeccables et ses terrains de foot et de cricket, avec
ses parterres d'hibiscus de Bergerac et La Rochelle, sa
piscine olympique, ses vérandas poutrées, ses rideaux

de bambou et ses rocking-chairs, avec sa stricte hiérarchie entre les « lower boys » en culotte courte et les
« grands » qui ont conquis le droit de « go into tails »,
de porter enfin « l'habit long », avec ses bustes de
Gladstone ou de Shelley dans les salles de classe, ses
parlementaires illustres dans la salle de distribution
des prix, ses soldats qui saluent à l'entrée dans le plus
pur style armée des Indes, Aitchinson est, au cœur du
Pakistan, un espace enchanté et clos, une enclave, un
monde aristocratique préservé des violences du dehors,
une sorte de bloc d'Angleterre figé dans son décor et
ses conventions – un collège plus britannique que le
plus britannique des collèges londoniens.

J'ai rencontré son directeur. J'ai retrouvé ceux des
professeurs qui ont connu Omar et acceptent de s'en
souvenir. On m'a montré des photos de lui où il a
encore sa tête de bon garçon joufflu, affligé de grosses
lunettes et de rouflaquettes. Sur l'une, il a l'uniforme
bleu, la brassière bleu marine et la chemisette blanche
au col échancré des grands du collège ; il est en train
de laisser tomber un paquet de livres retenus par un
élastique et il éclate d'un rire enfantin. Sur une autre,
il a une chemise de rocker, des jeans aux revers roulés
qui lui font des jambes un peu courtes et il est en train
de danser une sorte de twist ou de jerk. C'était un bon
jeune homme, me dit le directeur, ex-professeur d'économie qui, avec ses cheveux cendrés, est un sosie, très
élégant, du poète français Deguy. Respectueux de ses
« masters ». Serviable avec ses « fellows ». Amoureux
de la poésie, des fleurs et de la douceur des choses. Ah !
Les fleurs... Qui se souvient de la beauté des fleurs et

de leurs dédales parfumés ? Souvent, quand mon prédécesseur faisait sa tournée et qu'il venait, comme ici, vérifier la couleur de ses pensées (il se penche, tout en parlant, sur un parterre de pétunias à peine éclos, en cueille un, fait la grimace, adresse un signe soucieux à un jardinier qui accourt et lâche simplement, la mine très légèrement dégoûtée : « ce n'est pas ça... too pink... »), souvent, oui, il faisait partie des élèves que mon prédécesseur, tant il les jugeait délicats, emmenait avec lui. Savez-vous pourquoi il a quitté le collège ? Parce qu'il prenait systématiquement parti pour les faibles, les souffre-douleur et que, comme il était bagarreur, ça se finissait à coups de poing. Les professeurs, qui appréciaient son cran et le voyaient comme un gentleman, le protégeaient. Mais, un jour, il a cassé le nez d'un sale gamin qui était le fils d'un magnat de Lahore et, là, personne n'a rien pu faire pour lui – what a pity ! quel crève-cœur ! je suis sûr que, si on l'avait gardé, on aurait empêché cet accident ! Et puis des manières, avec ça ! What a behaviour ! Aucun Pakistanais n'a jamais eu des manières pareilles ! Aucun n'a jamais, comme Omar Sheikh, été aussi fidèle au « Aitchinson spirit » !

Pardon, Ruth. Pardon, Judea. Je me rends compte que j'ai employé, pour évoquer la famille Sheikh et l'enfance londonienne, puis l'adolescence, de son fils devenu l'assassin du vôtre, les mêmes mots, ou presque, que ceux que m'inspiraient, à Los Angeles, les images de votre bonheur brisé. Mais qu'y faire ? Comment se défaire du sentiment de ces deux destins parallèles ? Et est-ce ma faute si Omar fut, lui aussi, avant de se dissoudre dans la chaux vive de la perversion et du meurtre, une sorte d'enfant merveilleux ? J'ai une photo de lui à dix ou douze ans. Il a l'uniforme gris perle du collège. Un écusson. Une rose à la boutonnière. Il tient une coupe, ou un trophée. Et il y a dans son sourire, dans son regard à la fois timide et fier, dans sa coupe de cheveux, surtout, longs, raides, et ramenés sur les yeux, quelque chose qui, en effet, me rappelle irrésistiblement les photos de Danny avec son ballon de foot ou sa batte de base-ball.

Je suis allé à la London School of Economics où il entre à dix-huit ans, section « Mathématiques et statistiques » qui est, sinon la plus difficile, du moins celle qui requiert le plus d'assiduité. Scolarité normale, là aussi. Résultats normaux et même brillants. Lui qui, à la Forest School, et d'après George Paynter, ne lisait pas beaucoup, s'est mis à fréquenter la bibliothèque et à dévorer : littérature, politique, traités d'économie. D'après ceux de ses camarades que je suis parvenu à retrouver, d'après Saquib Qureshi notamment qui est, comme lui, d'origine pakistanaise et dont les souvenirs sont les plus précis, il est gentil, travailleur, obsédé par les examens, bon copain, pas plus religieux que ça, toujours pas islamiste – « je ne me souviens pas, non, de l'avoir vu prier... tout cela est loin, bien sûr, mais je crois que je m'en souviendrais... il savait, nous savions, que nous étions musulmans... peut-être y avait-il aussi, chez nous, l'idée que les musulmans étaient attaqués dans certaines régions du monde... mais nous étions libéraux... pas du tout prosélytes... modérés... »

A ses moments perdus, il joue aux échecs. Il y joue de mieux en mieux. On le voit dans les grands « chess clubs » de Londres où il en remontre aux meilleurs professionnels de la ville. Mais on vient surtout, au Three Tuns Pub qui est une sorte de café installé au cœur de cette véritable petite ville qu'est la London School of Economics, le provoquer en duel et c'est toujours lui qui gagne. Il a une devise qui, rétrospectivement, ne manque pas de piquant et qu'il emprunte à l'un des plus grands joueurs de tous les temps, son idole, Aaron Nimzovitch : « la menace est plus forte que l'exécution ».

Il fait également de la boxe. Un peu de karaté. Il commence, surtout, à s'intéresser très sérieusement à la technique de l'« arm wrestling », le bras de fer, qui semble compter, à Londres, un nombre impressionnant d'adeptes qui, pour la plupart, se souviennent de lui – et s'en souviennent avec la précision, la fraîcheur, des gens qui n'ont pas été trop souvent interrogés et dont la mémoire est restée vierge. Frank Pittal, par exemple. Le gros Frank Pittal, une connaissance de son père, qui vend des chaussures pour femmes sur le marché de Whitechapel, près de Wanstead, mais dont la vraie passion est d'organiser des tournois payants de bras de fer.

Je retrouve Pittal dans sa maison capharnaüm de Wanstead, pleine de poussière et de cartons, d'odeurs de fourneau et d'oignon. Il me montre des photos de lui jeune. Des trophées de fer-blanc, imitation or ou argent. Nous compulsons, ensemble, un vieux classeur plein de coupures de presse jaunies racontant ses grands matches. Et, soudain, en pages intérieures du journal local de Portsmouth, je reconnais Omar jeune, en maillot de corps, le coude sur la table, le visage crispé, face à un adversaire plus grand que lui, plus gros, mais qu'il semble tenir en respect.

« Voilà... septembre 1993... Je crois que c'est son premier tournoi... Il était venu me voir : "hé ! Frankie ! je veux en être, je veux que tu me prennes dans ton écurie... je suis le meilleur de mon collège mais je veux le faire, maintenant, de façon professionnelle..." Il avait vu le film de Sylvester Stallone, *Over the Top*, l'histoire d'un champion de bras de fer qui, grâce à ça, réussit à reprendre son gosse à un riche et méchant beau-père, et c'est ça qui lui avait donné l'envie. Et moi je lui ai répondu : "hé ! ne me dis pas ! moi aussi c'est le film de Stallone qui a décidé de ma vocation ! quelle coïncidence ! c'est incroyable". Le dimanche suivant, je suis allé le chercher chez lui, dans ma camionnette, et on est venus là, dans ce pub de buveurs de bière de la banlieue sud où il est arrivé, lui, avec une brique de lait... La classe ! La distance ! Et bon lutteur avec ça ! J'ai fait pas mal de fric avec lui, croyez-moi ! Des fois c'était pour ma pomme. Des fois pour des causes humanitaires. Ça a duré un an. On est devenus de sacrés bons copains. Jamais je n'aurais imaginé qu'il puisse faire ça à ce type formidable que semble être Daniel Pearl. Quand j'ai vu sa tête à la télé et que le présentateur a dit : "voilà l'assassin de Daniel Pearl !", je vous jure, j'y ai pas cru... On avait de si bonnes conversations, tous les deux, dans la camionnette, quand on rentrait des matches. On parlait de tous les sujets. Tous. Sauf un, peut-être. Encore que. Il était musulman. Moi j'étais juif. Et...

— Juif, vraiment ? Omar avait donc un ami juif ?

— Evidemment, fait Pittal dans un énorme éclat de rire qui lui fait rentrer la tête dans les épaules, comme un poussin. Juif, musulman : ça ne comptait pas pour lui, il faisait pas la différence, on était juste deux bons amis qui faisions le tour des pubs de Londres. Et même sur Israël : on pouvait ne pas être d'accord sur tel aspect de la politique, mais il ne remettait pas en cause le droit d'Israël à exister. S'il était religieux ? Pas à ma connaissance. Il disait toujours : j'ai beaucoup de respect pour votre peuple car vous êtes, comme nous, un peuple de marchands. »

Les échecs et le bras de fer... L'intelligence stratégique et le muscle... La combinaison n'est pas fréquente. Les fils de famille de la London School observent avec ébahissement ce jeune Pakistanais si complet. Ils viennent, dans la cafétéria de l'école, certains soirs, dans la partie gauche de la salle aménagée comme une estrade ou un théâtre, admirer ce diable d'homme que personne n'arrive à battre, ni aux échecs, ni au bras de fer. Et je ne peux m'empêcher, toutes proportions gardées, de penser à ce que fut, vingt ans plus tôt, à Paris, l'émoi des normaliens face à la performance de l'un d'entre eux ; je ne peux pas ne pas penser à cette émission de télévision qui s'appelait « La tête et les jambes » et où l'on jouait, en principe, en équipe (un intellectuel pour la partie « tête », un sportif pour la version « jambes ») – sauf que l'un des nôtres décida, un beau matin, sous le regard sidéré de ses camarades, qu'il serait le premier à cumuler les deux rôles, à incarner

l'équipe à lui tout seul, à faire la tête et, parce qu'il était
aussi champion d'équitation, à faire aussi les jambes...
Désolé, mon petit camarade, de la comparaison. Mais,
dans la façon qu'ont ses amis d'alors d'évoquer le
double talent d'Omar, dans leur manière ébahie de me
raconter le champion d'échecs et le malabar, l'as des
« défenses Nimzovitch » et l'athlète, le seul homme
de tout le collège à pouvoir vous rejouer une « finale
de pions » de Kasparov ou une « attaque à sacrifice »
de Spielman et le seul, aussi, à être capable de mettre
au tapis n'importe quel mauvais garçon lui cherchant
noise, je ne peux pas ne pas retrouver le type d'émoi
qui était le nôtre quand nous nous pressions, devant les
rares postes de télévision de l'Ecole, pour voir jusqu'où
irait ta performance...

« Il finira pair du royaume, disaient Saeed Sheikh
et Qauissia, sa mère, au temps de sa splendeur. Notre
fils est une merveille, il finira anobli par la reine d'Angleterre ou banquier à la City. » Et il semble bien que
ses professeurs, ainsi que ceux de ses condisciples qui
se souviennent de lui, n'aient jugé ni déraisonnable ni
absurde cette ambition.

Je me souviens de l'observation d'un spécialiste de
l'islamisme radical, Olivier Roy, notant qu'ils ne sont
pas si nombreux, finalement, les grands jihadistes dont
on puisse dire qu'ils « sortent » des madrasas saoudiennes ou pakistanaises. Ils y passent, c'est entendu.
Ils y achèvent leur formation. Peut-être s'agit-il même,
pour ces âmes corrompues par leur commerce avec l'Occident, d'une sorte d'ordalie, de rite de passage obligé.
Mais Atta vient de Hambourg. L'homme aux chaussures

piégées du vol Paris-Miami, Charles Colvin Reid, est anglais et a commencé par fréquenter, à Londres, des écoles catholiques. Moussaoui est français, né à Saint-Jean-de-Luz, et a fait des études universitaires. Khalid Sheikh Mohammed, le lieutenant de Ben Laden, que les Pakistanais arrêteront en février 2003, à Islamabad, a été éduqué aux Etats-Unis. Tel autre est formé à Paris ou Zurich. Tel autre à Bruxelles ou Milan. Tous, ou la plupart, sont issus de milieux aisés et ont fait, dans les grandes capitales d'Europe, des études poussées et souvent brillantes. Et quant à Omar...

Eh bien, oui, il avait raison. Omar a vingt ans. Et, à vingt ans, son imaginaire est anglais. Ses amis sont anglais. Ses cadres de pensée sont anglais. Ses lectures sont anglaises. On peut le déplorer. On peut essayer de l'oublier. On peut, comme Christopher Giddens, le directeur de la London School of Economics qui a, d'après la presse anglaise (*Daily Telegraph*, 27 janvier 2002), donné, ces dernières années, trois de ses cerveaux à al-Qaïda, répondre à un écrivain français qui demande l'accès aux fiches de scolarité ou de bibliothèque : « je ne veux ni vous voir ni vous parler ; je ne veux rien connaître de cet Omar Sheikh qui me salope ma réputation ; faisons comme si cela n'avait pas été ». Les faits sont là. Et, comme toujours, ils sont têtus. Cet ennemi de l'Occident est un produit de l'Occident. Ce jihadiste fervent a été formé à l'école des lumières et du progrès. Cet islamiste déchaîné qui hurlera à son procès qu'il a enlevé Daniel Pearl parce qu'il n'en pouvait plus de voir les coiffeurs de Guantanamo raser de force les prisonniers arabes, ce radical que la seule idée d'être jugé, non selon la charia, mais selon la loi britannique mettra littéralement en transe, est un produit de la meilleure éducation anglaise. Étrangeté et familiarité du personnage. Radicalité et banalité d'un mal qui, comme celui de Hannah Arendt, ne nous concerne que parce qu'il a l'inquiétante étrangeté des miroirs. Le terrorisme serait-il l'enfant naturel d'un couple diabolique : l'Islam et l'Europe ?

3

POURQUOI LA BOSNIE ?

Mais il y a une deuxième raison, plus personnelle, qui fait qu'Omar me fascine – et cette deuxième raison c'est la Bosnie.

Car enfin quelle histoire !

Nous sommes en 1992, toujours.

Omar vient d'être admis à la London School.

Physiquement, ses traits s'affinent. Il a pris cette silhouette d'athlète, qui ne le quittera plus, jusque dans les années de prison en Inde. Il fait plus que son âge. Une jeune fille qui l'a connu à la Forest School et qui le revoit de temps en temps me dira, sans rire, que l'on se demandait, à l'école : « et s'il était plus âgé qu'il ne le dit ? et si c'était un problème lié au décalage entre les calendriers chrétien et musulman ? »

Moralement, tous s'accordent à louer sa bonté, sa gaieté, son côté fils de famille bien dans sa peau encore qu'un peu timide. Sa politesse aussi. Je n'ai rencontré personne à Londres, parmi les gens qui le côtoyaient, qui ne m'ait parlé, comme si cela le caractérisait au plus haut point, de sa modestie, de sa politesse et de sa capacité à pacifier les situations les plus tendues. « Violent, dites-vous ? Guerrier ? Vous voulez rire ! Le contraire. Le calme incarné. La paix personnifiée. Toute son agressivité passait dans ses parties de bras de fer. Mais, pour le reste, c'était un ange. Le plus doux, le plus délicat, le moins amer, des garçons. Et c'est bien la raison pour laquelle nous avons été si surpris quand l'histoire est arrivée ; nous nous sommes tous téléphoné : tu as vu ? tu as entendu ? Omar ? vraiment Omar ? eh oui, c'était Omar, et nous n'en croyions ni nos yeux ni nos oreilles. »

L'ange a bien, parfois, des côtés bizarres.

Des sautes d'humeur inexplicables, qui inquiètent ses professeurs.

Des rires un peu fous, trop bruyants, dont un de ses camarades me dira qu'on aurait dit « des rires de somnambule ».

Cette façon aussi, dont se souvient le même camarade, de dire – il n'a que dix-huit ans – qu'il y a, en lui, quelque chose de pourri et que sa mère l'a nourri, non de lait, mais de poison.

Il y a ces poussées de mythomanie qui tournent, soit autour de la question du pouvoir (« j'ai des amis haut placés... je suis l'ami des grands de ce monde... un coup de fil, un seul, et je te fais casser, ou désavouer, ou virer... ») soit autour de la question des origines (une fois, il explique que sa mère est écossaise... une autre, il prétend que sa famille est, depuis moult générations, l'une des grandes fortunes du Commonwealth et que c'est son père, Saeed Sheikh, qui a fait démarrer dans les affaires Mohammed al-Fayed, le propriétaire de Harrod's... un autre jour encore, il se bat avec un camarade à qui il a dit qu'il avait du sang juif et qui ne l'a pas cru...).

Il y a la joie étrange, excessive, que lui procure le fait de se voir, le jour de son acte d'héroïsme à la station de Leydenstone, tabloïdisé dans la presse de son quartier. « Il dansait de joie, me dit le même camarade ; il disait que c'était le plus beau jour de sa vie ; il rêvait de gloire, vous comprenez ! n'importe quelle gloire, mais la gloire ! il disait, et cela me semblait bizarre, que rien, en ce monde, ne lui paraissait plus enviable que de vivre dans la lumière ! il avait une ambition, une seule, qui était de devenir l'un des personnages les plus visibles de son temps ! alors là, cette histoire... il nous a soûlés pendant des mois, avec cette histoire de vieille dame sauvée dans le métro... »

Mais bon. Tout cela est de son âge. Il n'est ni le premier ni le dernier jeune homme grisé de voir arriver son quart d'heure de célébrité. Et il serait trop facile, vraiment, de jouer les prophètes de l'après-coup en disant : cette affaire de sang juif par exemple... ce délire mimétique absurde... cette obsession juive tellement courante dans toutes les généalogies antisémites... est-ce que l'ordure, là, ne pointe pas ? est-ce qu'on n'est pas au bord, déjà, de la névrose archiclassique du type qui rêve de « leur » élection et qui, n'en étant pas, sombre dans le délire assassin ? Omar, pour l'heure, est un jeune Anglais normal. Il est un élève modèle. Tous ses condisciples s'accordent à vanter, je le répète, sa générosité, son goût de faire des choses, de donner un sens à son existence. Et voici qu'en novembre, dans l'univers feutré mais volontiers radical de la London School of Economics – ne fut-elle pas, à la fin des années 60, le foyer du trotskisme et du maoïsme londoniens ? – l'Islamic Society, qui est la plus grosse des associations étudiantes présentes sur le campus, prend l'initiative d'une « Semaine bosniaque » dont le but sera, comme commencent de le faire, dans toute l'Europe, d'autres associations et comités du même genre, d'alerter les consciences sur le sort de la Bosnie en guerre.

L'Islamic Society n'est bien entendu pas une association tout à fait semblable aux autres.

Il flotte autour de ses conférences, de ses débats, des projections de films et de diapositives qu'elle organise, un parfum qui n'existe par définition pas dans ce que nous faisons, nous par exemple, en France, au même moment.

Et ne serait-ce qu'à cause de la personnalité de ses responsables, ne serait-ce que parce que les gens qui l'animent et qui animent, donc, la « Semaine bosniaque » le font au nom de la solidarité intermusulmane autant que de la défense des droits de l'homme, cette campagne a une orientation dont j'imagine que, si les hasards de la vie avaient fait se croiser nos routes, elle aurait fait débat entre nous.

Mais ses tracts, eux, ne sont pas si différents, au moins dans leur propos, et parfois même dans leurs mots, de ceux que nous distribuons.

Elle diffuse des photos de la purification ethnique, des portraits de femmes violées, des images des camps de concentration de Omarska et Priedor, dont j'ai retrouvé des spécimens et que nous avons distribués, nous aussi, au moment de la liste Sarajevo ou de nos campagnes de sensibilisation.

Elle tient un discours, surtout, qui, autant que je peux en juger à travers le n° 1 de la revue *Islamica*, créée à cette occasion, animée par le secrétaire général de l'association, Sohail Nakhooda (devenu, depuis, un très brillant théologien musulman, passé par les universités du Vatican, et vivant maintenant à Amman) et racontant, dans le détail, l'ensemble de cette « Semaine bosniaque » et des manifestations auxquelles elle a donné lieu – elle tient un discours, donc, qui est musulman mais pas islamiste ; préoccupé de barrer la route à l'islamophobie montante aux marches de l'Europe mais pas de faire passer sous ce pavillon, en contrebande, la haine fondamentaliste de l'Occident ; elle tient un discours qui, au vu des documents que j'ai pu consulter, n'est pas le contraire de celui que je peux tenir, moi, dans les débats sur les deux islams, le fondamentaliste et le modéré, auxquels il m'arrive, au même moment, de participer.

Il y a d'autres Islamic Society, bien entendu, dans l'université londonienne. Il y a les sections d'Imperial College, de King College et d'University College où la présence des fondamentalistes est forte et où le Hizb ut-Tahrir se trouve être vigoureusement implanté et même majoritaire. Mais ce n'est pas le cas de la London School. Je ne saurais dire pourquoi, mais il semble qu'elle fasse figure, cette section de la London School, de foyer de résistance à la poussée intégriste qui commence dans le Londres de ces années. Et quand, d'ailleurs, ces autres sections essaient de faire main basse sur la « Semaine bosniaque », quand, le tout dernier jour, un samedi, les Islamic Society plus dures des universités voisines tentent une OPA sur l'ensemble du projet et prétendent débarquer en force, avec leurs orateurs, sur le campus de la London School, eh bien la réaction est immédiate : la cellule locale résiste ; la cellule locale se cabre ; et Omar est de ceux qui, dès le vendredi soir, s'opposent à la présence, le lendemain, d'Omar Bakri et Yakoub Zaki, ces deux prédicateurs intégristes dont lui et ses camarades ne veulent, alors, absolument pas.

Car Omar est, on l'aura compris, au cœur de toute l'affaire.

Omar, le gentil Omar, est de toutes les manifestations organisées par le comité.

Omar sèche ses cours ; Omar délaisse ses lectures ; Omar n'emprunte plus, à la bibliothèque de l'école, que des livres sur les Balkans ou *The Clash of Civilizations and the Remaking of World Order* de Samuel P. Huntington auquel il ne cessera plus, dans les semaines et les mois qui viennent, de se référer ; Omar ne rate aucune émission sur la Bosnie ; Omar ne rate aucun article ; il n'est pas rare, me dit-on, de voir Omar interrompre un cours, interpeller un professeur, bondir même sur l'estrade pour lui faire honte, et faire honte à ses élèves, de cette terrible apathie face à la tragédie bosniaque : « no sir ! gronde-t-il. Yes sir ! » – sauf qu'il a fait du chemin depuis la Forest School et les cours de

George Paynter et que ces « no sir ! yes sir ! » se disent,
maintenant, au nom de la nécessaire solidarité avec la
capitale européenne de la souffrance.

Omar, en un mot, est touché par la grâce bosniaque.

Omar est devenu, en quelques semaines, un enragé,
un obsédé, de Sarajevo.

Omar dit à qui veut l'entendre qu'il ne connaîtra pas
un jour, une heure, de repos et de paix tant que restera,
en Bosnie, un homme, une femme, un enfant, marty-
risés.

En sorte que lorsque, le dernier soir, en clôture de la
« Semaine bosniaque », le comité obtient de l'administra-
tration de l'école le droit de projeter un film de colère
et de témoignage sur les horreurs de cette guerre, ils
sont trois cents, peut-être quatre cents, à s'entasser dans
une salle trop petite et à assister à la projection et au
débat qui suit – et Omar est là, debout, au premier rang,
bouleversé par ce qu'il voit, remué au plus profond,
pétrifié : il racontera dans son « Journal », écrit dans sa
prison indienne, que ce fut la première, la plus forte, la
plus durable des émotions politiques de sa vie.

En sorte, aussi, que lorsque, quelques semaines plus
tard, un Pakistanais de Londres, Asad Khan, vient, dans
une nouvelle conférence à la London School, annoncer
que les slogans ne suffisent plus, qu'il convient de
joindre maintenant le geste à la parole et qu'un convoi
va partir, pour les vacances de Pâques, ravitailler la ville
martyre de Sarajevo, lorsqu'une « Caravan of Mercy »
se forme avec l'intention d'aller jusqu'en territoire bosniaque apporter aux assiégés l'expression d'un modeste
mais fervent soutien, ils sont quelques-uns à faire ce

que, là encore, on fait, au même moment, dans toute l'Europe heureuse ; ils sont sept, exactement, à se porter volontaires pour accompagner les trois camions chargés de vivres et de vêtements qui vont ravitailler la ville ; et, au nombre de ces sept qui vont, timidement, voir Asad Khan à la fin de sa conférence pour lui dire que, oui, ils sont partants, mais que ça les arrangerait bien qu'il vienne voir leurs parents et les convaincre, il y a le petit Omar Sheikh...

Un film...
Une caravane humanitaire se proposant de forcer le blocus imposé par les Serbes et accepté par les nations...
Pour ce qui est de la caravane, il faudrait que je sois aveugle pour ne pas voir le rapport avec le réflexe que j'ai moi-même eu, quelques mois plus tôt, quand vinrent me trouver les doux dingues d'Equilibre, l'association humanitaire lyonnaise qui s'était mis en tête, elle aussi, de forcer le blocus serbe et d'arriver à Sarajevo par la route.
Et pour ce qui est du film... Eh bien j'avoue que, quant au film, la coïncidence des dates, le thème, ce qu'Omar lui-même a dit des images qui l'ont bouleversé et la façon qu'il a eue, dans son Journal, de les décrire, ce qu'ont pu m'en dire, aussi, les témoins de la projection que j'ai réussi à retrouver (l'image du corps mutilé d'une jeune Bosniaque de treize ans, violée puis assassinée par des miliciens serbes... des images de charniers et de camps de concentration... des plans tournés dans un quartier encerclé qui ne me semblait pouvoir être, à

les entendre, que le quartier de Dobrinja...), tout cela fait que j'ai évidemment cru, un temps, qu'il s'agissait, non pas exactement de *Bosna !*, mais de mon film précédent, le premier que j'aie consacré au martyre bosniaque, *Un jour dans la mort de Sarajevo*, réalisé, fin 1992, à partir d'images de Thierry Ravalet, et qui fut montré, à Paris mais aussi à Londres, dans ces semaines de novembre.

Ce n'était pas cela, finalement.

J'ai réussi à remettre la main, dans une boutique de vidéos d'occasion, à côté de la mosquée de Finsbury, sur l'une des rares cassettes existant encore de ce film qui a changé la vie d'Omar.

Et j'ai constaté qu'il s'agissait d'un film de quarante-cinq minutes, *Destruction of a Nation*, qui avait été produit par Islamic Relief, basé Moseley Road, à Birmingham.

C'était un bon film.

C'était un film juste, monté à partir d'images d'archives dont je réutiliserai certaines, pour le coup, dans *Bosna !*

C'était un film qui, de surcroît, et à ma grande surprise, s'ouvrait sur une interview de Haris Silajzic, le leader social-démocrate qui était, à l'époque, le pendant laïc du nationalisme musulman d'Alija Izetbegovic.

Ce n'était pas mon film. Mais, en même temps, ç'aurait pu l'être. C'était un autre film, écrit et monté par un autre, avec des intentions, des arrière-pensées, qui n'étaient pas les miennes – mais sur des images que je connais par cœur et qui ont tant compté pour moi.

Je ne sais pas si j'ai croisé, ou non, Daniel Pearl à Asmara. Mais je sais que son assassin a vibré sur des scènes que j'aurais pu tourner. Et je sais qu'il arrive à Sarajevo en mars ou avril 1993, c'est-à-dire – les notes du *Lys et la Cendre* en attestent – au moment très précis où je m'y trouve moi aussi.

D'aucuns, quand éclatera l'affaire Pearl, essaieront de tout expliquer par la rancœur d'un petit Pakistanais humilié par les Anglais.

Ils nous resserviront l'éternelle histoire de l'enfant différent, brimé parce que différent, rongeant son frein, attendant l'heure de la revanche.

Peter Gee notamment, ce musicien anglais qui purgeait, à la Tihar Jail de Delhi, dans les années 1997-2000, une peine pour trafic de cannabis et qui l'a donc connu, pendant sa première incarcération, après la prise d'otages de New Delhi, raconte volontiers qu'il connaît son Omar mieux que personne, qu'ils ont passé des heures, pendant deux ans, à discuter philosophie et vie, qu'ils ont joué aux échecs et au scrabble, chanté, parlé de l'islam, évoqué leurs adolescences respectives, l'un à la London School, l'autre à la Sussex University, qu'ils ont donné ensemble, à leurs camarades de détention, des cours de culture générale et de géographie, que, les hasards de l'ordre alphabétique aidant (Mr O. comme Omar ; Mr P. comme Peter) ils ont dormi côte à côte, pendant des mois, dans le terrible dortoir de la « Prison Numéro 4 » où l'on s'entassait à plus de cent : « eh bien Omar, dit Peter Gee, est devenu ce qu'il est à cause d'une blessure d'enfance ; Omar a enlevé, puis tué,

Daniel Pearl parce que l'Angleterre est un pays raciste et qu'on l'a, toute son enfance, traité de "Pakistani bastard" ».

Loin de moi l'idée de récuser un témoignage sur lequel je reviendrai et dont j'aurai l'occasion de vérifier, sur d'autres points, la fiabilité.

Mais je ne crois pas à cette thèse.

Je ne crois jamais trop, en général, aux explications style enfant humilié, rejet, désir de revanche, etc.

Mais il me semble, là, que l'idée est particulièrement absurde.

Elle l'est parce qu'elle fait fi, d'abord, de ce que nous disent, non les devins de l'advenu, les obsédés du pressentiment, les peintres du monstre-qui-déjà-pointait-sous-le-bon-garçon, mais les témoins directs, vécus, de l'adolescence d'Omar, ceux qui l'ont connu et qui témoignent : Anglais parfait, je le répète ; intégration sans problème dans une Angleterre qu'il n'a jamais vécue comme hostile à ce qu'il était.

Elle l'est parce qu'elle fait bon marché de ce que nous savons d'une London School of Economics qui était, en ces années, un modèle de libéralisme, d'ouverture au monde et à ses cultures, de cosmopolitisme vécu et pensé, de tolérance : ne comptait-elle pas, en 1992-1993, d'après les archives de l'Islamic Society, plus de cent étudiants musulmans ? comment Omar aurait-il pu se sentir différent, ostracisé, quand on sait que plus de la moitié de ses étudiants, toutes religions et nationalités confondues, étaient nés hors d'Angleterre ?

Mais elle l'est encore, et surtout, parce que les faits sont là et que, même s'ils sont embarrassants, voire choquants, même si je suis le premier, lorsque je m'en suis avisé, à les avoir reçus comme une très mauvaise nouvelle, ils sont, hélas, incontestables : s'il faut dater le tournant, désigner précisément le moment qui a vu basculer la vie d'Omar, s'il faut mettre un nom sur l'événement qui a conduit ce musulman laïc et modéré à vivre son appartenance au monde de l'Islam et ses liens avec l'Occident comme antagonistes, si l'on veut marquer d'une pierre noire l'événement qui lui a donné à penser qu'une guerre inexpiable opposait, désormais, les deux mondes et qu'il était de son devoir de prendre parti dans cette guerre, si l'on veut prendre la peine d'écouter ce que lui-même en a dit et écrit, sans cesse, et d'abord dans ce passage de son Journal où il explique que la seule évocation de l'adolescente violée de *Destruction of a Nation* suffit, des années après, à le mettre en quasi-convulsion – cet événement, c'est la guerre de Bosnie.

Omar, dès l'instant où il a pris sa décision de partir, n'est plus tout à fait le même.

Il joue encore aux échecs.

Il continue ses tournois de bras de fer et fait même partie, en décembre, de l'équipe nationale britannique qui va disputer, à Genève, les championnats du monde.

Mais le cœur n'y est plus.

Son esprit, me disent et Pittal et Saquib, est déjà ailleurs, là-bas, dans ce Sarajevo qui, selon eux, l'occupe tout entier.

Et quand il fait encore une partie d'échecs publique, quand il accepte un défi au bras de fer sur l'estrade de la cafétéria, c'est à la double condition que l'assistance fasse de gros paris et que l'argent aille à la Bosnie.

Lui qui se destinait, sans états d'âme, aux métiers de la finance et qui avait déjà créé, dès sa dernière année à la Forest School, une petite société de Bourse amateur, commence à exposer à ses camarades des théories nouvelles sur la finance islamique, la prohibition du prêt à intérêt par Mahomet, les mécanismes de financement qui permettent de le remplacer.

Lui qui, d'après ses camarades, ne connaissait du Coran que ce que l'on en sait dans les familles anglaises assimilées, c'est-à-dire à peu près rien, commence à le citer à tout bout de champ, à se poser, et à poser à voix haute, des questions aussi décisives que celle de savoir si le bon musulman a le droit de s'enrichir pendant son temps de pèlerinage – on l'entend se demander comment on peut faire de la banque sans trahir la charia, comment telle sourate permet de distinguer la bonne finance de la finance impie, ou comment telle autre justifie que l'on s'oppose à la mode des « marchés futurs » qui déferle sur la City et fascine ceux qui se préparent à y faire carrière.

Il lit *Islam and the Economic Challenge* d'un certain Umer Chapra.

Il lit un recueil de textes – Abu Yusuf, Abu Ubaïd, Ibn Taimiyya, al-Mawardi – qui s'intitule *Origin of Islam Economics*.

Il voit un documentaire, à la BBC, qui s'appelle *L'Invitation*, qui porte sur l'intégration des musulmans en Grande-Bretagne, et qui le met très en colère.

Mais la vérité c'est que son énergie n'est tendue que vers ce voyage en Bosnie ; il ne pense qu'à cela ; il ne s'occupe que de cela ; il ne vient plus en cours que pour parler de son cher voyage, populariser l'idée du « Convoy of Mercy », convaincre ses camarades, ramasser de l'argent, des couvertures, des vivres ; et la vérité c'est surtout qu'une fois parti, il ne reviendra plus.

Il reste inscrit à la London School, mais ne fait pas la rentrée de Pâques.

Il se réinscrit, ou sa famille le réinscrit, en septembre, pour une nouvelle année, mais il ne reparaît pas non plus.

Où est Omar ? Que devient Omar ? Est-il vrai qu'Omar s'est engagé dans l'armée bosniaque ? Est-il mort ? Blessé ? Prisonnier des Serbes ? Chef de guerre ? Les rumeurs, à l'école, vont bon train. La légende enfle à vue d'œil. Musulmans comme non-musulmans, tous sont fascinés par l'étrange destin de ce garçon si poli, si gentil, si parfaitement anglais, qui semble s'être perdu, tel un nouveau Lawrence, ou le Kurtz de *Au cœur des ténèbres*, sur ce théâtre lointain.

Seul Saquib le reverra. Une fois. En septembre 1993. Peut-être octobre, il ne sait plus. Omar est arrivé, à l'improviste, un après-midi, dans ce Three Tuns Pub où il avait coutume, jadis, de disputer ses parties de bras de fer. Sauf que ce n'est plus le même Omar. Je n'ai jamais vu, me dit Saquib, un homme devenir à ce point un autre, et en un temps si bref. Physiquement, déjà, il a changé. La barbe. Il porte la barbe des moudjahidin, maintenant, juste de la taille d'une main. Il porte les pyjamas pakistanais traditionnels. Il n'a plus le même regard non plus. Ni tout à fait la même voix. « Que fais-tu encore ici ? dit-il à Saquib, tandis qu'ils vont, bras dessus bras dessous, comme autrefois, marcher sur Houghton Street. Comment peux-tu, alors que les Bosniaques meurent en grand nombre, continuer de suivre les cours de l'inepte Fred Halliday ? » Et quand Saquib lui demande : « quelle est l'alternative ? que proposes-tu à la place des cours de ce con de Halliday ? » le nouvel Omar lui fait cette réponse qui, sur l'instant, le surprend un peu mais qui, rétrospectivement, lui glace les sangs : « des enlèvements... enlever des gens et les échanger contre des gestes de la communauté internationale en faveur de la Bosnie, voilà ce que je propose... là, par exemple... » Il montre à son ami, de l'autre côté de la rue, le bâtiment de l'ambassade indienne. « Là, tu vois, on pourrait kidnapper l'ambassadeur de l'Inde. » Puis, geste en direction de l'école : « ou bien, encore plus simple, le fils d'un ministre pakistanais – je me suis renseigné, il va arriver en cours d'année ».

RETOUR À SARAJEVO

Je suis allé à Sarajevo.

J'ai profité d'un colloque littéraire organisé par le Centre André-Malraux pour revenir dans cette Bosnie que j'ai donc en partage avec cet homme.

J'ai débattu avec l'ami Semprun de l'identité et de l'avenir de l'Europe. J'ai découvert l'île de Hvar, en Croatie, où je suis allé avec mon vieux copain Samir Landzo. Je l'ai trouvé amaigri, Samir. Mélancolique. Il ne fait pas bon être ancien combattant, me dit-il, dans la Bosnie d'aujourd'hui. Ce n'est plus un bon, mais un mauvais point. Ce n'est plus un sauf-conduit, mais un truc qui vous fait mal voir. Oh ! Sarajevo a changé, tu sais ! Tu ne vas plus rien reconnaître ! L'avantage est aux planqués, aux gens de l'extérieur, aux profiteurs. Le pouvoir est à ceux qui ne se sont pas battus et qui nous en veulent, à nous, ceux de la première heure. Au tribunal, c'était très clair. Mon avocat a essayé de tirer argument de mon passé pour dire : « un résistant, un héros, ne peut pas avoir fait ce qu'on lui reproche ». Il a essayé de produire des témoignages, dont le tien :

« Samir L. fut un des premiers défenseurs de la ville ; ce tout jeune homme fut de ceux qui eurent, tout de suite, le juste réflexe ; c'est à des gens comme lui que Sarajevo doit, aujourd'hui, etc. » Eh bien ce fut presque pire... Il rit. Nous rions. Nous évoquons, avec Suzanne, son épouse, comme chaque fois que nous nous retrouvons, le sombre temps – qui fut aussi, d'une certaine façon, le bon temps – des journées passées à la flamme des briquets ; des tranchées ; de cette nuit, veille de l'offensive victorieuse sur Donji Vakuf, où nous nous étions amusés, à trois ou quatre, à prévoir l'ordre dans lequel allaient s'allumer les étoiles – genre : on connaît tellement bien la Bosnie, tsouin tsouin...

Mais la vérité c'est que, pendant le colloque, avec Samir, sur les collines autour de la ville où je vais, comme chaque fois, en pèlerinage, dans la vieille et la nouvelle ville, au PTT Building refait à neuf, à la bibliothèque toujours en ruines où je verrai, jusqu'à la fin de mes jours, errant entre les gravats avec ses Ray Ban, ses boucles d'oreilles, son feutre marron sur la nuque, son gilet doré, Ismet Bajramovic, dit Celo, le chef des voyous de Sarajevo, à l'Holiday Inn, devant ce bar de la rue Marsala Tita où un homme, un matin, s'est mis à aboyer, face à tous ces hommes et femmes qui se sont habitués à leurs béquilles, je n'ai qu'une idée : je ne suis pas dans la Bosnie d'aujourd'hui, mais dans celle d'hier ; je ne suis même pas dans la mienne d'hier, mais dans la sienne, celle d'Omar, en ces jours d'avril ou mai 1993 où j'aurais pu, dû, le croiser. Que fait-il ? Qui voit-il ? Split, d'accord, en Croatie – mais après ? Mostar ? Sarajevo ? Que fait l'étudiant modèle lorsqu'il arrive ? Rencontre-t-il Kemal ? Le président ? Est-il témoin, comme moi, du sursaut militaire et moral des Bosniaques ? Voit-il les agneaux devenir loups, les victimes se transformer en combattants et rendre coup pour coup sur le double front – fascistes serbes d'un côté, milices croates de l'autre – où se déploie, maintenant, la guerre ?

J'ai vu l'antenne, en Bosnie, des services français – mais pas d'archives antérieures à 1994.

J'ai vu Amir, l'homme des services bosniaques avec qui j'avais, cette même année 1993, concocté des projets – mort-nés – d'acheminement d'armes via la Turquie et qui a une fiche, lui, au nom d'un Pakistanais nommé Sheikh Omar, mais né cinq ans avant le mien et arrivé en février – est-ce le même ?

J'ai revu Izetbegovic, dans son appartement de retraité dans la banlieue de Sarajevo. Modeste pavillon. A peine un garde à l'entrée de la rue. Une Twingo, garée devant, en guise de voiture de fonction. Des meubles pauvres. Des médicaments sur une table. Des livres. *Le Lys et la Cendre*, en traduction bosniaque. Un cartable de skaï noir qu'il dit, avec un sourire entendu, que je lui aurais donné – je ne vois pas quand, mais n'ose le lui demander. Où est Gilles ? Il semble surpris, déçu, que « Gilles » ne soit pas là. Son cœur malade. Vous avez meilleure mine, président. Vous n'avez plus cette tête de la dernière fois, que vous aviez l'air d'avoir piquée à Mitterrand, ah ! ah ! ah ! Mais il faut tout de même consulter. Vous devez venir à Paris et voir le professeur C., mon ami. Non, non, il fait. Sa fille, Sabrina, oui. Elle a peur de le voir si pâle, si fatigué, ses grands yeux bleus qui, maintenant, lui mangent la figure et je sens bien qu'elle ne serait pas contre le contact avec le professeur C. Mais lui, avec un sourire : non, ça n'a pas de sens, il y a un moment où les hommes ont fait leur temps et où il faut s'en remettre à Dieu. « Mais vous ? De quoi êtes-vous venu, vous, me parler ? Vous n'êtes pas juste revenu pour me parler de mon cœur et de ma santé ? Omar, dites-vous ? Omar Sheikh ? Oh ! Tout cela est loin... Si loin... Pourquoi remuer ces vieilles histoires ? Je sais que la communauté internationale fait grand cas de ces combattants étrangers venus sur notre sol dans les deux premières années de la guerre. Mais vous savez, vous, la vérité. Vous savez qu'ils étaient une poignée et que j'ai tout fait pour les arrêter. Et puis, franchement, vous qui connaissez la situation : la Bosnie n'a pas d'accès à la mer, n'est-ce pas ? alors, ils venaient d'où, ces combattants ? qui les laissait passer ? est-ce que les gens savent, par exemple, qu'il y avait des camps d'entraînement en Slovénie ? est-ce qu'on peut leur expliquer que la grande mosquée de Zagreb, sous l'autorité de Sefko Omerbasic, nous envoyait régulièrement des candidats au jihad ? »

Puis, comme j'insiste, comme je lui dis que j'écris ce livre et qu'il est important, pour moi, de savoir, il cherche dans sa mémoire, se tourne vers Kemal, puis son fils, qui assistent à l'entretien et n'ont, pour le moment, rien dit : il se souvient, oui... il a un très très vague souvenir... peut-être pas mon Omar, non, mais un groupe de jeunes Pakistanais arrivés, à ce moment-là, de Londres et venus lui proposer de composer une brigade de combattants étrangers : c'était dans la région de Tuzla, mais il a l'impression qu'ils étaient chiites – est-ce que c'est possible ? est-ce que mon Omar pouvait être chiite ?

Non, je lui dis. Bien sûr que non. Furieusement anti-chiite, au contraire. Mais attendez ! Une seconde ! Des combattants ? Une brigade ? Et cela au moment même où, avec d'autres, à Genève, j'étais venu vous proposer, moi aussi, la constitution de brigades internationales – vous vous souvenez ?

Et lui, alors, geste de qui a eu raison avant vous et demande qu'on le reconnaisse : « peut-être comprenez-vous mieux, maintenant, pourquoi je n'étais pas chaud ! cela dit, rassurez-vous : le discours que je vous ai tenu, je le leur ai tenu ; à eux aussi, j'ai dit : non merci, c'est très aimable, mais nous avons nos combattants – la Bosnie manque d'armes, c'est vrai, mais elle ne manque pas de jeunes hommes prêts à donner leur vie pour la défense du pays... »

Le président est fatigué. Il ne respire plus, il halète. Il a, de nouveau, ce masque translucide de Mitterrand les derniers temps. La pensée m'effleure, comme chaque fois, que cet homme admirable, ce de Gaulle bosniaque, l'homme qui, pendant quatre ans, porta à bout de bras la Bosnie et le cadavre de son idée, aurait pu jouer double jeu et, donc, se moquer un peu de moi. N'est-ce pas le reproche, depuis le tout premier jour, de l'ami R. : « Izetbegovic... ah ! ah ! c'est trop farce... est-ce que tu lui as demandé de s'expliquer sur sa déclaration islamique ? » N'est-ce pas l'avis de Jovan Divjak, le général, défenseur de Sarajevo et d'origine serbe : et n'est-ce pas pour cette raison qu'il a refusé, dans la dernière année de la présidence du « vieux bonhomme », d'assister à la cérémonie où il me remettait le « Blason », cette légion d'honneur bosniaque, la seule décoration que j'aie jamais acceptée et dont je suis si fier ? Je le quitte. Il ne m'a rien dit.

Je suis allé à Bocinja Donja, cet ancien village serbe, à cent kilomètres au nord de Sarajevo, dont on raconte qu'Izetbegovic l'a, à la fin de la guerre, quasiment donné en fief à cent vétérans de la 7e brigade musulmane, venus du Proche-Orient. Et, là, dans ce village où les femmes portent des burqas noires et les hommes une longue barbe, où il est interdit de parler aux étrangers et, bien entendu, de boire de l'alcool, dans ce village à l'entrée duquel une pancarte annonce « be afraid of Allah » et où la vie s'arrête, cinq fois par jour, pour la prière, j'ai réussi à trouver un homme prêt à parler à « l'ami d'Alija » et auteur de *Bosna !* – j'ai trouvé un ancien combattant devenu instituteur et prêt à se souvenir d'un jeune Pakistanais, particulièrement vaillant, rude à la tâche, résistant comme un buffle, excellent dans le corps-à-corps et dans le combat à l'arme blanche mais ne renâclant jamais, non plus, quand il fallait aider à creuser une tranchée ou s'appliquer à d'autres corvées : un gentil garçon, en somme ; plus intelligent que la moyenne ; mais avec un rire terrible qui glaçait ses camarades. Il disait que l'Europe était morte et qu'il n'y avait rien à en attendre. Il expliquait que les munitions ne tombaient pas du ciel et qu'il fallait les économiser, d'où l'avantage de l'arme blanche. Il était – de cela aussi l'instituteur se souvient, car le jeune homme était vantard et aimait faire étalage de ses exploits – champion d'échecs en Angleterre et, le soir, à la veillée, face à la compagnie médusée, refaisait toutes les batailles, toutes les stratégies d'état-major, comme de gigantesques parties d'échecs. Il était hanté par l'enclavement de la Bosnie, par exemple ; il disait que l'ennemi c'était la Croatie car c'est à elle, et à elle seule, que la nation musulmane pouvait arracher un accès à la mer, un port. S'il y a des images de ce temps-là ? Des photos ? Faudrait voir aux archives militaires. Il existe des images prises à Gradacac, il en est sûr. Le malheur c'est qu'Omar était incontrôlable, un peu fou, et que la police militaire a dû finir par l'expulser parce qu'il avait, un jour de colère, profané une tombe tchetnik. Quel homme extraordinaire ! Quelle perte ! Sauf que... Est-ce bien mon Omar, de nouveau ? N'est-ce pas, encore, un homonyme ? D'où vient que nul ne m'ait jamais parlé de cette affaire d'expulsion, par exemple ? D'où vient, surtout, qu'il me le présente, lui aussi, comme un chiite ?

Et puis je suis allé à Solin, bien sûr, près de Split, en Croatie. J'ai retrouvé là, dans cette jolie ville de la côte dalmate, l'immeuble de deux étages qui servait d'étape, de base logistique et d'entrepôt au « Convoy of Mercy ». J'y ai retrouvé la trace d'une ONG musulmane, la Third World Relief Agency (TWRA), très engagée dans le financement des groupes fondamentalistes présents en Bosnie centrale, avec laquelle Omar aurait été en contact. J'ai appris qu'il y a côtoyé une dizaine de combattants arabes formés dans la guerre d'Afghanistan et en partance pour Sarajevo, ainsi qu'un certain Abdul Rauf, vétéran lui aussi, mais pakistanais, membre du Harkat ul-Mujahideen, et juste arrivé du Kashmir, qui lui donne une lettre de recommandation pour les représentants, à Lahore et Londres, du Harkat. « Tu es fort, lui dit-il. Tu es motivé. Tu parles toutes les langues possibles. Tu connais les techniques modernes. Que n'entreprends-tu une formation militaire appropriée ? Que ne pars-tu, d'abord, en Afghanistan où il y a des camps excellents et d'où tu nous reviendras formé pour le combat contre les Serbes ? » Et comme Omar lui objecte qu'il est encore un jeune homme, qu'il a ses études à finir, qu'il a déjà eu un mal fou à convaincre son père de le laisser partir pour cette expédition bosniaque et que c'est lui, son père, qui, jusqu'à nouvel ordre, décide de tout, il lui répond : « nous allons parler à ton père ; je vais organiser la jonction entre lui et Maulana Ismail, imam de la mosquée Clifton, qui est un saint homme, qui a l'habitude de guider les jeunes musulmans anglais vers nos camps en Afghanistan et qui saura trouver, j'en suis sûr, les mots pour le convaincre ; c'est l'honneur d'une famille d'avoir un fils qui abandonne des études inutiles pour se consacrer à la vie de jihad... » C'est ici, à Solin, qu'Omar décide de porter la barbe.

De la minceur, de l'imprécision, du caractère parfois contradictoire, de ces informations, il y a plusieurs explications.

La première c'est qu'Omar, à cette date, n'est pas encore le personnage qu'il va devenir. Il a une existence infime. Et il ne peut donc laisser, derrière lui, que des traces également infimes. Pas d'archives, c'est normal. Des souvenirs reconstruits, c'est classique. Omar est allé à Sarajevo ; il s'y est battu ; mais il est, en ce temps-là, beaucoup trop insignifiant pour qu'il en reste quelque chose.

La seconde est celle d'Asad Khan, l'organisateur du Convoy of Mercy, dont j'ai retrouvé l'adresse, à Londres, et qui est devenu, dix ans après, le patron d'une sorte d'ONG tous terrains envoyant ses « Convoy », non seulement en Bosnie, mais sur tous les théâtres – *sic* – de la « misère musulmane ». Il me reçoit, un soir, dans son bureau de l'est de Londres, le même qu'au temps d'Omar. Il m'explique son combat pour les Tchétchènes et les autres martyrs contemporains de la guerre des civilisations. Il me dit aussi la poisse que c'est, pour lui, de voir le nom de sa chère association systématiquement associé à l'itinéraire d'un terroriste : « savez-vous que je n'ai pas pu, depuis dix ans, remettre le pied sur le sol pakistanais de peur d'être arrêté "en connexion avec Omar" ? savez-vous que mon nom apparaît jusque dans son procès-verbal d'interrogatoire par la police indienne, en 1994 ? et pouvez-vous imaginer que je figure, dans ce procès-verbal, en tête d'une liste où sont les plus grands terroristes du Kashmir et du Pakistan parmi les "associés d'Omar en Angleterre" ? » Alors il a une thèse, Asad. Il a une explication, qu'il me supplie d'entendre et de rapporter car il n'en peut plus, vraiment, de cette assimilation que fait la presse. « Omar nous a accompagnés jusqu'à Solin, près de Split, en Croatie, où le "Convoy" avait sa base. Mais il est tombé malade pendant le voyage. Pas une grippe. Une sorte de mal de mer. Des envies de vomir et de chier. Ça prétend aider la Bosnie, ça veut jouer au dur, mais c'est tout mou à l'intérieur, c'est de la gelée et ça encombre. En sorte que, si l'on se souvient, à Sarajevo, si mal de lui, si vous n'avez pas trouvé trace de son passage sur le terrain, c'est que, le matin du départ de Solin, ce vaillant, ce héros, ce jihadiste en herbe qui ne rêvait que d'exploits, de sang versé, de martyre, ne s'est tout bonnement pas réveillé et nous a laissés finir le voyage sans lui ! Omar n'est jamais entré en Bosnie, voilà la vérité. Jamais. Nous sommes allés, nous, à Jablanica, près de Mostar, pour y distribuer nos camions de vivres et de vêtements. Et nous l'avons récupéré, au retour, à la base de Solin, pour le ramener, malade, à Londres. Acte manqué. Honte. J'ai rarement vu un homme se sentir aussi ridicule. Mais c'est comme ça. Alors, il est repassé me voir trois ou quatre fois, dans les mois suivants, ici même, dans cet appartement – il se sentait tellement coupable qu'il venait toujours avec un petit chèque, cinquante livres, soixante, voilà, c'est pour le Convoi, je suis navré, excusez-moi... » Je vois, bien sûr, l'intérêt du personnage à me tenir ce discours. Je sens bien qu'il est vital, pour lui, de désolidariser le destin d'Omar du sien et de briser la rumeur qui, depuis 1994, veut que tout se soit joué là, avec lui, dans ce voyage. Mais il y a quelque chose qui sonne juste dans son récit. Une vraie sincérité. Et je dois avouer que, malgré son invraisemblance globale, il m'ébranle. Un détail, d'ailleurs. Un tout petit détail. J'ai découvert quelques mois plus tard, en repassant par Split et en compulsant les journaux croates de l'époque, qu'a eu lieu, dans ces semaines, peut-être ce jour-là, dans ce Solin où Asad Khan prétend qu'Omar s'est arrêté, une rencontre d'échecs entre deux maîtres internationaux, Ivan Ljubicic et Slobodan Kovacevic. Ceci confirmerait-il cela ? Se pourrait-il qu'Omar ait préféré les échecs à la Bosnie ? Qu'il ait monté la comédie de la maladie pour assister à un gambit hardi et magnifique ? Ce serait énorme. Mais, après tout...

La troisième explication est celle de Saquib, son ami de la London School of Economics, visiblement très surpris, lorsque je la lui rapporte, par cette thèse de Asad Khan. « Je ne peux pas le croire, me dit-il. Je le revois si nettement, en octobre, dans les allées de la London School, puis sur Houghton Street, quand il est venu me proposer d'enlever l'ambassadeur de l'Inde et le fils d'un ministre pakistanais. Je l'entends encore, comme si c'était hier, me raconter comment il s'est battu en Bosnie. – Il a vraiment dit battu ? – Oui, il a dit battu ; cela ne fait pas de doute qu'il l'ait dit ; et je ne peux pas croire qu'il m'ait menti. – Alors ? – Alors, je ne vois qu'une explication, conclut Saquib ; une seule ; c'est qu'il y ait eu, non pas un, mais deux voyages vers la Bosnie... » Celui-ci, en d'autres termes, qui a fort bien pu, puisque Asad Khan le dit, se terminer de cette manière, aux portes de la terre promise. Mais un autre, aussitôt après, sans Khan, sans Convoy of Mercy, juste lui, le petit Omar, réparant l'échec du premier voyage et allant, cette fois, jusqu'au bout. Je reviendrai, bien sûr, vers Asad. Je lui dirai : « qu'en pensez-vous ? que dites-vous de cette idée d'Omar retournant, sans vous, en Bosnie ? » Asad réfléchira. Hochera la tête. Et me répondra confirmant le schéma de Saquib : « oui, pourquoi pas ? Omar n'aurait pas menti là-dessus ; peut-être y a-t-il eu un second voyage, sans moi ».

Et puis il y a une dernière thèse, enfin. Moyenne. Intermédiaire entre les premières. Il y a l'hypothèse finalement la plus plausible et la mieux à même, en tout cas, de mettre d'accord les tenants de la légende dorée et ceux de l'acte manqué lamentable... Mais non. J'attends pour cette dernière thèse. Je la donnerai, en son temps, au moment de l'enquête où elle m'est réellement apparue.

Pour l'heure, ce qui importe c'est ce fait, et ce fait seul, qu'Omar, quoi qu'il ait accompli, qu'il soit allé ou pas jusqu'à Mostar et Sarajevo, qu'il se soit battu ou non, que l'homme de Bocinja Donja affabule ou que ce soit Asad Khan qui reconstruise l'histoire pour dégager sa responsabilité, ce qui importe, donc, c'est que cette affaire bosniaque, de l'aveu même d'Omar qui, sur ce point, n'a jamais varié, décide, en toute hypothèse, de tout : ce qui est acquis, autrement dit, c'est que cette prise de conscience d'un monde où être musulman est un crime et où apparaît un autre destin possible pour l'islam européen ébranle au plus profond le Britannique heureux qu'il était – ce qui ne fait pas le moindre doute, c'est qu'il y a là un étudiant modèle, un Anglais, un adolescent cosmopolite dont tout donne à croire qu'il n'avait jamais pensé son appartenance à l'univers de l'Islam et ses liens avec l'Occident comme le moins du monde contradictoires et qui bascule dans la folie en un lieu très précis.

Et cela, cette évidence, m'embarrasse évidemment beaucoup.

Entendons-nous.

Sur le fond, je ne suis pas surpris.

J'ai toujours su, en effet, qu'il y avait eu des combattants étrangers en Bosnie.

Je les ai vus à Donji Vakuf, étranges, hagards, marchant comme des robots, sans peur apparente, au bord des lignes serbes.

Je les ai vus à Mehuric, près de Travnik, la ville de Ivo Andric ; à Zivinice, Bistricak et Zeljezno Polje dans la région de Zenica ; sur Igman où c'est une « brigade internationale » qui, le 23 août 1994, date de l'un de mes derniers voyages, libère le village de Babin Do ; à Sarajevo même, dans le faubourg de Dobrinja, où une unité de cinquante hommes, dite « Suleiman Fatah », a participé, aux heures les plus noires du siège, avril et mai 1993, à la défense du quartier.

J'ai su, de la bouche d'Izetbegovic lui-même qui en avait reçu l'information à Rome, à l'atterrissage du petit avion qui, en avril 1993, au plus fort de la guerre avec les Croates, nous emmenait voir le pape, qu'une brigade de combattants étrangers, la 7e, liée au 3e corps de l'armée officielle de Bosnie-Herzégovine, venait de se rendre coupable, en zone croate, dans les bourgades de Dusina, Vitez, Busovaca et Miletici, de terribles exactions – j'ai raconté, ailleurs, comment j'avais moi-même rédigé, à l'intention de son état-major, puis des agences de presse, le brouillon d'un communiqué désavouant sans appel la « poignée de soldats perdus » qui venaient de commettre ces horreurs et déshonoraient la cause bosniaque.

J'ai très vite su, également, le rôle trouble joué par des ONG musulmanes, prétendument caritatives, du type de cette « Muassasat al-Haramain al-Khairiya », ou « Etablissement charitable des deux mosquées saintes », avec laquelle je pris contact, à Zagreb, au printemps 1993, avant d'apprendre, beaucoup plus tard, qu'elle était l'un des canaux par lesquels transitait, au vu et au su de tous, et d'abord des autorités croates, l'aide financière destinée au terrible « bataillon moudjahid » de Zenica (n'est-ce pas le signe, soit dit en passant, que le président Izetbegovic n'a pas complètement tort quand il dit que ces combattants étrangers ne tombaient pas du ciel et qu'il leur fallait, pour arriver à Sarajevo, de solides complicités non bosniaques et, en l'espèce, croates ?).

Un jour que, à Travnik, dans les bureaux de l'état-major, je visionnais des archives que je comptais intégrer dans *Bosna !*, je suis même tombé sur un document que le service des archives du 7e corps avait, par inadvertance, laissé traîner sur la cassette et où l'on voyait des moudjahidin arabes, leurs longs cheveux peints au henné et retenus par un bandeau vert, en train de jouer au football avec des têtes de soldats serbes.

Et je ne parle pas de tout ce que j'entendais, dont je n'étais pas personnellement témoin, mais à quoi j'étais bien obligé, vu les sources, d'accorder un certain crédit : un autre détachement, lié au 7e corps toujours, dans la région du mont Vlasic ; une unité de Tunisiens et d'Iraniens déployée dans la zone du village de Bistricak, non loin du quartier général de la 33e division de l'armée régulière ; une autre, dans la zone de Banovici, qui aurait pris part à l'offensive sur Vozuca ; les soixante-dix « mercenaires chiites » pakistanais et koweïtiens de Tuzla ; le détachement de gardiens de la révolution, venus d'Iran, en mai 1994, pour exercer la « police religieuse » dans les rangs des bataillons de moudjahidin ; l'interview, dans *Time Magazine*, en 1992, puis dans le quotidien saoudien de Londres *Al-Sharq al-Awsat*, du commandant Abu Abdel Aziz, ce chef de guerre formé au Kashmir et devenu commandant interarmes de tous les étrangers stationnés en Bosnie.

Et je ne parle pas non plus de l'après-guerre – je ne parle pas de tous ces « étrangers » qui, en contravention avec l'obligation qui leur fut faite, au moment des accords de Dayton, de quitter le pays, se sont installés en Bosnie, s'y sont mariés, y ont fait des enfants, ont obtenu la nationalité bosniaque et auraient pu faire de Sarajevo, si la société n'avait pas résisté, la plaque tournante, en Europe, du terrorisme islamiste : projet, en septembre 1997, en liaison avec les GIA algériens, d'attentat contre le pape ; projet, deux ans plus tôt, en représailles à la condamnation à mort, aux Etats-Unis, de Sheik Omar Abdel Rahman, cerveau du premier attentat contre le World Trade Center, d'un attentat à la voiture piégée à Zenica ; histoire, en 1998, de l'Algérien Bensayeh Belkacem imaginant une attaque simultanée contre l'ambassade américaine à Sarajevo et les bases de la force internationale ; cas de Imad el-Misri, égyptien et proche de Ben Laden, arrêté en juillet 2001, à Ilidza, banlieue de Sarajevo, porteur d'un passeport bosniaque ; cas, enfin, de ces anciens combattants bosniaques – Jasin el-Bosnevi, de Sarajevo ; Almir Tahirovic, de Novi Travnik, en Bosnie centrale – qui sont allés, en Tchétchénie, grossir les maigres rangs des brigades fondamentalistes et qui, le plus souvent, y ont d'ailleurs laissé leur peau.

Bref, cette affaire de combattants étrangers a toujours été un secret de polichinelle pour la poignée d'intellectuels, de journalistes, d'humanitaires qui plaidèrent, dès le premier jour, pour une action militaire occidentale.

Elle ne changeait rien à ce qu'ils pouvaient observer, à Sarajevo mais aussi en Bosnie centrale, de la nature profondément tolérante, modérée et, pour tout dire, européenne, de l'islam bosniaque lui-même – femmes dévoilées, alcool aux cafés, habitudes de laïcité et, vis-à-vis de ces étrangers, de leurs règles ridicules, de leurs prêches, de leurs mosquées pharaoniques et vides, le solide cynisme de ceux qui ne veulent pas mourir et qui, abandonnés de tous, livrés à leurs seules forces, prenaient les rares mains qui se tendaient.

Mieux : la présence de ces combattants, si choquante fût-elle, est restée, quoi qu'on en dise, marginale, circonscrite à certaines régions du pays et ne contaminant en rien ou, en tout cas, moins qu'on ne l'a dit le moral, la culture, le mode de fonctionnement de l'armée de Bosnie-Herzégovine – soldats issus des trois nationalités ; officiers serbes et croates commandant, dans certains cas, à une troupe majoritairement musulmane ; des imams, bien sûr, mais pas plus que d'aumôniers dans un régiment français ; un 7e corps, celui du général Alagic, auquel étaient rattachées nombre de ces unités et qui a donc, à ce titre, couvert leurs crimes de guerre, mais que j'ai suffisamment vu à la manœuvre pour pouvoir attester qu'il ne s'agissait, en aucun cas, d'un corps islamiste ou fondamentaliste.

Quant à Izetbegovic lui-même, je connaissais son passé. Je voyais bien que, comme tous les Bosniaques, il utilisait sans états d'âme l'appui que lui apportaient ces « Arabes » qu'il craignait et n'aimait pas. Mais je voyais aussi que je pouvais, sans difficulté, lui parler de Salman Rushdie et du soutien qu'il apportait à la cause de la Bosnie. Je constatais la facilité que nous avions eue, Gilles Hertzog et moi, à le convaincre, lui, le pieux musulman qui, ce jour-là, rentrait de Ryad, de venir en Europe pour y rencontrer Margaret Thatcher, le roi d'Espagne et, surtout, le pape. Je le revoyais, je le revois encore, étrangement songeur après son entretien avec Jean-Paul II, dans le Mystère 20 que François Mitterrand, habile ou beau joueur, avait dépêché à Rome pour nous ramener en France puis, de là, à Sarajevo : se pouvait-il que le saint homme l'ait troublé ? quel fondamentaliste était-ce là pour être ainsi ému, ébranlé, par le chef de l'Eglise catholique ? Quand le doute me gagnait, quand j'entendais, en France, railler mon soutien à l'auteur de la « Déclaration islamiste », je repensais au malaise qui avait suivi, à Paris, dans un cinéma du Quartier latin, la projection, en son honneur, de *Bosna !* BHL, scandaient les Bosniaques de Paris ! BHL ! Bosnie-Herzégovine libre ! Non, grognaient certains de ses conseillers, nous n'aimons pas, dans le commentaire, la formule « islam laïque », nous n'aimons vraiment pas ça. Et je repensais, oui, à la façon dont il avait, lui, Izetbegovic, arbitré : « c'est BHL qui a raison, il faut peut-être aller au bout de cette idée d'islam laïque ». Un conservateur. Peut-être un nationaliste. Mais qui ne céda jamais sur l'essentiel c'est-à-dire sur la dimension pluriculturelle de la Bosnie qu'il défendait et dont la cause nous rassemblait – lui, le musulman lettré, fin lecteur du Coran et moi le Français, mais aussi le Juif, l'ami d'Israël, qui, jamais, en aucune circonstance, ne me dispensa de dire qui j'étais et ce que je croyais. Combien de discussions entre nous, mais paisibles, sur le destin juif, le mystère et la question d'Israël ! Et, à propos de sa Bosnie, je devrais dire de notre Bosnie, combien de fois l'ai-je entendu me dire, avec cette nuance de mélancolie qu'il avait chaque fois que son métier de chef de guerre lui laissait un peu de répit pour méditer et parler : « je pourrais me contenter d'une petite Bosnie ; je pourrais consentir au partage que tout le monde, de l'Occident à Milosevic, a l'air de réclamer et dont le premier effet serait la paix ; je pourrais bâtir un Etat refuge pour tous les musulmans de la région persécutés ; eh bien j'ai peut-être tort ; je conçois que l'on me considère comme un vieil entêté, un rêveur ; mais, voyez-vous, ce n'est pas mon idée ; je ne fais pas mon deuil du beau rêve d'une Bosnie pluriculturelle et cosmopolite... » !

En sorte que, même s'il m'arrive de penser que j'aurais dû, à l'époque, évoquer plus clairement cette présence, la dénoncer avec plus de vigueur, lui consacrer, dans le *Lys*, plus que des allusions, même s'il m'arrive de me dire que j'ai peut-être cédé, en la circonstance, au syndrome classique – dont j'ai, si souvent, dénoncé les effets chez les autres – de l'intellectuel redoutant, en disant toute la vérité, d'affaiblir la cause à laquelle il se voue, je pense, aujourd'hui encore, que j'avais, que nous avions, raison de nous en tenir à ce théorème simple. Non pas : « le fait qu'il y ait des islamistes en Bosnie doit nous dissuader d'intervenir ». Mais : « plus nous tardons à intervenir, plus les islamistes risquent d'affluer ; c'est parce que nous n'intervenons pas que, la nature politique ayant horreur du vide, des islamistes qui n'ont rien à voir avec cette civilisation bosnienne risquent de venir à notre place et, profitant du désespoir d'une population abandonnée, de prendre pied dans les Balkans ».

Bref, l'élément nouveau c'est, comme toujours, l'apparition d'un individu, d'un destin singulier, d'un corps.

L'élément nouveau – et terriblement troublant – c'est cette idée d'un homme, un seul, qui bascule vers le pire aux lieux mêmes qui, à mes yeux, furent l'incarnation de l'honneur et du courage.

Voilà un homme qui se rend dans la capitale européenne de la douleur. Voilà une démarche qui obéit à des motifs qui ne sont pas nécessairement différents, au départ, de ceux qui animent, au même moment, les militants français des droits de l'homme et tous ceux qui, dans la situation de la Bosnie, voient la grande épreuve européenne de la fin du XXe siècle, le fascisme qui vient, la guerre d'Espagne de notre génération, etc. Sauf que les nobles causes produisant des effets parfois dissemblables, c'est très exactement de là que date sa conversion à l'islamisme et au crime.

Le Diable n'est pas dans les détails mais dans les grandes causes et dans l'Histoire.

5

D'UN PORTRAIT, L'AUTRE

J'ai tout fait, au Pakistan, pour rencontrer Omar.

J'ai pris contact avec la famille qui m'a renvoyé aux avocats.

Avec les avocats qui m'ont conseillé de m'adresser au président de la Cour suprême.

Je suis, en novembre 2002, allé voir les policiers qui m'ont dit : « oui, pourquoi pas ? il faut juste aller à Hyderabad, négocier avec le directeur de la prison » – et je suis allé voir, alors, le directeur de la prison qui m'a dit : « ce n'est pas si simple, Omar vient d'être transféré au Mansoor Ward qui est le "Quartier Haute Sécurité" de la prison et seul le ministre, Moinuddin Haider, peut vous débloquer l'autorisation ».

J'ai demandé rendez-vous au ministre.

Je lui ai dit : « vous êtes, me dit-on, amateur de littérature ? eh bien voilà ; je suis romancier ; je suis en train d'écrire un roman dont Pearl et Omar sont les héros ; j'ai besoin, pour cela, de rencontrer Omar ».

Le ministre m'a écouté. Il avait une drôle de tête démodée, mélange de Claudel et de Saint-John Perse, avec une capacité stupéfiante à changer, d'un instant à l'autre, de physionomie. Tantôt amabilité extrême, excessive. Et, soudain, quand il pensait que je ne regardais plus, des lueurs de férocité meurtrière. Je lisais dans ses yeux, alors, qu'il rêvait qu'on le débarrasse de ces étrangers qui n'arrêtent pas de l'embêter avec cette foutue affaire Pearl. Il me l'a clairement dit, d'ailleurs : « quoi ? un roman sur Pearl et Omar ? depuis quand fait-on des romans avec des personnages pareils ? la littérature française, que j'aime et respecte, est-elle tombée si bas qu'elle ait besoin, pour se nourrir, d'histoires aussi lamentables ? » Mais bon. Il m'a écouté. Voyant que je m'entêtais et que j'avais l'air de croire, vraiment, que la noblesse de la littérature pouvait être de partir d'un fait réel et d'en tirer une histoire, il a même fait semblant de prendre des notes. Sauf que je tombais mal, m'a-t-il dit. Les élections venaient d'avoir lieu. Le gouvernement démissionnait dans une heure. Et il fallait qu'il me présente le brigadier Javed Iqbal Cheema, Interior Ministry spokesman, le vrai patron de cette maison, si, si, je vous assure, c'est lui maintenant le patron : moi, je m'en vais, c'est fini, vous êtes mon dernier rendez-vous de ministre – lui, en revanche, reste ; il va vous arranger ça, vous verrez.

Le brigadier Javed Iqbal Cheema, à son tour, a entrepris de me faire la leçon.

Avec ses cheveux et sa moustache passés au henné, sa haute silhouette prise dans son costume pied-de-poule vert, un regard gris acier qui n'exprimait, lui, aucune aménité, il a commencé par me dire : « mais que venez-vous chercher, tous, dans ce pays ? il y a des zones, dans toutes les sociétés, où il ne fait pas bon se promener ; qu'est-ce que vous diriez si, moi, brigadier Javed Iqbal Cheema, je m'amusais à enquêter dans l'underground de Paris ou de Chicago ? c'est ce qu'a fait ce journaliste juif américain ; il est allé hors des limites ; prenez garde à ne pas faire la même erreur ». Puis : « il y a autre chose ; pourquoi a-t-il loué une maison ? est-ce que ce n'est pas suspect un journaliste juif, basé en Inde, qui loue une maison pour 40 000 roupies par mois ? supposez que je veuille voir quelqu'un en France ; je prends une chambre d'hôtel ; je m'assieds avec lui dans ma chambre ; je ne vais pas louer une maison ; le fait qu'il l'ait fait prouve qu'il avait l'intention de rester et ça, vous voyez, qu'on ne nous raconte pas d'histoires ! ce n'est plus du journalisme ! et c'est pour ça qu'il est soupçonné de travailler pour une puissance étrangère ». Et puis ceci encore, à propos d'Omar : « quant au Sheikh... vous qui êtes écrivain, vous ne le trouvez pas bizarre, le Sheikh ? regardez ses photos quand il sort des prisons indiennes ; il a l'air en bonne santé ; il n'a pas la mine d'un homme qui sort de prison ; et c'est pour ça qu'il me vient parfois au cœur que toute cette affaire pourrait avoir été montée, de bout en bout, par les services indiens ; saviez-vous que le Sheikh a donné, depuis son portable, au moins vingt-quatre appels en Inde ? et savez-vous que, parmi ces appels, il y en a au moins deux qui sont allés au collaborateur direct d'un ministre ? »

Et, là non plus, rien n'est venu : il a pris note ; il a promis ; il m'a donné tous les numéros de téléphone, portable compris, auxquels je pouvais le joindre « à toute heure » ; mais cette demande-là, comme les autres demandes officielles que je ferai, comme celle de retourner sur le lieu de détention de Danny pour y prendre, cette fois, des photos, comme celle d'interviewer le fameux Gilani qu'il croyait voir le jour de son enlèvement, est restée lettre morte.

Je n'ai pas pu voir Omar.

Tout a semblé organisé pour que je ne puisse avoir aucun contact avec lui.

J'ai dû, pour nourrir mon imagination physique du personnage, me contenter d'une vision fugitive, en mai, au moment de son transfert à la prison d'Hyderabad. La police avait, comme à Karachi, et à l'exception, je ne sais pourquoi, de deux journalistes étrangères, fait évacuer la salle d'audience. Nous étions tous, Pakistanais et étrangers, bloqués cent mètres plus loin, à l'entrée de la rue, derrière des barrières métalliques et des sacs de sable gardés par des commandos suréquipés. Sur les toits de l'hôtel voisin et des immeubles, des tireurs d'élite à l'affût du moindre désordre. Plus loin, aux abords immédiats de la prison, des transports de troupes et des chars qui semblaient sur le point de faire mouvement chaque fois que paraissait, escorté de ses propres véhicules blindés, l'un des protagonistes du procès, juge, avocat général. Partout, des hommes en uniforme, incroyablement nerveux, qui s'observaient les uns les autres autant qu'ils guettaient l'éventuel assaillant. Le bruit n'a-t-il pas couru, chez les policiers, qu'Omar aurait monté, avec les services, un projet d'évasion pendant son transfert ? Les services ne sont-ils pas persuadés, à l'inverse, que ce sont les policiers qui, pour

la leur mettre sur le dos, ont imaginé cette comédie ?
C'est dans cette ambiance d'état de siège que j'ai vu
paraître, encagé comme une bête féroce, derrière la vitre
blindée d'une camionnette qu'escortait une armada de
véhicules blindés, la silhouette d'Omar Sheikh. Il avait
le bas du visage caché par un foulard. Puis, au moment
de franchir le barrage où nous nous trouvions bloqués,
l'officier commandant du détachement lui a jeté une
couverture de laine blanche sur la tête. Mais j'ai eu le
temps d'apercevoir, très vite, une haute silhouette vêtue
d'un shalwar kameez traditionnel blanc, les mains liées
sur le ventre, le visage un peu épais et, aux lèvres, un
sourire de triomphe.

Et puis j'ai dû, surtout, comme les peintres, travailler
sur photos – j'ai dû, à Londres et à Karachi, inédits
ou parus dans la presse comme les deux clichés du
Guardian et du *Dawn* qui m'avaient, le premier jour,
tellement impressionné, multiplier les images, ramasser
tous les portraits de lui que je pouvais trouver et, longuement, avidement, scruter ses traits de papier pour
tenter d'y saisir le mystère, ou le reflet du mystère, qui,
de cet Anglais modèle, a fait un pareil assassin.

Il y a la photo noir et blanc que tout le monde connaît, apparemment une photo de classe, où il a l'air
d'un bon gros garçon sympathique et sage. La lèvre
est boudeuse. Les joues, poupines. Une mollesse dans
les traits, mais qui s'explique par le jeune âge. Juste,
dans le regard, quelque chose de trouble, une sorte de
vibration froide qui fait peur – mais peut-être est-ce la
qualité du cliché ? ou une idée que je me fais ?

Il y a une autre photo, peut-être un peu plus tard, à l'époque de la London School of Economics. Costume sombre. Cravate noire. La mèche, bien fournie, sagement rabattue sur le front. Une gourmandise dans la bouche. Une fermeté nouvelle dans le menton. Le cliché est flou. Surtout les yeux, qui semblent avoir été mangés par la lumière. Sauf que c'est là, dans les yeux, que je vois, bizarrement, l'expression la plus forte : un drôle de regard, impitoyable et triste ; une pupille sans fond qui, d'un seul coup, le vieillit.

Il y a, datant de la même époque mais inédites, ces deux photos étonnantes que m'a données Grenville Lloyd, dit « la Panthère », l'arbitre des parties de bras de fer qu'il aimait tant disputer dans sa dernière période londonienne. Décor de pub ou de chambre d'hôtel bon marché. Un poste de télévision, accroché au mur, sur un bras articulé. Un tableau noir au second plan où on lit « Today's special ». Un arbitre, en tee-shirt blanc, casquette bleu marine et écusson doré, mine terriblement concentrée, presque épouvantée, comme s'il allait crier. Et, debout au premier plan, séparés par une table qui leur arrive à la taille et sur laquelle ont été disposés des coussins de mousse plastifiée censés amortir le choc du bras plaqué sur le bois, deux tout jeunes gens en train de lutter. Le plus grand des deux est Omar. Il porte un maillot de corps clair trempé de sueur. Un pantalon de laine bleu marine serré par une ceinture de cuir marron. On devine un torse velu. Le bras, velu aussi, est gonflé par l'effort qu'il déploie pour faire plier l'adversaire. L'autre main, fermée sur un piquet de bois, le serre si fort qu'on voit ses phalanges blanchies, ses petits os mobiles et qui semblent prêts à percer la peau. Mais ce qui frappe le plus c'est la physionomie : yeux baissés, traits crispés et déformés par l'effort, le nez pincé comme quand on s'oblige à ne plus respirer et quelque chose d'à la fois puéril et concentré, sauvage, sans pitié, dans le bas du visage – Omar Sheikh ne joue pas, il hait.

Il y a, toujours dans les mêmes années, cet extraordinaire document qu'un soir, à Londres, à mon hôtel, m'a apporté Leecent Thomas, dit « The Force », son partenaire et copain jamaïcain des années de bras de fer. Non plus une photo, mais une vidéo ! Et quelle vidéo ! Plusieurs heures, filmées en continu, le 18 juin 1992, dans un pub londonien, où l'on voit, vivant tout à coup, en pleine force et action, le tout jeune Omar Sheikh en train de disputer un championnat ! Omar apparaît onze fois. Avec onze adversaires différents. Mais c'est, chaque fois, la même situation. Le pub, donc. La foule qui applaudit et qui crie. Des jeunes, assis par terre, cheveux ras, tatouages, torses de champions, bocks de bière. De la mauvaise musique en fond sonore. De la fumée. Une atmosphère à la fois canaille et bon enfant, très Teddies Boys années 70. Un arbitre. Et Omar qui, chaque fois, entre dans le champ, s'installe à la table et affronte un nouvel adversaire.

La vidéo est de piètre qualité. Les couleurs sont mal rendues. Omar, alors que les scènes sont filmées le même jour, porte un pantalon qui semble, selon l'éclairage, tantôt vert, tantôt marron. Le son, surtout, est inexistant – un brouhaha, des éclats de voix indistinctes, la télé qui braille et couvre presque la musique.

Mais ce que l'on voit très bien, c'est le petit manège, le jeu, du personnage.

Sa façon d'entrer en scène, par exemple, sans regarder ni la caméra ni l'adversaire : les autres le regardent, ils se regardent entre eux, ils lancent des œillades au public, ils jouent – lui est totalement sérieux, concentré, il cille à peine, il mâche du chewing-gum.

Sa relation avec l'arbitre : il est très présent, l'arbitre ; il corrige les positions, prodigue d'ultimes conseils, encourage, rectifie – « tiens-toi droit... le coude bien sur la table... pas comme ça, la prise... comme ça, le poignet... relax... » ; mais, alors que tous les autres écoutent, échangent éventuellement un mot ou même une blague avec lui, alors que ces recommandations de dernière minute sont l'occasion, chaque fois, d'une familiarité, d'un hochement de tête, d'une connivence, Omar est le seul qui ne jette, à nouveau, pas un regard à ce foutu arbitre, il est le seul à ne jamais desserrer les lèvres ; il fait ce qu'on lui dit, bien sûr ; mais l'œil est ailleurs, cause toujours tu m'intéresses, c'est bientôt fini ces conseils inutiles ?

Sa façon, très étrange aussi, de s'échauffer. Il piaffe ; il bat du pied, et de la tête, comme s'il cherchait son rythme. Il prend la main de l'adversaire, il s'y reprend à plusieurs fois pour bien la prendre et, ensuite, quand il l'a bien, il la pelote, la secoue, il mâche toujours son chewing-gum et, toujours bien dans le rythme, comme s'il la branlait, il la secoue doucement. Il se colle à la table enfin. Il s'y frotte. C'est lui qui, maintenant, buste en avant, ventre scotché au bois de la table, les narines frémissantes et les yeux fixes, a l'air de se branler. Une fois, la situation est si obscène que l'arbitre intervient – je n'entends pas ce qu'il lui dit, mais il le pousse un peu et lui décolle le bassin de la table.

Ses ruses – car il est vraiment, de tous, le plus rusé. Ce colosse par exemple au crâne rasé, sosie de Gregorious, le catcheur des *Forbans de la nuit* de Jules Dassin, montagne de muscle et de graisse, des bras comme des cuisses, des mains comme des pelles, le double du poids d'Omar et presque de sa taille. Et on le voit alors, tout fin et tout menu, sa main noyée dans l'énorme paluche de l'autre, bander ses petits muscles, mobiliser tout son corps pour résister, et puis se relâcher, plier un peu le bras... ça y est... il n'en peut plus... c'est clair qu'il a perdu... sauf que, quand l'adversaire s'y croit et, pensant que c'est gagné, relâche à son tour la pression, il remobilise soudain ses muscles, renverse le mouvement et, d'une poussée, d'une seule, sous les vivats de la salle, plaque le catcheur sur la table.

Son air d'indicible fierté, enfin, lorsque, comme avec Gregorious, c'est lui qui gagne le point : tête rejetée en arrière ; un très léger sourire – ce sont les seuls moments où il se déride – dont je ne sais s'il dit la fierté, le regret ou même, encore, la rancune ; tout est là, dans cette vidéo ; tout ; jusque, sous le masque, son visage secret de brute.

Et puis, même époque encore, cette dernière photo inédite, trouvée, elle, chez Frank Pittal, l'ami juif de la famille, l'organisateur des tournois de bras de fer, l'homme qui promenait son Omar dans tous les pubs d'Angleterre à la façon d'un patron de cirque montrant sa femme à barbe. C'est une photo de groupe qui

ressemble à une photo de classe. Mais non. On est à
Genève. Et c'est bien plus sérieux qu'une photo de
classe puisque c'est la photo de famille de l'équipe
anglaise de « arm wrestling » venue disputer, en décembre 1992, les fameux championnats du monde.
Omar n'est pas au premier rang, avec les deux poids
lourds accroupis. Il n'est ni au deuxième ni au troisième rang qui sont les deux rangs debout. Il est, bizarrement, entre les deux : seul, décalé, un grand sourire
aux lèvres – il est même le seul, des dix-neuf garçons et
des deux filles, à sourire aussi largement. Parce qu'il a
gagné ? parce qu'il est juste content d'être là alors que
ses mérites propres, ses victoires homologuées, son pal-
marès, n'y auraient, en soi, pas suffi (j'ai entendu dire,
plusieurs fois, que la fédération était pauvre, qu'elle
ne remboursait pas les frais de déplacement et qu'il lui
fallait donc des champions qui aient, aussi, les moyens
de payer leur ticket d'avion...) ? Il a l'air heureux, oui.
Insouciant. Plus la moindre nuance, tout à coup, de rancune ni de haine. On est à quelques semaines de son
départ pour la Bosnie. A quelques mois de sa conversion. Et il a retrouvé sa tête d'enfant heureux.

Il y a les clichés de l'époque récente, après le crime,
après *les* crimes : dix ans ont passé ; la conversion
s'est opérée ; il est allé en Bosnie ; puis, de Bosnie, en
Afghanistan ; d'Afghanistan, il est parti pour l'Inde où
il a organisé ses premiers enlèvements avant de faire
son premier séjour en prison ; le petit Omar Sheikh est
devenu, avant comme après l'enlèvement de Daniel
Pearl, l'un des jihadistes les plus en vue du Pakistan ;

l'ancien élève de la London School, le champion de bras de fer, le bon adolescent dont tous les anciens camarades s'accordaient à louer la gentillesse, la politesse, est l'un des terroristes les plus recherchés au monde.

Il y a le cliché célèbre, datant des années 2000-2001 à Lahore, où il est habillé tout en blanc et porte des fleurs rouges, couleur de confiture, autour du cou. C'est un adulte, maintenant. Il est arrogant. Flamboyant. Il a les épaules massives et le torse avantageux. Il porte la barbe mi-longue des talibans et un long turban blanc enroulé plusieurs fois autour de la tête. C'est l'époque, j'imagine, de son retour d'Inde. La photo a dû être faite dans une de ces réceptions qu'il ne manquait pour rien au monde et où il côtoyait, dit-on, l'élite punjabie de la ville – « je vous présente Omar... un homme de principes et de convictions... notre héros... notre star... l'homme qui nous exprime et porte nos couleurs... les Indiens l'ont torturé, il a tenu... » Il a l'air heureux. Quelque chose de paisible, d'accompli, dans l'expression. Il est pris de trois quarts mais on voit le sourire carnassier et, derrière les lunettes semi-fumées, un regard de fauve aux aguets. Je trouve que, sur cette photo, il a – la corpulence en moins – un faux air de Masood Azhar, son mentor, son gourou, l'homme au monde qui l'a le plus impressionné et avec lequel il est, maintenant, en rivalité.

Il y a l'image de lui, deux ans plus tard, devant la prison d'Hyderabad, le jour de sa condamnation à mort. Il est nu-tête, cette fois. En chemise. La barbe est plus courte. Il est entouré d'une foule de policiers reconnaissables à leur casque bleu marine et de Rangers en béret noir. On voit, au premier plan, une main levée dont on ne sait si elle s'apprête à frapper ou si elle arrête quelqu'un ou quelque chose. On devine, hors cadre, une grande agitation et c'est la raison probable de cette présence militaire forte. Tout le monde, en fait, semble nerveux. Tout le monde est à l'affût de l'incident, peut-être du drame. Mais lui, Omar, est calme. Il a les yeux baissés. Il est de face, le torse légèrement incliné vers l'arrière, comme si la pression de la foule, des caméras, des forces de l'ordre, le dégoûtait un peu ou l'irritait. Et il y a dans ce mouvement de léger recul, il y a dans cette façon de ne plus regarder du tout l'objectif tandis que chacun s'agite autour de lui, une insolence noire qui me rappelle le temps des tournois londoniens de bras de fer.

Il y a la même photo, mais plus serrée, cadrée sur son seul visage qu'il a levé, maintenant, vers la lumière. La tête est rejetée en arrière comme s'il écoutait un son lointain ou inhalait la bienfaisante fraîcheur de l'air. Le visage est blême, dur comme la pierre, avec une expression légèrement moqueuse et comme un reste de sourire (le photographe l'aurait-il pris à la fin d'un de ces rires diaboliques qui glaçaient les sangs de ses camarades à Londres et de ses otages de New Delhi ?). On voit les yeux, cette fois. Et on sent, dans les yeux, un total mépris pour tout ce qui vient de se passer : la douleur des proches de Pearl ; la sévérité de la Cour ; son juridisme ; s'entendre condamner à la peine capitale, c'est-à-dire à la pendaison, tout en sachant, ou en feignant de savoir, que personne n'y croit et que c'est une vaste comédie ; et, maintenant, cet affairement autour de lui et pour lui... La vérité est que l'on sent, sur cette photo, qu'il ne croit pas tant que cela à ce qui lui arrive. On sent qu'il se dit : « qu'est-ce que cela peut bien faire, après tout ? pourquoi ces gens s'excitent-ils à ce point ? je sais bien, moi, que, dans un an, peut-être deux, je serai sorti de cet enfer grotesque... entre-temps, je serai devenu un grand, très grand, jihadiste – l'égal de Masood Azhar, mon ancien patron, que le diable l'emporte, c'est moi, maintenant, qui serai l'emblème du mouvement... »

Il y a la même encore... Le même jour, plus exactement, la même situation, les mêmes Rangers autour de lui, les mains toujours liées sur le ventre... Sauf que tout est fini, cette fois. Il s'apprête à monter dans un véhicule blindé bleu qui l'attend. Il semble dégrisé. Peut-être la foule, autour, s'est-elle égaillée. Peut-être a-t-il pris la mesure du tragique de sa situation. Et il a sur le visage, tout à coup, quelque chose de curieusement perdu et défait. L'œil est ébloui. Le sourire est prudent, un peu sot. Il doit trembler un peu, frissonner. J'ai même l'impression de voir une goutte de sueur qui lui perle sur le front. L'arrogant, le héros, le successeur de Masood Azhar qui se voyait entrer, de son vivant, au panthéon des combattants, voilà qu'il est redevenu une sorte de débutant – avec, dans les traits, quelque chose de la faiblesse, de la mollesse, de l'indétermination puérile, qu'il avait dans les premières photos, au moment où il n'était qu'un enfant en quête de rôle et de destin.

Mobilité de ce visage. Plasticité de ces expressions. Cette capacité insensée, sur des clichés pris à la même époque et, comme ici, presque au même instant, à changer de physionomie et à devenir, soudain, un autre.

On disait cela de Carlos. On le dit de Ben Laden. Chez tous, cette aptitude diabolique à être véritablement plusieurs ? Ce nom, et ces visages, qui sont légion ?

Les photos qui manquent, ce sont celles de la période intermédiaire : Bosnie, camps d'entraînement afghans et pakistanais, Inde, prises d'otages, prison. Existent-elles ? Y a-t-il, quelque part, et où, des images de cet Omar ?

La vérité est que j'en ai une, extraordinaire et, il me semble, inédite. Il est torse nu, sur un lit d'hôpital qui est sans doute l'hôpital de Ghaziabad, en Inde, où il fut soigné, en 1994, après l'assaut des policiers pour libérer les otages. On distingue une perfusion sur sa gauche. Il a le bras droit replié et la main qui vient toucher le front. Il est très pâle. Sa barbe est très noire. Les traits sont émaciés. Et il a un faux air de Guevara mort sur le cliché célèbre de Freddy Alborta. L'ennui c'est que c'est la seule. Et elle est prise, surtout, de trop loin pour en dire beaucoup plus. En sorte que j'ai dû, pour cette période, me rabattre sur un témoignage oral : celui de Peter Gee, l'Anglais qui a été son voisin de cellule, à New Delhi, pendant plus d'une année et qui est certainement, de ce fait, l'une des personnes au monde qui le connaît aujourd'hui le mieux.

Gee, qui était en prison pour sa sombre histoire de trafic de cannabis, est sorti en mars 2000, trois mois après lui. Il n'est pas resté en Angleterre. Il est parti habiter l'Espagne, dans un village perdu, Centenera, au cœur des montagnes, entre Huesca et Barbastro, sans électricité, sans téléphone, une vague poste restante, la

boîte électronique d'un ami qu'il vient consulter une ou
deux fois par mois, et un vrai jeu de piste pour entrer
en contact avec lui. Je le retrouve dans un hôtel de San
Sebastian où je suis venu pour tout autre chose (tenir,
aux côtés de Fernando Savater et de ses amis de « Ya
Basta », un meeting de solidarité avec les victimes du
terrorisme basque de l'ETA). Il a la trentaine fatiguée.
Le cheveu court et blond. Un côté hippie attardé qui vit
entre musique, hasch, yoga, jamais un journal ni une
télévision, le bruit du monde au compte-gouttes, un
vieux copain hollandais, encore plus déjanté que lui,
qui, ayant une voiture, a pu l'accompagner jusqu'ici et
le considère, à cause de son passé indien et de son lien
avec un terroriste célèbre, comme on considère les stars
ou les grands hommes. Pourquoi est-il venu ? Pourquoi
a-t-il accepté, non seulement de me parler, mais de faire
toute cette route ? L'amitié, me dit-il. Omar était un
ami. Il aimait son honnêteté, son idéalisme, sa gaieté.
Alors, ce n'est pas parce qu'il est dans la merde qu'il
va se mettre à changer d'opinion. Surviendrait-il, là, à
la table voisine de la nôtre, qu'il lui dirait juste : « hé !
comment ça va, vieux frère, assieds-toi, parlons ! »
D'autres raisons ? Je n'en sais rien. Ni ne cherche à
savoir. Trop heureux de l'aubaine pour me perdre en
conjectures et ne pas profiter de la moindre minute de
ce dîner miraculeux pour poser enfin les questions qui
me brûlent les lèvres.

Le Omar dont il se souvient est une âme pieuse,
vraiment pieuse, qui croit à l'immortalité de l'âme et
à l'existence du paradis « comme il croit qu'un œuf est
un œuf ou que deux et deux font quatre ».

C'est un intégriste, cela ne fait pas de doute. Il ne se rappelle pas l'avoir vu lire, pendant un an, d'autre livre que le Coran ou que des commentaires sur le Coran. « J'ai bien essayé *Robinson Crusoé* de Daniel Defoe... Ou Dostoïevski... Mais il ne comprenait même pas à quoi cela pouvait lui servir... »

Il était ouvert, cela dit. Il n'était pas le genre à penser qu'il n'y avait que les musulmans au monde. Une fois, par exemple, deux Nigérians avaient été punis parce qu'on avait trouvé du tabac dans leur cellule. L'habitude, dans ces cas-là, était d'attacher les types à une barre et d'obliger leurs codétenus à venir, les uns après les autres, les frapper avec des bambous. Eh bien Omar refuse de suivre le mouvement et lance une grève de la faim en solidarité avec les Nigérians. Ça ne marche pas, d'accord. Les gens se font porter pâle, un à un, pour aller à l'infirmerie et manger. Mais ça vous donne une idée de l'état d'esprit d'Omar, de son humanisme.

Gee se souvient aussi de son charisme. Du pouvoir qu'il avait sur les autres et, notamment, sur les musulmans de la prison. Est-ce que c'était sa voix ? Son regard qui vous fixait sans ciller ? Son niveau intellectuel élevé ? Le fait qu'il était passé par la Bosnie, l'Afghanistan ? Ses exploits ? Il régnait, en tout cas. Il ensorcelait les gens. Il vivait – il était – comme une sorte de « Don », de « parrain », pour tous les Pakistanais et les Bangladais de la prison. Parfois, il s'en inquiétait lui-même. Il trouvait que ce n'était pas bien de se conduire comme un chef de la mafia. A voix haute, il disait : « attention à l'ivresse du pouvoir ! l'important, c'est les idées ! les idées ! pas le pouvoir ! »

Est-ce qu'il était violent ? Est-ce que Gee se souvient de conversations, de scènes, où l'on sentait ce goût de la violence qui l'a conduit à l'assassinat de Pearl et, avant cela, lors de la première prise d'otages, à menacer Nuss, Croston, Partridge et Rideout de les décapiter ? Là, Peter Gee hésite. Je sens qu'il sent que c'est sur des questions – et des réponses – de ce genre que son ami peut jouer sa peau. Alors, d'un côté, oui, il admet qu'il y a eu des signes : le fait, par exemple, qu'il ait frappé le directeur de la prison de Meerut, en Uttar Pradesh, où il purgeait la première partie de sa peine ; ou bien le jour où, ici, à Tihar Jail, il a organisé le boycott du « Jai Hind », la prière patriotique indienne que tous les détenus, musulmans compris, devaient dire chaque matin et où, face aux perspectives de représailles de la part de l'administration, il avait parlé de tuer un chef maton. Mais, d'un autre côté, non, ces signes ne sont que des signes, pas des actes, et il pense, au fond de lui, qu'Omar était quelqu'un de foncièrement bon et pacifique : il n'arrive pas à croire qu'il ait pu tuer Daniel Pearl ; et quant à l'autre affaire, quant aux menaces adressées aux otages de New Delhi, il n'a qu'une chose à me dire – « à l'époque où nous pensions que je sortirais de prison avant lui, il m'avait donné l'adresse de ces gens et m'avait demandé d'aller les voir pour, en son nom, leur dire qu'il regrettait sa duplicité, qu'il s'en voulait de leur avoir menti pour les attirer dans son piège ; n'est-ce pas la preuve de sa bonté ? ».

Les femmes. C'est un mystère, pour moi, Omar et les femmes. Est-ce qu'il a, lui, Gee, une idée ? une hypothèse ? est-ce qu'il leur est arrivé d'en parler, dans leurs longues conversations de cellule ? C'est simple, me répond-il. C'est son obsession de la pureté. Il les mettait trop sur un piédestal. Et, donc, il n'osait pas. Il a vingt-cinq ans, à ce moment-là. Et il n'est pas certain, au fond de lui, qu'il ait jamais fait l'amour avec une femme, ni même vu une femme nue. « Je me souviens d'une conversation, poursuit-il. Nous étions au réfectoire de la prison et nous parlions de ce que c'est qu'être courageux. Sa thèse était que le vrai courage n'est pas forcément de risquer la mort car il suffit, comme lui, d'être croyant pour ne pas en avoir peur et n'avoir aucun mérite à la braver. Aborder une femme, en revanche, voilà le vrai courage. Aller vers la fille de la London School qui lui plaisait et, au lieu de lui parler à travers des intermédiaires, oser l'inviter à boire un café, voilà ce qu'il n'a jamais osé faire et, tout à coup, il s'en voulait. » L'islamisme et les femmes... Ce fond de panique et d'effroi, cette peur et parfois ce vertige face au sexe féminin, dont j'ai toujours pensé qu'ils sont le vrai substrat de la pulsion fondamentaliste... La preuve par Omar ?

Le secret d'Omar, dit encore Gee, c'est l'inappartenance ou, ce qui revient au même, le désir éperdu d'appartenir. La double culture. Le Pakistan en Angleterre. L'Angleterre au Pakistan. C'est de lui, Omar, qu'est venue, en 1998, l'idée de quitter la Forest School et de partir pour Lahore. Quoi ? Vous dites que non ? Vous avez découvert, vous, que c'est une décision de ses parents et que c'est quand Crystal Chemical Factories Ltd s'est arrêté que etc. ? Bon. Peut-être. C'est vous, après tout, qui avez fait l'enquête. Ce que je sais, moi,

c'est que, dans ce sens-là non plus, ça ne marchait pas.
Il s'était rendu compte que l'inappartenance jouait dans
les deux sens et qu'il n'était pas plus chez lui, finalement, à Aitchinson qu'à la Forest School. Alors, à votre
avis : quand on en est là, quand on est écartelé de cette
façon, on fait quoi ? quelle solution vous reste-t-il ?
L'ami hollandais déjanté qui, depuis le début de l'entretien, dessinait des ronds et ne disait rien, opine soudain
vigoureusement : plus que jamais, il admire son ami
Peter Gee.

Me revient un propos, quelques semaines plus tôt,
de Rhys Partridge, l'un de ses otages de New Delhi. Il
se souvenait, lui, de terribles accès de violence verbale
contre les Juifs. Il se souvenait d'une haine totale, radicale, de l'Angleterre. Cette haine était-elle récente ou
ancienne ? Datant de sa période terroriste ou d'avant ?
L'étudiant heureux, l'enfant poli, cachait-il son jeu, atten-
dait-il son heure ? « J'ai une théorie, avait dit Partridge.
J'ai réfléchi à ces fameux tournois de bras de fer, et j'ai
une théorie. Il détestait ça, au fond de lui. Il méprisait
ces gros Anglais pleins de bière, tatoués, piliers de bar,
obscènes. Mais justement. Il apprenait à les connaître
et les haïr. Il était comme un agent double qui venait
au contact de l'ennemi. C'est à ça que lui servait le arm
wrestling. » Défi phallique, oui... Joute homosexuelle
insensée sur fond d'annihilation de l'autre... Qui, de
nous deux, aura le plus gros bras ? Partridge contre
Gee. La thèse du grand carrousel phallique homosexuel
et mimétique – face à celle de l'inappartenance.

Qui est, vraiment, Omar ?

Y a-t-il deux Omar ? Loup et agneau dans la même cage ? L'Anglais parfait et l'ennemi absolu ?

Y en a-t-il plus de deux, protagonistes de scénarios encore plus contradictoires ? Un Omar proprement diabolique ?

Ou bien un seul Omar, mais qui aurait toujours triché et qui, à Londres déjà, se donnait ces airs de bon garçon mais avait son double ténébreux, son ombre, qui allait bientôt l'avaler ?

Je repense, une dernière fois, à toutes ces bizarreries dont m'ont fait part certains de ses camarades.

Je repense à sa peur phobique des pigeons ou à toute cette période – pendant des mois – où il disait à ses camarades : « je sens le rat mort ! ne m'approchez pas, je sens le rat mort ! une fois un rat est mort dans ma chambre, il a empesté et je n'ai jamais réussi à me débarrasser de son odeur ». L'homme au rat...

Je pense à ce rire terrible, plus menaçant que joyeux, enragé, dont tout le monde m'a parlé : ses camarades encore, l'instituteur de Sarajevo, Rhys Partridge.

C'est l'éternelle énigme de ce genre de personnages et de leur visible métamorphose.

C'est *la* grande question sur laquelle on bute toujours et sur laquelle, une fois encore, je m'arrête.

Ou bien l'hypothèse des deux vies en une, de la dissonance, du déchirement et, au fond, de la conversion : « ils ont changé leur âme », dit-on, des grands convertis, ces élus, ces appelés, qui voient, un beau matin, le voile se déchirer et reviennent de leur égarement ; mais pourquoi ce qui vaut pour les appelés ne vaudrait-il pas, aussi, pour les non-appelés ? pourquoi pas la même loi pour les saints et pour les grands criminels, les réprouvés, les monstres, ces convertis à l'envers ?

Ou bien ce personnage de Roger Vailland, dans *Un jeune homme seul*, qui dit en substance : je ne crois pas aux « dissonances » dans une vie d'homme ; « je pars du principe que les dissonances apparentes sont les fragments discontinus d'un contrepoint qui m'échappe ou qu'on me cache » ; alors « je me joue l'air » du personnage que j'ai en face de moi ; je cherche ; je « tâtonne » ; et, « quand j'ai trouvé le contrepoint qui donne son sens à toutes les dissonances, je sais tout ce que je veux savoir du passé et du présent » de cet homme, je peux même « prédire son avenir », je n'ai qu'à « continuer à jouer dans le ton... »

Je ne sais pas.

6

RECONSTITUTION D'UN CRIME

J'ai une idée plus précise, en revanche, de l'emploi du temps d'Omar Sheikh dans les semaines et les jours précédant le crime.

J'ai vu un de ses proches.

J'ai lu quelques-uns des procès-verbaux de la police du Sind.

Comme, bientôt, pour Daniel Pearl, j'ai remis mes pas dans ses pas – j'ai essayé, chaque fois que je le pouvais, de le suivre à la trace.

Et, quand la trace manquait, quand les témoins se dérobaient ou quand, parce qu'il s'agissait de vie intérieure ou de scènes dont il fut le seul acteur, je savais que n'existait par principe pas d'indication réelle, j'ai fait mon travail d'écrivain : la méthode même du romanquête, celle qui me permit, jadis, toutes proportions gardées, de reconstituer les derniers jours d'un poète – ne rien céder à l'imaginaire tant que le réel est là et que l'enquête, au moins en droit, serait en mesure de le retrouver ; tout lui accorder, en revanche, là où le réel se dérobe et que, par force, on ne sait rien.

Tout compte, en la circonstance. Le trait le plus infime. L'indication la plus apparemment inutile. Leonardo Sciascia, encore, dans son *Affaire Moro* : « à la formation de chaque événement qui, ensuite, se déploie dans sa grandeur, concourent de menus événements, menus parfois jusqu'à l'imperceptible, lesquels, dans un mouvement d'attraction et d'agrégation, filent vers un centre obscur, vers un champ magnétique vide où ils prennent forme : et, ensemble, ils sont le grand événement précisément ». Puis (comment ne pas souscrire ?) : « dans cette forme, dans la forme qu'ensemble ils prennent, nul menu événement n'est accidentel, incident, fortuit – les parties, fussent-elles moléculaires, trouvent nécessité et donc explication dans le tout et le tout dans les parties ».

Le point de départ c'est le 11 janvier, en haut de Murree Road, à Rawalpindi, dans un hôtel moderne, qui fait face au parc de Liaquat Bagh et qui s'appelle l'hôtel Akbar : Asif, le fixeur de Pearl, a organisé un rendez-vous et c'est le premier contact, la première rencontre, entre les deux hommes.

Omar s'est rasé.

Il s'est vêtu à l'occidentale.

On l'a vu, la veille, dans un magasin d'Islamabad, acheter des lunettes Ray Ban semblables à celles qu'il portait à Londres, la dernière année, jour et nuit, et dont son père disait qu'elles lui donnaient l'air d'un parrain de la mafia de Bombay.

On l'a vu chez « Mr Books », le grand libraire d'Islamabad, à deux pas des bâtiments de la Présidence et de la Cour suprême pakistanaise : il bavardait avec Mohammed Eusoph, le patron, qui lui avait fourni, quelques mois plus tôt, un gros livre en anglais dont il était en quelque sorte le héros puisqu'il racontait l'histoire du détournement de l'appareil de la Indian Airlines auquel il dut, à la Noël 1999, sa libération des prisons indiennes – il cherchait, cette fois, un ouvrage sur la guerre en Irak de 1991, un autre sur la formation des forces spéciales américaines, un livre de Montgomery Watt, *Islamic Fundamentalism and Modernity*, paru à New York en 1988 et qu'Eusoph a dû commander et un autre encore, d'un certain Abu-Saoud, « économiste musulman » et « conseiller de la Ligue arabe ».

Il est, quand arrive Danny, attablé avec trois barbus au restaurant de l'hôtel, petite salle sombre, face à la réception, à gauche. Mais il a donc, lui, coupé sa barbe. Il a retrouvé son air d'Occidental parfait. Il a passé deux heures, ce matin-là, à faire « ses exercices d'accent » – ce talent, qu'il a toujours eu, qui faisait tellement rire ses camarades de l'Aitchinson College et dont il va avoir sacrément besoin aujourd'hui, de glisser en une seconde du punjabi le plus caricatural à l'accent anglais le plus distingué. Et il va maintenant passer deux heures, peut-être trois, dans une chambre du quatrième étage, à « faire l'Anglais » avec le journaliste, à répondre à ses questions, à lui donner tous les éclairages qu'il voudra sur les relations compliquées entre les divers groupes jihadistes pakistanais et à lui promettre de tout faire pour arranger l'interview dont il rêve avec Sheikh Mubarak Ali Shah Gilani, le chef de la secte à laquelle Danny pense qu'était lié Richard

Colvin Reid, l'homme aux baskets piégées de l'avion Paris-Miami.

La traque a commencé.

Le terrible ballet, qui va durer douze jours, du chasseur et de sa proie.

Le lendemain, considérant que Danny est ferré, il rentre chez lui, à Lahore, où il retrouve Sadia, la jeune angliciste, titulaire d'une maîtrise de l'université du Pendjab, qui est donc la toute première femme de son existence, qu'il a épousée un an plus tôt et dont il vient d'avoir un enfant.

Je ne l'ai pas rencontrée. Elle était enfermée, invisible, quand il était en liberté. Elle ne l'est pas moins depuis qu'il est en prison. Mais je sais qu'elle est intelligente. Jolie. Je sais qu'elle a, sous la burqa, le teint pâle mais lumineux des femmes dont l'enfermement est récent et qui, dans l'adolescence, ont vécu et pris le soleil. Je sais, aussi, qu'elle partage les idées d'Omar et que, dans les rares confidences qu'elle a livrées, elle s'est dite « fière », elle aussi, comme la plupart des Pakistanais que j'ai vus, qu'il soit allé « au bout de ses idées ».

Il passe deux jours chez lui, avec elle.

Il les consacre, ces deux jours, à souscrire trois nouveaux abonnements de téléphone portable, à nouer le contact avec Naseem et Saquib, deux vétérans de la guerre d'Afghanistan, militants d'un groupe dont il est proche, le Harkat ul-Mujahideen, qui seront chargés, après le rapt, d'envoyer, par e-mail, les communiqués à la presse – il les consacre aussi à parfaire son

déguisement de jeune Pakistanais ami de l'Occident :
il achète, dans une boutique du centre-ville, des chaussures Gucci ; une chevalière ; une montre Breitling ; un
imperméable bleu marine qu'il gardera pour la nuit afin
qu'il n'ait pas l'air neuf ; un blouson de daim ; un jean ;
une autre paire de Ray Ban sur lesquelles il fait monter
des verres correcteurs ; des lunettes sans verres teintés,
avec une monture d'écaille qui lui redonne l'air qu'il
avait, avant de plonger dans l'univers du fanatisme et du
crime, à l'époque de la London School of Economics.

Est-ce l'opération qui l'exige ou y prend-il un secret
plaisir ? Il accumule, en tout cas, les signes d'appartenance à cet Occident avec lequel il a rompu, qu'il est
censé haïr et dont il s'apprête à tuer l'un des représentants les plus réussis. A cet instant, il me fait penser à
ces terroristes du 11 septembre – Atta, Majed Moqed,
Alhazmi, Khalid Almihdhar – dont les enquêteurs du
FBI ont découvert, avec stupeur, les derniers plaisirs en
ce monde : un rendez-vous à Las Vegas ; un flirt avec
une pute mexicaine ; dix minutes dans un sex-shop ;
une heure, dans la rue principale de Beltsville, devant
les vitrines des magasins de lingerie féminine...

Il entre dans un garage pour acheter une Toyota. Il se
ravise, et la loue.

Arrive le 15.

Il prend une voiture qui l'emmène à Dokha Mandi,
village natal de son père et berceau de la famille.

Le lendemain, retour à Lahore, il fait une partie
d'échecs avec un cousin ; déjeune au Liberty Lions
Club qui est le lieu de rendez-vous de l'élite punjabie de

la ville ; va chez son dentiste ; rôde, mais sans se faire connaître, dans les parages du Aitchinson College ; passe par le bazar d'Anarkali ; s'arrête, mais brièvement, pour prier, à la mosquée Sonehri, au cœur de la vieille ville ; pousse jusqu'aux jardins Shalimar, à l'est, au bout de Grand Trunk Road, où on le voit flâner, plusieurs heures, entre les fontaines, les allées d'hibiscus et de bougainvillées, les roseraies.

Derniers moments de paix ?

Ultimes réglages tactiques avant l'opération ?

Il prend aussi contact, semble-t-il, avec des gens du Lashkar i-Janghvi, ce groupe qui n'est pas le sien, mais qu'il compte associer à l'opération.

Il rencontre, à Badshahi, la vieille mosquée de sable rouge, près du Fort, un homme dont j'ignore le nom mais qui est en contact, depuis la prison où l'a jeté Musharraf, avec Maulana Masood Azhar, son ancien mentor, patron du Jaish e-Mohammed.

Il écrit, enfin, à Danny – cinq jours se sont écoulés depuis leur rencontre de Rawalpindi et il lui adresse donc un mail, à partir d'une adresse qui ne manque, rétrospectivement, pas d'humour (Nobadmashi@yahoo.com – en urdu : « no rascality », pas de « friponnerie ») où il lui dit, en gros : « ma femme est malade et vient d'être hospitalisée ; c'est pourquoi j'ai un peu tardé à vous répondre à propos de ce rendez-vous avec Gilani dont nous avons parlé à l'hôtel Akbar ; mais j'ai eu le bureau du Maître ; je lui ai transmis les articles que vous m'avez e-mailés ; je pense qu'il vous recevra ; priez pour la santé de ma femme, voulez-vous ? »

La machine est lancée.

Le compte à rebours a commencé.

Ceux qui le croisent à ce moment-là sont frappés par son air calme, déterminé – et puis, parfois, dans l'œil, passant comme en rafale, une nuance de désarroi.

Le 17, avec sa femme et leur nouveau-né, il quitte la maison familiale de Mohni Road et monte dans le train pour Karachi – un de ces grands trains pakistanais, pris d'assaut, bondés, sans places numérotées, mais où il a bizarrement réussi à trouver un compartiment presque vide – juste trois passagers, sans doute des marchands, apparemment impressionnés, qui lui laissent une banquette.

Il a fait ses prières, pendant le voyage, sur un tapis, dans le couloir.

Il a son nouveau look – glabre, un veston de coutil sur son shalwar kameez – mais ne manque aucune des prières de la journée.

Le reste du temps, il lit, médite, dort – Sadia, voilée de la tête aux pieds, chaussée d'une paire de mauvais souliers, sans talons, est dans la partie femmes du compartiment, séparée par un rideau, avec son bébé.

A l'arrivée, dans ce lieu d'extrême misère qu'est la gare de Karachi, il se produit un incident bizarre : il est bousculé, presque agressé, par un de ces mendiants qui dorment à même le sol, par centaines, enveloppés dans des couvertures mitées et qui sentent la vieille crasse ; que s'est-il passé ? l'a-t-il lui-même bousculé sans y prendre garde ? l'autre l'a-t-il pris pour un homme d'affaires étranger, un mécréant ? ou est-ce une comédie destinée à transmettre un message et, dans ce cas, lequel, pourquoi, à qui ? toujours est-il qu'ils échangent des mots, qu'un policier s'interpose auquel il donne quelques roupies comme pour lui signifier qu'il saura bien régler l'affaire tout seul ; d'autres mendiants se joignent au premier ; ensemble, ils grondent, menacent, semblent le défier ; mais, soit que la haute taille d'Omar, sa carrure d'athlète, les impressionnent, soit que tout cela ne soit, décidément, qu'une mise en scène, ils ne tardent pas à s'écarter et voici le nouvel arrivé qui, sa femme peinant à suivre et l'enfant, dans ses bras, hurlant, se rue sur un taxi et fonce chez sa tante, sa chère tante, où il a prévu de s'installer jusqu'au rapt.

Il est à Karachi, à pied d'œuvre, dans cette ville qu'il ne connaît pas bien, où il n'est pas non plus très connu, où il ne peut plus faire le fanfaron comme à Lahore – et cela l'inquiète un peu.

Le lendemain – nous sommes le 18, à cinq jours donc de l'enlèvement – il passe la journée à la célèbre et mystérieuse mosquée de Binori Town qui est l'un des hauts lieux du fondamentalisme pakistanais et où ont été formés, dit-on, les dignitaires talibans.

Il est seul, d'abord, terriblement concentré, dans la pénombre d'une salle d'étude de la madrasa attenante, à l'écart des pèlerins venus de tout le pays et du monde – ne parlant guère, mangeant à peine, ne s'interrompant qu'en fin d'après-midi pour aller passer une heure dans un club de musculation proche, puis revenant, assis sur ses talons, les yeux fixes, les mains

sur la nuque comme un prisonnier, écouter un prédicateur qui a investi la salle en son absence et appelle
à la guerre sainte.

Dans la soirée, en revanche, quatre hommes viennent le rejoindre – Karachiens pour trois d'entre eux
et, donc, familiers de la ville, de ses réseaux secrets,
de ses bas-fonds. Ce sont, si j'en crois la description qui m'en est faite, Fahad Naseem, l'homme
des photos et des e-mails ; Salman Saquib et Sheikh
Mohammed Adeel, ses complices ; mais aussi un certain Syed Hashim Qadeer Shah, alias Arif, résident de
Bahawalpur. Voit-il les autres ? Rencontre-t-il Bukhari,
l'homme qui dictera à Danny le texte à réciter face à
la vidéo ? Fazal Karim, le gardien, qui tiendra sa tête
à l'instant où le Yéménite le décapitera ? Le Yéménite
lui-même ? Les autres Yéménites ? La question est
essentielle. Car, de la réponse qu'on lui apporte,
dépendra son degré, non seulement d'implication,
mais de contrôle et de maîtrise dans l'ensemble du
dispositif. Je n'ai pas de certitude. Mais deux indices
laissent penser que oui, de telles rencontres ont eu
lieu. Ses téléphones portables « tracés » par la police
ainsi que par Jamil Yusuf, cet ex-businessman reconverti dans la chasse au crime et dirigeant du Karachi's
Citizen-Police Liaison Committee qui s'est fait une
spécialité d'enquêter, en marge de la police, sur les cas
d'enlèvement. Et puis le témoignage d'un restaurateur
du « Petit Bangla-Desh », cet autre quartier malfamé
de Karachi, qui assure l'avoir vu, ce soir-là, en compagnie d'un homme, coiffé d'un bonnet afghan, dont
le signalement correspond à celui de Bukhari – et en

compagnie, aussi, de deux autres hommes qu'il présente comme Yéménites.

Le lendemain de Binori Town, donc le 19, il déjeune
avec Faheem et Saquib au Village Garden, près de
l'hôtel Metropole, là même où il a prévu que se pro-
duira l'enlèvement.

Il passe l'après-midi non loin de là, au bar du
Marriott, seul, à aligner de longues colonnes de chif-
fres : l'état de sa fortune ? le devis de l'opération ?

Il revoit Naseem, devant le Village Garden à nouveau – debout tous les deux, dans le froid, confidences
chuchotées, conciliabule, marcher jusqu'au Marriott
pour se réchauffer, revenir, repartir, peut-être compter
les pas, chronométrer, noter : Omar, en fait, note tout ;
il ne cesse, depuis que le compte à rebours est commencé, de griffonner des notes brèves sur un carnet
brun qu'il porte dans la poche ventrale de sa tunique ;
où sont ces notes ? que sont-elles devenues après son
arrestation ?

Ensemble toujours, depuis un cybercafé voisin
(celui-là même où, par coïncidence, se rendra Danny
quand, l'après-midi du 23, achevant son enquête sur
Richard Colvin Reid, l'homme aux baskets piégées, il
cherchera l'endroit où il a reçu le dernier message lui
donnant instruction de prendre le vol Paris-Miami), ils
envoient un deuxième mail : « désolé d'avoir tant tardé
à rentrer en contact... mais ma femme... les hôpitaux,
au Pakistan, si peu cléments aux pauvres gens... nous
sommes aisés, nous, grâce à Dieu, mais ce spectacle de
la misère me désole toujours et me perturbe... et puis,

comble de malchance, j'avais égaré votre numéro... j'ai une bonne nouvelle, néanmoins... j'ai parlé au secrétaire de Gilani... celui-ci a aimé vos articles... il n'est pas contre le principe d'une rencontre... il est, pour le moment, à Karachi... voulez-vous attendre son retour à Rawalpindi ? m'envoyer vos questions par mail, que je lui transmettrai ? ou bien venir vous-même jusqu'ici, si Karachi est dans votre programme ? »

Ils attendent devant leur écran. Cinq minutes... Dix... L'idée des questions « par mail », voilà qui est très fort, explique Omar à son compagnon ! Voilà, en une phrase, tout l'art du professionnel qui montre qu'il n'est pas demandeur et qu'il n'y tient pas tant que ça, lui, à ce que se fasse la rencontre avec Gilani ! Et, de fait, à peine écoulé le temps de la connexion et du transit par la messagerie centrale du journal à Washington, Danny répond que oui, bien sûr, il n'y a pas d'hésitation – il a d'autres bonnes raisons de venir, avec sa femme, à Karachi et il opte, sans hésiter, pour la dernière des solutions ; êtes-vous à Karachi vous-même ? serez-vous présent au rendez-vous ?

Omar saute de joie.

Le piège a fonctionné.

Seul, sans Naseem, il se dirige alors vers la vieille ville ; entre chez un bazariste d'où il ressort avec, serré sous le bras, un paquet enveloppé de papier journal qu'il rapporte chez sa tante – une arme ?

On le voit encore, dans la soirée, revenu près du Marriott, acheter à un marchand ambulant un jeu de diapositives (Kashmir ? crimes des Américains et des Russes en Afghanistan ? Bosnie ?).

On le verra aussi, dans la cafétéria de l'hôtel, très détendu, très gai, écrire une série de cartes postales : à sa sœur cadette, Hajira Sheikh ; à son frère, Awais ; une troisième à un médecin en Inde – probablement le médecin-chef de l'hôpital de Ghaziabad, Etat d'Uttar Pradesh, où il fut interné, en 1994, après son arrestation par la police de New Delhi et où fut prise sa photo en sous-Guevara.

Le soir venu, il retourne à Binori Town, mais pour une heure seulement : un contact ultime ? avec qui ?

Et puis je l'imagine, enfin, ce soir-là, poster une lettre, une vraie lettre, à l'adresse d'un avocat, ou d'un journaliste, ou d'un ami : je ne peux pas ne pas supposer qu'il existe quelque part, dans un coffre, en lieu sûr, un texte de sa main détaillant, pour le cas où, la genèse de l'opération, le nombre de ses complices, la réalité de son rôle personnel ainsi que le réseau de connivences, éventuellement haut placées, dont il aura eu besoin pour la mener à bien...

Le dimanche 20, il adresse à Danny, depuis un autre cybercafé, un troisième message : « Gilani vous verra mardi... peut-être mercredi... son secrétaire est toujours à Rawalpindi et me donnera le téléphone d'un de ses disciples que vous appellerez à votre arrivée et qui vous conduira jusqu'à lui ; saluez bien le sheikh pour moi ; dites-lui de ne pas m'oublier dans ses prières ; dites-lui aussi qu'il nous manque beaucoup, ici, à Rawalpindi et que nous attendons son retour avec impatience ; quel dommage que vous deviez quitter si vite le Pakistan ! I hope you have enjoyed your stay ».

Le lundi 21, il retrouve deux de ses complices dans un appartement du quartier Defence et leur donne de l'argent pour acheter une caméra, un scanner, un appareil photo ; quand Naseem revient avec l'appareil, un petit Olympus, ils vont ensemble l'essayer, sur Clifton Beach, une plage au sable gris, au centre de la ville, où se déversent les égouts. C'est lui, Omar, qui prend les photos. Un rodéo de 4 × 4... Un groupe de femmes, entravées dans leurs burqas, en chaussettes, silencieuses, en train de se tremper les pieds en essayant d'éviter les galettes de goudron... Une autre, dévoilée, le teint cireux et anémié des femmes trop longtemps cloîtrées, qui crie au viol... Un enfant sur un dromadaire... Un combat de serpents... Un panneau « Défense de photographier »... Tout cela l'amuse beaucoup. Il exulte. En fin d'après-midi, il fait le tour des changeurs de Jinnah Road et, à Binori Town encore, retrouve un inconnu – peut-être un des Yéménites.

Le mardi 22, il adresse un dernier message à Danny. Il lui confirme que c'est certain, maintenant, Gilani est décidé, le rendez-vous est pour demain, mercredi, autour de 7 heures, ils auront une demi-heure de conversation, puis une heure, s'il le désire, avec les disciples qui vivent avec lui. Il lui communique aussi le numéro de téléphone – 00 2170244 – de celui des jeunes disciples qui sera chargé de le conduire. « Il s'appelle Imtiaz Siddiqui. Retenez bien ce nom. Appelez-le dès votre arrivée. Lui-même a votre numéro et vous appellera. Je suis sûr que vous tirerez profit de cette rencontre. Ne manquez pas de m'en raconter tous les détails. J'attends de vos nouvelles avec tant d'impatience ! » Après quoi

il va à l'hôtel Pearl Continental changer un autre paquet
de dollars, donne un appel depuis le lobby, un autre
depuis son portable, sort, avise une bouche d'égout,
jette le portable.

Il dort mal, cette nuit-là.

Il dort seul, dans une toute petite chambre, au bout
de l'appartement de sa tante. Et, malgré l'imperméable,
malgré la douceur relative du climat, il grelotte de froid
– et il dort mal.

Il passe la nuit, les yeux grands ouverts, aux aguets,
remuant les lèvres comme s'il priait. Dès qu'il essaie
de fermer les paupières, des images surgissent, comme
des clous qui lui vrillent l'âme – sa gentille tante a tout
fait, la veille, pour chasser le mauvais air ; mais non ;
les pensées sont là ; une flaque de sang caillé, dans la
neige, à Sarajevo... une blessée qu'il a vue, à Zenica,
se débattre pour mourir... un autre, près de Thathri, au
Kashmir, dont on avait dû écraser la tête et le visage à
coups de crosse et de talon – il se souvient juste d'une
plaie, d'une bouillie, où continuait de briller un œil
féroce et douloureux... les hurlements d'un camarade,
une nuit, dans la cellule voisine, à Tihar Jail... le visage
de ce Pearl qu'il a trouvé, l'autre soir, à l'hôtel Akbar,
moins immonde qu'il ne le pensait : plutôt franc pour
un Juif ; plutôt malin pour un Américain ; bizarrement
curieux, aussi, de ce qu'il peut y avoir dans la tête d'un
jihadiste sincère... à moins que ce ne soit du cinéma,
tout ça... à moins que ce ne soit un truc de Juif américain, faire le sournois, endormir votre vigilance et,
après, mieux vous trahir... il rêve de Pearl, le crâne

défoncé, la cervelle qui sort par les oreilles... il rêve de Pearl mort, avant de l'avoir tué et ne parvient pas à savoir si l'idée l'épouvante ou le réjouit... tantôt il a l'impression d'avoir mal à sa place et par avance – il trouve l'idée idiote, et le maudit... – tantôt, au contraire, il jubile – et cette jubilation le fait frémir...

Il se lève, le matin du 23, la tête à la fois lourde et vide.

Il boit, coup sur coup, trois tasses de café noir sans parvenir, ni à se réchauffer, ni à reprendre ses esprits.

Il tente de manger quelque chose – mais à tout ce qu'il porte à ses lèvres il trouve un goût de carton.

Il se rase, mais face à un miroir dont il s'avise qu'il est fêlé : il ne l'était pas, hier soir, j'en suis certain... et cette ombre, sur mon visage, c'est la première fois, aussi, que je la vois... et si ce salopard avait tout compris ? et si c'était l'explication de son incroyable crédulité ? et si c'était un agent, vraiment un flic, et qu'il arrivait avec des flics, tout à l'heure, au rendez-vous du Village Garden ? et si c'était lui qui, à malin malin et demi, était en train de nous tendre un piège ?

Il sait que le jour est arrivé et il est inquiet.

Est-il encore là, personnellement, à l'heure de l'enlèvement proprement dit ? Est-il au Village Garden, avec les autres, quand Pearl arrive et monte dans la Suzuki Alto rouge, à 19 heures ? Ou bien s'est-il fabriqué un alibi de dernière minute – a-t-il, comme il le prétendra au procès, et comme sa femme le confirmera, repris un train pour Lahore dans le courant de l'après-midi ?

Je ne le sais pas avec certitude.

D'un côté, il y a le témoignage de Nasir Abbas, le chauffeur de taxi qui a pris Pearl au Sheraton, l'a amené au Village Garden et qui, dans sa seconde déposition, a déclaré que oui, bien sûr, le Sheikh était là : il l'a vu, de ses yeux vu, descendre de la Suzuki qui, tandis que Danny payait, était venue se garer devant lui – il l'a vu lui serrer la main, lui ouvrir la portière arrière, le faire monter. Et d'ailleurs, plaident les procureurs, comment pourrait-il en être autrement ? comment Danny, sans cela, aurait-il accepté de monter ? comment, s'il n'avait vu le visage désormais familier d'Omar, aurait-il commis la folie de monter dans une voiture inconnue, conduite par un chauffeur inconnu, vers une destination inconnue ?

Mais, de l'autre, il y a, outre les propres déclarations de l'accusé et celles de sa femme, l'objection d'Abdul Waheed Katpur, son avocat, qui soutiendra, lui, au procès, puis dans une interview au *Guardian*, que Nasir Abbas est un flic et que l'on ne peut tout de même pas s'en remettre au seul témoignage d'un flic pour envoyer un homme à la potence. D'autant, on vient de le voir, et c'est l'argument majeur, qu'Omar avait, dans ses deux derniers e-mails, plus ou moins annoncé qu'il ne serait pas là (saluez bien le sheikh pour moi... ne manquez pas de me raconter tous les détails de l'entrevue...) ; en sorte que, sauf contrordre dans la journée, sauf exigence de Pearl lui-même se ravisant au dernier moment et demandant, dans l'une de ses deux conversations téléphoniques – car nous savons qu'il y en aura deux, dans l'après-midi du 23 – avec Imtiaz Siddiqui, qu'Omar soit finalement présent, il n'est pas absurde de supposer que l'Américain venait au rendez-vous en sachant que l'autre n'y serait pas.

Alors, Danny s'est-il ravisé ?

A-t-il expressément demandé à ce qu'Omar soit aussi là ?

Il aurait fallu, pour le savoir, rencontrer Nasir Abbas, le chauffeur.

Il faudrait également, pour vérifier que Nasir Abbas avait bien, flic ou non, la possibilité matérielle de reconnaître Omar à quinze mètres, avoir une idée du temps qu'il faisait ce soir-là. Heure du coucher de soleil ? Qualité de la lumière ? Brume ou non ? Il a fait beau, ça, je le sais. La météo du jour, dans le *Dawn*, annonçait un temps sec, ensoleillé et j'ai même trouvé un serveur, au Village, qui prétend se souvenir : « un temps d'été en janvier, c'est ce qu'on s'est tous dit ce jour-là et, comme ce n'est pas souvent, cela nous a marqués ». Mais jusqu'au bout, le temps d'été ? Jusqu'à la tombée du soir ? Comment savoir ?

La vérité c'est que je n'en sais rien et que je suis, sur ce point, plus que jamais réduit aux conjectures.

Ma conjecture, alors ?

Mon pari, puisque je suis condamné au pari ?

Eh bien, mon pari c'est celui d'un Omar *à la fois* là et pas là.

Pas là puisqu'il l'a dit, que c'était convenu avec Danny et que je n'ai pas de raison de penser que ni lui ni Danny aient changé d'avis.

Mais là, en même temps, forcément là, quoiqu'à une certaine distance, d'où il peut voir sans être vu et surveiller, de loin, le bon déroulement de l'opération : car, enfin, il risque tout dans cette histoire ! sa liberté ! peut-être sa vie ! comment pourrait-il, face à cela, face à l'angoisse qui le taraude, prendre un billet pour Lahore et se laver les mains de toute l'affaire ? comment ce maniaque de l'enlèvement, cet artiste, cet as, n'aurait-il pas la tentation, de surcroît, de contrôler jusqu'au bout l'exécution du scénario qu'il a si savamment mis au point et qu'il ne va tout de même pas abandonner à un Siddiqui ou un Bukhari ?

Il y a deux endroits possibles, pour cela.

Après moult repérages, simulations, reconstitutions, j'ai déterminé deux points où il pouvait se tenir pour, sans participer à l'enlèvement, ne rien perdre de son déroulement.

Un mur en face, à demi détruit, derrière lequel un homme tient facilement debout et d'où il a une vue de l'ensemble de l'aire de parking où vont s'arrêter les voitures.

Ou bien dans le restaurant lui-même, derrière la porte du garage intérieur, un renfoncement qui permet de mieux contrôler l'avenue mais qui présente l'inconvénient, l'aire de parking épousant la courbe du virage, de n'en avoir dans l'œil que la moitié.

Je le vois derrière le mur.

Je l'imagine, debout, face au soleil qui finit de descendre sur la ville, guettant les taxis, se disant : « ça y est, il ne doit plus être très loin maintenant » ou bien : « et s'il ne venait pas ? et s'il avait peur, à la fin, et décidait de ne pas venir ? » – je suppose qu'une part de lui, à cet instant, se surprend à espérer que Danny ne viendra finalement pas, ou qu'il viendra avec Mariane, ou avec son fixeur, ou avec un fonctionnaire du consulat américain ; mais si je suppose cela, je sais aussi que cette idée est fugitive et qu'il n'ignore pas, au fond de lui-même, que les dés sont jetés et qu'il est bon qu'il en soit ainsi.

Les choses n'arrivent pas, se dit-il, elles vous attendent. Et il m'attendait, cet instant, ainsi que ceux qui vont suivre, depuis les temps, maintenant lointains, où j'étais un bon « Pakistani bastard » qui sentait le rat, singeait les petits Anglais et faisait de si pathétiques efforts pour devenir l'un d'entre eux et leur plaire.

« Dans le naufrage gît le salut », avait coutume de dire Asad Khan, l'homme de la caravane pour Sarajevo, quand il dépeignait l'apocalypse promise au monde occidental et qu'il invitait ses jeunes camarades à l'action : il ne voyait pas bien, à l'époque, ce que son nouvel ami voulait dire ; il voit maintenant ; il comprend ; il sait qu'il court à sa perte mais que cette perte va le sauver ; il sent que, d'une manière ou d'une autre, l'affaire tournera mal – mais comment ne sentirait-il pas aussi, sur son front, le doigt de Dieu ?

Il n'a plus froid.

Il n'a même plus réellement peur.

Il se sent léger comme une plume, désencombré de soi.

J'étais, dira-t-il à sa femme, comme l'accouchée qui voit son enfant.

Quel est le sens d'une vie ? Eh bien voilà. Nous y sommes. Il a le sentiment, plus qu'en Inde, d'avoir rempli sa mission. Il incante la joie. Il exulte.

TROISIÈME PARTIE

Un crime d'État

1

LES MYSTÈRES DE KARACHI

19 septembre 2002.

Deuxième arrivée à Karachi.

Je profite, comme la première fois, de mon vieux passeport diplomatique et des facilités qu'il me donne pour entrer en territoire pakistanais.

Toujours pas de passage, donc, par l'ambassade.

Surtout pas de grand hôtel où l'on est instantanément repéré.

Juste une petite guest-house, sur la route de l'aéroport, à proximité de l'endroit où je m'étais fait rançonner lors de ma première arrivée.

Et, en cas de mauvaise rencontre ou de question, une nouvelle excuse toute trouvée : indépendamment de mon « roman » sur Daniel Pearl, je suis venu chercher, pour les *Nouvelles de Kaboul* dont le premier numéro vient de sortir, l'imprimante et le stock de papier que je n'ai pas trouvés en Afghanistan.

« Ne te fais pas d'illusions, me dit Gul, mon fixeur du printemps dernier, qui est venu me retrouver dans le hall de la pension, une petite pièce enfumée, avec des coussins le long des murs, des samovars de thé au lait sur la table centrale et, au mur, une tête d'animal empaillé. Ne t'imagine pas qu'ils croient un mot à tes histoires de roman et, maintenant, de journal pour l'Afghanistan. Ils sont venus chez moi, après ton départ, en juin. Ils ont interrogé ma femme. Enfermé mon môme dans sa chambre. Fouillé dans toutes les pièces. Ils voulaient savoir ce que tu faisais, ce que tu cherchais, ce que je t'avais dit et qui tu avais vu. Ils m'ont fait convoquer, à l'autre bout de Rawalpindi, par un vieil ouléma qui m'a mis en garde. Il faut faire attention. Ils sont partout. »

Le « ils » dont il me parle c'est le redoutable ISI, l'Interservices Intelligence Agency, les services secrets pakistanais qui devraient être, en principe, comme dans tous les pays du monde, chargés du renseignement extérieur mais qui, depuis la guerre du Bangla-Desh, puis les révoltes nationalistes du Baloutchistan à l'époque Bhutto, puis la guerre en Afghanistan et la poussée chiite consécutive à la révolution iranienne, ont de plus en plus souvent tendance à étendre leurs activités et à se substituer, pour les affaires intérieures, à un Intelligence Bureau suspect de sympathie envers les séparatismes. Mais Gul ne dit pas l'ISI. Personne, à Karachi, ne dit jamais l'ISI. On dit « ils » simplement. Ou « les agences ». Ou « le gouvernement invisible ». Ou même « les trois lettres », juste « les trois lettres ». Et même, quand on le peut, juste le geste, trois doigts levés – comme si le simple fait de le dire, de prononcer ces lettres maudites, vous mettait déjà en danger.

« Ne m'en veux pas, continue-t-il en jetant des regards incessants vers l'homme de la réception, un petit vieillard craintif et édenté, le visage rond, qui, à cette distance, n'a aucune chance de nous entendre. Je ne peux plus, dans ces conditions, travailler pour toi. Il n'y a pas eu que les visites, tu comprends. Il y a eu des coups de fil bizarres qui n'ont pas arrêté après ton départ et qui, dans le contexte, sont peut-être plus inquiétants encore. Ici, au Pakistan, quand tu reçois un appel sur ton portable, tu as toujours le numéro du correspondant qui s'affiche. Sauf... »

L'homme de la réception s'est approché. Il fait mine de devoir redresser les coussins et vient nous demander, dans un anglais approximatif, si nous ne manquons de rien. L'air apeuré de Gul, tout à coup. Ses narines frémissantes, comme s'il allait pleurer. Cette façon nouvelle, et si étrange, de ne pas me regarder quand il me parle et, maintenant, pendant que je réponds à l'homme de la réception, de me dévisager au contraire, mais à la dérobée, coups d'œil rapides et affolés. En effet, me dis-je. Quelque chose a dû se passer. Ce n'est plus le même Gul qu'en juin, hardi et rieur, désinvolte, rassurant, candidat à toutes les audaces, m'interrogeant sur Reporters sans frontières, prêt, si on le lui demande, à leur servir de correspondant, et se moquant des journalistes paranoïaques qui, dès qu'ils arrivent à Islamabad, voient Ben Laden à tous les coins de rue. L'homme de la réception s'éloigne. Il reprend.

« ... sauf quand ce sont les gens de l'armée ou des services. Or j'ai reçu des appels ce matin. Plusieurs fois. Il n'y avait personne au bout du fil. Juste un souffle. Et le numéro ne s'affichait pas. Voilà pourquoi je préfère que nous nous quittions. C'est mieux pour moi. Mais je crois que ce sera mieux pour toi aussi. Veux-tu que je te

trouve quelqu'un pour me remplacer ? J'ai une idée. Il
s'appelle Asif. Tu verras, il est très bien. »

Je songe qu'Asif était le nom du fixeur de Daniel
Pearl et, bizarrement, cela me dérange.

Je me dis aussi que Gul a probablement raison et que
les gens de l'ISI, s'ils sont si organisés qu'on le raconte,
vont finir par juger bizarre mon histoire de papier pour
les *Nouvelles de Kaboul*.

Et puis je repense aux deux e-mails que lui et Salman,
un autre de mes correspondants, m'ont envoyés cet été.
A tous les deux, j'avais demandé, pendant mon absence,
d'essayer de me trouver des éléments sur les comptes
en banque des organisations « jihadistes » interdites par
Musharraf et sur lesquelles travaillait Danny au moment
de son enlèvement. Salman m'avait trouvé un informateur qu'il avait aussitôt mis au travail. Gul, de son côté,
en avait recruté un autre qu'il avait également lancé
sur la piste. Or, mail de Salman, en date du 25 juillet :
« mon informateur à Karachi a disparu ; je l'ai appris
hier ; il n'était pas contactable depuis quelques jours ;
sa famille et moi sommes très inquiets ; je t'informe
quand j'apprends quelque chose ». Puis mail de Gul,
13 août : « j'étais en vacances ; avant de partir, j'avais
donné ton e-mail au journaliste et je lui avais demandé
de t'envoyer directement le matériel ; à mon retour, j'ai
appris qu'il a eu un accident grave et donc n'a pas pu
accomplir sa mission ; je suis vraiment désolé de cette
perte de temps ; m'autorises-tu à traiter avec un autre ?
il me faudrait encore une dizaine de jours ; amitiés. »
Sur l'instant, je n'avais pas fait le rapprochement. Ni
entre les deux ni, surtout, entre eux et moi. Et si tout

cela était lié ? Et si l'on avait, déjà, entrepris de m'empêcher d'avancer sur les traces de Danny ? Et si mon histoire de roman n'abusait, autrement dit, personne ?

« Non, non, je lui dis. Pas Asif. Il vaut mieux, dans ce cas, être vraiment prudent et éviter un type qui leur permette de remonter à toi. J'ai quelqu'un, de mon côté. Un vieux copain du temps du Bangla-Desh. Pas exactement bangladais, non. Il habite Peshawar. Je ne l'ai jamais complètement perdu de vue. Il fait partie de ces types formidables qui, comme toi, sauvent l'honneur de ce pays. Je l'appelle. »

Gul, à la fois soulagé et navré, s'éclipse. Je le suis du regard jusque dans la rue. Sa haute taille, mêlée à un groupe de pèlerins qui se pressent vers la mosquée voisine. Est-ce une idée – ou ai-je réellement vu se lever, et lui emboîter le pas, les deux types, entrés pendant que nous parlions et assis à l'autre bout de la pièce, que j'avais pris pour des commerçants de passage ?

Je téléphone à Abdul, mon vieux camarade, qui travaille pour une ONG occidentale présente au Baloutchistan et qui se trouve miraculeusement libre dans les semaines qui viennent – « si longtemps après, me dit-il, du même ton pince-sans-rire qu'autrefois, faisant celui que mon appel ne surprend pas plus que cela et qui reprend le fil de la conversation comme si nous nous étions quittés la veille... c'est marrant... à quoi tu ressembles, depuis ces années ? moi, c'est les cheveux, tu verras... donne-moi deux jours... le temps d'arriver... »

Et me voilà, seul, un peu désœuvré, déambulant, pour tuer le temps, dans ce Karachi fiévreux, chaotique, ciel d'automne humide et fumeux, lumière pluvieuse, bruissant de la rumeur des crimes de la nuit passée ou des dernières péripéties de la guerre entre les gangs de Haji Ibrahim Bholoo et de Shoaib Khan : Karachi, la seule ville au monde où les mafias sont à ce point partie prenante de la vie de la Cité que leurs affrontements, leurs divisions incessantes, leurs compromis, ont la même importance que, chez nous, les péripéties de la vie politique.

Me voilà dans le souk de Lea Market au nord de la ville ; dans le marché aux filles de Mini Bangla-Desh, à Ziaul Hoque Colony, où l'on achète une adolescente bangladaise soixante-dix mille roupies, dont 10 % pour la police ; me voilà dans le Zainab Bazar qui est le grand marché aux cotons et dont j'ai compris que c'est, si l'on veut savoir ce qui se passe et se dit à Karachi, la meilleure caisse de résonance, la meilleure source.

Les trois cents vierges arrivées, cette nuit, via l'Inde, pour être vendues à des émirs de Dubaï...

Les fantaisies nocturnes des « gunmen », ces agents de sécurité privés, reconnaissables à leur casquette orange, que vous louez à la journée et qui, la nuit venue, se battent entre eux...

Ce règlement de comptes dont on a trouvé les traces, ce matin, à Gadani, le cimetière marin de Karachi : une famille entière, père, mère, deux grand-mères, trois enfants dont un bébé, retrouvés morts, sans doute depuis des semaines, le bébé écorché, l'une des vieilles dames écartelée, les autres crucifiés – et tous les corps en train de pourrir, dans la cale d'un tanker abandonné et déjà désossé...

Danny encore, Danny toujours, la trace invisible de Danny à chaque instant, à chaque pas – est-il passé là ? et là ? et pourquoi pas ici, devant ce marchand de poissons qui me jette des regards de mendiant ? et ici, Jinnah Road, devant Binori Town, la grande mosquée où Omar, dans les jours précédant le rapt, a passé de si longues heures et dont je ne peux imaginer qu'elle ait échappé à son radar de grand investigateur.

Et puis cette autre nouvelle, enfin, dont je n'ai pas l'impression qu'elle fasse grand bruit en France mais dont chacun, ici, parle : la semaine dernière, dans la nuit du 10 au 11 septembre, la police pakistanaise, épaulée par les Américains, a donné l'assaut à un immeuble du quartier résidentiel de Defence : elle y aurait saisi des ordinateurs contenant des plans de villes américaines ainsi que des manuels de pilotage ; des documents attestant de la présence, au cœur de la structure de commandement d'al-Qaïda, de trois des fils de Ben Laden, Saad, Mohammed et Ahmed ; elle aurait trouvé là, et arrêté, dix Yéménites présents illégalement sur le territoire pakistanais ; et au nombre de ces dix Yéménites se trouverait Ramzi bin al-Shibh, ce compagnon de chambrée de Mohammed Atta, à Hambourg, qui s'était préparé à être, à ses côtés, le vingtième pirate de l'air volant sur le World Trade Center mais à qui les Etats-Unis avaient, au dernier moment, comme à Zakariya Essabar, refusé son visa d'entrée...

Une « victoire de la démocratie », dit un chauffeur de rickshaw.

La défaite des « chiens d'al-Qaïda », répète, l'index tendu, un vendeur de pistaches devant le mausolée Jinnah.

Et la presse – même si elle est incapable de dire s'il est parti pour les Etats-Unis, pour Guantanamo ou s'il est en détention provisoire sur la base de Begram, en territoire afghan : « le premier haut responsable de l'Organisation, à être mis hors d'état de nuire depuis l'arrestation de Abu Zubaydah, en mars, à Faisalabad ».

Je vais sur les lieux.

Je vais 63C, 15th Commercial Street, en plein Defence, ce quartier résidentiel, au centre de la ville, dont je me souviens – et cela, déjà, me semble bizarre – que la plupart des appartements y ont été, au moment de l'indépendance, il y a cinquante ans, donnés à des militaires.

Je ne sais pas trop ce que je vais y trouver.

Je ne vois pas, pour l'instant, le lien avec mon enquête.

Mais enfin, je suis seul, j'ai deux jours à tuer en attendant l'arrivée de mon nouveau fixeur et je décide d'aller voir à quoi peut bien ressembler un quartier où la police pakistanaise a pris d'assaut une cache d'al-Qaïda.

Une certaine agitation continue, certes, d'y régner.

Il reste une poignée de journalistes, des badauds, une escouade de « gunmen » avec des tee-shirts noirs marqués « No Fear », ainsi qu'un cordon de policiers qui gardent une barrière métallique.

Mais la vie a repris ses droits. La boutique de glaces Igloo, ainsi que l'agence de « real estate », juste en face, a rouvert. Trois hommes à demi nus, vêtus d'un pagne blanc flottant sur leurs hanches décharnées, les côtes saillantes sous la peau et les reins osseux, les cheveux longs attachés en queue-de-cheval – sans doute des chrétiens, ou des hindous –

sont déjà au travail, réparant les canalisations d'égouts endommagées par les combats. Une bande d'enfants, qui jouent sur le chantier, s'accrochent à moi pour me demander si je connais Leonardo DiCaprio. Un adolescent, qui me filme sur une caméra amateur. Un autre, qui me propose des cigarettes de contrebande. Pas de doute, c'est un bon quartier. On n'est pas dans l'un de ces faubourgs pouilleux où j'imaginais que pussent se cacher les fugitifs d'al-Qaïda. M'approchant de l'immeuble où tout s'est passé et que l'on reconnaît aux centaines d'impacts de balles et de grenades qui criblent sa façade, je vois une belle bâtisse de quatre étages, sage, plutôt cossue, qui jouxte l'agence de l'EDF locale.

« Vous voulez une tasse de thé ? » me demande l'employé de l'agence immobilière, visiblement heureux d'accueillir et de renseigner un étranger.

Les policiers, raconte-t-il, ont commencé à boucler le quartier dès trois heures du matin.

Une vingtaine d'agents de l'ISI et de Rangers portant l'uniforme de la police du Sind se sont mis en position autour de l'immeuble suspect.

Un peu avant neuf heures, ils ont arrêté deux premiers Afghans qui sortaient tranquillement prendre leur petit déjeuner et se sont mis à hurler pour prévenir leurs camarades restés au quatrième étage.

Et c'est à la mi-journée, au terme de trois heures d'une intense fusillade, avec le renfort de cent policiers accourus tout au long de la matinée, que l'on a vu sortir, les mains sur la tête, hurlant « Allah Akbar » à pleine gorge, une femme, deux enfants et dix hommes.

« Si cela nous a étonnés ? s'esclaffe-t-il. Et comment on a réagi ? Oh ! Pas de problème... Ça n'a été une surprise pour personne... On voyait les allées et venues. On voyait la lumière allumée vingt-quatre heures sur vingt-quatre. Tout le monde, à commencer par la police, a toujours su que des Arabes, des gens qui, en tout cas, ne parlaient pas urdu, vivaient ici, dans ce quartier. Ce sont des employés des ambassades. Des élèves de madrasas. Pourquoi voulez-vous qu'on se méfie de gens qui viennent étudier chez nous, en amis, sans créer de troubles ? Comment voulez-vous que des bons musulmans refusent leur hospitalité à d'autres bons musulmans qui ne font rien de mal et craignent Dieu ? Alors, pour cette maison-ci comme pour les autres, c'était connu. On les voyait, tous les matins, descendre faire leurs commissions. Même la télévision est venue les voir, il y a deux mois, et la police le savait bien... »

La télévision ? Vérification faite, il s'agit de Yosri Fouda, la star de al-Jazira, le Bob Woodward arabe, qui était, au début de l'été, venu interviewer, ici, dans cet appartement, non seulement Ramzi bin al-Shibh, mais Khalid Sheikh Mohammed, le principal lieutenant de Ben Laden, la figure la plus flamboyante de la galaxie al-Qaïda, cet amateur de bonne vie dont on raconte, à Karachi, qu'il se déplace volontiers en hélicoptère et ne descend, par principe, que dans les cinq étoiles – ce cerveau, cet architecte du 11 septembre, l'inventeur, dix ans plus tôt, à Manille, de l'idée géniale de transformer des avions en bombes volantes, l'homme auquel on sait aussi que l'un des kamikazes de la synagogue de Djerba donnera, juste avant l'action, son tout dernier coup de fil, l'homme, en un mot, dont les responsables des services américains disent, déjà à cette époque, six mois avant de l'arrêter, que s'ils avaient à choisir entre mettre la main sur Ben Laden ou sur lui, c'est lui qu'ils choisiraient, lui qu'ils préféreraient interroger car c'est lui, et lui seul, qui possède « toutes les pièces du puzzle ».

Ceci est-il lié à cela ? Fut-elle, cette interview, la provocation qui a tout déclenché ? L'employé de l'agence immobilière ne sait pas. Il n'a pas l'air de trouver que recevoir le journaliste vedette de al-Jazira soit beaucoup plus grave et compromettant que de descendre, chaque matin, acheter son lait ou son journal – mais enfin il ne sait pas. J'ai vérifié, moi, depuis. J'ai compris que l'interview, prévue pour le lendemain, 12 septembre, n'a pas encore été diffusée quand les Rangers donnent l'assaut. Mais il y a eu des fuites. Al-Jazira l'a annoncée. Le *Sunday Times* de Londres vient d'en donner, en avant-première, de larges extraits. Fouda lui-même a parlé. Il a raconté, ici ou là, la genèse de son scoop. Il a dit les messages reçus à Londres, les émissaires secrets, les rendez-vous secondaires et clandestins, Islamabad, Karachi, les mots de passe, les changements de voiture et les sorties dérobées, les mille et un détails, plus rocambolesques les uns que les autres, de cet itinéraire vers le scoop – et comment, au bout du compte, on se retrouve nez à nez, dans un grand appartement désert, avec deux des terroristes les plus recherchés de la planète qui vous racontent, deux jours durant, la véridique histoire du 11 septembre, ce « mardi saint » de l'islamisme radical.

Bref, je ne crois ni que les deux choses soient sans rapport ni qu'elles soient mécaniquement liées. Et j'imagine assez bien un pouvoir pakistanais pris de panique, prenant tout à coup conscience que cette satanée interview va être diffusée dans quelques heures, que la preuve va être ainsi faite qu'une cellule d'al-Qaïda, et quelle cellule ! peut fonctionner, au vu et au su de la presse, en toute impunité, au cœur de Karachi – et décidant de prendre les devants en déclenchant, la veille de la diffusion, une opération spectaculaire.

Fouda, dans le *Washington Post* – en quelques mots, tout est dit : « si je suis capable, comme journaliste, d'aller jusqu'à ces gens, pourquoi diable les Pakistanais ne le font-ils pas ? »

Mais il y a d'autres détails bizarres, dans cette affaire.

Je traîne, une heure ou deux, entre la boutique Igloo et l'agence immobilière. Je bavarde avec l'employé, encore, que toute cette histoire passionne. Et je m'avise, en observant, en écoutant, de quelques autres bizarreries qui renforcent mon malaise et ne vont guère dans le sens de la grande opération antiterroriste, héroïque, valeureuse, éventuellement dangereuse et donnant lieu à une bataille acharnée, dont parlent les communiqués du ministère.

Le fait, par exemple, que ceux du quatrième étage ont, je le vois bien, très peu riposté : deux impacts sur la façade du marchand de glaces ; une vitre brisée dans l'agence immobilière ; une grenade, peut-être deux, qui semblent avoir explosé à l'endroit où travaillent les terrassiers hindous. C'est peu pour la féroce bataille à

laquelle sont censés avoir fait face les Rangers et les
policiers.

Le fait, qui confirme le précédent, que lorsque les
Rangers ont investi l'appartement, ils y ont trouvé des
livres de prière, des documents, des radios, du matériel
informatique, des disquettes vierges, du matériel pour
faire de faux passeports, de gigantesques Allah Akbar
écrits en lettres de sang sur les murs. Mais, au lieu de
la cache d'armes annoncée, au lieu de l'arsenal dont
parle le *Dawn* de ce matin, une kalachnikov, une seule.
L'employé de l'agence est formel : il a parlé avec les
policiers ; il a parlé, ensuite, avec les gens qui ont mis
les scellés sur l'immeuble ; et il peut me certifier que
l'on n'a trouvé, en tout et pour tout, qu'une kalach
– c'est peu, là aussi, pour l'antre du Diable !

Mohammed. Le redoutable et mystérieux Khalid
Sheikh Mohammed. Il était le premier visé, n'est-ce pas.
Il était le très gros poisson de l'opération. Tout le FBI,
je le répète, vivait dans l'idée que s'il n'y avait qu'un
proche de Ben Laden à débriefer, voire qu'un dirigeant
d'al-Qaïda, Ben Laden compris, à mettre sous les verrous, eh bien ce serait lui. Or il n'est pas là, le jour dit.
Il était là, d'habitude, me confirme l'employé. Il était
là, comme les autres, tous les soirs, on le voyait aller et
venir, puisque c'était chez lui. Et il est le seul qui, comme
par hasard, n'est pas rentré la veille – échappant ainsi au
coup de filet. Hasard, vraiment ? Indiscrétion ? Fuite ?

Les enfants. Il y avait, parmi les personnes arrêtées,
deux enfants. Or je découvre – et, là, les journaux le disent
– primo que ce sont les propres enfants de Khalid Sheikh
Mohammed ; secundo que la police le sait puisque le

général Moinuddin Haider, ministre de l'Intérieur, l'a
lui-même annoncé à la presse, le jour de l'opération,
ajoutant, dans un accès d'effusion lyrique : « nous les
tenons ; pas question de les remettre à quiconque ;
car, de là, grâce aux gamins, nous allons remonter à
Khalid » ; tertio (et ça, c'est la nouvelle d'aujourd'hui)
que les deux enfants viennent d'être finalement libérés,
hier matin, pour « raisons humanitaires » et que la police
s'est donc dessaisie du seul moyen qu'elle était censée
avoir de remonter à l'architecte du 11 septembre.

La date. L'opération tombe, donc, sur cette date du
11 septembre. Al-Jazira, d'accord. La veille de la diffusion d'une interview qui n'est plus un secret pour personne et qui va faire un boucan d'enfer, c'est évident.
Mais enfin... On ne peut pas ne pas songer que c'est,
aussi, « le » 11 septembre. On ne peut pas ne pas se dire
que lancer une opération contre le cerveau du 11 septembre le jour même de l'anniversaire de l'événement,
relève du miracle. On l'aurait choisie, cette date, on
aurait toujours su qu'une cellule d'al-Qaïda se trouvait
là mais on aurait attendu, pour le dire et la démanteler,
ce jour de bonne visibilité symbolique, médiatique, politique, qu'on ne s'y serait pas pris autrement. Comme si
les autorités pakistanaises, là encore, avaient tout monté
et calculé. Comme si l'on avait voulu adresser un message très clair, et très fort, à l'allié américain. Happy
birthday, Mister President ! Que pensez-vous de ce si
délicat, si finement pensé, cadeau d'anniversaire ?

Et puis l'essentiel enfin – non seulement le plus
bizarre, mais le plus incroyable et, pour moi, le coup
de théâtre qui va relancer toute l'enquête : parmi les

« Yéménites » arrêtés, parmi ces dix « Arabes » sortis à la queue leu leu et hurlant « Allah Akbar » (en fait huit Yéménites seulement, plus un Saoudien et un Egyptien), parmi ces dix « terroristes » dont je n'arrive pas à savoir, pour l'heure, s'ils ont tous été, ou non, remis aux autorités américaines, se trouvait (c'est l'homme de l'EDF qui parle maintenant, mais sous le contrôle du marchand de glaces et de l'agent immobilier qui hochent gravement la tête) « l'assassin du journaliste américain », le vrai, celui qui a effectivement tenu le couteau.

Je fais répéter.

Je demande quel journaliste américain.

J'insiste : « C'est bien de lui que vous parlez, le reporter du *Wall Street Journal*, l'homme égorgé de Gulzar e-Hijri, Daniel Pearl ? »

C'est bien de lui, oui, qu'il me parle.

Je ne vois pas pourquoi cela vous met dans cet état, semble-t-il dire. Il y a d'autres égorgés au monde ! d'autres journalistes morts ! faut-il qu'il soit américain pour que l'Occident s'y intéresse ? faut-il qu'il soit juif pour qu'il ait soudain plus d'importance que les milliers de Kashmiris, de Palestiniens, qui tombent tous les jours sous les balles de l'Inde et d'Israël ? Deux poids et deux mesures... Vous êtes incorrigibles...

Et il prend une clef sous son comptoir, ouvre un placard derrière lui et me sort la photo d'un petit corps carbonisé, tout recroquevillé, tout bossu, dans un paysage de verdure : « mon cousin... au Kashmir... dans la guerre contre les Indiens... est-ce que les journaux sionistes ont montré la photo de mon cousin ? »

Le fait, en tout cas, est là.

C'est bien de cela qu'il est question.

Je suis ici depuis trois jours ; je lis, tous les jours, la presse pakistanaise ; j'écoute la radio et regarde la télévision ; mais nulle part, à aucun instant, je n'ai entendu parler de cette histoire ; il a fallu que je vienne traîner ici, entre un magasin Igloo et une agence immobilière, pour apprendre cette nouvelle proprement sidérante.

Si mes interlocuteurs disent vrai, alors cela veut dire : 1. que les autorités ont entre les mains, depuis huit jours, l'homme qui a tenu le couteau qui a tué Daniel Pearl ; 2. que, loin, comme on pourrait s'y attendre, de s'en vanter, de crier sur les toits la bonne nouvelle de cette grande victoire policière et politique, elles n'en disent rien, jouent profil bas – une nouvelle comme une autre, pas de gros titres dans les journaux ; 3. que l'homme, de toute façon, vivait ici, au cœur de ce quartier bourré d'anciens militaires et infesté de policiers, depuis un sinon deux mois – que ce criminel mystérieux, ce tueur recherché par toutes les polices du pays, coulait des jours tranquilles dans l'un des quartiers résidentiels de la ville.

Trois informations en une.

Trois bizarreries, pour ne pas dire plus, qui me plongent dans la perplexité.

C'est assez pour me donner le désir de reprendre toute l'affaire, mais par l'autre bout maintenant – celui de ces complices d'Omar, de ces autres acteurs du drame, qui ont, avec lui, conduit le crime à son dénouement et que j'ai, jusqu'ici, négligés.

2

REVUE DE PRESSE

La première chose que je fais, dès l'arrivée d'Abdul, est de filer avec lui dans une salle de documentation.

Peu importe laquelle.

Peu importe aussi le nom d'Abdul, le vieil ex-journaliste reconverti dans le droidlhommisme pakistanais que j'ai retrouvé, de bon matin, à la gare, et qui, désormais, m'accompagne : eh oui ! vieil ex-journaliste... trente-deux ans ont passé depuis le temps de nos Indes rouges... trente-deux années se sont écoulées depuis nos adieux, sur la dernière ligne de front, à la toute fin de la guerre indo-pakistanaise – il regagnait le Pakistan dans les fourgons de l'armée de Yahya Khan et je poursuivais, moi, sur Dacca dans ceux de l'armée indienne... j'ai quitté un maoïste sans frontières qui m'avait mené à la rencontre de ces grands allumés qu'étaient les « naxalites » indiens – et, de ce jeune homme ingénu et ardent, de cet internationaliste joyeux qui, du mot d'ordre de penser contre soi et contre son camp, faisait une règle de vie et un engagement concret en faveur de ces « ennemis du pays », de ces « traîtres », qu'étaient les Bangladais opprimés, il reste une voix, un fond de regret dans l'œil, quelques gestes et, pour le reste, un vieil ex-journaliste qui a perdu, en effet, ses cheveux...

L'important c'est que nous nous enfermons dans cette salle lambrissée, très club anglais, moquette usée jusqu'à la corde, bois cirés, longue table ovale au centre.

Sans dire ce que nous cherchons, prétextant une étude sur la situation sanitaire dans les provinces du Nord pakistanais, nous nous faisons sortir la collection, depuis huit jours, puis, semaine après semaine, en remontant dans le temps, jusqu'à la mi-mai, des principaux journaux du pays : anglais pour moi, urdus pour lui.

Et, de fil en aiguille, à la loupe, allant, jusque dans les pages locales ou dans les pages de faits divers, chercher la dépêche d'agence inaperçue ou l'entrefilet non signé, riant comme des enfants au récit haut en couleur de la dispute entre deux faux médecins de Sadiq Town, près de Quetta, nous exclamant devant une photo absurde, nous arrêtant pour, la larme à l'œil, nous souvenir d'une situation analogue, trente-deux ans plus tôt, dans la bibliothèque du *Times of India* de Calcutta où nous venions, modernes Fabrice à Waterloo, retrouver sur les cartes le tracé des batailles auxquelles nous avions assisté mais sans y rien comprendre, évoquant aussi les grands aînés de ce temps-là, Jean Vincent, Bernard Ullman, Lucien Bodard en slip, énorme et pudique, dans la chambre de l'Intercontinental de Calcutta où il était en conférence perpétuelle et offrait le spectacle de sa volubilité magnifique, nous reprenons, dans le détail, le fil de toute l'affaire : vieille habitude qui ne m'a jamais trahi... vieux principe éprouvé, depuis trente ans, dans tous mes reportages, y compris et parfois surtout dans les pays où la presse n'est pas tout à fait libre... je n'ai jamais vu d'énigme, ni d'extrême confusion, que la lecture attentive, critique, des journaux locaux, à condition d'être faite au bon moment, n'aide pour partie à démêler...

L'organigramme du crime, d'abord.

Je ne me suis pas trop soucié, jusqu'à présent, de l'organigramme du crime.

Alors, je profite déjà de cette plongée dans l'archive pour bien identifier les différentes cellules entre lesquelles Omar Sheikh avait divisé le travail de son crime.

Première cellule. Celle dont la tâche fut d'appâter le journaliste et, sous prétexte de le mener à Mubarak Ali Shah Gilani, de l'attirer jusqu'au Village Garden. C'est Omar, bien sûr. Mais c'est aussi Arif, alias Syed Hashim Qadeer, directeur d'une petite madrasa de Ahmadpur East, déjà recherché pour son rôle présumé dans le meurtre d'au moins sept personnes au Pendjab pakistanais et connu pour ses liens étroits avec le Harkat ul-Mujahideen : c'est avec lui que Pearl est d'abord entré en contact ; c'est lui qui, selon son fixeur d'Islamabad, était censé le mener à Gilani ; c'est encore lui qui fait le lien, mi-janvier, avec Omar en organisant le rendez-vous de l'hôtel Akbar. Et puis, troisième membre de cette cellule d'approche, Hyder, alias Imtiaz Siddiqui, alias Amjad Hussain Farooqi, de son vrai nom Mansur Hasnain, ce vétéran des guerres afghanes et membre du Harkat ul-Jihad-i-Islami, l'autre groupe extrémiste qui, sous les bombes américaines comme dans le combat frontal contre l'Alliance du Nord, paya le plus lourd tribut à la solidarité avec les talibans : je lis, dans des dépêches de février, qu'il aurait été, un an plus tôt, sous un autre pseudonyme encore, celui de Sunny Ahmed Qazi, l'organisateur du détournement d'avion de Kandahar (« je lui dois la vie », aurait dit Omar, après sa libération) ; je lis aussi que c'est à lui qu'Omar a demandé, dans l'après-midi du 23, de donner à Danny les deux derniers coups de fil confirmant le rendez-vous du Village Garden ; je vais le retrouver, dans un instant, au cœur de la cellule n° 3 – mais qu'il soit déjà là, dans cette cellule-ci, qu'il ait été, très tôt, partie prenante du complot, c'est ce qu'indique encore le témoignage d'un de ses voisins révélant aux enquêteurs l'avoir vu revenir au village, un jour de début janvier, bien avant l'enlèvement, en compagnie d'un Arabe et d'un Pakistanais dont le signalement ressemble à celui d'Omar.

Deuxième cellule. Celle qui aida Omar à adresser à Pearl toute la série de e-mails qui surent le mettre en confiance et l'attirer dans le piège. Celle, aussi, qui devait scanner les photos du journaliste enchaîné, puis les envoyer, ainsi que les communiqués de revendication du rapt, au *Wall Street Journal* et à l'ensemble des agences de presse nationales et internationales – la cellule en charge, autrement dit, des relations avec l'extérieur. Trois hommes, encore. Trois hommes pour deux séries d'e-mails expédiés depuis un, ou deux, cyber-cafés de la ville. Adil Mohammad Sheikh, policier, membre d'une unité d'élite antiterroriste et probable chef de file du groupe. Salman Saquib et Fahad Nasim, ses cousins, spécialistes, surtout le second, d'informatique. Tous les trois sont également des vétérans de la guerre d'Afghanistan. Tous les trois sont liés au Jaish e-Mohammed, l'Armée du Prophète, interdite depuis le 12 janvier et dont la décapitation de Pearl, d'après la police, porterait la signature : les fondateurs du groupe n'ont-ils pas tué de la même façon, en 1999, le pauvre Ripen Katyal, saigné comme un porc, en face de tous les autres passagers, dans la cabine avant de l'avion d'Indian Airlines dont le détournement acheta la liberté d'Omar Sheikh et Masood Azhar ? Ce sont des « braves », a dit Omar en évoquant, lors de leur procès commun, le corps de Salman Saquib couturé de cicatrices. Ce sont des « vrais combattants de l'Islam », insiste-t-il : je les ai connus sur le terrain et ils ont, en prêtant leur compétence à l'armée de la rédemption que j'ai levée, fait une action qui plut à Allah.

Troisième cellule. La plus nombreuse. Celle qui fut au rendez-vous du Village Garden, puis resta avec Danny jusqu'à l'exécution. Sept hommes, cette fois. Huit, en comptant Hussain Farooqi, alias Mansur, qui, indépendamment de son rôle dans la cellule n° 1, reçut pour mission de rester, pendant toute la durée de la séquestration, auprès de Danny et des autres geôliers. C'est Akram Lahori, le « salar », ou commandant suprême, du Lashkar i-Janghvi, groupe sunnite fanatique dont le chef historique, Riaz Basra, vient, en ce début d'année 2002, de mourir dans des circonstances mal élucidées. C'est Asif Ramzi, le second de Lahori et le patron, par ailleurs, d'une des sous-factions du Lashkar, le Qari Hye, spécialisée dans l'accueil des combattants arabes venus pour le jihad en Afghanistan et qui, depuis la chute des talibans, refluent vers le Pakistan. C'est Naeem Bukhari, alias Atta ur-Rehman, un autre des dirigeants du Lashkar et son vrai patron pour la région de Karachi : il est au rendez-vous, lui aussi, du Village Garden ; c'est lui qui, sur sa mobylette, ouvre la voie à l'automobile où Danny a pris place ; c'est lui qui, on s'en souvient, lui fait répéter son texte pour la vidéo ; et c'est lui qui, dans la mesure où Lahori, en principe son supérieur, semble n'être resté à Gulzar e-Hijri qu'en pointillé, a fait office, avec Hyder, de commandant opérationnel de cette troisième cellule. C'est Fazal Karim, compagnon d'armes de Bukhari au Kashmir et en Afghanistan, puis, au moment des faits, chauffeur de Saud Memon, le propriétaire du terrain et de la maison : lui aussi est là jusqu'au bout ; peut-être est-il même le seul témoin de la mise à mort ; dans le procès-verbal de son inter- rogatoire par la police, mi-mai, au moment de son arrestation, on lit notamment cette phrase : « si c'était à refaire, je le referais ; c'était un Juif et un Américain ; je me sens grandi de participer à la revanche contre l'Amérique ». C'est « Faisal », alias Zobair Chishti, homme de main de Lahori et de Bukhari, mêlé, comme eux et sous leur autorité, aux opérations les plus meur- trières du Lashkar i-Janghvi et embarqué dans le com- plot à la toute dernière minute, comme une sorte de « gros bras » affecté à la surveillance rapprochée de la victime (tentative de fuite par le soupirail des toilettes, éventuel coup de pistolet dans le mollet, etc.). Et puis ce sont deux hommes enfin, dont je ne sais rien, tout juste le nom ou le prénom : Mussadiq, un gardien ; et Abdul Samat, un étudiant, ou un ancien étudiant, soupçonné d'être, par ailleurs, l'un des opérateurs de l'attentat-suicide, le 8 mai 2002, contre les ingénieurs français du Sheraton et qui semble avoir été, pour l'heure, une sorte d'assistant de Hyder chargé de l'encadrement de la cellule.

Et puis quatrième cellule enfin. Les tueurs proprement dits. Ceux qui tiennent le couteau et filment l'égorgement. Celui, peut-être aussi, qui les appelle, le dernier jour, afin qu'ils viennent procéder à l'exécution et qui prend, ainsi, la responsabilité du dénouement. De celui-ci, s'il existe (je dis « s'il existe », car il y a une autre hypothèse selon laquelle les geôliers auraient reçu, au matin du 30, un appel téléphonique extérieur leur annonçant, sans leur demander leur avis, l'arrivée des trois tueurs et leur demandant de les laisser opérer « as they wish », comme ils le veulent), je ne sais, à ce moment de l'enquête, que le nom : Saud Memon – et, aussi, que c'est un homme d'affaires de Karachi, riche et puissant, propriétaire du terrain de Gulzar e-Hijri. De ceux-là, s'ils existent aussi (et je dis « s'ils existent » car je trouve aussi l'hypothèse selon laquelle toute cette affaire de Yéménites ne serait qu'une vaste construction destinée à brouiller les esprits et à détourner les soupçons des seuls vrais coupables qui seraient, de la cellule 1 à la cellule 4, de purs Pakistanais), de ceux-là, donc, je lis que ce sont « des Arabes » ; ou « des Yéménites » ; ou des « Yemeni-Baluch », père yéménite et mère baloutche, ou l'inverse ; je lis que l'on a vu l'un d'entre eux, probablement leur chef, déambuler avec Omar et Amjad Farooqi, début janvier, dans le village, au sud d'Islamabad, de ce dernier ; et je lis aussi qu'un employé d'une boutique de téléphone, Ehsan, l'aurait entendu, ce jour-là, appeler un mystérieux correspondant, au Canada, et dire : « I will complete the mission »... Qui était ce correspondant canadien ? Un autre commanditaire qu'Omar ? Un des commanditaires d'Omar ? Un financier ? Cela, aucune dépêche ne le dit. De même qu'aucune ne dit, avec certitude, à quoi ressemblaient ces Arabes ni à quelle organisation, au juste, ils appartenaient. Pour l'un : le Jaish e-Mohammed de Masood Azhar... Pour l'autre : le Jaish Aden Aben al-Islami, l'Armée islamique d'Aden, basée à Sanaa et directement liée à al-Qaïda... Pour le troisième : lien avec ce groupe d'Américains d'origine yéménite arrêtés, au début du mois, dans la banlieue de Buffalo et qui constituaient une cellule dormante d'al-Qaïda au cœur des Etats-Unis...

Ce n'est plus un organigramme, c'est un labyrinthe. Et au cœur de ce labyrinthe tout hérissé de sigles, de patronymes pachtouns et punjabis, d'individus à la double, triple, quadruple identité qui sont comme autant de herses interdisant l'entrée, au cœur de cette ténèbre où une oreille occidentale a le plus grand mal à identifier les figures de son bestiaire et où l'on sent, pourtant, que se trame quelque chose d'essentiel, trône Omar, Minotaure au petit pied, campé derrière la série d'obstacles qu'il a mise entre la vérité et lui.

L'arrestation du 11 septembre, ensuite.

Celui des trois Yéménites qui aurait été arrêté, avec Bin al-Shibh, dans l'opération antiterroriste de Defence.

Et, par-delà le Yéménite, l'état exact de l'enquête, le point sur toutes les arrestations auxquelles la police ou le FBI ont déjà pu procéder à cette date, soit sept mois après la mort de Daniel Pearl – la question de l'efficacité, en d'autres termes, des opérations antiterroristes menées au Pakistan.

Je trouve d'abord, effectivement, mais perdue dans des coins de page, presque invisible, la trace de ce Yéménite arrêté, le 11 septembre, en face de l'agence immobilière et du magasin Igloo : pas son nom, hélas ; mais la confirmation de l'événement ; et le fait que c'est Fazal Karim qui, amené par les enquêteurs à la prison secrète où ont été enfermées les dix personnes capturées, l'a formellement identifié. Vraisemblable. Qui mieux que l'ancien chauffeur de Saud Memon chargé, pendant l'égorgement, de maîtriser la victime, de lui lier les mains, puis de lui tenir la tête, pouvait identifier le visage de celui qui a tenu le couteau ?

De Fazal Karim, je connaissais, bien sûr, l'existence. J'avais entendu dire, lors de mon premier séjour, que c'est lui qui, en mai, avait déjà conduit la police et la presse à l'endroit du terrain de Gulzar e-Hijri où l'on a retrouvé les restes de Danny. Mais je n'avais jamais très bien compris ni quand ni dans quelles circonstances il avait, lui, été arrêté. Eh bien je trouve la réponse dans un article du *Dawn*, le 19 mai. Enfin, article est un grand mot. Il vaudrait mieux dire, là aussi, entrefilet. Et, dans cet entrefilet, ceci : il a été dénoncé par un certain

« Mazharul Islam, alias Mohammad Omar Choto, alias Dhobi » dont je n'avais, en revanche, jamais vu paraître le nom, et qui ne figure donc pas dans mon organigramme du crime. Ce Dhobi est arrêté en avril, à la suite d'un coup de filet dans les milieux sunnites liés aux meurtres « sectaires » antichiites des derniers mois. On le trouve en possession de cassettes vidéo liées, pensait-on, au tout-venant de l'activité criminelle du Lashkar i-Janghvi. Sauf que, en les visionnant, on constate qu'il s'agit du film montrant la décapitation de Danny et que l'homme que l'on vient d'arrêter est chargé de le distribuer aux agences étrangères.

Dans un autre numéro du *Dawn*, daté, lui, du 19 juin, puis dans le *News* du lendemain et du surlendemain, je tombe sur d'autres articles où l'on nous dit que, trois jours plus tôt, le 16, est arrêté un autre groupe d'hommes soupçonnés d'avoir trempé dans cette affaire qui n'a, en principe, rien à voir avec l'affaire Pearl : l'attentat à la voiture piégée qui tue, devant le Sheraton, les onze ingénieurs français de la Direction des constructions navales de Cherbourg. Combien de personnes arrêtées ? Traitées comment ? Jugées par qui ? L'article ne le dit pas. Mais il dit que, dans ce groupe de « terroristes » et de « malfaisants », au cœur du « coup de filet » mené par la police du Sind, se trouvaient deux de nos personnages – et non des moindres : Naeem Bukhari, alias Atta ur-Rehman, l'homme qui, derrière la caméra, dictait à Danny les phrases qu'il devait prononcer, et puis Faisal, alias Zobair Chishti, son complice, l'homme qui accompagnait le prisonnier aux toilettes et qui, lors de son évasion manquée, lui aurait tiré dans la jambe.

Dans un autre article encore, plus long, plus développé, mais paru, huit jours plus tard, dans un hebdomadaire en urdu qu'Abdul me traduit, j'apprends que Bukhari et Chishti, soumis à un interrogatoire pakistanais musclé – encore qu'en liaison, dit-on, avec une équipe du FBI –, auraient « donné » Akram Lahori, leur chef, qui est arrêté dans la foulée. L'article n'évoque pas non plus l'affaire Pearl. Il parle de l'opération antifrançaise du Sheraton ainsi que de l'attentat du 14 juin, également inspiré par le Lashkar, contre le consulat américain. Mais on sait que Lahori était présent sur les lieux du meurtre. On sait qu'étant le « commandant suprême » de Bukhari, il se pourrait même qu'il ait été au bout de la chaîne de commandement et que ce soit lui qui, finalement, ait pris la responsabilité ultime, avec Saud Memon, d'appeler les Yéménites et de tuer. En sorte que c'est, encore, une des pièces importantes du puzzle qui, ce jour-là, se met en place.

Il faut, à cette liste, adjoindre évidemment Omar lui-même.

Il faut rappeler le cas des trois de la première cellule qui étaient le maillon faible de la chaîne et qui sont arrêtés, eux, dès le début février, quand le FBI remonte de leur adresse e-mail, « antiamericanimperialism@hotmail. com. », au cybercafé de Gulistan e-Jahaur, faubourg de Karachi, d'où l'essentiel des messages est parti, puis à Fahad Naseem qui avait commis l'erreur d'opérer à partir du disque dur de son ordinateur personnel.

Alors, bien entendu, il convient d'être prudent.

Il faut, comme pour l'organigramme, prendre d'extrêmes précautions avant de conclure.

D'autant qu'au flou de ces dépêches, à l'embarras de la presse, à sa façon de donner les informations sans les donner, au compte-gouttes, s'ajoute l'éternel problème auquel se heurtent toutes les enquêtes menées en milieu islamiste et dans les parages d'al-Qaïda : l'extrême difficulté à identifier, juste identifier, des professionnels du masque dont l'une des techniques est de multiplier les noms, les identités d'emprunt, les visages.

Parfois on croit à deux hommes, alors que ce sont des hétéronymes du même.

Parfois on croit à un seul, alors qu'ils sont deux, qui s'abritent sous un seul nom : Asif Ramzi, par exemple, est aussi le pseudo d'un autre terroriste, résident de Muhammad Nagar, à Karachi, que l'on appelle encore Hafiz ou Chotto – lequel Chotto est aussi l'un des pseudos de Mazharul Islam, alias Dhobi, l'homme qui détenait la cassette et a mené la police à Karim !

Quelqu'un comme Khalid Sheikh Mohammed est un maniaque de l'identité falsifiée dont on connaît, au moins, douze pseudonymes.

Pour Zakarias Moussaoui, le Franco-Marocain, compagnon de chambrée de Mohammed Atta, qui, s'il n'avait pas été arrêté, un mois avant le 11 septembre, dans le Minnesota, aurait certainement été le vingtième membre du commando, on en connaît une demi-douzaine.

D'Omar lui-même, de cet autre expert en déguisements qui possédait cinq cartes de crédit, trois passeports, autant de numéros de cartes de sécurité sociale et de dates de naissance, sans parler de ses deux adresses à Londres, de ses deux autres adresses aux Etats-Unis, d'un nombre incalculable de connexions électroniques, de numéros de portable, de comptes en banque, j'ai réussi à dénombrer – et je ne suis pas au bout – dix-sept pseudonymes : Mustafa Ahmad, Mustafa Ahmed al-Hawsawi, Mustafa Muhammed Ahmed, Sheik Syed, Mustafa Sheikh Saeed, Omar Saiid Sheikh, Shaykh Saiid, Chaudhry Bashir, Rohit Sharma, Amir Sohail, Arvindam, Ajay Gupta, Raj Kumar, R. Verma, Khalid, P. Singh et Wasim !

Mais enfin, ceci étant dit, j'ai tout de même une idée précise, maintenant, de l'état de l'enquête.

Trois vagues d'arrestations, en somme : celle de février, par retracement des e-mails ; celle qui, trois mois plus tard, début mai, fait suite à l'attaque du Sheraton ; celle d'aujourd'hui, dans le quartier de Defence.

Huit conjurés sur dix-sept, du coup, sous les verrous : et, parmi eux, le cerveau du crime, le Yéménite assassin, le patron des geôliers, l'homme qui présida à l'enregistrement de la cassette et celui qui la détenait.

Et « still at large », encore en fuite, les deux autres Yéménites, Mussadiq et Abdul Samat, les deux membres mal identifiés de la troisième cellule. Ramzi (qui finira par mourir, du moins officiellement, le 19 décembre 2002, avec six autres terroristes, dans l'explosion d'un immeuble de la banlieue est de Karachi, où le Lashkar avait installé un atelier clandestin de fabrication d'explosifs). Mansur, l'homme des deux derniers coups de fil à Danny (quand les policiers pakistanais déboulent chez lui, le 15 février, ils ne trouvent que ses frères, sa femme, son fils et deux amis : « Mansur n'est plus là... Mansur vient d'être infiltré au Jammu Kashmir... »

– manière codée, m'explique Abdul, de dire qu'il est sous le contrôle de l'ISI). Arif (ils débarquent également chez lui, au même moment, à Bahawalpur, dans le sud du pays : larmes, cette fois ; famille au grand complet, mais en grand deuil – « Hashim Qader est mort... Hashim Qader est parti sur le front afghan et Allah le Miséricordieux l'a rappelé à lui... la tombe ? pas de tombe... le corps ? pas de corps... Hashim est mort en héros, mieux : en martyr... et les martyrs, c'est bien connu, n'ont pas forcément de demeure terrestre puisqu'ils montent directement au Ciel, entre les anges et les vierges... »). Et puis, bien entendu, Saud Memon, le propriétaire du terrain.

Mais c'est là qu'arrive la troisième constatation – la plus riche d'enseignements.

Chaque fois que l'un de ces journaux, ayant donné son information et lâché donc un bout de vérité, s'adresse aux autorités pour avoir leur confirmation ou, en tout cas, leur commentaire, chaque fois que l'on demande à l'officier de police de base comme au haut fonctionnaire ou même au gouverneur de la province, s'il est vrai que Fazal, ou Bukhari, ou Akram Lahori, ont été retrouvés, mis sous les verrous, interrogés, on a droit à un système de mise au point très étrange, absolument constant, mais qui prend, selon les cas, plusieurs formes.

Soit : « Fazal Karim, connais pas... Bukhari et Lahori, vois pas qui c'est... Zobair Chishti, leur complice, jamais vu ni entendu parler... nous vous demandons d'informer vos lecteurs que c'est par erreur, très grossière et très regrettable erreur, que votre journal, dans ses éditions du tant, a cru devoir écrire que nous détenions dans nos prisons Monsieur X, Y ou Z, mêlé, de près ou de loin, à l'enlèvement du journaliste Daniel Pearl... »

Soit : « On voit, oui, de qui il s'agit... mais attention ! MPO ! maintenance of public order ! cette loi préventive qui nous donne, à nous, policiers, tous pouvoirs pour incarcérer sans le dire les éléments antigouvernementaux ! alors, peut-être les gens dont vous parlez sont-ils entre nos mains, en effet... Ou entre les mains d'une agence... mais nous n'avons rien à en dire... nous avons le droit – nous disons bien le droit – de ne pas commenter l'information... »

Soit, encore plus subtil : « Oui, bien sûr, nous connaissons... oui, sans doute, ils sont soupçonnés... mais ce procès est bien assez compliqué pour ne pas s'embarrasser, en plus, de ces nouveaux suspects qui ne pourraient que retarder la manifestation de la vérité... alors, pour ces suspects-là, pour ces coupables éventuels mais seulement éventuels, nous avons un statut juridique qui est une spécialité pakistanaise : detained but not charged... en prison mais pas inculpés... identifiés, si vous préférez, mais officiellement inconnus... nous concédons qu'ils puissent avoir leur part de responsabilité dans cette affaire... la presse a le droit, dans certaines limites, et parce que nous sommes bien bons, de faire état de cette possibilité... mais nous nous refusons à l'affirmer... nous nous refusons, d'ailleurs, à affirmer quoi que ce soit... et cette déclaration même que nous sommes en train de faire, nous la faisons sans la faire et vous prions d'indiquer que vous la recueillez "sous couvert d'anonymat"... compris ? »

Ainsi, cette dépêche Associated Press du 18 août, à propos de Lahori et Bukhari : « les autorités pakistanaises n'ont pas connaissance de leur détention ».

Ainsi, cette déclaration, le lendemain, à l'AFP, de Manzoor Mughal, le « chief investigator » de l'affaire Pearl, interrogé sur les arrestations survenues après celle d'Omar et des trois membres de la première cellule : « nous n'avons arrêté personne, hormis les quatre qui ont été produits devant la Cour et jugés » ; et, quant à cette histoire de « Yéménites », je dis et répète qu'« aucun Arabe n'est impliqué ni, encore moins, arrêté dans le cadre de cette affaire ».

Cet entrefilet, dans le *News* du 15 juillet : « les autorités nient que Fazal Karim soit détenu entre leurs mains ».

Cette note, dans le *Dawn* du lendemain, au sujet de Fazal Karim et de Chishti : « la décision de ne pas faire état de l'arrestation de nouveaux suspects fut prise au plus haut niveau, dès le 16 mai, par la police et le ministre de l'Intérieur du Sind ».

Ce haut responsable que cite Kamran Khan dans le *Washington Post* du 15 juillet, à propos de l'arrestation de Lahori : son arrestation, si « cruciale » soit-elle, est arrivée trop tard, dans la « dernière phase » du procès, alors qu'on en était aux plaidoiries ; sa confirmation officielle risquait de tout « faire dérailler » et c'est la raison pour laquelle il était hors de question, pour nous, de la « rendre publique ».

Ou encore cet autre « officiel » que cite, dans un des articles du *Dawn*, toujours « sous couvert d'anonymat », l'éditorialiste Anwar Iqbal : « nous savons qui a tué

Pearl ; mais nous ne voulons pas le révéler ; le procès était déjà un cauchemar, les suspects n'ont cessé de menacer nos officiers ; nous ne voulons pas revivre cela ».

Passent les effets pervers de ce type de déclaration sur la mécanique du procès.

Passe – quoique... – le cas de cet homme, Omar Sheikh, dont on peut estimer qu'il n'aurait pas été condamné de la même manière et qu'il aurait pu, en tout cas, plaider les circonstances atténuantes si l'on avait pris acte de l'arrestation de ceux de ses complices qui ont, soit encadré les gardes, soit pris la responsabilité d'appeler les Yéménites, soit physiquement tenu Danny pendant que le Yéménite l'égorgeait.

Passe – car mon intention n'est évidemment pas de disculper le cerveau du crime ; je ne pense pas que la présence ou non d'un Lahori, d'un Bukhari, d'un Chishti, l'exonère le moins du monde de l'immense responsabilité d'avoir pensé, minuté, l'enlèvement de Daniel Pearl – passe, donc, le déroulement pour le moins bizarre d'un procès qui fit, sur bien des points, assaut de formalisme mais où l'on a choisi d'ignorer, alors qu'on les avait sous la main, qu'ils avaient, le plus souvent, avoué et qu'il suffisait de citer leurs aveux, des témoins essentiels, voire des acteurs majeurs.

Ce qui m'intéresse, pour l'heure, c'est l'étrangeté, presque rhétorique, d'un dispositif de traitement de l'information qui a pour résultat, chaque fois, non de dissiper les ombres, mais de produire un surcroît de flou et de mystère.

Ce qui me trouble c'est que tout semble fait, dans le temps même où l'on traite judiciairement l'affaire, soit pour la rendre parfaitement inintelligible (les meilleurs observateurs, les politiques les plus modérés et les plus critiques, finissent par ne plus savoir eux-mêmes s'il y a eu, ou non, Yéménites ; si Lahori est mort ou vivant ; si l'histoire de Fazal Karim menant les enquêteurs à la sépulture de Danny n'est pas finalement le fruit d'une désinformation à triple ou quadruple bande), soit, mais cela revient au même, pour la simplifier à l'extrême (nous avons un coupable qui est un bon coupable ; nous avons un assassin qui est un assassin parfait ; nous ne voulions pas, pendant le procès, d'un élément nouveau qui nous eût obligés à tout arrêter ; nous ne voulons pas, après le procès, d'un élément nouveau qui, si nous le prenions en compte, nous obligerait à tout recommencer).

Comme si tout le monde – depuis le tout début – n'avait eu qu'un souci : faire que le cauchemar, non de la mort de Danny, mais du procès de ses assassins, dure le moins longtemps possible.

Comme si tout le monde – les juges, la police, le pouvoir politique mais aussi, à de très rares exceptions près, l'opinion publique et la presse – s'était tacitement entendu pour se débarrasser au plus vite de l'affaire Pearl.

Comme s'il y avait un secret dans cette affaire, un lourd et terrible secret, et qu'il fallait, à toute force, empêcher ce secret d'être éventé.

3

UNE TÉNÉBREUSE AFFAIRE

Je prends contact, à partir de là, avec un des avocats de la défense.

Il s'appelle Khawaja Naveed Ahmed.

Il défend, non pas exactement Omar, mais Sheikh Adil et Fahad Naseem, ses complices de la cellule numéro 2, les seuls à avoir été jugés en même temps que lui, pour ainsi dire dans la même fournée – vingt-cinq ans de prison chacun.

Il plaide les circonstances atténuantes.

Tous ces « éléments nouveaux », ces suspects « détenus mais pas inculpés », ces Bukhari, ces Karim et, maintenant, ce Yéménite au statut juridiquement si flou, il en a, comme moi, la liste et ce sont autant de raisons, pour lui, comme pour Abdul Waheed Katpar, l'avocat d'Omar, de crier à la parodie de justice : « comment peut-on juger les uns sans juger les autres ? comment peut-on espérer faire la lumière sur un crime quand l'homme qui a tenu l'arme (le Yéménite), celui qui l'a assisté (Fazal Karim), celui qui lui en a donné l'ordre (Bukhari) sont laissés hors du champ de la procédure ? le fait d'avoir acheté un appareil photo, ou scanné un cliché, ou expédié un e-mail, est-il plus grave, vraiment, que celui d'avoir décapité un homme ou de l'avoir immobilisé de force pendant qu'on le faisait ? ce procès n'a pas de sens ! »

Je sais, par ailleurs, que c'est un avocat militant, plutôt sympathisant de la cause des jihadistes qu'il défend.

J'ai lu des déclarations de lui fustigeant l'alignement de Musharraf sur les Etats-Unis et les violations des droits de l'homme par les commandos conjoints de Rangers pakistanais et d'inspecteurs du FBI.

Je sais qu'il s'est insurgé contre telle descente de police au cours de laquelle des policiers « étrangers » auraient obligé la femme, ou la sœur, d'un terroriste présumé – en l'occurrence la sœur de Bukhari, Kulsum Bano – à leur ouvrir la porte et, donc, à croiser leur regard : comment ont-ils osé ? comment peut-on faire fi, à ce point, de la foi et de la pudeur des gens ? y a-t-il une cause au monde qui autorise des hommes à violer ainsi, fût-ce du regard, une femme ?

Nous avions des avocats de ce genre, en Europe, du temps de la Bande à Baader ou des Brigades rouges italiennes.

Je les ai un peu connus – Klaus Croissant, en Allemagne, à l'époque où je voyais Foucault –, ces spécialistes de la défense de rupture, du détournement contre les bourgeois du droit bourgeois lui-même.

Et j'ai des éléments, en la circonstance, qui me le font soupçonner d'avoir été, dès que commença de circuler la rumeur des nouvelles arrestations d'avril et mai, à l'origine de la grève de la faim engagée par ses deux clients ainsi que par Omar Sheikh.

Alors, ce n'est pas à ce titre, bien sûr, que je décide d'aller le trouver.

Encore que... Une voix qui, dans ce pays verrouillé par ses non-dits, prétend rompre l'omerta... Une voix qui, en tout cas, et quelles que soient ses raisons, cesse de faire comme si le meurtre de Danny était une affaire simple, soldée par un procès à grand spectacle... Pourquoi pas ?

Il me reçoit à son bureau, coquet, bien tenu, dans le quartier de Sharah e-Faisal, au cœur moderne de Karachi.

Dans l'escalier, des barbus. Dans la salle d'attente, des barbus. Au mur, dans le couloir, encadrant une grande photo en couleurs de Srinagar, la capitale du « Kashmir occupé », d'autres barbus, mais plus élégants, qui me rappellent Saeed Sheikh, le soir où je l'ai surpris, devant chez lui, à Londres : les portraits, sans doute, des Khawaja père et grand-père, fondateurs du cabinet.

Khawaja Naveed Ahmed est un avocat moderne. Il parle un anglais parfait. Il a, comme les collaborateurs qui papillonnent autour de lui, la typique dégaine du jeune « lawyer » new-yorkais : bras de chemise, cravate défaite, physionomie diserte et assurée, rire et sourire du bon gars sympathique et accueillant à l'écrivain français qui écrit un roman sur le Pakistan. Mais le cabinet semble bel et bien spécialisé dans la défense des islamistes.

« Bien sûr, commence-t-il, que tous ces gens sont aux mains des autorités. Elles peuvent le nier tant qu'elles voudront. Vous avez encore eu, cet été, le "force's law officer", Anwar Alam Subhani, qui a nié que la police du Sind ait jamais eu vent de l'arrestation de Karim et Bukhari. Mais cela ne fait aucun doute. Et en voici la preuve – voici, concernant Karim, un document que je vous autorise à publier : vous allez voir, c'est intéressant. »

Et il me tend, par-dessus le bureau encombré de fax, d'e-mails et de grosses chemises cartonnées bourrées de papiers, un document en effet étonnant : c'est une feuille de cahier à carreaux, couverte, recto verso, d'une petite écriture griffue et signée – en urdu et, juste en dessous, en caractères latins – d'un certain « Mazharul Hasan, fils de Mohammed Sadiq, Cellule de Sécurité 19 ». Il commence à traduire. Je note.

« J'ai été arrêté dans ma résidence, la nuit du 30 avril 2002, par les inspecteurs Hafiz Junejo et Fayaz Junejo du commissariat de Civil Lines à Karachi. Les deux inspecteurs suivaient les ordres du surintendant de police Zulfiqar Junejo. J'ai été détenu pendant dix jours dans une cellule située au troisième étage du bureau du CID, le Département central d'investigation. »

Le CID, commente Khawaja : une des « agences » du pays, quoique plutôt liée à la police... Cet homme, dont nous avons la confession sous les yeux et qui ne nous dit pas pour quel crime il est détenu, nous apprend, en revanche, qu'il est entre les mains du vrai pouvoir invisible de ce pays. Khawaja continue sa lecture.

« Après dix jours de détention, j'ai vu un individu costaud, barbu et de teint foncé, dans la cellule voisine.

Il avait un bandeau sur les yeux. Lorsqu'on a enlevé son bandeau, je l'ai immédiatement reconnu. C'était Fazal Karim, chauffeur d'Omar, employé du Al-Rashid Trust. »

Nouveau commentaire de l'avocat : Fazal est le chauffeur, non d'Omar, mais de Saud Memon, l'un des administrateurs du Al-Rashid Trust ; lequel est une organisation caritative musulmane située, près de la Super Highway, à proximité de la ferme où Daniel Pearl a été enterré. Mais peu importe. Vous savez cela. Poursuivons.

« Fazal Karim est un moudjahid, un guerrier saint, un vétéran. J'ai tout de suite vu qu'il avait été brutalement torturé. »

Des histoires terribles circulent, à Karachi, sur la gamme des tortures pratiquées par certaines branches de l'ISI. On parle de variantes sophistiquées du supplice de la baignoire. On parle d'hommes que l'on a pendus par les mains et à qui l'on a fourré un entonnoir entre les dents pour les remplir d'eau et leur faire exploser l'estomac. On parle d'électrodes aux doigts de pied, de sexes brûlés ou serrés dans du fil de cuivre, d'yeux crevés ou brûlés au tisonnier, de têtes plongées dans des baignoires d'eau bouillante, de testicules coincés, sectionnés, dans une porte. Est-ce à ce type de traitement qu'on a soumis le chauffeur de Saud Memon ? Est-ce pour cela qu'il a parlé ? Et est-ce lui, plus que la brillante intelligence des policiers du Sind enquêtant sur l'attentat du Sheraton, qui serait responsable de l'arrestation de Bukhari et Chishti ?

« J'ai appris qu'il a été trahi par Javed, frère de Shireen Gul, résident du quartier dit de Metroville et chauffeur à la Madressah Iqra. Car la police avait fait une descente chez Javed. Comme il n'était pas chez lui, elle a arrêté Shireen Gul, son frère. Et, après deux jours, le surintendant du commissariat de Nazimabad a amené Javed au commissariat et a libéré son frère Shireen Gul. Après, sur les indications de Javed, la police a arrêté Fazal Karim. »

Le scénario, là aussi, laisse rêveur. Pourquoi ledit Javed a-t-il parlé à la police ? Dans quelles circonstances ? Sous le poids de quels arguments ? J'imagine le ballet des torturés. Ou des menacés d'être torturés. J'imagine tous ces hommes, au secret, enfermés, modernes masques de fer, tandis qu'Omar, à son procès, seul condamné, parade sous les projecteurs. J'imagine les visages en sueur dans les caves, le sang qui coule des blessures ou monte entre les dents, les plaies, les têtes bandées, les cris et les gémissements, les cris des tortionnaires et le petit flot des aveux qui finissent toujours par venir.

« Fazal Karim, alors, a été détenu pendant dix jours au commissariat du CID. C'est pendant sa détention qu'il a indiqué l'endroit où le corps de Daniel Pearl a été enterré. Les agents du CID mirent les menottes à Fazal Karim et à Javed. La nuit, ils les gardaient dans une camionnette. Ils craignaient un raid par les agents de la Haute Cour qui recherchent Fazal Karim. Après dix jours, une autre agence a emmené Fazal Karim. »

La Haute Cour contre les agences... Une police contre une autre... Ou, mieux, le tribunal contre toutes les polices... Si l'homme de la « Cellule de Sécurité 19 » dit vrai, c'est la confirmation du fait qu'il y a deux forces antagonistes dans le Pakistan de Musharraf et c'est la confirmation, surtout, de mon hypothèse : ceux qui veulent la vérité sur l'enlèvement et ceux qui ne la veulent pas ; ceux qui sont prêts à ce que justice soit faite et ceux qui, à la justice, préfèrent le silence des grands secrets étouffés. Mais l'auteur de la lettre enfonce le clou.

« Le 22 mai les inspecteurs du CID Mazhar et Fayaz m'ont pris en charge. J'ai été détenu au commissariat de Saddar. Là aussi, j'ai vu Fazal Karim. Il avait des menottes aux mains et aux pieds. Le 25 mai, j'ai été envoyé au commissariat de Orangi Town, dans le district de Karachi. De là, ils m'ont envoyé à la prison. Pendant treize jours en tout, j'ai vu Fazal Karim, j'ai mangé et j'ai bavardé avec lui. Il m'a raconté beaucoup de choses. Je peux partager ces informations avec vous. »

De plus en plus intéressant, en effet... Voilà un homme qui sait « des choses ». Il sait même, dit-il, « beaucoup » de choses. Et il est prêt, ces « choses », à en faire profiter qui veut. Or personne, apparemment, ne veut. La lettre, me précise Khawaja, a circulé. Toutes les autorités judiciaires, militaires, policières du pays en ont eu, d'une manière ou d'une autre, connaissance. Le juge lui-même l'a eue dans son dossier plusieurs semaines avant le verdict du 15 juillet. Or nul n'a eu l'idée d'aller voir Mazharul Hasan, fils de Mohammed Sadiq, pour lui faire raconter ce que lui a dit, dans leur cellule commune, Fazal Karim. Et la lettre de conclure :

« Un commissaire de police et l'inspecteur Fayaz (celui-là même qui, avec l'agent Hafiz, a découvert le corps de Daniel Pearl et qui a été promu à la suite de l'arrestation de Fazal Karim), m'ont raconté qu'ils avaient rencontré Faiz Bhatti et Rehman Bukhari. »

Qui est Faiz Bhatti ? Khawaja n'en sait rien. Mais il sait, nous savons tous, qui est Bukhari – l'homme des Yéménites, celui qui a donné l'ordre à Karim de maintenir la tête de Danny et qui a assisté, ensuite, à l'exécution...

« Que dites-vous de ce document ? conclut-il. Que pensez-vous des méthodes de notre justice ? Et avez-vous encore un doute sur la bizarrerie de ce procès ? »

Nous resterons deux heures, avec Khawaja, à discuter de tout cela.

Il me donnera cette information que je me souviens avoir déjà lue mais aussitôt recouverte, selon la technique habituelle, par la cascade des démentis : Omar, sentant que les choses tournaient mal, aurait, à la toute fin, appelé Hyder, le chef de la cellule de détention, pour lui demander de libérer le prisonnier (dans le langage codé dont ils étaient convenus : « shift the patient to the doctor ») mais Hyder lui aurait répondu que c'était trop tard, que Danny était déjà mort, filmé et enterré (en code : « Dad has expired ; we have done the scan and completed the X-rays and post-mortem »)...

« Vous ne trouvez pas que c'est énorme ? tonne Khawaja. Vous ne sentez pas que cela change tout ? Je ne suis pas l'avocat d'Omar, mais quand même : n'est-ce pas là une sacrée circonstance atténuante ? Et puis qui, si ce n'est plus Omar, a décidé de l'exécution ? Hein, qui ? Et pourquoi ? Tout ça est beaucoup, beaucoup moins simple que ne le disent les journaux. »

Il évoquera, aussi, les problèmes plus généraux posés, selon lui, à la justice pakistanaise : habeas corpus, non-respect des droits de l'homme dans les prisons, rumeurs de plus en plus insistantes quant à la présence, dans les brigades d'intervention antiterroristes, d'agents du FBI – « non, non, ne doutez pas... nous avons des rapports très précis... ils étaient là, par exemple, pour l'arrestation de Bukhari que, par parenthèse, personne n'a plus revu vivant depuis l'homme dont vous avez la lettre... les Américains ne devraient pas... ils sont signataires du traité de 1984 bannissant la torture... ils sont un pays de droits de l'homme... comment peuvent-ils être complices de ces opérations commandos, de ces exécutions extrajudiciaires, de ces disparitions, de toutes ces choses qui font injure à la démocratie ? dites-le-leur : ils sont en train, par cette politique, de faire grandir la haine dont ils sont l'objet et de creuser leur propre tombe... »

Je le trouve enthousiaste. Volubile. Il a un petit air prospère et grassouillet qui ne colle pas avec l'image, qu'il voudrait donner, d'avocat des pauvres et des opprimés. Mais il est sympathique. Ouvert. Je lui découvre, maintenant que nous parlons et que la confiance s'est installée, un côté presque plus esthète que militant – artiste du droit, acrobate de la procédure et de l'hypothèse, jonglant avec les textes et les présomptions. Et la vérité, je m'en aperçois assez vite, c'est que ses doutes vont encore au-delà de la question des

« détenus mais pas inculpés » ; la vérité c'est que c'est toute l'histoire qui, depuis le début, lui semble bizarre – plus bizarre, finit-il par me confier, plus complexe, plus embrouillée encore, que ce que donnent à penser, et les articles de presse que j'ai retrouvés, et le témoignage du détenu de la cellule 19 qu'il m'a donné.

Car reprenons, dit-il, ce témoignage.

Ce qui ne fait pas de doute, c'est que l'homme a vu Fazal et que Fazal est en prison.

« Les policiers prétendent : "on ne connaît pas Fazal". Ils répètent : "Fazal n'existe pas, c'est un informateur spécial qui nous a, le 17 mai, amenés à la tombe de Daniel Pearl". Bon. Je veux bien. Le seul problème – ça, vous ne le savez pas, mais je vous l'apprends – c'est que c'est lui, Fazal, qui leur remet, le jour où il les amène à la sépulture, la puce de téléphone de Daniel Pearl. Et puis autre raison qui rend cette affaire d'"informateur spécial" totalement douteuse : admettons un instant qu'il existe ; pourquoi aurait-il tellement attendu ? pourquoi, surtout, n'est-il pas allé trouver plutôt les Américains qui offraient, je vous le rappelle, cinq millions de dollars, plus un sauf-conduit pour les Etats-Unis, en échange de l'information ? Non, tout ça ne tient pas debout. Cette histoire d'"informateur spécial" n'a pas de sens. Et il faut donc tenir pour acquis que c'est bien Fazal qui une fois arrêté, conduit la police à l'emplacement de la sépulture... »

Là où l'incertitude, en revanche, commence, là où il est permis, toujours selon Khawaja, de se livrer au jeu des hypothèses contradictoires, c'est pour la suite. Et notamment, me dit-il, en se penchant vers moi, les yeux brillants, air de conspirateur trouble et malicieux, le point qui semblait m'avoir, à l'instant, pendant qu'il me traduisait le document, le plus impressionné et qui est, en fait, le plus problématique. Lequel ? Vous ne voyez pas ? Mais si. Voyons. Devinez. Le point qui n'est finalement pas si certain, le seul passage de la lettre qu'il a tendance à prendre, lui, avec beaucoup de précautions, le vrai doute qu'il a quant à une possible désinformation dont cette lettre pourrait être le véhicule, c'est... (il fait le geste du prestidigitateur qui sort un lapin de son chapeau) la torture !

« Comment ça la torture ? lui dis-je. Karim n'aurait pas été torturé ?

— Je ne sais pas, fait-il, l'air soudain embêté et comme si le fait de ne pas savoir lui créait un réel embarras. Je ne dis pas qu'il ne l'a pas été. Mais je dis que je ne sais pas, que je n'ai pas trouvé d'évidence ou plutôt que, s'il l'a vraiment été, c'est dans un lieu bizarre, par des gens bizarres, qui ne sont pas habituels. J'ai cherché, vous savez. J'ai mené mon enquête. J'ai découvert, notamment, que Fazal a été arrêté et interrogé dans une mosquée du quartier à dominante fondamentaliste de Nazimabad, ce qui n'est déjà pas ordinaire. Et, sur la torture, j'ai trouvé autant d'éléments qui vont dans un sens que dans l'autre : je n'exclus pas, si vous préférez, que ce document que je viens de vous montrer soit, pour partie, manipulé – je n'exclus pas que l'on ait monté toute une mise en scène destinée à convaincre l'homme de la cellule 19 que Fazal a été torturé alors qu'en fait il ne l'a pas été. »

Pourquoi ? lui dis-je, abasourdi. Dans quel intérêt, cette nouvelle manipulation ?

Il hésite. Me regarde comme s'il jaugeait ma capacité à entendre les subtilités extrêmes dans lesquelles il va, ou non, me faire entrer.

On peut tout imaginer, commence-t-il, l'œil malin.

On peut dire : Fazal a été atrocement torturé pour lui faire avouer un crime qu'il a réellement commis, pour amener la police à la tombe, etc. Sauf que l'argument qui vaut pour l'informateur spécial vaut également pour lui : pourquoi aurait-il attendu d'être arrêté ? vous ou moi, à sa place, ne serions-nous pas allés, tout de suite, voir les Américains ? coup double ! on évitait la torture et on empochait les cinq millions de dollars !

On peut faire une hypothèse légèrement différente : on l'a torturé, oui ; l'homme de la cellule 19 a bien vu ce qu'il a vu ; mais c'était pour lui faire avouer un crime qu'il n'avait, justement, pas commis ; et c'est même pour cela, parce qu'il n'avait pas commis le crime, qu'il fallait tant le torturer. Le sens de la manœuvre était, dans ce cas, de couvrir et disculper des gens bien plus importants que lui, Fazal ; toute l'opération consistait à lui faire, de gré ou de force, endosser le crime de quelqu'un d'autre.

Et puis on peut supposer enfin qu'il n'a pas été torturé du tout, que c'est l'homme de la cellule n° 19 qui a été, sur ce point, abusé et que l'on a fait toute cette mise en scène pour expliquer que l'on ait attendu jusque-là pour lâcher des informations que l'on avait, en fait, depuis le début. Reportez-vous, insiste-t-il, au climat de l'époque. La famille Pearl proteste. La pression internationale monte. Il fallait, d'une manière ou d'une autre, lâcher un peu de lest. Et l'on a juste voulu une façon de s'en sortir et de dire : « ça y est ! eurêka ! on a trouvé le corps ! » alors que, en réalité, on avait toujours su où il était.

Khawaja s'arrête. Il semble rêveur, tout à coup. Je suis assommé, presque essoufflé moi-même, par le ballet de ses hypothèses. Mais lui est calme. Perplexe. Il semble interroger ses dossiers du regard comme d'autres consulteraient les astres.

« Car il y a encore autre chose, reprend-il. Le Lashkar... Le fait que Fazal, Bukhari, Chishti, Lahori, bref, tous les derniers arrêtés, appartiennent au Lashkar... Le fait que tout le monde, du coup, ne parle plus que du Lashkar... Eh bien pourquoi cela, hein ? Pourquoi cette volonté, tout à coup, de déplacer le pro-jecteur du Harkat ul-Mujahideen et du Harkat ul-Jihad al-Islami vers le Lashkar i-Janghvi qui est le parti de Fazal et Bukhari ? Pour vous, Occidentaux, tout ça c'est la même chose. C'est la même grande nébuleuse terro-riste, islamiste. Et vous ne voyez pas l'intérêt de faire le détail. Mais il y a une différence... »

Il clique sur la souris de son ordinateur, imprime une page, me la tend : c'est un graphique, tout en carrés, en flèches et en couleurs, qui décrit la topologie des groupes jihadistes au Pakistan – qui est qui ? qui est lié à qui ? dans quel sens les influences, les assujettisse-ments, les financements ?

« Il y a, pour un œil pakistanais, une différence décisive. Les uns – le HUM et le HUJI, le Harkat ul-

Mujahīdeen et le Harkat ul-Jihad al-Islami – ont pour point commun d'être notoirement liés à l'armée et aux services secrets : vous voyez, là, tout remonte vers le haut, c'est-à-dire, dans mon schéma, jusqu'à Islamabad. Alors que l'autre – le Lashkar – est un électron relativement libre dont la mise en avant ne gênera jamais personne : bord gauche de la feuille, c'est cela que ça signifie. »

Il éclate de rire.

« Ça vous semble compliqué ? Mais non. Dans toutes les hypothèses, il y a une constante et elle est très simple : vous avez, là-bas... »

Il montre le ciel. Et, aussitôt après, me reprend vivement la feuille, qu'il range sous une pile de papiers.

« ... vous avez, là-bas, des gens qui, depuis le début, savent tout, contrôlent tout ; vous avez des gens haut placés qui ont toujours su où se trouvait le corps et qui ont décidé, à un moment donné, de lâcher l'information en sortant la carte Fazal ; le reste, tout le reste, ne serait que comédie. »

Je résume, bien entendu. Je schématise. Mais je songe, en l'écoutant, à l'histoire très étrange de la mort de Riaz Basra qui était, avant Akram Lahori, le chef du Lashkar i-Janghvi et qui serait tombé dans une embuscade, en mai dernier, deux jours, comme par hasard, avant la mise dans le circuit des noms de Fazal et Bukhari. Il n'y a jamais eu d'embuscade, m'a expliqué Abdul. Basra, en réalité, était déjà aux mains des services. Il l'était, depuis plusieurs mois, pour des raisons qui n'avaient rien à voir avec l'affaire Pearl. Il

n'a donc matériellement pas pu y avoir d'embuscade et
l'homme n'a pu être tué que de sang-froid : on le détenait comme on détient aujourd'hui Fazal et Bukhari et
on a décidé tout à coup – deux jours, je le répète, avant
l'arrestation de Fazal et Bukhari – que mieux valait le
faire disparaître. Là encore, pourquoi ? Que craignait-
on de le voir faire ou de l'entendre dire ? Risquait-il de
protester, par exemple, qu'on faisait trop d'honneur à
son groupe et qu'il n'avait pas eu le rôle qu'on était en
train de lui prêter dans l'enlèvement de Daniel Pearl ?
Risquait-il de dire : « mais enfin ! c'est moi le chef et
je sais, jusqu'à nouvel ordre, ce que font et ne font pas
les gens de chez moi ! qu'est-ce que c'est que cette histoire abracadabrante de Fazal et Bukhari se retrouvant
au cœur d'une affaire, soit qui ne nous regarde pas, soit
où nous n'avons été que de modestes sous-traitants ? »
Risquait-il, en d'autres termes, de faire échouer l'opération que vient de décrire Khawaja et de renvoyer
l'entière responsabilité du crime sur les deux partis – le
HUM et le HUJI – qu'on souhaite, aujourd'hui, sortir
du jeu ?

Je songe à cet autre ami, journaliste dans un quotidien de Karachi et qui m'a raconté comment, à la même
époque, autour du 18 ou du 20 mai, soit au moment,
toujours, de l'arrestation de Fazal et de la mise en
avant du Lashkar, il a reçu, comme nombre de confrères, un appel étrange, émanant d'une organisation
inconnue dont il n'a pas bien compris si elle s'appelait
le « Hezbullah Alami » ou la « al-Saiqua » (peut-être
« al-Saiqua », rebaptisé « Hezbullah Alami ») et qui s'at-
tribuait la triple responsabilité de l'attaque à la grenade,

le 17 mars, contre l'église protestante d'Islamabad ; de l'opération-suicide, le 8 mai, contre les ingénieurs français du Sheraton ; et de l'enlèvement, enfin, de Daniel Pearl. « Rien à voir, disait le mystérieux correspondant avec le HUM et le HUJI. L'opération a été montée par une organisation 100 % anti-Musharraf. Nous sommes cette organisation 100 % anti-Musharraf. Nous sommes 100 % en colère contre la politique de Musharraf devenu le petit chien des Américains. Et la meilleure preuve c'est ceci, que nous sommes seuls en mesure de révéler : le cadavre retrouvé à Gulzar e-Hijri n'est pas le cadavre de Daniel Pearl ; les Américains, d'ailleurs, le savent bien qui n'ont jamais rendu publics les tests ADN qu'ils ont faits sur le squelette... » Intox, évidemment. Manœuvre aussitôt éventée. Mais n'est-ce pas la même stratégie ? La même volonté de brouiller, à nouveau, les pistes ? N'y avait-il pas là, déjà, un effort pour détourner les soupçons de tous les groupes liés, d'une manière ou d'une autre, à l'Etat et aux services ?

J'observe Khawaja.

Je le trouve bizarre, tout à coup.

Trop jovial, trop satisfait de lui-même.

Je me demande quel jeu, surtout, il joue en semant ainsi ce nouveau doute dans mon esprit.

Car, après tout, n'est-il pas dans l'intérêt de l'avocat de Sheikh Adil et Fahad Naseem qui appartiennent, eux, au Jaish e-Mohammed, de laisser le projecteur se déplacer, justement, vers le Lashkar ?

Et comment peut-il à la fois se servir de l'arrestation de Fazal pour réclamer la révision du procès d'Omar et, aussitôt après, dans la même conversation, envisager que le même Fazal soit un agent manipulé ?

Peut-être est-ce lui qui, après tout, essaie de me désinformer.

Ou peut-être pense-t-il que la meilleure façon de disculper son client est de noyer le crime dans un complot immense, indéchiffrable, indémontrable, montant au plus haut niveau de l'Etat.

Je pense à son maître argument : pourquoi Fazal, ou l'« informateur spécial », n'est-il pas allé trouver les Américains pour empocher la prime au lieu de finir en prison ? Et je lui objecte intérieurement qu'il y a une vraie explication : que Fazal est, vraiment, coupable ; qu'il a, vraiment, tenu la nuque de Danny pour permettre au Yéménite de commencer sa besogne ; et qu'il ne pouvait, en allant voir les Américains, prendre le risque de se dénoncer et de finir sur la chaise électrique.

Je pense à Omar. Je ne comprends pas son attitude, à lui non plus. Je repense à toutes ses déclarations, pendant et après son procès, que j'ai retrouvées, elles aussi, hier, avec Abdul. Je les trouve très sages, tout à coup. Très convenables. Et, passé les provocations de principe, finalement bien raisonnables. Car enfin pourquoi ne proteste-t-il pas lui-même, de manière plus véhémente, contre ce scandale des « détenus mais pas inculpés » ? Pourquoi, si c'est la dernière hypothèse de Khawaja qui est la bonne, ne l'entend-on pas hurler qu'il est en train de porter le chapeau d'un crime commis à plusieurs et, peut-être, avec le concours de personnages haut placés ?

Tout cela devient si complexe...

Si terriblement contradictoire, vertigineux...

C'est un imbroglio, maintenant, au sens propre une nébuleuse, où j'ai le sentiment, à chaque pas, de voir s'épaissir un peu plus le nuage de poussière autour du mystère de l'affaire Pearl...

Je quitte Khawaja, ses sourires entendus, ses barbus, ses hypothèses folles, ses questions, dans un état de confusion pire encore qu'à mon arrivée.

4

LA DOUBLE VIE D'OMAR

C'est le hasard qui, comme souvent dans cette enquête, m'a mis sur la piste où tout va s'éclairer.

Je suis à mon hôtel.

Je réfléchis aux hypothèses si déroutantes de l'avocat.

Perdu, presque démoralisé, je pense même à rentrer en France et à revenir avec une couverture plus officielle qui me permettrait d'aller trouver, cette fois, les responsables et de leur poser les questions qui me taraudent.

Et voici qu'Abdul, qui est complètement entré dans son nouveau rôle de fixeur, monte à ma chambre, sans s'annoncer – signe, dans notre code retrouvé, qu'il m'apporte une nouvelle sensible et que même le téléphone intérieur de l'hôtel doit être évité.

« Je n'ai pas ce que tu m'as demandé », commence-t-il, air mystérieux, regard de victoire et d'importance.

Je lui avais demandé un contact avec l'état-major du Lashkar i-Janghvi qui, à l'époque, n'était pas encore sur la liste noire américaine des organisations terroristes.

« Je n'ai pas ça, non. Mais j'ai mieux. Un type qui, sachant ce que nous cherchons, m'a lui-même contacté : il prétend que tout ce que l'on raconte sur l'arrestation d'Omar Sheikh est du bidon et qu'il sait, lui, la vérité... »

Je sais ce que l'on raconte. Je connais la version officielle, immédiatement donnée aux agences de presse et aux chancelleries. Tout se serait joué le jour où la police, après avoir retracé les fameux e-mails et arrêté leurs expéditeurs, a déboulé, à Karachi, chez la tante d'Omar et, à Lahore, chez son grand-père. Ismaïl, le grand-père, l'aurait appelé, sous la menace des inspecteurs, et l'aurait supplié de se livrer. « Tu es fait, Omar, rends-toi », aurait dit l'un des inspecteurs en arrachant l'appareil des mains du vieil homme. Et le gentil Omar se serait rendu pour ne pas mettre sa famille en péril.

« Comment ça bidon ? Comment le retracement des e-mails peut-il être bidon ?

— Justement, répond Abdul, très excité. C'est ce que nous allons voir. Tu as rendez-vous avec le type, aujourd'hui, à 16 heures, dans la vieille ville, près de Aurangzeb Park, qui est l'un des lieux où se retrouvent les drogués de Karachi. Ça nous rappellera des souvenirs. Ne t'inquiète pas. Le type est "safe". Il vient par mon ami X, un des meilleurs journalistes de la ville, en qui j'ai toute confiance. »

J'hésite un peu.

Je ne peux pas ne pas penser que ce genre de rendez-vous, dans le quartier le plus pourri de la ville, est très exactement ce que je devrais éviter.

Et je me souviens, n'est-ce pas, du catalogue de recommandations qui sont la bible du journaliste arrivant à Karachi et dont Pearl, pour son malheur, n'a finalement pas tenu compte : pas de chambre, dans les hôtels, en façade ; pas de taxis hélés dans la rue ; ne jamais, au grand jamais, parler de l'islam ou du programme nucléaire pakistanais ; mais surtout, surtout, ne pas aller sans précautions, et sans qu'une personne de confiance sache où vous êtes, à quelle heure vous rentrerez et comment, dans les marchés, les cinémas, les foules, les lieux publics en général – alors Aurangzeb ! le quartier de la drogue et du crime !

La proposition, néanmoins, est tentante.

Abdul m'expliquant que l'homme ne viendra jamais, de toute façon, dans l'un des grands hôtels du centre où nous donnons, d'habitude, nos rendez-vous, et me disant que, par ailleurs, ils ont prévu un contact téléphonique dans une heure où je pourrai tout à fait exiger que la rencontre ait lieu dans la voiture et que nous n'en sortions en aucun cas, je finis par accepter.

Et c'est ainsi que nous nous retrouvons, un peu avant 16 heures, à l'intersection de Aurangzeb Park et de Burnes Road, Abdul au volant et moi sur la banquette arrière, à guetter un homme qui n'a donné, pour nous permettre de l'identifier, qu'un détail finalement rassurant tant il paraît naïf : il aurait, sous sa veste, « un gilet brodé, de toutes les couleurs, très élégant ».

Autour de nous, des groupes de jeunes gens, hirsutes, les traits bouffis, qui squattent le trottoir puis, plus loin, les allées du parc.

De loin, on croirait des mendiants ; ou les membres d'une secte étrange se livrant à des exercices de magie noire ; ou un petit bivouac pour armée de presque gisants campant au cœur de la ville ; mais ce sont des drogués, simplement ; c'est juste l'armée de réserve de la drogue et du crime à Karachi.

Dieu sait si j'ai vu des sanctuaires de ce genre !

Je me souviens de ces quartiers de Bombay, il y a trente ans, autour de l'hôtel Stiffles où tous les junkies de la ville et même du pays semblaient s'être donné le mot : accros de la seringue, jeunes épaves à la dérive, consommateurs effrénés, les yeux morts, prêts à tuer père et mère et d'abord, bien entendu, eux-mêmes pour une dose de mauvaise coke, coupée de talc et de médicaments, qui valait, à l'époque, le prix d'une cannette de bière – et pourtant, j'en fis l'expérience une fois, tant de force cachée dans ces corps apparemment épuisés !

Mais ça... Cette cour des miracles... Ce parc devenu dépotoir à seringues... Ces corps en tas... Ces visages à la fois patients et fébriles, les uns se pressant autour d'un réchaud où cuit une boîte de conserve, les autres se disputant une vieille natte... Cet autre encore qui gît sur un tapis un peu plus beau : il semble endormi ou mort, mais non, il est juste en train d'inhaler, les yeux fermés, son shoot... Jusqu'aux chiens (car c'est le seul endroit, à Karachi, où j'aurai vu tant de chiens, et que nul ne semble vouloir inquiéter) qui errent entre les tapis, bizarres, gémissants, un peu flottants, cherchant une pelure, un petit os, on dit qu'eux aussi, à force de respirer les effluves, finissent par être drogués... Cela, non, je ne l'avais jamais vu !

« Désolé », fait l'homme que nous n'avons ni vu ni entendu arriver et qui a, d'autorité, ouvert la portière avant.

« Désolé », répète-t-il, en s'asseyant près d'Abdul, et en nous désignant un couple de jeunes gens, sales, en haillons, probablement étrangers, qui ont dû le suivre et qu'il renvoie, à travers la vitre, comme on chasse des mouches – j'ai juste le temps de distinguer, tandis que la voiture démarre, les traits délicats, suppliants, de la jeune fille.

« C'était la seule solution. C'est l'un des rares quartiers où la police ne vient pas. »

Il s'est à demi retourné. Me frappe, non le gilet, mais la veste trop rembourrée aux épaules. Et puis le visage osseux, les cheveux noirs plantés bas, la moustache nietzschéenne, les yeux cernés de rides fines et serrées. Il sourit – et, d'un air canaille, la voix exprès rocailleuse, ajoute :

« Sauf moi, bien entendu. »

Car l'homme, que j'appellerai « Tariq », nous apprend qu'il est policier. Il a des informations, explique-t-il, sur l'interrogatoire d'Omar mené, à Karachi, par les officiers de police Athar Rashid et Faisal Noor. Et s'il a voulu nous voir c'est qu'ils sont quelques-uns, dans la police du Sind, à ne pas avoir apprécié la façon dont les choses se sont passées.

« Première question, commence-t-il, après un bref rappel des conditions qu'il met à cette rencontre et des précautions que je devrai prendre pour qu'il ne soit pas identifié : savez-vous quand le Sheikh a été arrêté ? »

Je sais, encore une fois, ce que tout le monde sait. Je sais ce que la presse, en Europe et au Pakistan, a dit.

« Le 12. Il a, selon la presse, été arrêté le 12 février, soit quelques jours après que... »

Il m'interrompt. Il a l'œil moqueur du type qui vous a tendu un piège et qui vous voit vous y précipiter.

« En une phrase, deux erreurs, monsieur le journaliste ! Omar n'a pas été arrêté, il s'est rendu. Et il ne s'est pas rendu le 12, mais le 5, le mardi 5 au soir. »

La voiture est en train de s'engager dans une rue qui risque de nous rapprocher du parc. Il fait signe à Abdul d'obliquer vers la droite. Il ne cesse, depuis qu'il est monté, de jeter des coups d'œil furtifs, de droite et de gauche, ponctués de petits mouvements du cou, en saccade.

« Question suivante, enchaîne-t-il. Savez-vous qui est le brigadier Ijaz Ejaz Shah ? »

Je ne sais pas qui est le brigadier Ijaz Ejaz Shah.

« Comment ? On m'a dit que vous veniez de Lahore... »

Coup d'œil à Abdul, dans le rétroviseur, pour dire ma surprise que le bonhomme sache cela. Moue d'incrédulité d'Abdul ; haussement de sourcil qui veut dire mystères de Karachi et compagnie...

« Vous venez de Lahore et vous ne savez pas qui est Ijaz ? insiste l'homme. Réfléchissez. »

Me revient, en y repensant, la haute silhouette, croisée au Liberty Lions Club de Lahore, d'un homme mince, au crâne chauve, que l'on m'avait présenté comme le ministre de l'Intérieur du Pendjab, l'homme fort de la région et dont je me demande si, en effet, il ne s'appelait pas Ijaz.

« Le brigadier Ijaz, reprend-il, d'une voix sonore, sans se retourner, ton du bon pédagogue expliquant une vérité à un cancre, n'est pas seulement le ministre de l'Intérieur du Pendjab. C'est un proche ami de Musharraf. Et c'est surtout un homme de l'ISI – un agent de très haut rang, ex-patron de la "branche armée de l'air" de l'agence, chargé, pendant des années, et jusque il y a quelques mois, du contact avec le Harkat ul-Mujahideen et le Harkat ul-Jihad al-Islami. Or, attention !... »

Il se retourne, cette fois. Il me regarde d'un air franchement hostile. Je ne saurais dire s'il ménage, à nouveau, ses effets ou s'il est pris, vraiment, d'une bouffée de haine à l'endroit de l'Occidental ignorant.

« C'est à lui que le Sheikh, le soir du 5, va se rendre. Il le connaît, forcément, puisque le HUM et le HUJI sont les deux groupes auxquels il est lui-même lié et c'est à lui, donc, à cette vieille connaissance qu'est Ijaz, qu'il décide de se livrer. »

Me revient encore, mais très vaguement, comme dans un brouillard, la réaction du brigadier quand le diplomate qui m'accompagnait m'avait présenté à lui – son net mouvement de recul, son sourire qui s'était glacé à l'évocation de mon projet de « roman » sur Daniel Pearl.

« Ce qui signifie... », dis-je alors, interloqué, hésitant à comprendre.

La voiture tourne, s'engage dans une rue étroite, escarpée, un véritable coupe-gorge qui remonte à nouveau vers le parc. Un étal de boucher qui sent la viande sanieuse. Juste à côté, un tas de vidures de poisson qui empeste et des chiens maigres qui se battent. « Tariq » sort de sa poche et me tend, sans le lâcher, à la lumière du plafonnier, un papier chiffonné. Il le reprend très vite. Mais j'ai le temps de voir que c'est le double carbone d'une note, en anglais, sur papier à en-tête de la police, faisant état en effet de la reddition d'Omar, le 5, à ce brigadier Ijaz.

« Ce qui veut dire, conclut-il, qu'il se passe sept jours entre le moment où le Sheikh se rend à ce haut responsable des services et celui, le 12, où il nous est livré, à nous, les policiers, par vol spécial. Pendant ces sept jours, il est au secret, dans une "safe house", de l'ISI, entre les mains des seuls gens de l'ISI. La police n'en sait rien. Le FBI et l'ambassade américaine n'en savent rien. Personne, vous m'entendez : personne, ne sait, pendant ces sept jours, que l'organisateur présumé de l'enlèvement de Daniel Pearl est là, à Lahore, entre les mains des services. »

La voiture se range contre le mur, pour laisser passer deux jeunes gens qui marchent en plein milieu de la rue, titubants, comme ivres. Je ne suis pas sûr de comprendre.

« En clair... ?

— En clair, les choses se passent comme elles se passent chaque fois dans ce pays. Quand un jihadiste est arrêté, il a toujours dans la poche le nom et le numéro d'un brigadier qu'il nous demande d'appeler et qui nous dit, à nous, les flics : relâchez-le.

— Sauf que, là...

— Vous avez compris. Là, le Sheikh n'a pas attendu qu'on l'arrête. Il a, dès qu'il a su que les choses tournaient mal, décidé de prendre les devants et de venir au contact de son officier traitant. Le Sheikh est un homme de l'ISI, voilà le fait. Il l'est depuis longtemps. Et tout ça, c'est l'histoire d'un agent qui monte un coup, qui voit le coup échouer et qui, quand ça échoue, va au rapport : il y a un problème, chef, qu'est-ce qu'on fait ?

— Et alors, on fait quoi ?

— On passe sept jours et sept nuits, entre professionnels, à essayer de se mettre d'accord. Sur quoi ? Sur ce qu'il faut dire et ne pas dire aux forces de police. Sur ce qu'il va lui-même devenir, une fois qu'il se sera rendu et sur les garanties qu'on peut lui donner. Je ne raconte rien de ce que je sais, il leur promet. Je bétonne au maximum le rôle de l'ISI, non seulement dans l'affaire Pearl, mais dans le combat des jihadistes au Kashmir. Mais vous vous engagez, vous, à m'éviter l'extradition et, si je suis condamné, à faire qu'on me tire de là le plus vite possible. Ils passent sept jours à négocier ça. Sept jours à mettre au point le scénario. Sept jours à chercher la meilleure façon, pour tout le monde, de sortir du merdier où ils se sont mis. »

Je me souviens de tout ce que j'ai lu sur ces jours de fièvre et d'angoisse. Je me souviens que les autorités, à l'époque, espéraient encore retrouver Pearl vivant et couraient contre la montre, comptaient les heures et les minutes. Est-ce qu'on ne peut pas imaginer, dis-je, que cette semaine ait été employée à cuisiner Omar, à le mettre à la question ? Est-ce qu'il n'y avait pas des gens, dans les agences, pour estimer que la seule chose qui comptait était de lui faire avouer, par n'importe quel moyen, le lieu de détention du journaliste ? Et n'est-ce pas, d'ailleurs, ce qu'Omar lui-même a dit au tribunal d'Hyderabad quand, dans une déclaration rapportée par le *News* du 21 juin et qui colle, en effet, avec cette histoire des huit jours de mise au secret mais en en donnant une interprétation opposée, il parle d'une semaine de « harassment », de « breathing down his neck » – une semaine employée, s'écria-t-il, à « fabriquer des preuves à son encontre » ? L'homme hausse les épaules.

« C'est le contraire. Ces sept jours ont été sept jours perdus pour l'enquête. Vous n'êtes pas flic. Mais vous pouvez imaginer. Sept jours c'est le temps qu'il a fallu aux gens qui l'ont tué pour cacher le cadavre, effacer les indices, disparaître dans la nature.

— Et les accusations de "harassment" ? L'idée que ses interlocuteurs, pendant ces jours, l'auraient brutalisé ?

— Le risque, dans ces situations, c'est toujours que l'agent brûlé panique et aille tout balancer à la presse. Alors, bien sûr, les services l'ont conditionné. Ils l'ont peut-être même menacé. Musharraf a parlé au père qui a parlé au fils en le suppliant d'éviter les déclarations "nuisibles à l'intérêt national pakistanais". Mais regardez sa tête quand il est sorti de la "safe house" et qu'il nous a été livré. Il était bien portant. Il souriait. Il avait l'air du type à qui on a donné des assurances. Il n'avait pas la tête d'un homme qu'on a cuisiné pendant huit jours. Et d'ailleurs... »

Il prend son temps. Puis, mauvais sourire de brute. Je n'avais pas vu qu'il avait la moitié des dents de devant en argent, comme les putes de Tachkent.

« D'ailleurs, on l'aurait bien cuisiné, nous, quand on l'a récupéré. C'est une chose qu'on sait faire. Mais je vais vous donner un autre scoop. On a eu l'ordre, au plus haut niveau, je dis bien au plus haut niveau, de ne pas jouer à ça. Et on a eu un type de chez eux qui est resté là, sans rien dire, à surveiller les nôtres pendant tout l'interrogatoire. Résultat : le Sheikh n'a rien dit. Rien. Il y a eu un moment, paraît-il, où il a commencé à vouloir parler de ce qu'il a fait en sortant des prisons indiennes. Mais "ils" ont été prévenus à la minute. Et on a eu un coup de téléphone du cabinet du Président qui nous a dit : "alerte ! on arrête tout ! vous le faites taire et vous le livrez au juge". »

Je sens que « Tariq » dit la vérité. Mais, surtout, je recoupe ce qu'il me dit avec des bribes d'information glanées, l'autre jour, dans la presse. Ce reportage de la chaîne pakistanaise PTV 2 évoquant, dès avril, une thèse qui n'est pas très loin de la sienne... Cet article de *Newsweek*, le 13 mars, décrivant un Omar plein d'arrogance en face des policiers qui l'interrogent – persuadé, aurait-il déclaré, qu'il ne serait « pas extradé » et qu'il ne passerait « pas plus de trois ou quatre années dans les prisons pakistanaises »... La protestation de ses avocats regrettant qu'un artifice de procédure empêchât de réentendre le témoignage de Hamid Ullah Memon, l'officier supérieur de police chargé de l'arrestation et responsable, à ce titre, de sa déposition de février... Ou bien encore ce jour où le juge se serait plaint de ce que l'interrogatoire policier ait été incomplet, pas assez approfondi, et où Omar, goguenard, aurait lancé : « que voulez-vous dire par incomplet ? ils ont arrêté de m'interroger il y a quinze jours ! j'étais prêt à leur parler mais ils ont eu peur de ce que j'avais à dire ! »

Je reprends.

« Revenons une seconde en arrière. Qu'est-ce qui a échoué, comme vous dites ? Pourquoi Omar, dans votre schéma, a-t-il été contraint de se rendre et de déclencher tout cela ? »

« Tariq » hésite à nouveau. Il regarde longuement vers l'extérieur. Peut-être ne sait-il pas très bien lui-même.

« Il y a deux hypothèses. Première hypothèse, l'équipe a fait une bêtise. L'histoire des e-mails, par exemple. Cet amateurisme de Naseem qui se fait, presque tout de suite, pincer et va, forcément, balancer le nom du patron. Ou bien, encore plus bête, le fait qu'ils ont continué, pendant plusieurs jours, à téléphoner depuis le portable du journaliste et qu'on les a tracés. Tout était prévu, sauf cette erreur de débutants... »

Je pense à l'obscénité de ce portable continuant, comme des ongles ou des cheveux, de vivre de sa vie propre après la mort de son propriétaire.

Je pense à ce vendeur de téléphones, Abdul Majid, que j'ai retrouvé sur Bank Road, à Islamabad, et qui avait vendu à Omar deux des six appareils qu'il a utilisés pendant l'opération : lui aussi m'avait raconté cette incroyable histoire de ravisseurs heureux, comme des enfants, de pouvoir se servir d'un cellulaire tribande, fonctionnant sur un numéro américain et à partir duquel ils jouèrent à menacer les enquêteurs, leurs familles, leurs enfants.

Et puis je pense aussi à cette autre histoire, si étrange et restée inexpliquée : un billet de la Pakistan Airlines,

Londres-Islamabad, vol PK 757, numéro de dossier EEEFQH H, acheté, le 8 février, soit huit jours après sa mort, au nom de Daniel Pearl, par quelqu'un qui avait forcément produit son passeport et un visa en cours de validité.

« Ou bien l'hypothèse numéro deux, reprend "Tariq". Nous ne sommes pas certains, dans le fond, que l'exécution de Pearl ait été au programme. Et quand le Sheikh déclare qu'il l'a apprise, le 5 février, en appelant "Siddiqui", de Lahore, quand il raconte qu'il lui a ordonné de "livrer le patient au docteur" et que l'autre lui a répondu : "trop tard ! papa est mort ; on a fait les scan et les rayons", je n'exclus pas qu'il soit sincère. Alors, c'est peut-être ça le dérapage. C'est peut-être le fait que Pearl a été exécuté contre les instructions d'Omar et des commanditaires de l'opération. »

Il se tourne à nouveau vers moi. Et, pour la première fois, me prend le bras, violemment, avec, dans le regard, un air d'intensité absurde, et jouée, qui est censée exprimer, je suppose, le chagrin partagé, la sympathie.

« Là où, malheureusement, je n'ai pas d'éléments, c'est sur qui a décidé d'aller contre les instructions. L'équipe elle-même, qui perd les pédales ? Ou bien d'autres commanditaires, parasitant les ordres des premiers ? C'est souvent comme ça. On croit être seul sur un coup. Mais, en fait, on est deux. Et le deuxième abat ses cartes, de son côté, dans votre dos. Désolé. Je ne sais pas.

— D'accord, dis-je, en me dégageant le bras. Mais une dernière question, alors. La toute dernière. Pourquoi

sept jours, avant de rétrocéder Omar à vos collègues ?
Est-ce qu'ils avaient besoin de tout ce temps, vraiment,
pour mettre au point le scénario ?

— Il y a deux choses, fait-il, toujours tourné vers
moi, avec son mauvais sourire Tachkent. Vous avez
raison de demander parce qu'il y a deux choses différentes. Bon. Ce n'est pas une affaire facile, d'abord.
Imaginez, encore une fois, l'affolement de ces gens
quand ils comprennent que les types ont perdu la tête et
qu'ils ont exécuté l'otage. La panique dans les services ! L'énergie pour maquiller les choses, déconnecter
les circuits, effacer les traces qui pourraient remonter
jusqu'en haut, convaincre le Sheikh d'assumer et de
ne pas mouiller trop de monde, sauver ce qu'on peut
sauver et faire toute une mise en scène acceptable pour
les Américains. Et puis... »

J'ai l'impression qu'il hésite à nouveau. Je cherche le
regard d'Abdul, histoire de voir si un billet n'arrangerait pas les choses. Mais non. Ce n'est pas ça. C'est un
début de bagarre. Deux types, à la lumière d'un porche,
avec des tessons de bouteille. Il a retrouvé, un instant,
son réflexe de flic. Il reprend.

« Et puis réfléchissez... 5 plus 7 égale 12 – le jour
de l'arrivée de Musharraf à Washington. Ajoutez
encore 2, car c'est le 14 qu'a lieu le premier interrogatoire d'Omar. Or le 14 février c'est quoi ? C'est le jour
où Musharraf est reçu par Bush et c'est la fin de son
voyage aux Etats-Unis.

— Ce qui veut dire ?

— Je ne sais pas. A vous de conclure. Voilà un
Président qui joue une partie diplomatique pas facile.

Il discute. Il négocie. Sa demande principale – reprise de la livraison des F-16 gelée, à cause de notre conflit avec l'Inde – est la même, par parenthèse, que celle qui apparaît dans les communiqués des ravisseurs. Or, tant que dure la négociation, il ne dit rien. Il ne veut surtout pas inquiéter les Américains. Il pousse même le culot jusqu'à déclarer, dans sa conférence de presse avec Bush, qu'il est "raisonnablement sûr que Daniel Pearl est toujours en vie" et que l'on est "aussi près qu'il est possible de sa libération". Et c'est quand il a fini, quand la négociation est terminée, quand tout le monde a compris que les Américains ne céderont pas, c'est quand il n'y a plus rien à négocier que la vérité éclate : le nom d'Omar, son arrestation et la mort du journaliste américain. Ce n'est pas troublant ?

— Trop, peut-être. On sent la manipulation grossière... »

« Tariq » hausse les épaules – l'air du type qui a tout dit et qui vous laisse, maintenant, vous débrouiller. Nous sommes revenus en bordure du parc Auzangreb. J'ai l'impression que la petite faune, sur les trottoirs, est moins dense que tout à l'heure. Il se retourne une dernière fois vers moi et me tend une main qui se veut amicale. Il a l'œil vide, maintenant, le regard absent.

« Faites attention. Ce dossier est sensible. Je les connais. Je sais comment raisonnent ces Mohajirs. Et je sais qu'ils n'aimeront pas l'idée que quelqu'un de nouveau vienne s'en mêler – surtout un étranger. Dieu vous garde. »

J'avais oublié cet autre paramètre de l'équation pakistanaise : l'hostilité, qui dure depuis la naissance du Pakistan, entre les Punjabis de souche et ceux que l'on appelle ici les Mohajirs – ces millions de gens qui, en 1949, au moment de la Partition, sont venus d'Inde. Se pourrait-il que cette rivalité soit une dimension de l'affaire Pearl ? Est-il concevable, par exemple, que le haut commandement punjabi (contrairement à ce que « Tariq » fait semblant de croire, 90 % des officiers supérieurs, l'essentiel de l'encadrement de l'ISI, sont punjabis) ait trouvé là un bon moyen de déstabiliser Musharraf (qui est – personne, ici, ne l'oublie – le plus éminent des Mohajirs et qui vient, quand l'affaire éclate, de procéder à une formidable purge visant, sous couvert de lutte contre les islamistes, à dépunjabiser l'ISI) ? Et serait-ce la vraie raison pour laquelle « Tariq » a souhaité nous voir et nous parler ?

Mais il est déjà dehors. Il est, maintenant que je le vois debout, plus petit qu'il ne me semblait. Il s'en va comme il était venu – petit homme aux épaules trop larges qui s'enfonce dans la foule des drogués et nous laisse, Abdul et moi, à nos nouvelles hypothèses.

Car admettons qu'Omar soit, comme il le dit, un agent des services.

Admettons que ce soit l'une des explications possibles de son attitude pendant et après son procès.

Admettons que l'on tienne là l'une des raisons de cette étrange docilité qui lui a fait accepter, au fond, de payer pour tout le monde.

La vraie question devient de savoir qui, au juste, dans les services, l'a instrumentalisé et dans quel but.

Car de deux choses l'une.

Ou bien Musharraf tient son pays. Il est informé, en temps réel, du travail de ses services. Et alors, en effet, Tariq a raison : il sait, quand il est aux Etats-Unis, où Pearl est détenu ; et il sait, surtout, qu'il est déjà mort quand il déclare à la presse américaine qu'il a bon espoir de le voir libéré. Sur le premier point, pourquoi pas ? On voit bien le redoutable négociateur qu'est le général Président – de surcroît, ne l'oublions pas, ancien de l'ISI – tenir dans sa manche la carte de la libération de Pearl, la valoriser en faisant durer les choses et se réserver de l'abattre au moment qu'il jugera opportun. Sur le second point, en revanche, c'est moins simple ; et on voit mal l'intérêt d'un chef d'Etat soignant, F-16 ou non, son alliance stratégique avec les Etats-Unis, ajouter le cynisme au crime – on voit mal pourquoi, sachant que Pearl est mort et que l'annonce de l'exécution n'est plus, de toute façon, qu'une question de jours ou d'heures, il aurait choisi de proférer un dernier mensonge qui ne pourra, le moment venu, qu'ajouter à la colère de son partenaire.

Ou bien Musharraf ne tient rien. Il est abusé par ses propres services. L'homme officiellement chargé de l'informer de l'évolution de l'affaire – j'ai appris, par parenthèse, qu'il n'était autre que le brigadier Cheema, mon interlocuteur du ministère de l'Intérieur sur la question Omar – lui donne, exprès, des informations erronées. Ce chef d'Etat si fragile, ce roi sans couronne ni territoire qui a déjà échappé – personne, au Pakistan ne l'oublie – à six tentatives d'assassinat et qui dut, en août 2000, annuler un déplacement à Karachi parce que sa propre sécurité disait ne plus être en mesure d'y assurer sa protection, sait peut-être où se trouve Pearl pendant sa détention mais ne sait ni qu'il est question de l'assassiner, ni surtout qu'il l'a déjà été. Le fait même qu'il déclare avoir de bonnes raisons de penser que le journaliste américain ne devrait plus tarder à être libéré, l'assurance avec laquelle il le fait, les risques politiques qu'il prend en le faisant, tout cela, loin de prouver sa duplicité, aurait plutôt tendance à démontrer son innocence. Et toute l'histoire reviendrait alors à une gigantesque manœuvre des services, ou d'une partie, au moins, des services, cherchant à mettre en porte à faux, ridiculiser, déstabiliser, un président dont on conteste les nouvelles alliances occidentales et dont on cherche, par tous les moyens, à saper l'autorité.

Quel meilleur moyen de le déconsidérer, en effet, que de le laisser dire « Pearl est vivant » alors qu'on sait qu'il ne l'est plus ?

Quelle meilleure façon de marquer le rapport des forces et de dire au monde entier – et, d'abord, aux Américains – que cet homme est un pantin et que la réalité du pouvoir est en d'autres mains, que de le laisser s'enferrer dans ses promesses, mieux : de les lui souffler en le nourrissant, et en nourrissant la presse, d'informations erronées, pour, le moment venu, lui tirer le tapis sous les pieds ?

Les agences ont leur politique au Kashmir. Elles l'ont eue – et l'ont peut-être encore – en Afghanistan. L'hypothèse la plus probable est qu'il en aille de même dans l'affaire Pearl et que l'on ait assisté là à une nouvelle étape du bras de fer entre l'Etat et l'Etat dans l'Etat que sont les services pakistanais.

Musharraf vient, dix jours plus tôt, non sans courage, de prononcer le grand discours antiterroriste dont la moitié du Pakistan estime qu'il lui a été dicté par Colin Powell. Il a arrêté, dans la foulée, deux mille jihadistes pris dans la plupart des groupes blacklistés par les Etats-Unis. Il a fermé les camps d'entraînement au Kashmir pakistanais. Il a commencé de nettoyer les services eux-mêmes en nommant, à leur tête, un homme jugé modéré, représentant de l'aile « laïque et kémaliste » de l'appareil, son vieil ami Ehsan ul-Haq. Eh bien voilà. L'enlèvement, puis l'assassinat, de Daniel Pearl c'est la réponse du berger ISI à la bergère Musharraf. Omar Sheikh, le petit Londonien devenu guerrier d'Allah, aurait été instrumentalisé par cette branche de l'ISI hostile à l'évolution de Musharraf. Et il faut croire que le message n'a pas été mal reçu puisque la police a libéré, dans les semaines suivantes, moyennant un vague et comique serment de ne plus toucher au terrorisme, la moitié des assassins qu'elle avait, alors, arrêtés.

Qui gouverne le Pakistan ?

Le Président, ou les services ?

C'est la question posée par l'affaire Pearl.

C'est la question posée par un agent nommé Omar.

5

QUAND L'ASSASSIN PASSE AUX AVEUX

Qu'Omar soit un agent de l'ISI, il y a un endroit au monde où nul n'en doute : c'est l'Inde.

Je fais la part des choses, bien entendu.

Je fais la part de l'intérêt qu'ont les Indiens à accréditer l'idée que le meurtre d'un grand journaliste américain puisse avoir été commandité par l'ennemi juré pakistanais.

Et je prends la mesure, aussi, de mes propres partis pris : j'aime tant ce pays ! je m'y sens, surtout après le Pakistan, si merveilleusement bien ! cela faisait trente ans que je n'y étais pas revenu et il m'aura suffi d'une heure sur Connaught, de dix minutes au Mémorial Gandhi, de cinq à l'hôpital des oiseaux de Chandni Chowk, pour que me reviennent des cascades de souvenirs qui s'usaient dans ma mémoire et que je retrouve soudain, incroyablement précis : une émotion ; une volupté ; une nostalgie de l'intelligence et des sens ; la veste que je portais ; la femme que j'aimais ; ses petits chignons très serrés ; les lumières d'un temple où nous dormions en clandestins ; le changeur-prestidigitateur qui, le premier soir, sur Connaught, m'avait, en pliant un billet sur deux au moment de les compter, volé la moitié de ma maigre fortune – c'est drôle comme l'amour des lieux est un amour qui ne meurt pas !

Mais enfin, j'ai tout de même tenu à avoir l'éclairage indien sur cette affaire.

J'ai rencontré des journalistes, des intellectuels, des militaires à la retraite ou pas à la retraite, des chercheurs, des patrons de « think tanks », ces magasins à idées calqués sur le modèle américain et qui fleurissent dans l'Inde du nouveau millénaire.

Utilisant le tout petit crédit que semble me donner, ici, mon passé bangladais, j'ai obtenu des rendez-vous, au ministère de l'Intérieur fédéral, puis au RAW, équivalent local de l'ISI, avec les deux ou trois personnes qui ont suivi, non seulement l'affaire Pearl, mais le dossier Omar.

Je me suis ainsi retrouvé, au cœur de New Delhi, dans un mini-Pentagone, composé d'une série d'immeubles bunkérisés, défendus comme des forteresses, protégés des attaques-suicides, régulièrement annoncées par les fondamentalistes musulmans, par de véritables murs de sacs de sable et de béton et où s'agite du matin au soir toute une population de gens, hommes et femmes mêlés, vêtus à l'occidentale, et qui ont moins l'air d'espions que d'employés d'une grande administration type Education nationale.

« Un livre sur Pearl ? m'a demandé Sudindrah Datta, l'adjoint au directeur général du RAW, trente ans, mâchoire rieuse et carrée, l'air, lui, d'un prof de gym, qui me reçoit dans un bureau immense et nu, sans dossiers, sans meubles, juste une table, un canapé, une chaise où il a suspendu son anorak, une vieille clim poussive et bruyante, et le crépitement, dans la pièce attenante, des machines à écrire des secrétaires. Oui, c'est intéressant. Nous savons que vous êtes un ami de longue date de ce pays. Mais racontez-moi, d'abord. Il paraît que vous venez du Pakistan... Comment vont ces cinglés ? »

Une longue journée, alors, passée dans cet univers si bizarre que je pensais ne jamais avoir à connaître autrement que par les romans.

Une journée à chercher, dans des documents poussiéreux et dactylographiés à l'ancienne, le détail méconnu et qui change tout, l'indice décisif, le mensonge qui en dévoile un autre, la faille ouverte sur un mystère qui s'ouvre lui-même, en gigogne, sur un mystère plus épais encore, le nom oublié, le mot qui, comme un coup d'œil, vous révèle le pays du mensonge et du crime.

Et au bout de cette journée, trois documents exceptionnels plus une série d'informations – qui n'étaient, pour certains, jamais sortis des archives concernées.

Document n° 1 – le plus rare, peut-être le plus passionnant, même si ce n'est pas celui qui a le plus de liens avec mon enquête : tapé serré, sans interligne, sur une machine ancien modèle et dans la langue caricaturalement factuelle qui est celle de toutes les polices du monde, la copie du procès-verbal de l'interrogatoire, à l'été 1994, après son arrestation au Kashmir, de Masood Azhar, futur patron du Jaish et l'un des terroristes, déjà à l'époque, les plus recherchés.

Pas de lien direct, donc, avec l'affaire Pearl. Pas un mot, notamment, d'Omar Sheikh, son disciple. Mais une description précise des rapports entre les divers groupes qui composent la mouvance islamiste pakistanaise de ces années. Une évocation, de l'intérieur, des schismes en cascade qui n'en finissent pas de la diviser. Les voyages en Albanie, au Kenya, en Zambie, en Grande-Bretagne, de cet infatigable propagandiste d'un jihad appelé à embraser la planète avant de la soumettre à la loi de l'islam. L'extraordinaire liberté avec laquelle il se déplace dans un Londres dont on découvre, avec effroi, qu'il était déjà la vraie tête de pont, à l'époque, du ter-rorisme en Europe. Comment il se trouve trop gros – « I am a too fatty person » – pour suivre un entraînement militaire complet. Comment il se rattrape en dirigeant des journaux – *Sadai Mujahid* – qui font la propagande des jihadistes dans l'ensemble du pays. Sa campagne en faveur du retrait du contingent pakistanais de la force internationale en Somalie. Sa foi en un Pakistan qui sau-rait, fût-ce par le fer et le feu, mériter son nom de Pays des Purs. Bref un extraordinaire portrait en creux de ce saint homme – car Masood se présente comme un saint homme, un religieux, une âme pieuse – qui, d'une main, tient le Coran et, de l'autre, une mitraillette. Et puis, au fil des pages, à propos de ses difficultés à obtenir un visa pour le Bangla-Desh et l'Inde, le récit de la mysti-fication montée, avec l'aide de l'administration pakista-naise et, en fait, des services, pour obtenir un vrai-faux passeport portugais au nom de Wali Adam Issa.

Omar a beau n'être pas nommément cité. Je ne peux pas ne pas songer que Masood est son mentor ; qu'ils furent, on s'en souvient, libérés ensemble, au terme de la même opération terroriste sur l'aéroport de Kandahar ; qu'il n'est pas exclu qu'il ait été de ceux qui, avec lui, Omar, ont programmé l'enlèvement de Danny. Et je ne peux pas ne pas songer que le mentor, donc, d'Omar, l'un des possibles programmateurs de l'affaire Pearl, a des liens assez étroits avec les services pour pouvoir, en quelques heures, se faire fabriquer un vrai-faux passeport qui, le procès-verbal le raconte bien, abusera les douaniers indiens les mieux avertis.

Document n° 2 : le procès-verbal de l'interrogatoire d'Omar lui-même après les enlèvements de Rhys Partridge, Paul Rideout, Christopher Morston et Bela Nuss, les touristes anglais et américains qu'il kidnappe, en 1994, à New Delhi.

Il rentre de Bosnie. Il a, derrière lui, ses semaines d'entraînement militaire dans le camp de Miran Shah. Il fait partie de tous ces demi-solde du jihad, nés trop tard dans un monde trop vieux, qui ont vu s'achever, sans y participer suffisamment, les guerres de Bosnie et d'Afghanistan et cherchent désespérément une nouvelle « grande cause » à embrasser. La Palestine dont les mauvais maîtres sont en train, dans le sillage d'Oslo, de pactiser avec le Satan israélien ? La Tchétchénie, où l'armée russe est engagée dans sa première guerre de conquête, de contrôle – certains ne craignent pas de dire : d'extermination ? Les Philippines, peut-être, où les groupes Abbu Sayyaf sont en train de prendre leurs marques ? Non. Pour lui, comme pour beaucoup d'autres Pakistanais de sa génération, ce sera le

Kashmir, cette province disputée par le Pakistan et l'Inde, où les groupes terroristes pakistanais, appuyés par les services secrets, mènent une guérilla terroriste depuis bientôt quarante ans.

« Il y a des choses à faire en Inde même, lui a dit celui que, dans le texte, il appelle Maulana Abdullah, un chef jihadiste, membre du Harkat ul-Mujahideen, rencontré dans les camps afghans. Il y a le combat sur le terrain, au Kashmir. Il y a la bataille militaire contre les occupants. Mais il y a aussi un travail à faire sur les arrières de l'armée indienne, à Delhi. Tu as la double nationalité, pakistanaise et anglaise. Tu peux même renoncer à ton passeport pakistanais et demander, depuis Londres, un visa pour l'Inde que tu auras en un clin d'œil. Tu es exactement le type d'homme dont nous avons besoin. On t'attend. » Moyennant quoi il se retrouve, le 26 juillet 1994, à l'Holiday Inn de New Delhi, cette ville que j'ai bien connue, moi aussi, mais vingt-cinq ans avant lui, l'année de sa naissance, je m'en rends compte – il se retrouve à Delhi avec un ordre de mission clair : enlever des étrangers, les séquestrer, et monnayer leur libération contre six dirigeants du Harkat ul-Mujahideen, dont Masood Azhar, croupissant dans les prisons indiennes.

Omar, donc, raconte cela. Il raconte par le menu sa série d'enlèvements. On le voit courant dans la ville, comme une bête en rut, à la recherche de ses victimes. Il décrit une méthode, en fait, qui est très exactement celle qu'il appliquera, huit ans plus tard, à Daniel Pearl : la stratégie de mise en confiance ; l'installation d'une maison, dans une zone isolée de la ville, à Saharanpur ; l'achat de l'appareil photo ; les chaînes ; jusqu'à la mise en scène des clichés qu'il envoie à la presse et que j'ai vus – revolver sur la tempe des prisonniers, un exemplaire du journal du jour en fond de décor, le moins que l'on puisse dire c'est que le scénario a été rodé ! Et puis, au fil du récit, trois indications qui donnent à penser que l'ensemble de l'opération n'aurait pas été possible sans un soutien actif de l'ambassade du Pakistan à Delhi.

La maison ; le fait qu'il l'achète, la maison ; il donne le prix, cent trente mille roupies, et explique très clairement qu'il ne la loue pas, mais l'achète ; avec quel argent ? d'où, les cent trente mille roupies ?

Les armes ; le jour où Yusuf, son complice, le retrouve dans un parc, près de Jama Masjid, avec un sac en plastique qui contient deux pistolets ; le jour, un peu plus tard, où il rapporte à la cache une AK-47 et deux grenades ; impossible, me disent mes interlocuteurs, et je pense qu'ils ont raison, d'introduire en Inde, sans une complicité diplomatique, une AK-47, des grenades, des pistolets.

Et puis cet aveu, surtout, à la page 14 du procès-verbal. Il revient sur ses périodes de formation militaire en Afghanistan. Il raconte ses deux séjours, en 1993 et 1994, aux camps de Miran Shah et Khalid bin Waleed. Il explique par le menu comment il est formé au « maniement des pistolets, revolvers, fusils d'assaut, mitraillettes AK-47, LPG et GPMG, lanceurs de roquettes ». Il dit son apprentissage de ces vraies « techniques » que sont « l'organisation d'embuscades, le maniement de la grenade, les mines, les explosifs, la vie dans la clandestinité, l'art de la filature, du camouflage, du déplacement nocturne ». Et, au détour d'une phrase, il donne le nom de ses deux instructeurs, des deux hommes auxquels il doit tout car ils lui ont, en ces matières, tout appris : Subedar Saleem et Subedar Abdul Hafeez qui sont, précise-t-il, d'anciens membres des « SSG » – autrement dit, les « Special Services Groups », unités d'élite de l'ISI !

Document n° 3 : son Journal ; non plus le procès-verbal de police, mais le journal intime, tenu par Omar lui-même, au début de son séjour dans les geôles indiennes et où il raconte, avec davantage de détails encore, la série d'enlèvements qui l'ont conduit là où il est.

Les Pakistanais, qui connaissent l'existence de ce texte, laissent régulièrement entendre qu'il ne peut s'agir que d'un faux, fabriqué par la police indienne – où a-t-on vu un terroriste se mettre, en prison, à tenir un Journal qui est la chronique de sa vie ? Tout est possible, bien entendu. J'ai assisté à assez de coups tordus dans ma vie pour savoir que tout est possible et que les Indiens sont, comme les Algériens, comme les Israéliens, comme tous les services spéciaux du monde, capables d'à peu près n'importe quoi en matière de désinformation. Mais, là, je n'y crois pas. D'abord, on a tout vu, en prison ; toutes les réactions sont concevables ; pourquoi pas un tueur qui tiendrait son propre Journal ? Omar, ensuite, n'a pas démenti ; il a lu, comme tout le monde, des extraits de ce texte publiés dans la presse indienne ; il sait que les journaux pakistanais ont parlé, eux aussi, même si plus brièvement, du « Journal d'Omar » comme d'une pièce essentielle

de l'affaire ; et il n'en a jamais, si peu que ce fût, nié
l'authenticité. Et puis j'ai vu le texte, enfin ; je suis allé
à la « record's room » de la cour criminelle du tribunal
pénal de New Delhi, à Patiala House, où j'ai obtenu que
soit sorti des archives, déclassifié, photocopié pour moi,
ce manuscrit original d'une cinquantaine de feuillets
où j'ai reconnu, dès les premières pages, l'écriture, à
peine un peu mûrie, de ses devoirs d'étudiant ; en sorte
que l'hypothèse d'un « faux » ne peut tenir qu'adossée
à une autre, peu vraisemblable, même s'il se trouve
régulièrement des jusqu'au-boutistes pakistanais pour
l'envisager : celle d'un Omar complice de la fabrication
du faux car lié à l'Inde ou, plus exactement, retourné
par les Indiens pendant ses années de prison en Uttar
Pradesh puis à Tihar Jail et devenu, depuis, leur homme
(ne s'est-il pas trouvé des observateurs – un journal de
Pittsburgh notamment – pour envisager même l'hypothèse d'Omar agent de la CIA, utilisé par la CIA dans
sa traque de Ben Laden ?).

La première chose qui frappe, dans ces cinquante
pages, c'est d'ailleurs l'écriture elle-même. Il faudrait
dire, en fait, *les* écritures. Bonne dans les premières
pages, avec des lettres rondes, bien formées, régulières,
et des ratures nettes. Et puis, à partir de la page 13
ou 14, la graphie qui se dérègle : plus petite, moins
lisible, légèrement penchée vers la droite alors qu'elle
était, jusque-là, bien verticale, des lettres pas finies,
des « g » qui ressemblent à des « y », des « d » qui
se confondent avec les « l », une écriture d'enfant de
quinze ans, encore moins dans les dernières pages qui
sont la chronologie des événements de sa vie d'avant

l'Inde, puis des notices biographiques très brèves de ses
parents et de ses proches, puis, enfin, des spécimens
d'écriture et de signature, sans doute demandés par les
autorités de la prison, et que l'on m'a agrafés avec le
reste – dans ces dix dernières pages, oui, je suis frappé
par la maladresse, le côté pattes de mouche, de la graphie. Là aussi, comme sur ses photos, Omar est quelqu'un qui peut changer d'âge à vue d'œil. Là aussi, une
étrange capacité à se dédoubler, à être plusieurs en un.
Les visages... L'aptitude à changer d'accent, presque de
voix, au gré de la circonstance... Et, maintenant, cette
écriture si peu sûre de son identité... J'ai beau tenir en
grande suspicion les prétendues leçons de la prétendue
science graphologique, comment, pour une fois, ne pas
céder à la tentation ?

La seconde chose qui étonne, c'est la langue. La
pauvreté de la langue et du style. Le caractère souvent
puéril du récit. Et même, selon Lara Fielden et James
Mitchell, les amis et fixeurs anglais et américain à qui
j'ai soumis ce document, le très grand nombre, non
pas exactement d'impropriétés, mais de tournures
bizarres, très légèrement décalées, inattendues sous la
plume de l'ancien élève de la Forest School et de la
London School of Economics. « Female partner » au
lieu de « girl friend »... « Member of the public » pour
dire « someone in the street », ou « passer by »... « I
clapsed » au lieu de « I shook » his hand... « I espyed »
Siddiqui, là où il aurait dû dire, plus simplement, « I
saw » ou « I spotted »... Ou encore, du fameux « village » dont il raconte à ses victimes qu'il vient juste
d'hériter et qu'il leur propose de visiter, cette étrange

façon de dire qu'il est « on », et non « in », his name...
Signe que le texte est bâclé ? Message – et, dans ce
cas, lequel, adressé à qui et pour dire quoi ? Ou bien
une nuance d'enflure, presque de maniérisme, qui serait
l'équivalent, dans la langue, de cette arrogance que je
notais dans ses photos de jeunesse ?

Intéressant, aussi, l'extraordinaire amateurisme de la
petite bande de preneurs d'otages qu'il constitue avec
Amine, Sultan, Osman, Farooq, Salahuddin, Nasir et
Siddiqui. La recherche fébrile des victimes... La maladresse dans la façon de les approcher... Les gaffes...
Le chauffeur de la camionnette dont il s'aperçoit, mais
trop tard, qu'il ne prie pas avec lui et qu'il n'est, donc,
pas si sûr qu'il le croyait... La rocambolesque histoire
d'Akhmir, le géant israélien qui est tombé tout de suite
dans le piège et qu'il amène, une nuit, à deux heures du
matin, jusqu'à la maison de Ganda Nala où il est prévu
de l'emprisonner : « Tu es fou ! s'écrie le chef quand il
voit, par la fente du rideau, ce type trop grand, trop fort,
trop menaçant ; tu vas nous faire tous tuer ! ramène-moi
cet Israélien à son hôtel ! » Les ordres contradictoires...
Le climat d'improvisation permanente... Les prome-
nades, main dans la main, sur le thème : « ah ! quel bon
temps on aura passé ! »... Les numéros de téléphone
qui ne sont pas les bons... Les agences, les journaux,
les ambassades, dont on s'aperçoit, au moment de leur
envoyer le communiqué de revendication, qu'on n'a
pas la bonne adresse... Le *Hindustan Times* où il va lui-
même porter la lettre – malheur ! le rédacteur en chef
n'est pas là, c'est son assistant qui prend l'enveloppe,
il l'ouvre devant lui et commence à lire, ne lui laissant

que le temps de dévaler l'escalier quatre à quatre... Les photos... Hé chef ! Si on faisait des photos des otages ; oui, chef, rappelez-vous, comme au Liban, avec un journal dans le fond pour bien attester de la date... D'accord, dit le chef ; personne n'y avait pensé mais c'est, en effet, une bonne idée, on va acheter l'appareil, faire les photos... Des tueurs redoutables. Le cœur de la machine terroriste contemporaine. Et, en même temps, des Pieds nickelés.

Et puis le chef justement, le seul qui n'ait pas de nom mais dont la silhouette énigmatique hante ces pages. Tantôt Omar l'appelle « Big Man ». Tantôt « Shah Sahab » (le nom qu'il donnera à Gilani, huit ans plus tard, dans ses e-mails à Danny). Tantôt (quoique pas ici, mais dans un autre interrogatoire de police auquel j'ai également eu accès) « Shahji ». A la toute fin du texte, dans la notice qu'il lui consacre comme à chacun de ses complices, il dit qu'il est « the chief of the mission » et l'appelle simplement « Commander ». Et, à la rubrique « Personnalité », il écrit qu'il est, quoique « moody at times » (d'humeur inégale, maussade), « very good at controlling the people » (manipulateur, meneur d'hommes, le chef). C'est le vrai patron de l'équipe en tout cas. Le stratège. L'homme qui décide qu'il faut libérer l'Israélien, se concentrer sur les Américains ou, s'il n'y a pas d'Américains, passer aux Anglais ou aux Français. L'homme, aussi, qui dresse la liste des militants kashmiris dont on va, en échange des quatre otages, exiger la libération. Le manœuvrier qui, pour brouiller les pistes, décide d'ajouter des noms sans importance aux quatre que l'on veut vraiment libérer. Le trésorier. Celui qui décide d'acheter ou non la maison ou la camionnette et qui veille à ce que le groupe, si d'aventure les choses tournaient mal, ait les liquidités nécessaires pour organiser son repli. L'homme enfin qui a le contact avec Islamabad et qui, à propos de l'argent comme du reste, ne cesse de dire : « j'appelle Islamabad... j'ai appelé Islamabad... on est d'accord, à Islamabad, pour que... les instructions, à Islamabad, sont que... » Omar précise d'ailleurs que c'est à Islamabad, en juillet, avant son départ, qu'il a rencontré pour la première fois, sous le nom de Zubair Shah, en compagnie de Maulana Abdullah, ce personnage sévère, sans passion, quoique – c'est toujours lui qui parle, toujours dans le « Journal » – assez « paternel » avec lui.

Alors qui est, au juste, Shah Sahab ? Pourquoi n'est-il jamais nommé ? Et d'où vient qu'il soit le seul de tous les ravisseurs qui éprouve le besoin, lorsqu'il rend visite aux otages, de se voiler le visage ? Omar dit : « Shah Saab veiled himself »... L'ex-otage Rhys Partridge, quand je lui poserai la question, se souviendra de l'arrivée d'un personnage que tout le monde appelait « The Commander », qui portait une montre kitsch au poignet et qui avait « a tea towel on his head »... Pour les Indiens, la cause est entendue : le ton, la façon, à tout bout de champ, de se réclamer d'Islamabad, tout cela signe l'agent de haut niveau – très probablement le général Zahir ul-Islam Abbasi qui était, cette année-là, attaché militaire pakistanais en Inde et qui, à son retour, en 1996, trempera dans une tentative de coup d'Etat, sera jugé et condamné par une cour martiale puis libéré en 2001 avant de devenir l'un des orateurs vedettes des Harkat ul-Mujahideen, Harkat ul-jihad al-Islami et autres Lashkar e-Toïba. Pour moi, les choses ne sont pas tout à fait aussi simples et il y a deux détails, dans le texte du « Journal », qui me font hésiter. Le fait qu'en une occasion au moins – le jour d'Akhmir, l'Israélien – on voie le « Big Man » passer la nuit dans la maison de Ganda Nala, avec Sultan, Nasim et Farooq : l'attaché militaire l'aurait-il fait ? aurait-il partagé l'inconfort de ce logement de fortune ? Le fait, surtout, qu'à deux reprises, le jour de sa visite aux otages, mais le jour aussi où l'on rédige les lettres pour la presse, Omar, selon ses dires, ait dû traduire en anglais les mots de Shah Saab : un diplomate aurait-il eu besoin de cela ? n'aurait-il pas, lui-même, rédigé les lettres ? Sur le fond, cependant, sur l'idée que Shah Sahab soit un homme des services, je crois qu'il faut suivre les Indiens. Et en douterais-je qu'il y aurait un dernier mot dans le texte, un tout petit mot, à la toute fin, dans la rubrique « previous association » de la notice biographique déjà citée, qui irait dans ce sens : « SSG » dit la notice ; les « previous association » de Shah Sahab ce sont le Harkat ul-jihad al-Islami, le Hizb e-islami, mais aussi les « SSG » ; comme Subedar Saleem et Subedar Abdul Hafeez, comme les deux instructeurs du camp de Miran Shah, les « Special Services Groups » qui sont les unités d'élite de l'ISI.

Les Indiens me diront encore, pêle-mêle, que c'est le chef de station de l'ISI qui, sous couvert de l'ambassade pakistanaise à Londres, paiera l'avocat d'Omar au moment de son arrestation.

Ils me donneront la liste des visites que lui rendront, une fois en prison, les attachés divers – notamment militaire – de l'ambassade.

« Comment cela, dis-je ? Son ami Peter Gee m'a dit que c'est le consul britannique qui, comme pour lui, Gee, l'avait en charge ? – Eh bien voilà, me répondra Datta ; votre Omar était britannique, en effet ; sujet de Sa Majesté ; logé à la même enseigne donc que le musicien trafiquant de cannabis ; sauf que ce sont justement les Pakistanais – voici les preuves, voici les registres de visites – dont les visites sont les plus nombreuses. »

Ils m'apprendront encore que, six ans plus tard, au printemps 2000, quand sera venue l'heure, après sa libération à Kandahar, de revenir au pays, c'est un colonel de l'ISI qui viendra l'attendre à la frontière et le conduire dans une « safe house » où l'on commencera de le débriefer.

« Voilà un homme, me dit encore Datta, qui doit sa liberté, ne l'oubliez pas, à un acte de piraterie aérienne d'une gravité exceptionnelle ; tous les journaux de la région et même du monde étaient pleins, quelques semaines plus tôt, de sa photo, de celle de Masood Azhar ainsi que de celle du pauvre passager sauvagement décapité, quelques heures avant leur libération et pour eux ; or de même que Masood Azhar, à peine rentré, tient meeting sur meeting, crée son Jaish-e-Mohammed, parade au club de presse de Karachi et se balade dans toutes les villes pakistanaises, entouré d'une véritable armée privée d'enturbannés, de même Omar Sheikh, au lieu de rester en Afghanistan, au lieu de filer au Yémen, en Irak ou en Corée du Nord, au lieu de se cacher, se réinstalle Mohni Road, dans sa maison de Lahore, se marie, fait un enfant et donne, lui aussi, des conférences de presse ; comment expliquer cela, comment expliquer cette insolente impunité sans supposer une complicité active, depuis le début, avec les deux gouvernements du Pakistan, le visible et l'invisible ? »

Je verrai une « note » – mais sans avoir le droit, celle-là, de l'emporter – reprenant, apparemment, la substance d'un rapport du FBI : 0300 94587772... le téléphone cellulaire d'Omar... le retracement de tous les appels donnés, entre juillet et octobre 2001, à partir de cette ligne... et, parmi les numéros appelés, le numéro du général Mehmood Ahmed qui était, jusqu'au lendemain du 11 septembre, le directeur général de l'ISI.

J'aurai droit, en parlant avec Mohan Menon, patron des relations extérieures du RAW, à une explication de texte sur la série de communiqués revendiquant l'enlèvement de Pearl et envoyés aux agences de presse. Ce qui est étrange, me dira Menon, ce n'est pas l'apparition soudaine de ce « Mouvement pour la restauration de la souveraineté pakistanaise » dont on a dit, aux Etats-Unis, qu'il était inconnu des services de police pakistanais. Il n'était pas inconnu du tout ! C'est lui qui avait déjà revendiqué, en octobre, l'enlèvement de Joshua Weinstein, alias Martin Johnson, ce Californien présenté, comme Daniel Pearl, comme un agent de la CIA et que l'on voyait, sur la photo adressée à la presse, flanqué de deux hommes cagoulés lui pointant une AK-47 sur la tête et tenant, lui aussi, un journal pakistanais daté du jour. Non. L'intéressant c'est la rédaction même des textes. Vous en avez trois. Le tout dernier, terrible,

adressé, le vendredi 1er février, via une adresse internet
(antiamericanimperialism@hotmail.com) inconnue,
elle, pour le coup, des services de police : « Pearl est mort...
Bush pourra retrouver son corps dans les cimetières
de Karachi » – moyennant quoi la police a passé deux
folles nuits, rythmées par les revendications fantaisistes
et les coups de téléphone de plaisantins, à fouiller les
deux cents et quelques cimetières de la ville... Il y a
le message de la veille, 30 janvier, alors que Pearl est
mort ou sur le point de l'être, qui donne vingt-quatre
heures, pas une de plus, pour que soient acceptées les
revendications du commando : « vous ne nous trouverez
jamais, dit-il, dans un anglais bizarre, bourré de fautes,
incompréhensible ; vous ne nous trouverez jamais car
nous sommes sous la mer, dans les océans, à l'intérieur
des collines et des tombeaux ; vous avez un jour pour
exaucer nos demandes – après quoi, non seulement Pearl
sera exécuté, mais jamais plus un journaliste américain
ne remettra les pieds sur le sol pakistanais – Allah est
avec nous ! Il nous protège ! »... Mais il y a le tout premier, le lendemain du rapt, rédigé dans un anglais
parfait, avec une orthographe impeccable, et adressé,
comme les autres – mais via une autre adresse
internet, kidnapperguy@hotmail.com – au *Wall Street
Journal* et au reste de la presse : « Daniel Pearl, aver-
tissait-il en substance, est détenu dans des conditions
inhumaines ; mais ces conditions ne sont que le reflet du
sort infligé aux Pakistanais détenus à Cuba par l'armée
américaine ; améliorez le sort des nôtres, accédez à nos
demandes et le sort de Pearl en sera automatiquement
humanisé » ; moyennant quoi le communiqué détaillait

lesdites demandes (que l'on retrouvera, lettres blanches sur fond noir, telle une signature macabre, à la
toute fin des 3 minutes 36 secondes de la vidéo de la
décapitation) : droit à un avocat pour les Pakistanais
arrêtés après le 11 septembre ; retour des prisonniers
afghans et musulmans détenus par l'armée américaine
sur la base cubaine de Guantanamo et qui devront être
jugés à Karachi ; libération d'Abdoul Salam Zaeef, l'ancien ambassadeur des talibans à Islamabad ; et problème
enfin des avions F-16 dont la livraison a été gelée, en
1998, en représailles contre les essais nucléaires pakistanais et dont le déblocage était, depuis, l'une des revendications constantes de l'appareil militaire du pays. Où
a-t-on vu, me demande Menon, des terroristes réclamer
des ambassadeurs et des F-16 ? Qui sont ces jihadistes
qui parlent comme un communiqué de presse de l'état-
major ? Où sont les Allah Akbar, les cris de haine contre
les infidèles et la conspiration sioniste, qui émaillent,
d'habitude, les communiqués des jihadistes ?

Et puis cette dernière information, enfin. Ou, plus
exactement, ce récit. Je suis dans le bureau de A.K. Doval
qui est, aujourd'hui, le patron du Domestic Intelligence
Bureau mais qui fut, il y a neuf ans, au moment du
détournement de l'avion de la Indian Airlines, membre
de la délégation chargée d'amener à Kandahar, pour
l'échange, Masood Azhar, Mushtaq Zargar et Omar
Sheikh. L'avion détourné est là, m'explique-t-il, crayon
en main. Le nôtre, qui vient de Delhi, s'est posé ici, à
l'autre bout. Mais le leur est exactement là, à l'extrémité
de cette piste de l'aéroport de Kandahar désert. Ici, à
droite, vous avez les talibans qui, lorsqu'ils ont compris

que nous avions amené avec nous, déguisés en assistants sociaux et en infirmiers, des commandos prêts à intervenir, ont disposé le long de la piste, braqués, non sur les pirates mais sur nous, deux chars, des lance-roquettes et une poignée de tireurs d'élite. De l'autre côté de la piste, sur la gauche, il y a ce petit bâtiment où sont M. Erik de Mul et les autres gens de l'ONU, très handicapés par le fait qu'ils ne parlent pas l'urdu. Puis, il y a, ici, juste à côté, un mess d'officiers où nous sommes installés avec des talkies-walkies pour finir, à leur place, la négociation avec les pirates qui, de toute façon, ne veulent parler qu'avec nous. Il fait froid. La tension est extrême. Personne n'ose bouger. On s'attend, à tout instant, à ce que, soit les talibans, soit les pirates, perdent les nerfs. A un moment, l'un de mes tireurs d'élite voit apparaître dans son viseur un enturbanné qui surgit à la porte de l'avion avec un otage et brandit son cutter en vociférant – « je tire ? » demande mon gars. Et puis vous avez ici, un peu plus loin, un troisième bâtiment occupé, lui, par trois officiers supérieurs de l'ISI qui sont équipés, eux aussi, de talkies-walkies. Et il va se passer, là, trois choses extraordinaires.

1. Quand les pirates oublient de fermer leurs appareils, nous entendons les voix des gens de l'ISI et constatons que ce sont eux qui leur disent quoi faire, quoi nous répondre, comment manœuvrer.

2. Quand l'accord est enfin conclu et que nous amenons Sheikh, Azhar et Zargar au pied de l'avion pour procéder à l'échange, ce ne sont pas les pirates mais les gens de l'ISI qui, pour leur compte en quelque sorte, descendent vérifier leurs identités.

3. Et quand la jonction, enfin, se fait, quand les officiers de l'ISI réceptionnent les prisonniers – là, vous voyez, ces trois petits rectangles, ce sont leurs véhicules, prêtés par les talibans – je vois celui qui semble être leur chef embrasser Omar Sheikh, je l'entends l'appeler par son prénom et lui dire : « so, back to Kandahar ! je suis si heureux de te revoir ! ». Doval me regarde, yeux pétillants derrière ses lunettes rondes d'intellectuel : « Peut-on rêver meilleure preuve de la collusion d'Omar et des services ? »

Tel est le point de vue indien.

Je le donne, je le répète, pour ce qu'il est : le point de vue d'un Etat ennemi, engagé dans une guerre totale avec un adversaire héréditaire et qui ne doit négliger aucun front.

Je n'exclus pas, j'y insiste, la possibilité d'avoir été, sur tel ou tel point, peut-être tel document, manipulé par Doval et Datta comme je peux l'avoir été par tel interlocuteur pakistanais : c'est le jeu, je ne l'ignore pas.

Mais enfin tout cela est trop convergent pour ne pas finir par faire sens.

Omar Sheikh, vu depuis Delhi, est un agent.

Il l'est depuis très longtemps : l'époque, en gros, de la London School.

Il a fait partie de ces jeunes gens, brillants et compétents, que les services pakistanais repèrent dès l'université et qu'ils tentent d'apprivoiser.

Et c'est probablement même, par parenthèse, l'explication de ce mystère sur lequel, à Sarajevo comme à Londres, j'avais buté – c'est la clef de ce voyage en

Bosnie, bizarre et sans traces, qui m'avait tant troublé et dont j'ai pieusement, mais sans succès, tenté de reconstituer l'itinéraire.

« Too ill to accompany them into Bosnia », écrit maintenant Omar, à la page 36 de son « Journal » indien... Trop malade, oui, pour aller jusqu'au bout de la mission du « Convoy of Mercy » parti d'Angleterre pour ravitailler Jablanica... La version d'Asad Khan, autrement dit ! Omar, dans ce document, confirme la version de l'organisateur du « Convoi » ! Et l'idée qui me vient c'est celle-ci : et si l'ensemble de cette affaire bosniaque, ce voyage, ces secours, l'émotion ressentie à la vue du film *Destruction of a Nation*, la colère, ce type dont nul n'est capable de dire s'il est allé jusqu'à Mostar ou si, enrhumé, il s'est arrêté à Split mais dont chacun répète, à l'envi, que le martyre de Sarajevo fut « le grand tournant » de sa vie – et si tout cela n'était qu'une reconstruction, un habillage a posteriori, une façon d'inventer une biographie crédible à quelqu'un qui, depuis très longtemps, peut-être depuis Londres et l'entrée à la London School, aurait été recruté par l'ISI ?

Je ne dis pas qu'Omar n'est *jamais* allé en Bosnie.

Je n'exclus pas que Saquib Qureshi, son ami d'études, n'ait eu, *lui aussi*, raison quand il me disait qu'il a pu faire un second voyage, sans le Convoy of Mercy, dans les Balkans.

Et, de ce second voyage, j'aurai d'ailleurs la confirmation, plus tard, bien après mon séjour indien, dans une interview donnée par Omar, le 6 février 2003, depuis sa prison, à *Takbeer*, un hebdomadaire islamiste en urdu où il décrit, comme des scènes auxquelles il aurait *assisté*, des « attaques serbes » contre des villages musulmans, des « femmes et des enfants réduits en cendres », une « main d'enfant brûlée sur un tapis de cendres », des « jambes de bébés entassées », des « piles de cadavres ».

Je prétends simplement qu'il y a une légende bosniaque dans la biographie d'Omar Sheikh et que cette légende a pour fonction de parer de tous les prestiges – colère, pensée, compassion – l'aventure, nettement moins honorable, d'un tout jeune homme saisi par un destin de flic et d'agent secret.

Je prétends qu'il en va de cette affaire bosniaque comme de son rapport à l'« être musulman » et de la façon qu'il aura, après coup, et contre l'évidence, de raconter à Peter Gee qu'il fut un musulman persécuté, victimisé, en proie au racisme ordinaire des petits Anglais : un habillage, un leurre, une justification rétrospective.

Non plus, comme je le pensais, un trou, un vide énigmatique, un pan de vie qui aurait sombré dans l'oubli et dont tout le monde, à commencer par l'enquêteur, aurait perdu la trace : mais un mensonge au contraire, une élaboration savante, une construction – la production, comme souvent chez ce type de personnage, d'un bloc biographique fonctionnant comme leurre et fausse piste.

6

DANS LA CHAMBRE DU DÉMON

Omar, agent de l'ISI.

L'enfant de Deyne Court Gardens, le bon élève, l'ami de Saquib, le si brillant sujet promis, en Angleterre et en Europe, à un avenir tout tracé, bref, le fils de famille devenu bête d'Etat, chien de guerre du pouvoir pakistanais, tueur – c'est tout de même à Islamabad que je trouverai les confirmations ultimes de ce retournement spectaculaire.

Nous sommes en octobre 2002.

C'est mon troisième séjour dans la capitale pakistanaise.

Je m'emploie, pour la troisième fois, à retrouver la trace de cet homme que tout le monde, ici, semble vouloir oublier.

Car les Indiens ont raison, à la fin !

Comment un tel repris de justice, condamné pour enlèvement et libéré à la suite d'un autre enlèvement, peut-il se déplacer comme cela, librement, sur ces vastes avenues, bourrées de militaires ?

Comment cet homme qui est censé, à cause de ce qu'il s'apprête à faire autant que de ce qu'il a fait, être entré dans la clandestinité peut-il bouger avec cette aisance, cette absence de précaution, ce déni de toutes les règles – contre-filatures... parcours de sécurité... changements de domicile... déguisements... – qui s'imposent à tous les hommes de l'ombre, terroristes compris ?

Car passe encore pour Karachi dont chacun sait que nul n'y contrôle plus rien ni personne depuis longtemps.

Passe pour Lahore où il vit dans une belle maison, donne une fête, en janvier, pour la naissance de son bébé, reçoit les grands de la ville, est reçu par eux, fréquente les clubs qu'ils fréquentent, participe de la même haute société et fait figure de personnalité locale – on peut dire qu'il est de Lahore ; on peut objecter aux suspicieux qu'il est chez lui, à Lahore, dans son fief et celui de sa famille.

Mais Islamabad !

Le village Potemkine du pouvoir !

Le centre de gravité, le cerveau, de l'Etat et de ses agences !

Comment expliquer, oui, qu'il puisse être comme un poisson dans l'eau à Islamabad ?

Comment un homme soi-disant traqué peut-il commander tranquillement un livre sur le détournement d'avion de Kandahar à cette librairie, « Mr Books », dont on sait qu'elle se trouve à un jet de pierre du siège de l'ISI, sur Khayaban i-Suharawardy Road ?

Voilà un homme qui a déjà fait cinq ans de prison en Inde pour une série de crimes du même type que

celui qu'il s'apprête à commettre ; voilà un jihadiste
soupçonné de complicité dans l'attentat au camion
piégé sur l'assemblée du Jammu-Kashmir à Srinagar,
puis dans celui du 13 décembre, à la grenade, contre
le parlement de New Delhi, puis, encore, dans l'opération du 22 janvier, veille de l'enlèvement de Pearl,
contre le centre culturel américain de Calcutta ; voilà
un criminel récidiviste dont Washington, nous le savons
aujourd'hui, vient, il y a quelques semaines, en novembre, de réclamer l'extradition sur la base de l'enlèvement de 1994 (une des victimes, Bela Nuss, on s'en
est opportunément souvenu, était américaine !) et dont
l'ambassadeur Wendy Chamberlain est venu en personne, le 9 janvier, quatorze jours avant l'enlèvement,
réclamer l'arrestation ; voilà l'un des hommes, non
seulement les plus dangereux, mais les plus recherchés
de la planète ; qui peut croire que cet homme-là puisse,
sans des appuis très solides, c'est-à-dire sans être lié,
en effet, aux services secrets de ce pays, se déplacer de
cette façon, en toute impunité ?

Je repense à son air d'arrogance, sur les photos, à la
fin de son procès.

Je repense à sa réponse aux agents du FBI qui lui
demandent, en février, s'il a des liens avec l'ISI : « je
ne discuterai pas ce sujet ; je ne veux pas qu'il arrive
malheur à ma famille » ; s'il a des remords : « mon
seul remords c'est l'enfant ; j'ai un enfant de deux
mois ; alors l'idée que Pearl ait été sur le point, lui
aussi, d'être père, c'est ça qui me donne un peu de
remords » ; cette autre réponse encore, que l'on me

rapportera à Washington et qu'il aurait accompagnée d'un immense éclat de rire : « extradition, dites-vous ? vous pensez vraiment que je pourrais être extradé ? allons, gentlemen ! vous rêvez ! trois ou quatre ans tout au plus, ici, au Pakistan ! et, ensuite, la sortie... » – les mêmes termes, ou presque, que l'article de *Newsweek* du 13 mars.

Je repense à cet article de Kamran Khan, dans le *News*, qui avait fait tant de bruit, à l'époque, et qui évoquait ses liens avec le général Mohammad Aziz Khan, président du comité d'état-major des forces armées depuis le 8 octobre 2001 : est-il vrai qu'il a accompagné Musharraf et Aziz au QG du Lashkar e-Toïba, à Muridke, près de Lahore, avant la visite de Musharraf en Inde en juillet ? est-il vrai qu'il connaissait Aftab Ansari, le mafioso, et que cette liaison était bénie par l'ISI ?

Je repense aux énormes quantités d'argent qu'il manie, dans les jours qui précèdent l'enlèvement et dont je ne peux pas croire qu'elles viennent du seul Perfect Fashions.

Je pense à ce que l'on sait de la personnalité de Mohammed Adeel, l'un des trois conjurés de la cellule numéro 2, celle qui s'est occupée de la confection et de l'envoi des e-mails : policier à Karachi ; ancien membre d'une unité de contre-terrorisme ; ancien officier de renseignement ; directement lié, donc, à l'ISI.

Je pense au mot de Musharraf à l'ambassadeur des Etats-Unis qui vient d'évoquer devant lui le désir des USA de voir extrader Omar : « je préférerais le pendre de mes propres mains que d'avoir à l'extrader ».

Rancune ? Colère ? La haine qui le submerge et qui fait qu'il est prêt, de ses propres mains, etc. ? Sans doute. Mais difficile de ne pas entendre aussi, dans ce cri du cœur, la volonté de tout faire, vraiment tout, pour éviter un procès public et la mise en cause qu'il impliquerait des liens troubles entre Omar et l'ISI.

Je pense à ce récit du chauffeur de taxi qui prétend l'avoir conduit à l'hôtel Akbar et dont j'ai recueilli le témoignage : arrêté à un contrôle un peu comme moi le soir de ma première arrivée ; les militaires en armes – nous sommes en pleine période de zèle proaméricain et antiterroriste de Musharraf – le font descendre sans ménagement, le mettent au mur, les bras en croix, le fouillent ; or, quand arrive le tour d'Omar de présenter ses papiers et d'être fouillé, un mot semble suffire, peut-être un document qu'il leur met sous le nez – et les soldats, confus, le laissent passer : « no problem, welcome, you can go ».

Je pense à Saquib, encore, l'ami de Londres. C'est une toute petite histoire qui, sur l'instant, ne m'avait pas plus frappé que cela. Mais maintenant... A la lumière de ce que je sais... Elle se passe, cette histoire, en avril 1996. Saquib est sorti de l'école. Entré dans une grande banque – je crois, la HSBC – il est en mission au Pakistan. Et voilà qu'un soir, à dîner, à Islamabad, chez un vice-amiral dont il ne se rappelle plus le nom, il est assis à côté d'un brigadier, notoirement membre de l'ISI, qui lui dit : « vous avez fait la London School ? Bravo ! Peut-être, alors, connaissez-vous Omar. Peut-être étiez-vous dans la même promotion que lui ». Omar... Pas Omar Sheikh, juste Omar... Comme s'il n'y en avait qu'un, qu'on ne connaissait que lui à Islamabad et qu'il était, en tout cas, familier du brigadier...

Et puis je repense enfin, une dernière fois, à sa première rencontre avec Danny, à l'hôtel Akbar de Rawalpindi, le 11 janvier, soit douze jours avant l'enlèvement. Mais oui... Qu'est-ce, au fond, que cet hôtel Akbar ? A quoi ressemble-t-il ? Pourquoi, au juste, l'a-t-il choisi ? Et d'où vient que nul, à ma connaissance, ne semble s'être encore posé ces questions ? d'où vient que nul n'ait eu l'idée d'aller y voir d'un peu près et de passer une heure ou, pourquoi pas, une nuit dans la chambre où le contact s'est établi ?

Je vais à l'hôtel Akbar.

Je sors d'Islamabad et de ses beaux quartiers.

J'emprunte Aga Khan Road avec ses grandes maisons cossues et son air, comme la plupart des avenues de cette ville si parfaitement artificielle, de sortir d'un tableau de Chirico.

Je passe le « Super Market », plus animé, plus vivant, où, entre des boutiques d'appareil photo, des parfumeries, un « Old Books sell and buy », un marchand de caméras Konica, se trouve la librairie « Mr Books ».

J'arrive sur Murree Road, la grande avenue de Rawalpindi, d'abord claire, dégagée – puis, dès que l'on entre dans la ville, populeuse, embouteillée : les voitures qui vont au pas ; des grappes de gosses accrochés aux échelles de coupée qui montent sur les toits des bus colorés ; les taxis collectifs archibondés qui trouvent toujours le moyen d'aspirer les nouveaux passagers ; une charrette à cheval ; des femmes en fichu, pas des burqas, non, des fichus, des visages découverts et souriants sous les fichus – j'observe que c'est le seul endroit, Rawalpindi, où j'aurai vu des visages de femmes ; les grands magasins de tissus ; le tronçon des bijoutiers ; celui des « chemists » où je soupçonne que se font, aussi, les gros trafics de drogue ; les enseignes de la Habib Bank ; celles des magasins Honda et Suzuki ; les mendiants ; les taudis, les ruelles latérales où l'on devine la lèpre des quartiers pourris ; juste en face du English Language Institute, l'enseigne du Jammu and Kashmir Liberation Front ; et puis, au bout de Murree Road, à droite, à l'entrée de la vieille ville, là où les maisons prennent les teintes ocre, l'allure coloniale, de toutes les vieilles villes indiennes, le Liaquat Bagh, très vert, avec ses fleurs aux couleurs flamboyantes, et son esplanade bien dégagée où se tiennent, depuis l'indépendance, les meetings populaires de la ville – et, en face du Liaquat, en retrait, coincé entre un collège de garçons et le Khawaja's Classic Hotel Executive, les fenêtres agrémentées de balcons peints en vert foncé de l'hôtel Akbar.

A la porte – c'est une bizarre (et bien cruelle) pratique des hôtels pakistanais moyens – un nain accueille les clients éprouvés par le voyage et est supposé, par ses grimaces, les égayer.

« Vous reste-t-il une chambre ? »

Le nain, pour une fois, ne rit pas. Il me regarde d'un air méfiant, sans répondre, apparemment très surpris de voir se présenter un étranger et me fait signe de m'adresser, derrière lui, sur la droite, au chef de réception.

« Je disais : reste-t-il une chambre ? »

Méfiance, aussi, du chef de réception qui, comme si mon entrée était à elle seule une agression, recule d'un pas derrière son comptoir. C'est un homme d'une quarantaine d'années, vêtu à l'occidentale, bien rasé, avec un visage un peu enflé et des cheveux fortement plantés. Est-ce Aamir Raza Qureshi, le réceptionniste qui était de service le 11 janvier ? Est-ce lui qui a accueilli Omar pour la réservation, puis Danny ? Je juge, pour le moment, peu prudent – et inutile – de m'en assurer.

« On m'a parlé de votre hôtel en France. A cause de la vue sur Liaquat Bagh. »

L'homme prend mon passeport. Et, toujours sans desserrer les lèvres, l'air de ne vraiment pas chercher le client, me fait signe d'aller m'asseoir plus loin, dans le lobby, où sont disposés des poufs et des tables basses en verre, posées sur des pieds d'éléphant en faïence de couleur.

A l'une des tables, un enfant bizarre, tout ridé, le front marqué de taches brunes, haillonneux, s'arrête de dessiner et m'observe.

A une autre, un groupe de cinq hommes, barbus, vêtus de blanc douteux, enturbannés, soupçonneux.

Toutes les tables, en fait, sont occupées par des personnages à la mine peu engageante, barbus, qui stoppent net leur conversation et me considèrent sans chercher, le moins du monde, à dissimuler leur hostilité.

Derrière nous, la petite salle sans style, très sombre, qui sert de restaurant et où je sais qu'Omar, lorsque Pearl est arrivé, était en train de finir de dîner : la salle est pleine, nourriture pakistanaise et chinoise, une quarantaine de personnes.

Partout des tapis de fausse laine marron, assortis aux rideaux et aux tapis de mur qui montent au plafond – partout, une odeur de ménage approximatif, de saleté incrustée et de fumée de cigarette qui rend l'air presque irrespirable.

Le réceptionniste est passé dans le petit bureau adjacent à sa réception, pendu au téléphone, encadré par un homme de ménage et un garçon de restaurant qui viennent de le rejoindre, semblent également très intrigués, se poussent du coude, ricanent.

Tantôt, il m'observe, d'un drôle de regard trouble qui pourrait être un regard de menace. Tantôt, il feuillette mon passeport. Mais il a l'air, surtout, très attentif à ce qu'on lui dit à l'autre bout du fil. Après deux minutes, de mauvaise grâce, presque fâché, il vient vers moi.

« Quel étage ? »

Du bout des lèvres, il m'explique que le prix n'est pas le même – six cents roupies au premier et au second, le double aux étages supérieurs où les chambres ont été récemment refaites. Je demande, bien entendu, le quatrième ; et me voici donc, sinon dans la chambre d'Omar (c'était la 411, mais on me dit qu'elle est prise), du moins dans le même couloir, en face.

La différence c'est que ma chambre donne sur le Liaquat et que je peux voir par la fenêtre, et entendre, les gamins de tout à l'heure qui sortent du collège et, plus loin, dans le parc, les gosses du quartier qui jouent au cricket avec leurs battes improvisées, leurs ballons de chiffon, leurs buts en briques hâtivement empilées.

La différence c'est que la 411, si j'en juge par la disposition du couloir, devait donner de l'autre côté, sur une cour, voire sur un mur aveugle – elle devait être plus tranquille, moins bruyante, mais aussi, et c'était probablement l'idée, plus isolée du reste de l'hôtel et, en cas de problème, sans contact possible avec le dehors, sans possibilité d'appeler.

A part cela, c'est sans doute le même lit de bois, sans oreillers, avec couverture dans le placard.

La même odeur de lessive bon marché dans les draps.

Le même tapis gris pisseux, plus poussiéreux encore qu'au rez-de-chaussée.

Le même formica noir sur les murs, à hauteur d'homme, avec, face à la fenêtre, une gravure qui montre, comme chez l'avocat Khawaja, les monts enneigés de Srinagar et, sous la gravure, une petite télé sur laquelle on a posé un minibar et qui semble – luxe incongru ! – recevoir les chaînes câblées de la région.

C'est la même table de bois plastifié où ils se sont fait monter des club-sandwichs, des sodas, du café froid et, quand la nuit est tombée, quand la conversation s'est animée et qu'un climat de confiance a commencé de s'instaurer, encore des sandwichs et encore du café froid.

Danny est là, sur le lit, son carnet de notes ouvert sur les genoux.

Asif, le fixeur, qui est à l'origine de la rencontre, s'est installé par terre, le dos contre la porte.

Omar est sur l'unique chaise, le dictaphone de Danny et le magnétophone d'Asif posés sur la table, devant lui.

Il est gêné, au début. Fuyant. Il n'arrive pas à regarder Danny en face et ponctue ses réponses de grands gestes

embarrassés. L'absence de barbe, peut-être... Ce nouveau menton, lisse et net, dont il avait perdu l'habitude...
Cette bouche mince mais un peu molle qui lui a paru, ce matin, dans la glace, si bizarre, et dont il redoute qu'elle n'éveille les soupçons – comme c'est absurde ! l'idée était de se faire une tête rassurante et voilà qu'il se demande si ce n'est pas ce visage nu qui va, précisément, le trahir ! Mais non. Danny est confiant. Il a sa façon d'écouter, de multiplier les questions, de laisser la réponse venir, épuiser tout ce qu'elle a prévu de dire et puis de revenir sur un détail et, à partir de ce détail, de relancer le questionnement. Il a cette façon tellement à lui de retenir son souffle quand l'autre parle ou, au contraire, de l'encourager de la tête, presque de l'accompagner à la façon d'un chef d'orchestre – ah ! Danny et la musique ! Danny et son violon ! ces photos de lui au violon qui me reviennent, comme à Los Angeles ! – qu'il finit par le mettre à l'aise et le débloquer. Et c'est ainsi que, très vite, ils décident de tomber la veste, d'éteindre les portables et partent pour quatre heures de bonne et franche conversation sur le Jaish e-Mohammed, le Lashkar i-Janghvi, le Harkat ul-Mujahideen, le Lashkar e-Toïba, la secte de Gilani, toute cette nébuleuse d'organisations islamistes qui champignonnent au Pakistan et dont les relations passionnent Danny.

Je tarde à trouver le sommeil cette nuit-là.

Je suis ici pour jouer le jeu et vivre cet hôtel de l'intérieur, jusqu'au bout, dans l'espoir d'y voir un signe, je ne sais lequel, mais un signe, qui ne serait apparu ni aux enquêteurs ni aux journalistes – mais j'ai les plus grandes difficultés, je l'avoue, à passer une nuit normale.

Me tourne dans la tête un essaim de questions : pensées de Pearl ? réactions de Pearl ? Pearl a-t-il été reçu comme moi, avec la même visible défiance ? ou bien les gens de la réception et du lobby étaient-ils complices au contraire, prévenus par Omar et donc complices ? s'est-il méfié ? s'est-il demandé, lui aussi, dans quel drôle d'endroit il était tombé ? Omar a-t-il dû s'expliquer ? se justifier ? comment, d'une façon générale, s'est déroulé leur premier contact ? ont-ils parlé de Londres et de Los Angeles ? de leurs bébés respectifs ? de leurs femmes ? l'homme du room service était-il le même petit barbu en djellaba, une jambe plus courte que l'autre, qui lui donne une démarche bégayante ? a-t-il mis, comme pour moi, deux heures à arriver ?

M'obsèdent, me tourmentent, les mêmes doutes qui, à la faveur de la nuit, prennent des dimensions terribles : qui étaient ces hommes, en bas ? pourquoi le réceptionniste, alors que l'hôtel est visiblement vide, a-t-il tant hésité à me donner la chambre ? pourquoi, dans un hôtel vide, ces pas, ces bruits de marches d'escalier que l'on gravit doucement, ces grincements de vieux matelas à ressorts dans la chambre voisine, ces conversations chuchotées devant ma porte ? est-ce des conversations, d'ailleurs ? ou des râles ? ou des gémissements de souffrance ? ou des bruits de meubles remués ? pourquoi cette sensation de n'être pas seul ? jusque dans ma chambre, d'être espionné ? et si cet hôtel Akbar n'était pas, autrement dit, un hôtel tout à fait normal ?

C'est le lendemain, au moment de régler ma note, que j'aurai le premier début de réponse à mes questions.

Devant moi, quelques-uns des hommes de la veille, eux aussi, demandent leur note – sauf qu'ils présentent une carte qui, accompagnée d'une formule que chacun répète à l'identique et que je ne comprends pas, semble leur donner droit à une forte réduction.

Plus loin, massés en groupes de cinq ou six autour des tables basses, d'autres hommes, plus pauvres, n'ont pas l'air d'avoir de chambre mais sont néanmoins là, habitués des lieux, silencieux, en train de se réchauffer et de boire de grosses tasses de thé au lait, très chaudes, sans soucoupe, qu'on leur sert à volonté.

Et, dans la salle de restaurant enfin, que l'on a réaménagée pendant la nuit en regroupant les tables comme dans une salle de classe, une trentaine d'autres hommes, pauvres aussi, barbus, écoutent l'un des leurs, allure de militaire, leur faire un exposé.

La vérité, je suis en train de m'en rendre compte, c'est que je suis tombé et que Pearl, surtout, est tombé sur un hôtel très spécial qui sert de point de chute, à Karachi, aux militants et combattants kashmiris de passage.

La vérité – j'en aurai le détail dans les heures qui suivent quand, alerté par toutes ces bizarreries, je trouverai ma « gorge profonde » locale – c'est que les combattants kashmiris y ont droit à des chambres à prix réduit (les fameuses chambres des troisième et quatrième étages) et, le matin, au thé gratuit.

La vérité – même source que l'on me permettra, évidente raison de prudence, de ne pas identifier – c'est qu'ont leurs habitudes ici, par-delà les hommes d'armes et les paysans farouches venus chercher un peu de chaleur, des gens bien plus importants dont le point commun est d'être tous étroitement liés aux services spéciaux du pays : des avocats éminents de la cause du Kashmir comme le journaliste du Jammu Ved Bhasim ou le politicien indien propakistanais Bzaz ; Abdul Ghani Lone, autre Kashmiri notoire, qui a logé ici les invités de la fête de mariage de son fils Sajjad ; tous les grands chefs jihadistes enfin qui, avant la vague d'interdictions récente, y organisaient, avec la bénédiction de l'ISI, leurs conférences de presse.

Bref, le lieu qu'a choisi Omar pour sa première rencontre avec Danny est un lieu où les services sont chez eux.

L'hôtel où il a choisi de lui donner son premier rendez-vous n'est, en effet, pas un hôtel ordinaire puisqu'il est contrôlé, presque géré, par l'ISI.

Il y a trois hôtels de ce type au Pakistan. Il y en a d'autres, sûrement. Mais j'en ai repéré au moins trois. Le Sangam à Muzzafarabad. Le Margalla, à Islamabad, deux kilomètres après l'ambassade de France, sur la route du Serena. Et, donc, cet hôtel Akbar dont j'ai découvert qu'il appartient, formellement, à un Kashmiri nommé Chaudhary Akbar mais qui est l'une des adresses, à Rawalpindi, de l'ISI.

Tout converge.

De l'organisation du crime à la biographie de ses auteurs, du passé d'Omar lui-même à celui de certains de ses complices, de l'Inde au Pakistan, de Lahore à Islamabad, des coulisses du détournement d'avion de

Kandahar à celles de cet hôtel Akbar, tout dit l'implication directe, étroite, des services pakistanais.

Plus de psychologie, du coup.

Oui, Mariane avait raison, on ne voit plus, à ce stade, ce que l'analyse de la psychologie, des états d'âme, d'Omar Sheikh peut changer à cette évidence.

Daniel Pearl a été enlevé puis assassiné par des groupes islamistes manipulés, certes, par une frange des services – la plus radicale, la plus violente, la plus antiaméricaine, des factions qui se disputent le contrôle des services : mais comment nier qu'elle s'est conduite, cette faction, d'un bout à l'autre de l'affaire, comme si elle était chez elle dans le Pakistan de Musharraf ?

Ce crime n'est pas un fait divers, un meurtre pour rien, un acte incontrôlé de fondamentalistes fanatiques – c'est un crime d'Etat, voulu et couvert, que cela plaise ou non, par l'Etat pakistanais : comme disait, une fois de plus, Aldo Moro dans la terrible lettre à Noretta, sa femme, où il annonçait aux Cossiga, Zaccagnini et autres Zizola que son sang retomberait sur eux, c'est un « massacre d'Etat » dont le paradoxe est de mettre en cause un pays ami des Etats-Unis et de l'Occident, allié dans la lutte à mort contre l'« axe du Mal », membre à part entière, autrement dit, de la coalition antiterroriste.

Telle est, en cette fin octobre 2002, la conclusion provisoire de ce livre.

Telle est, à ce stade de l'enquête, ma première et terrifiante découverte.

QUATRIÈME PARTIE

Al-Qaïda

1

RETOUR À LA MAISON DU CRIME

Mais ce n'est pas tout.

Je n'étais pas, loin s'en faut, au bout de mes surprises.

Et il me restait à découvrir l'aspect le plus extraordinaire, et le plus édifiant, de cette histoire.

Nous sommes en novembre 2002.

C'est mon quatrième séjour au Pakistan.

J'y suis officiellement, cette fois, avec visa, tampon, pimpon, visite à l'ambassadeur à Paris, rencontre, à Islamabad, avec le ministre de l'Intérieur auprès de qui je suis bien obligé d'abattre, au moins en partie, mon jeu : « j'écris un roman sur la mort de Daniel Pearl, oui, oui, rassurez-vous, un roman – nous sommes comme ça, en France, nous écrivons des œuvres d'imagination à partir de la réalité ».

J'ai dans l'idée, d'ailleurs, de voir un maximum de responsables.

Dès mon arrivée, j'ai demandé à rencontrer tout ce qui, de Musharraf au quatorzième sergent de la police de Lahore, a eu à connaître de l'affaire.

Votre version ?

Les raisons qui vous font penser qu'Omar pourrait être un agent indien ?

Peut-on me montrer ses procès-verbaux d'interrogatoire ? les Indiens l'ont fait – allez-vous faire moins bien que les Indiens ?

Pourquoi ne l'extradez-vous pas aux Etats-Unis ? ceux-ci vous l'ont-ils demandé, vraiment, avec autant d'insistance qu'ils le prétendent ? qui, de vous deux, est le plus réticent ?

Bref, j'attends les rendez-vous. Et, en attendant, tranquillement, avec Abdul à nouveau, je décide de reprendre quelques-uns des points obscurs de mes enquêtes précédentes : le tout début, notamment ; d'une certaine façon, le point de départ ; je décide, sans trop savoir pourquoi, là non plus, sans avoir la moindre idée de ce qu'il me reste à y découvrir, de revenir vers la ferme où l'on a retrouvé la dépouille de Daniel Pearl et où je m'étais rendu dès la première fois ; je choisis d'aller regarder, en fait, du côté d'un personnage dont la presse pakistanaise a beaucoup parlé au début mais que l'on semble, depuis, avoir complètement oublié : le propriétaire du terrain, de la maison et de tout le complexe où le drame s'est déroulé – le milliardaire Saud Memon.

Qui est Saud Memon ?

Pourquoi les terroristes se retrouvent-ils là, chez lui ?

Quel est son degré d'implication dans la logistique du crime ?

Et d'où vient que personne ne semble se soucier, ni au Pakistan ni ailleurs, d'avoir son témoignage ?

Première surprise : Saud Memon est introuvable.

L'accès à Gulzar e-Hijri m'étant, cette fois, interdit, je demande à Abdul d'y faire, mine de rien, un tour : l'endroit, me raconte-t-il, est dans l'état exact où je l'ai trouvé en mai ; ni Memon ni aucun des membres de sa famille n'y a réapparu ; la grande maison, en bordure de la ferme, est vide, abandonnée – mêmes volets clos, même gros cadenas rouillé sur la porte de fer, et le chiendent qui envahit le terrain de façade.

Je consulte ensuite, à la direction de la police du Sind, les procès-verbaux d'interrogatoire d'un beau-frère qui enseigne dans la madrasa voisine ainsi que de ses frères – ils sont trois – que les Rangers ont arrêtés, à la fin du mois de mai, dans leur maison de Nazimabad, pour les mettre à la question : aucun ne semble avoir la moindre idée de l'endroit où se trouve aujourd'hui Saud ; d'aucun, malgré les méthodes musclées dont je sais qu'elles sont de mise dans ce genre de circonstances, on n'est parvenu à arracher plus qu'un « non, on ne sait rien, on n'a plus vu Saud depuis mai dernier, peut-être est-il à Dubaï, ou à Ryad, ou à Sanaa, ou même à Londres, il a tant d'appuis dans le monde, vous savez, tant d'appuis » ; je peux me tromper mais j'ai, sous les yeux, les propos des uns et des autres ainsi que le texte du recours déposé, auprès de la Cour suprême, par Najama Mehmood, la femme de l'un des frères, protestant contre la « détention illégale » de son mari – et je trouve qu'il y a un son de sincérité dans leur façon de protester, tous, que l'homme a disparu.

Je vais moi-même à Peshawar, cette ville de trois millions et demi d'habitants, au contact des fameuses zones tribales qui sont comme un sas entre le Pakistan et l'Afghanistan et qui échappent, pour l'essentiel, au contrôle du pouvoir central. On m'avait dit qu'il se cachait non loin de là, dans une madrasa de la province du Waziristan Nord. Un professeur de la madrasa voisine de chez lui avait dit à Abdul : « cette affaire Pearl l'a éprouvé ; pensez ! tout s'est passé sur les terres du clan Memon et donc, pour ainsi dire, sous son toit ; alors, il est bouleversé ; et, comme il est bouleversé, il a voulu prendre du recul, oublier, se faire oublier... » Mais personne, à Peshawar, n'a la moindre idée de l'endroit où il est. Nulle part je n'ai trouvé la moindre trace de son passage. Pas l'ombre du milliardaire bourrelé de remords et remettant son âme à Dieu dont on essaie d'accréditer l'image. (Il est vrai que Ben Laden lui-même semble avoir réussi, dans la seconde semaine de décembre 2001, à entrer dans la ville avec une garde de cinquante hommes sans éveiller, apparemment, l'attention des autorités.)

Bref, voilà un homme qui a, c'est le moins que l'on puisse dire, pignon sur rue à Karachi. Voilà un personnage dont l'influence est grande – le clan Memon, tout le monde me le confirme, règne sur une partie du milieu des affaires punjabi – et dont nul, en principe, n'ignore les allées et venues, les agissements. Voilà un entrepreneur qui dirige personnellement – comme, soit dit en passant, le père de Omar Sheikh – une entreprise d'exportation de vêtements qui n'a rien de clandestin et qui a un dépôt dans une autre maison de Gulzar e-Hijri, tout près de la ferme du supplice. Il a disparu, cet homme-là. Il s'est volatilisé avec femmes et enfants. Il s'est fondu dans la nature comme n'importe quel second couteau – comme Mussadiq et Abdul Samat, les deux membres non identifiés de la cellule de détention ; comme Hyder, alias Mansur Hasnain, l'homme des deux derniers coups de téléphone du 23 après-midi, dont la famille, on s'en souvient, avait affirmé aux policiers qu'il venait d'être « infiltré au Jammu Kashmir » ; comme Arif, alias Hashim Qader, prétendument parti, lui, sur le front afghan, laissant la maisonnée, à Bahawalpur, en grand deuil, éplorée...

Autre surprise.

Je suis dans le bureau de l'un des adjoints au ministre de l'Intérieur du Sind.

C'est un homme grand, vaniteux, tout en uniforme et en moustaches, qui me considère avec méfiance et semble très soucieux de l'honneur de sa police.

« Racontez-moi, monsieur le chef de la police, cette fameuse opération antiterroriste menée par vos services, le 11 septembre dernier, au terme de laquelle vous avez arrêté vos dix Yéménites, dont Ramzi bin al-Shibh. Racontez-moi l'arrivée des Rangers, ce matin-là, au pied de l'immeuble de Defence. Racontez-moi l'assaut, puis la reddition, des malfaisants. Racontez-moi comment tout cela s'est mis en place : les Américains vous ont-ils aidés ? est-ce leurs agents qui ont repéré Ramzi et les siens ? leurs systèmes d'interception satellitaires et d'écoute ? la CIA ? le FBI ? »

Et lui, piqué :

« Pourquoi toujours les Américains ? Nous croyez-vous incapables de mener nos propres opérations anti-terroristes ? L'affaire, en l'occurrence, ne doit rien à la CIA. Ce sont les sources d'intelligence pakistanaises qui ont fait le travail préparatoire. Ecoutez plutôt... »

Et il me raconte comment tout a commencé par le démantèlement, deux jours plus tôt, dans le quartier de Badurabad, d'une filière de faux papiers destinée à faciliter l'exfiltration de clandestins d'al-Qaïda ; comment on suit la trace, à partir de là, d'un trafiquant spécialisé, non seulement dans les faux papiers, mais dans l'exportation de travailleurs clandestins vers Ryad, d'enfants de onze ou douze ans sélectionnés à Karachi et à Dacca pour servir de jockeys dans les courses de chameaux sur les plages de Dubaï et, last but not least, de combattants d'al-Qaïda exfiltrés, à travers le détroit d'Oman, vers les émirats, le Yémen, et d'autres pays du Proche-Orient ; cet homme, me dit-il, était la véritable cible de l'opération antiterroriste du 11 ; c'est lui, plus encore que Ramzi bin al-Shibh ou le flamboyant Khalid Sheikh Mohammed, que nous voulions coincer ; il s'appelle « Monsieur M. » ; et ce « Monsieur M. » n'est autre que... Saud Memon.

Cette thèse, j'en ai bien conscience, n'est plus tout à fait raccord avec celle à laquelle je m'étais arrêté.

Elle innocente, si je puis dire, Yosri Fouda, le journaliste de al-Jazira, dont l'interview – l'imminence, du moins, de sa diffusion – ne serait plus responsable de la décision des Rangers d'investir l'immeuble de Defence.

Elle permet d'imaginer, non plus la comédie que je pensais, mais une enquête, une vraie, avec soupçons, témoins, longue traque de suspects, étapes et, au bout du chemin, la descente finale dans la planque d'al-Qaïda.

Mais l'essentiel, pour l'heure, n'est pas là.

L'essentiel c'est Memon qui est loin, en toute hypothèse, de l'honnête et naïf marchand dont la bonne foi aurait été abusée par un gang de terroristes squattant l'un de ses terrains.

L'important c'est que l'on a là un homme au double visage, bien plus complexe et mystérieux que ne le croient ses pairs de la chambre de commerce de Karachi : l'import-export de textile, d'un côté, servant de couverture – et puis, de l'autre, une face sombre, inquiétante, qui donne à penser que ce n'est ni par hasard ni à son insu qu'un gang de jihadistes s'est installé chez lui pour assassiner Daniel Pearl.

Dois-je ajouter cette découverte d'Abdul lorsqu'il retourne à la ferme de Gulzar e-Hijri ? La propriété, comme nombre de propriétés voisines, a été achetée il y a quinze ans, en profitant d'une loi d'exonération fiscale pour les « profits industriels et commerciaux réinvestis dans l'agriculture ». Sauf que l'on n'y a jamais vu, lui dit-on, l'ombre d'une mise en exploitation. La vocation agricole du lieu n'a, d'après les témoignages, jamais dépassé le stade de la culture sauvage des acacias et des bambous. Et il aurait été très vite affecté à de tout autres missions, infiniment moins avouables. A commencer par celle-ci, justement : le service aux kidnappeurs ; l'accueil, bien avant Pearl, à des séquestrés en manque de prison. Spécialité de la maison. Loue local, meublé, équipé, pour jihadistes dans le besoin. Memon en rapt dealer. Amateurs s'abstenir. Un milliardaire au cœur de l'industrie du meurtre islamiste à Karachi.

Et puis troisième et dernière surprise : le trust Al-Rashid dont Memon est l'un des administrateurs et auquel, par je ne sais quel biais, le terrain se trouve lié.

En principe, c'est très clair.

Al-Rashid est une organisation pakistanaise qui s'est assigné pour tâche de venir en aide, partout dans le monde, aux musulmans nécessiteux.

Il y a le All-Party Hurriyat Conference, le United Jehad Council, le Markaz al-Dawah al-Irshad dont le siège est à Lahore, il y a toute une foule d'associations caritatives plus ou moins connues et puissantes – et il y a donc Al-Rashid qui est la plus importante de ces ONG occupées à lever, dans tout le pays, le fameux « zakat », ou « impôt islamique », redistribué, ensuite, aux belles et nobles causes du droidlhommisme musulman : le Kosovo où l'organisation aurait distribué, en 2002, l'équivalent de trente-cinq mille dollars ; le Kashmir, son ardente obligation ; la Tchétchénie où, indignée par le détournement systématique des fonds alloués par les Nations unies, elle aurait acheminé, par ses canaux, sept cent cinquante mille dollars d'aide alimentaire et médicale depuis deux ans ; l'Afghanistan où elle se targue de faire tourner, d'un bout à l'autre du pays, et pour une valeur annuelle de quatre millions de dollars, un réseau de boulangeries capable de fournir du pain, tous les jours, à cinquante mille hommes, femmes, enfants ; sans parler des machines à coudre pour les veuves de guerre, des centres de formation à l'informatique pour les jeunes de Kandahar, des cliniques ultramodernes installées à Ghazni, Kandahar et Kaboul ou encore, au Pakistan même, des distributions gratuites de moutons pour la fête de l'Aïd ; la charité n'est-elle pas le premier devoir du « cheminant sur le chemin de Dieu » ?

Le problème c'est qu'en creusant un peu – en allant, comme je l'ai fait, consulter le site officiel de l'association, puis examiner ses registres et interroger, à Rawalpindi, l'un de ses « volontaires » – on découvre, là encore, des détails extrêmement troublants.

La date de naissance, d'abord, du Trust. 1996. Soit le moment très précis où les talibans arrivent au pouvoir.

Le contexte de ses interventions. L'argent, en Tchétchénie, est donné à Sheikh Omer Bin Ismail Dawood qui est un des chefs fondamentalistes contestant l'autorité de Maskadov. Il va, dans le cas du Kashmir, aux organisations terroristes et combattantes les plus fanatiques et les plus criminelles. Et quant aux distributions de pain en Afghanistan, quant aux fameuses cent cinquante-cinq boulangeries reprises, en 2000 et 2001, des mains du Programme alimentaire mondial qui venait de se retirer, la seule chose qu'omet de dire le « Rapport annuel » du Trust c'est que le retrait du Programme alimentaire était lié à la question du travail des femmes – le seul petit détail dont il ne peut évidemment pas faire état c'est que l'on est en plein bras de fer, à l'époque, entre les ONG occidentales et le pouvoir taliban ; que toute la politique des ONG consiste à dire : « assouplissez le statut des femmes, laissez-les travailler et exister, et nous maintiendrons les aides » ; et que l'intervention du Trust, le fait de se substituer au PAM et de reprendre ses boulangeries, était un geste politique confortant la position, l'idéologie, des talibans.

Ses locaux. Le Trust, comme toutes les grandes ONG, a des locaux, des bureaux, des aires de stockage et, tout simplement, des adresses où les gentils donataires sont priés d'envoyer leur argent. Or ce qu'il se garde également de dire mais dont témoigne une publicité que j'ai sous les yeux et qui, dans un journal de ce 24 novembre, donne l'adresse à laquelle il convient d'envoyer les dons en faveur des « victimes afghanes du terrorisme US », c'est que, dans nombre de villes moyennes, à Mansehra, Mingora, Chenabnagar, ou même dans de vraies grandes villes comme Lahore, Rawalpindi ou, en Afghanistan, Jalalabad, il partage ses bureaux (et donc, probablement, ses cadres, ses structures de fund raising, voire ses comptes en banque) avec un parti, le Jaish e-Mohammed, dont la vocation humanitaire ne saute pas aux yeux. Ce qu'il se garde de proclamer c'est que (comme nombre d'ONG islamiques de ce type dont la vocation de bienfaisance n'est souvent qu'une couverture – mais il est rare que l'on en ait, comme ici, noir sur blanc, la preuve flagrante) il a des liens, non seulement idéologiques, mais structurels, coulés dans le bronze des logiques organisationnelles et financières avec une organisation terroriste, elle-même connectée à al-Qaïda. Les gens du Trust prétendent que ces liens ont été rompus au lendemain du 11 septembre. Mon interlocuteur me donne même les numéros (1697 et 1342-0), les titulaires (Khadri Mohammad Sadiq et Bahsud Ahmad) des comptes du Jaish, à la Allied Bank de Karachi, dans le quartier de Binori. Sauf que j'ai sous les yeux, moi, ce numéro du *Jang* avec leur publicité commune – envoyez vos dons... découpez selon le pointillé... Jaish et Al-Rashid, cause commune et même combat.

Ses journaux. Al-Rashid a des journaux, des vrais. Un quotidien en urdu, *Islam*. Et un hebdomadaire, le *Zarb e-Momin*, qui paraît également en urdu, chaque vendredi, en deux versions, papier et internet, et dont le tirage, dans les deux pays confondus, Pakistan et Afghanistan, atteint 150 000 exemplaires pour la seule édition papier (une autre version encore, en anglais, paraît sous le titre *Dharb e-Momin*). Or cet hebdomadaire fut, jusqu'en 2000, l'organe central du pouvoir taliban. Il est, depuis leur chute, l'un des débouchés naturels – avec le *Al-Hilal*, plutôt lié, lui, au Harkat ul-Mujahideen et le *Majallah Al-Daawa* dont la périodicité est mensuelle – de tous les plumitifs plus ou moins nostalgiques de l'ordre noir qu'ils incarnaient. Et c'est dans ce *Zarb e-Momin* enfin – et non, par exemple, dans le bimensuel *Jaish e-Mohammad* qui devrait être, en principe, le journal officiel de son parti – qu'un homme comme Masood Azhar, patron du Jaish, maître à penser d'Omar et haut dignitaire dans la secte des assassins, n'a cessé, depuis huit ans, de publier ses textes de prison. Quel rapport, là encore, avec l'humanitaire ? Est-ce le rôle d'une ONG de publier, chaque vendredi, des appels au meurtre contre les juifs, les hindous, les chrétiens, les Occidentaux ?

Ses finances. Elles sont opaques, bien entendu. Elles le sont ni plus ni moins que celles de la plupart des ONG, islamistes ou non, et il est donc très difficile de faire la part de ce qui, dans ses ressources, provient des particuliers ou des Etats, du Pakistan ou de tel pays du Moyen-Orient, de tel grand donataire privé d'Afrique du Sud ou d'Indonésie. Mais deux ou trois choses sont sûres. En voici une : c'est lui, le Al-Rashid Trust qui, fort de ses contacts internationaux ainsi que, j'imagine, de ses compétences en ces matières, gère les avoirs étrangers d'un certain nombre d'organisations terroristes du type, encore une fois, du Jaish ou du Lashkar e-Toïba. Une autre : il a, jusqu'en novembre 2001, c'est-à-dire jusqu'à la chute des talibans, fait systématiquement compte commun, dans les succursales afghanes de la Habib Bank pakistanaise, avec une autre ONG, la Wafa Khaïria, qui a pour particularité, elle, d'avoir été fondée par Ben Laden lui-même, à partir de fonds arabes, en signe de gratitude pour l'hospitalité que lui offraient Mollah Omar et les siens. Une organisation de bienfaisance fonctionnant comme banquier du crime ? Des gens qui jurent n'avoir d'autre souci que celui des déshérités et qui se trouvent associés à l'une des structures d'al-Qaïda ? De plus en plus étrange...

Et puis, plus étrange encore et, pour le coup, confondant, ce singulier mélange des genres qui fait que Al-Rashid organise, dans les années 2000-2001, des stages de formation militaire en Afghanistan ; que son fondateur, Rashid Ahmed, occupe des fonctions opérationnelles dans l'appareil de trois groupes terroristes, engagés dans l'action terroriste au Kashmir et, de plus en plus souvent, au Pakistan même : le Harkat ul-Mujahideen, le Edara ul-Rashid et, bien sûr, le Jaish ; que c'est lui encore, Rashid Ahmed, qui nomme Masood Azhar « émir » des talibans au Kashmir et qui, donc, le met en selle ; que c'est lui toujours qui, début 2000, dans le journal du Trust, promet deux millions de roupies de récompense à quiconque fournira la preuve qu'il a su « envoyer en enfer » un infidèle coupable d'avoir tué un martyr ; et je n'évoque que pour mémoire les révélations du *Washington Times* du 6 novembre 2001 affirmant que le Trust était, depuis des années, au centre d'un gigantesque trafic d'armes à destination des talibans : armes légères ou semi-lourdes acheminées en contrebande sur le port de Karachi, planquées sous la bâche des camions censés transporter la farine et l'aide alimentaire et filant alors sur Quetta, puis Kandahar, où elles étaient distribuées aux milices internationales des combattants d'Allah – de l'humanitaire comme carburant du paramilitaire.

Pour moi, la cause est entendue : Al-Rashid est un rouage d'al-Qaïda.

Loin d'être juste aidé, financé, par al-Qaïda, c'est lui qui, à travers son circuit de collectes, finance l'organisation terroriste.

Et telle est l'évidence à laquelle il faut se résoudre : Pearl a été torturé, puis enterré, dans une maison appartenant à une fausse organisation de bienfaisance qui sert de faux nez à Ben Laden.

2

LA MOSQUÉE DES TALIBANS

Le « séminaire » de Binori Town.

La grande madrasa, haut lieu de la spiritualité sunnite et, en particulier, deobandie, où ont été formés quelques-uns des dignitaires talibans et où l'on se souvient qu'Omar a passé l'une de ses toutes dernières nuits avant l'enlèvement.

Cela fait longtemps que je souhaitais y entrer.

J'ai fait une demande par l'ambassade : rejetée.

Par la police : rejetée, également – la madrasa, m'a-t-on dit, est cernée par le quartier de la minorité chiite de Karachi en guerre ouverte contre les sunnites ; problèmes de sécurité, donc ; risques d'attentat ; n'est-ce pas très précisément là, en plein cœur de la ville, au coin de Jamshed Road et de Jinnah Road, que Maulana Habibullah Mukhtar, le recteur de la mosquée, fut abattu, il y a quelques années, à bout portant, avec quatre compagnons, par un commando d'extrémistes chiites à moto ?

J'ai essayé directement, comme un touriste venant admirer les lieux et passant par la grande mosquée attenante – refoulé.

J'en ai parlé à Abdul enfin – tu n'y penses pas ! lieu très fermé ! aucun journaliste occidental n'y est, à ma connaissance, jamais entré ! il faut être pakistanais ; connaître, si possible, un professeur ; travailler pour un journal en urdu, dans la mouvance jihadiste ; ou, mieux, passer par le bureau des donations ; sinon, c'est interdit.

Bref, j'avais fini par renoncer ; j'en étais réduit, chaque fois que je longeais ses hautes murailles, sa porte blindée et ses grilles de fer couleur de vieille rouille, à spéculer sur le monde mystérieux qui se cache là et sur les raisons qui amenèrent Omar, par deux fois, avant le crime, à y pénétrer ; jusqu'à ce matin, 24 novembre, où c'est, justement, la grande manifestation chiite commémorant la mort du quatrième imam Ali qui, à la faveur du début d'émeute qu'elle provoque, comme chaque année, dans le quartier, m'a paradoxalement offert l'occasion que j'attendais.

La marée des fidèles déferle sur Jamshed Road. Les commerçants ont baissé leurs rideaux de fer. Des cordons de policiers, l'arme au pied, veillent le long de l'avenue. Des pneus brûlent sur les trottoirs. Les plus exaltés des manifestants, comme souvent dans les démonstrations de force chiites, se lacèrent le visage et le torse. Les autres, derviches aux cheveux longs et aux yeux fous, injectés de sang, hurlent des slogans assassins contre leurs voisins sunnites et, soudain, comme un seul homme, se taisent et psalmodient des litanies inarticulées où il est question, me dit-on, de sang, de vengeance, de martyre. Ma voiture est bloquée. La foule, devinant que je suis étranger, commence à la secouer. Un homme surtout, le visage en sueur, écume aux lèvres et comme frénétisé par ses propres slogans, brandit une pierre à hauteur de ma vitre. Je sors, alors. Et, prétextant la violence qui monte, je fausse compagnie à mon chauffeur, à Abdul, ainsi qu'au fixeur « officiel » que le ministère a, compte tenu du climat de la journée, tenu à m'affecter ; je me faufile jusqu'à Gokal Street, la rue latérale ; dans la bousculade, mon passeport diplomatique périmé à la main, je demande le passage au cordon de policiers, terriblement nerveux, qui tentent de s'interposer entre la manifestation et la centaine de sunnites, sortis de la madrasa, poing levé, qui hurlent, de leur côté, leurs propres slogans antichiites ; et, les policiers m'ayant laissé passer, je tombe pile, sans l'avoir cherché, sur l'autre porte, côté sud, de la madrasa.

« Que voulez-vous ? » me demande le planton, un tout petit bonhomme, poitrinaire, un peu goitreux, yeux immenses dans un visage de lune qui me considère avec méfiance.

Derrière lui, dans la cour intérieure, j'aperçois un groupe d'hommes en armes : si j'en juge par leurs turbans, des mollahs ; mais mieux armés que les policiers – bizarre pour une madrasa...

« Je suis un diplomate français, dis-je, en tendant mon passeport ainsi qu'une des cartes de visite que je m'étais fait faire, en toute illégalité, à l'époque de ma mission afghane : "Bernard-Henri Lévy, Special Representative of the French President". Je suis diplomate, et je voudrais voir Mufti Nizamuddin Shamzai, le recteur du séminaire. »

L'homme examine la carte. Feuillette le passeport. Me regarde. Revient au passeport. Dans mon dos, le hurlement d'un haut-parleur : « don't take law into your hands, confine in the Jamia (ne faites pas justice vous-même ; rentrez dans la mosquée) ». Devant moi, le chef de la patrouille de mollahs qui s'est avancé, kalachnikov au poing, prêt à intervenir. Je m'attends, à chaque seconde, à ce que l'on me fiche dehors – « diplomate ou non, l'entrée est interdite aux Infidèles... n'ai qu'à retourner me frotter à ces salauds de manifestants chiites... » Mais est-ce le passeport ? La carte ? Le fait que je ne me présente pas comme journaliste ? Le désordre ? Toujours est-il que le petit planton me fait signe de le suivre dans la cour intérieure, plus grande que je ne l'imaginais, où s'est déjà attroupé un groupe de fidèles qui m'observent avec curiosité – et, de là, dans une salle d'attente, vide, juste des nattes de corde, un vélomoteur dans un coin, et un vieil homme que notre entrée réveille en sursaut.

« Asseyez-vous là, fait le petit homme, je reviens. »

Et le voilà parti, mon passeport toujours à la main, démarche à la Charlot, un peu dandinante, tandis que les apprentis oulémas m'observent maintenant par la fenêtre – la plupart très jeunes, la barbe adolescente, ravis de voir un étranger, se bousculant, se poussant du coude, pouffant, des keffiehs noirs et blancs sur les épaules, sans doute des Yéménites.

Au bout de cinq minutes, l'homme revient. Grave. Emprunté. Très honneur-au-visiteur-étranger.

« Mufti Nizamuddin Shamzai ne peut pas vous recevoir. Ni le docteur Abdul Razzak Sikandar. Mais il y a un adjoint du docteur. Il va vous voir. »

Aussi extraordinaire que cela soit, mon stratagème a marché. Et nous voilà partis, l'un derrière l'autre, lui de sa démarche de pingouin, et moi ouvrant grands les yeux, à l'intérieur de la Cité interdite de Karachi.

Nous prenons d'abord vers la gauche où nous trouvons – intérieure, donc, à la madrasa – une enfilade de petits commerces, boutique de glaces Eskimo, boulangerie « Master cakes » et, enfin, le « Café Jamia », sombre et sans ouverture, où s'entassent, autour de grandes assiettes de riz, plusieurs dizaines de pauvres diables, apparemment des étudiants, ainsi qu'un homme plus âgé, colosse barbu, à qui me confie le petit planton.

Nous reprenons, en sens inverse, une allée mal pavée qui s'ouvre, côté gauche, sur une enfilade de pièces, apparemment les salles de classe – un rez-de-chaussée, plus un étage peint en rose criard avec des moucharabiehs de bois laissant entrevoir, à l'intérieur, une sorte de brouillard dont je ne m'explique pas l'origine mais qui donne à l'ensemble une tonalité fantomatique : il y a là des jeunes gens, en pleine étude, visiblement issus de tout le monde arabo-musulman ; des Yéménites, à nouveau ; mais aussi des Asiatiques, des Afghans, des Pakistanais bien entendu, des Ouzbeks, des Soudanais au teint plus sombre ; et, entrevu au fond de l'une des salles, seul, les yeux baissés, un homme aux cheveux gris et longs, très pâle, qui me semble européen.

Je note mentalement que j'ai laissé, plus à gauche, légèrement surélevée, avec son dôme qui sépare les deux ailes, la mosquée proprement dite.

Puis une cour, à droite, plantée d'arbres chétifs, avec une fontaine, un bassin à sec rongé de moisissures, des colonnes ouvragées à demi détruites, des écriteaux en arabe, un haut-parleur, des motocyclettes rangées contre un mur, quelques 4 × 4, probablement les voitures de fonction des dignitaires de la madrasa et une salle, dans un renfoncement, où je ne vois personne à l'exception, je crois, d'un nouvel Occidental.

Au bout de l'allée, une autre salle, plus grande, on dirait un cloître, où l'on a gravé, sur la frise des murs, de hautes inscriptions, sans doute des versets du Coran, et où j'ai le temps d'apercevoir, placardé face à l'ouverture, nimbé d'une lumière verdâtre dont je n'arrive pas à savoir, non plus, d'où elle provient, le portrait géant, tout en couleurs, stylisé, naïf, d'un moudjahid qui ressemble curieusement à Ben Laden.

Et puis, face à moi, le quartier des bureaux (admissions, inscriptions, dons, administration de cette véritable ville dans la ville qu'est la madrasa de Binori Town) et des logements (élèves, professeurs) : tantôt des blocs déglingués, semblables à ces constructions inachevées, fers à béton apparents, que j'ai si souvent vues dans le Maghreb et au Proche-Orient ; tantôt des sortes de petites fermes, construites sur deux ou trois étages, plus riantes, avec une cour intérieure et, aux étages, des enfilades de chambres s'ouvrant sur des galeries.

Ce qui frappe c'est, à l'exception du cloître Ben Laden, la rusticité des lieux – pièces sans ombre ni mystère, plafonds nus, linge qui sèche sur les rambardes des galeries.

C'est cette enfilade d'allées et de cours qui se ressemblent toutes et produisent, à force, l'impression d'un

dédale, un vrai labyrinthe pour le coup, où je serais bien
en peine, s'il fallait fuir, de retrouver seul mon chemin.

Et puis c'est, bien entendu, la foule des fidèles, assis
dans l'herbe, marchant à la queue leu leu ou se tenant
par la main, prenant le frais sur les galeries, devant
les chambres. Certains ont vraiment l'air d'étudiants
– méditatifs, concentrés et ne faisant, contrairement
à ceux de tout à l'heure, plus du tout attention à moi.
D'autres ont des têtes de soudards – œil dur, cheveu
long, vestes de treillis, et le teint rude, hâlé, des monta-
gnards du Kashmir. J'en compte quelques-uns, au moins
cinq, qui sont armés et ne le cachent pas – nouvelle
bizarrerie de cet étrange « séminaire » où il semble
naturel de se déplacer kalachnikov au poing. Il y a trois
mille cinq cents pensionnaires, dit-on, à Binori Town.
Il me semble, à vue de nez, beaucoup plus. Et puis cet
autre détail très frappant : le silence ; ou plutôt, non ;
pas exactement le silence ; ces gens parlent ; mais doucement ; à l'étouffée ; composant un très léger bruit de
fond, sourd et continu, comme si leurs voix ne parve-
naient pas à s'individualiser.

« Je ne vois pas d'enfants, fais-je pour dire quelque
chose et essayer de ralentir l'allure et de mieux voir.
Est-ce que les madrasas, en principe, ne sont pas faites
pour les enfants ? »

Le colosse se retourne, méfiant. Et, sans cesser
de marcher, saluant d'un signe de tête une escouade
d'oulémas, grommelle, en bon anglais :

« Vous interrogerez le Docteur. Je ne suis pas habilité
à vous répondre.

— Qu'enseigne-t-on, alors ? Pouvez-vous me dire, au moins, le type d'enseignement donné dans cette madrasa ?

— Le Coran, répond-il, cette fois sans se retourner. Comme partout, on enseigne le Coran.

— D'accord. Mais à part le Coran ? »

Là, il s'arrête. Il semble à la fois offusqué et ahuri par la question et, donc, s'arrête pour me répondre.

« Je ne comprends pas votre question.

— Tout n'est pas dans le Coran, que je sache...

— Non. Mais il y a les Hadith, les dits du Prophète.

— Et puis ?

— Comment et puis ? Qu'est-ce que vous voudriez d'autre que les Hadith et le Coran ? »

Il semble énervé, cette fois. Son visage, sa barbe, sont vibrants de colère. Sans doute cherche-t-il à comprendre, à cet instant, pourquoi diable on introduit en un pareil lieu un type capable de vous demander s'il y a d'autres livres que le Coran. Je profite, moi, de la pause pour glisser un œil à l'intérieur de deux nouvelles salles dont la porte est entrouverte. Dans l'une, et comme pour répondre à ma question de tout à l'heure, une ronde d'imams, de vrais imams : sauf qu'ils sont très jeunes, et glabres – ce sont des imams enfants. Dans l'autre, une dizaine d'hommes installés, tels des collégiens, devant des pupitres de bois : mais ce sont vraiment des hommes, cette fois – longue robe blanche ; veston noir ; sur la tête, le ghutra blanc, ou blanc et rouge, tenu par le double anneau traditionnel des Bédouins et des Saoudiens ; même si cela ne cadre pas, comme pour les armes, avec l'idée que l'on se fait d'un lieu de culte

intégriste, je suis à peu près certain, sur les pupitres, de
voir des ordinateurs.

« Que savez-vous du Coran ? insiste-t-il, à son tour
soupçonneux, et comme s'il faisait un test.

— Je l'ai lu.

— En arabe ?

— Non, en français. »

C'est trop, cette fois. Il hausse les épaules, manifestement dépassé par l'absurdité d'un Coran en français.

« Vous êtes, dit-il simplement, à Jame'a Uloom
ul-Islameya Binori Town – l'université islamique de
Binori Town. »

Et, comme si cette réponse suffisait à clore le débat,
il reprend sa marche à travers une dernière cour, déserte
celle-là, complètement silencieuse, juste un bruit sourd
dans le lointain, comme un râle, ou un grattement, ou,
peut-être, une gigue lente, où m'attend un imam, très
vieux, très chenu, grande tête osseuse de chien aux
yeux tristes, rides profondes sous les pommettes, la face
fendillée, qui prend le relais : un escalier, un peu raide,
où il doit s'agripper à la rampe creusée dans le mur ;
une galerie encombrée de caisses fermées ; et une petite
salle enfin, semblable aux autres, où m'attend, assis par
terre, confit en dévotion, l'adjoint du docteur Abdul
Razzak Sikandar.

Cinquantaine. Barbe noire, comme le colosse accom-
pagnateur. Grande djellaba blanche, immaculée, comme
les Saoudiens de tout à l'heure. Sur la tête, une calotte.
La voix, basse, mélodieuse. Les yeux immobiles et gris.
De la prestance. Sur le mur, derrière lui, une étagère où

sont rangés une vingtaine de livres, reliure rouge sang. Devant lui, sur une tablette de bois nacré, le Coran et, posée juste à côté, ma carte de visite.

« Vous êtes français ? » commence-t-il, sans me regarder.

J'opine d'un air modeste.

« La France est généreuse avec nous. Nous recevons des dons de Suisse, d'Allemagne, d'Arabie Saoudite, d'Angleterre, d'Amérique. Mais, aussi, de France. Beaucoup. Vous avez beaucoup de bons musulmans. C'est bien. »

Long silence. Je n'ose lui demander de quelle sorte de dons il parle.

« Et votre religion ? »

J'ai beau faire. Ils ont beau, eux, me faire chaque fois le coup. Je n'arrive pas à m'habituer. Je n'arrive pas à réprimer, chaque fois, ce haut-le-cœur, cette nausée. Mais il s'agit là, moins que jamais, de le montrer.

« Athée. Nous sommes nombreux, en France, à être de religion athée. »

Il fait la grimace.

« Vous savez que la madrasa est interdite aux non-musulmans ?

— Oui, mais athée...

— C'est vrai. L'interdiction porte sur les juifs et les croisés. »

Puis, un ton en dessous, comme pour lui-même, les yeux toujours fixés sur sa tablette (le Coran ? la carte de visite ?) :

« Mais attention ! N'allez pas dire que les Pakistanais n'aiment pas les chrétiens. C'est faux. Non seulement nous n'avons rien, en principe, contre les chrétiens, mais nous croyons, nous, que Jésus-Christ n'est pas mort, qu'Allah l'a arraché à sa croix et l'a emmené avec lui au paradis. Bientôt il reviendra pour nous accompagner à la conquête du monde, c'est écrit dans le Coran. »

Il hausse les épaules. Puis, prenant la carte, avec précaution, du bout des doigts, comme si c'était un papillon ou une chose vaguement dégoûtante – je sens, mais je me trompe peut-être, une nuance de méfiance dans le ton (peut-être le nom, Lévy, qui le fait quand même réfléchir...) :

« Et vous êtes le représentant spécial du président français ? »

Je fais oui.

« Eh bien dites à votre président que nous apprécions, au Pakistan, la position française. Transmettez-lui nos excuses, aussi. Dites-lui bien que le peuple pakistanais s'excuse pour les récents attentats qui ont causé la mort de personnes françaises qui étaient là pour aider notre pays. »

En clair, il s'accuse. Je ne peux m'empêcher de songer : s'excuser c'est s'accuser ; on ne saurait mieux dire que les islamistes en général – et peut-être, en particulier, ceux de Binori Town – sont derrière la vague récente d'attentats anti-occidentaux, notamment le Sheraton. D'autant qu'il ajoute, comme s'il lisait dans mes pensées :

« Dites aussi à votre président que c'était une erreur... Une très malheureuse erreur... Les gens qui ont fait cela ont cru, de bonne foi, que c'étaient des Américains.

— Dois-je comprendre, monsieur le mollah, que vous savez qui est derrière l'attentat-suicide du Sheraton ? »

Il n'hésite pas une seconde.

« Des malfaisants. Des gens que nous condamnons avec la dernière énergie. L'islam est une religion de paix.

— Les organisateurs, ces gens qui ont fait tant de mal à mon pays, viendraient ici, vous les rejetteriez ?

— Ah non ! Nous ne rejetons personne. Tous les hommes sont nos frères.

— Et Ben Laden ? J'ai vu tout à l'heure, en passant, un portrait d'Ousama Ben Laden. Est-il venu ici ? L'accueilleriez-vous s'il venait ? »

Il fronce le sourcil. Et, pour la première fois, regarde vraiment dans ma direction – mais c'est un regard vide qui semble ne pas s'arrêter à moi.

« Ousama est juste un musulman. Personne n'a à savoir s'il est venu ou non. Ne posez pas cette question. Vous n'êtes pas autorisé.

— Tout de même. On m'a dit, à Islamabad, que le grand mufti de votre madrasa, Nizamuddin Shamzai, était allé, l'an dernier, avec le mufti Jamil, au mariage d'un des fils de Ben Laden. Est-ce possible ?

— Ne posez pas cette question, répète-t-il, un ton au-dessus. Vous n'êtes pas autorisé. »

Je sais que Nizamuddin Shamzai, ce saint homme, avait personnellement supervisé, au moment des bombardements américains de l'Afghanistan, le recrutement des volontaires qui – à commencer par ses deux fils – franchirent la frontière pour aller se battre aux côtés des talibans.

Je sais que, dès avant le 11 septembre, en août, au moment où les Américains se mettaient à faire pression sur le Pakistan pour qu'il renvoie dans leurs pays les combattants étrangers d'al-Qaïda, il avait lui-même menacé le ministre de l'Intérieur de toutes les foudres d'Allah et des groupes qui s'en réclament, pour empêcher cette « trahison ».

Je connais enfin les innombrables appels au jihad, lancés depuis Binori, où cet homme – Nizamuddin Shamzai, toujours – que Mollah Omar considérait comme son gourou maudissait les Américains, les Indiens, les Juifs, les Occidentaux en général ; Abdul m'a traduit une de ces fatwahs, reproduite dans *Jasrat*, le quotidien en urdu du Harkat, où il dit des Américains, fin 1999, qu'il est permis « de les tuer, de les dépouiller, de réduire leurs femmes en esclavage ».

Mais l'adjoint du docteur Abdul Razzak Sikandar me regarde, maintenant. Et je sens, dans ce regard, une nuance d'hostilité qu'il n'y avait pas jusqu'ici et qui m'incite à composer.

« Si je vous pose cette question, c'est juste par rapport à ce que vous me disiez : l'islam est une religion de paix.

— C'est vrai, répond-il, très légèrement radouci.

— Ce qui veut donc dire que, selon vous, Ousama est un homme de paix ?

— Ousama, je vous le répète, est un bon musulman. C'est notre frère dans l'islam. Il n'a peur de personne, sinon d'Allah. Il a pu faire des erreurs. Mais quand il distingue entre dar al-islam (la demeure de la paix) qui rassemble tous les musulmans du monde et dar al-harb (la demeure de la guerre) qui englobe tout le reste, il a raison, c'est notre position.

— D'accord. Mais le résultat, concrètement, c'est quoi ? Homme de paix ou homme de guerre ? »

Nouvel agacement. Nouveau regard inquisiteur. Vibration contenue de la voix. Derrière le docteur, pointe le jihadiste.

« La guerre contre les infidèles n'est pas la guerre, c'est un devoir. Depuis l'attaque américaine en Arabie Saoudite, puis en Afghanistan, il est du devoir de tous les musulmans du monde de soutenir le jihad contre l'Amérique et les Juifs.

— Pourquoi les Juifs ? »

Sidération, cette fois. Comme le mollah de tout à l'heure, il semble sidéré par la question. Il reprend ma carte. La repose. Il met la main sur son Coran comme si, désarçonné, il cherchait dans le contact avec le Livre la force de répondre.

« Parce qu'ils sont les vrais terroristes. Et parce qu'ils mènent leur croisade sur le sol de la Palestine et de l'Afghanistan. Même ici, au Pakistan, il y a des agents sionistes infiltrés. Pourquoi pensez-vous que le gouvernement accepte leurs diktats ? Il devrait placer sa confiance en Dieu. Or il accepte les diktats des Juifs. »

Vais-je aborder « mon » sujet, maintenant ? Oserai-je ? Je sens que j'en ai presque trop dit, que l'entretien touche à sa fin. Et, donc, je me lance.

« Est-ce pour cela que l'on a tué le journaliste américain Daniel Pearl ? Est-ce parce qu'il était juif ? Avez-vous une opinion sur cette affaire, qui a fait beaucoup de bruit dans mon pays ? »

La seule évocation du nom de Pearl déclenche une réaction très bizarre. Il se recroqueville d'abord sur lui-même, rentre la tête dans les épaules, serre les coudes et les poings, comme s'il faisait face à une agression et qu'il voulait lui offrir le moins de prise possible. Puis il se redresse, déplie son grand corps, se lève presque et tend les bras dans ma direction – geste du prêcheur qui veut convaincre en même temps que de l'homme qui prend son élan pour frapper. C'est drôle, me dis-je en le voyant soudain si grand, me dominant de sa taille : ces activistes pakistanais ont l'air énormes, suffisants, con- tents d'eux – rien à voir avec les silhouettes efflanquées de tueurs aux abois que j'ai vues en Afghanistan.

« Nous n'avons pas d'opinion ! lâche-t-il enfin, d'une voix bizarrement solennelle. Nous ne pensons rien sur la mort de ce journaliste ! L'islam est une religion de paix. Le peuple pakistanais est un peuple pacifique. »

Sur quoi, il fait signe au vieil imam dont je n'avais pas compris qu'il était resté là, debout, dans un coin de la pièce, pendant toute la durée de l'entretien – le moment est venu de me raccompagner.

Je verrai, sur le chemin du retour, une grande trappe, à demi cachée par un buisson, dont je suppose qu'elle mène à un souterrain.

J'entreverrai une salle dont mon guide me dira, fiè- rement, que c'est la bibliothèque de la madrasa : deux rayonnages de métal, montant à mi-hauteur, avec des étagères à demi vides.

Je passerai devant une salle de prières, au dallage plus soigné, où trônent deux grands portraits, sans doute Allama Yusuf Binori et Maulana Mufti Mohammed, les fondateurs du séminaire.

Je verrai, dans une autre pièce, un portrait de Juma Namangani, cet ancien soldat de l'armée rouge devenu patron du « Mouvement islamiste d'Ouzbékistan » puis commandant en chef du bataillon des combattants arabes d'al-Qaïda avant de mourir, en novembre 2001, sous les bombes américaines à Kunduz.

Des portraits dans une madrasa ?

Un culte, sinon de la personnalité, du moins de l'image ou de l'icône, dans un lieu où, en principe, la représentation de la face humaine devrait être tenue pour une profanation ?

Ce n'est pas la moindre des surprises que m'aura réservées cette si étrange visite.

Comme tout à l'heure pour Ben Laden, je demanderais bien comment cette débauche d'images s'accommode de l'interdit sur la représentation.

Mais je préfère me taire.

Je n'ai qu'une hâte : quitter ce lieu et retrouver, mais oui, l'émeute chiite dans l'avenue, ses derviches, ses hurlements, ses flots de fidèles hystérisés et sanglants, ses menaces – presque rassurant, finalement, quand on ressort de la maison du Diable.

Les questions, je les poserai le jour même, mais ailleurs, à d'autres interlocuteurs : le responsable, notamment, d'une agence de renseignements occidentale qui m'apportera quelques-unes des pièces qui me manquaient.

C'est ici, à Binori Town, que Masood Azhar, début 2000, en compagnie de Mufti Nizamuddin Shamzai, ce saint homme que je n'ai donc pas pu rencontrer mais qui règne sur la mosquée, annonce la fondation du Jaish e-Mohammed – c'est ici, en présence et avec la bénédiction des oulémas les plus respectés du pays, qu'est prononcé l'acte de baptême de l'organisation qui va fournir ses bataillons d'élite à al-Qaïda.

Lorsque, un mois plus tard, en mars, se pose le problème de savoir à qui iront les biens du Harkat ul-Mujahideen dont le Jaish est une émanation, lorsque entre lui, Azhar, et Fazlur Rahman Khalil, l'homme qui a profité de ses années de prison en Inde pour monter dans la hiérarchie de la vieille maison et en prendre le contrôle, éclate la grande querelle qui enflamme la mouvance islamiste de Karachi (à qui les bureaux du Harkat ? à qui son parc de 4 × 4 ? ses armes ? ses « safe houses » ?) c'est encore à Binori Town, sous l'autorité du même Nizamuddin Shamzai, que se réunissent les sages chargés de faire le « harkam », l'arbitrage, au terme duquel il sera décidé que c'est au Harkat que tout doit rester moyennant paiement au Jaish d'un dédommagement financier : Binori comme un tribunal ! Binori comme la chambre arbitrale des conflits internes à la nébuleuse al-Qaïda !

En octobre, quand les Américains lancent leur offensive militaire et politique et que le bruit commence à courir, à Karachi, d'une possible inscription du Jaish sur la liste des organisations terroristes, c'est Nizamuddin Shamzai qui, une fois de plus, monte au créneau – c'est lui qui, depuis cette base de Binori, imagine le montage

juridique et politique permettant à une nouvelle organisation dont il prend aussitôt le commandement (le
Tehrik al-Furqan) de se substituer au groupe interdit, de
récupérer ses actifs financiers, ses comptes en banque,
ses fichiers, ses activités. Binori en plaque tournante
d'un trafic politico-financier. Le chef spirituel d'un des
plus grands séminaires du monde transformé en prête-
nom d'une organisation d'assassins.

Lorsque après la chute de Kaboul, en novembre, les
troupes défaites de Ben Laden fuient l'Afghanistan,
lorsque les survivants des milices pakistanaises tentent
d'échapper au feu croisé des soldats de l'Alliance du
Nord et des bombardiers américains, certains (ceux du
Harkat ul-Mujahideen et du Harkat ul-Jihad al-Islami)
refluent vers le Kashmir ; d'autres (le Lashkar e-Toïba)
se réfugient dans les zones tribales du Nord, à Gilgit
et Baltistan ; mais les plus durs (Lashkar i-Janghvi,
Jaish, ainsi qu'un sous-groupe du Harkat, le Harkat
ul-Mujahideen al-Almi-Universal) trouvent refuge à
Karachi et, en particulier, à Binori. Y sont-ils encore ?
Ai-je passé une heure dans le sanctuaire des soldats
perdus de Ben Laden ? est-ce là ce que disent ces portraits que j'ai vus ?

C'est toujours de Binori que part, via le Bangla-
Desh, en direction de la chaîne qatarie al-Jazira, la
fameuse cassette audio du 12 novembre 2002 où Ben
Laden évoque les attentats terroristes de Djerba, du
Yémen, du Koweït, de Bali, de Moscou et appelle à
frapper de nouveaux coups, non seulement contre Bush,
mais contre ses alliés européens, canadiens, australiens.
Un studio d'enregistrement dans une mosquée ? Binori

Town transformée en base logistique de la propagande
d'al-Qaïda ? Mais oui ! C'est l'hypothèse sur laquelle
travaillent les services américains, indiens et britanniques. Ils ignorent pourquoi le Bangla-Desh. Ils ne connaissent pas le degré d'implication exact de l'ISI dans
l'opération. Mais, que la cassette ait été confectionnée
ici, dans ces caves du Vatican terroriste – de cela, en
revanche, ils ne doutent pas.

Et puis Ousama Ben Laden, enfin, aurait lui-même
fait plusieurs séjours à Binori. Le terroriste le plus
recherché de la planète, l'ennemi public mondial
numéro un, l'homme qui vaut vingt-cinq millions de
dollars et, apparemment, davantage encore, ce personnage fantomatique dont on ne sait même pas s'il est
vivant ou s'il ne survit plus qu'à travers son nom et sa
légende, aurait séjourné ici, en plein centre de Karachi,
au nez et à la barbe des polices pakistanaises – et ce,
courant 2002, alors qu'il souffrait de troubles d'élocu-
tion liés à une mauvaise blessure (explication possible
de son silence de ces derniers mois) et qu'il avait besoin
d'un traitement médical approprié. Binori comme
un hôpital. Binori comme un sanctuaire, inviolé par
quelque autorité que ce soit, où des médecins militaires
seraient, en toute impunité, venus lui apporter leurs
soins. On a parlé d'autres madrasas. Le nom d'Akora
Khattak, notamment, m'a été plusieurs fois cité. On
a également évoqué, comme à l'automne 2001, juste
avant le 11 septembre, quand il souffrait de problèmes
rénaux, un hôpital militaire à Peshawar ou Rawalpindi
(*Jane's Intelligence Digest* du 20 septembre 2001,
« CBS News » du 28 janvier 2002). Mais les sources

les plus sérieuses, mes interlocuteurs les plus avertis, me parlent, cet après-midi-là, de Binori comme du plus sanctuarisé des sanctuaires.

Abdul, moqueur, lorsque je le retrouve au bar du Sheraton, le seul lieu de la ville où un musulman peut se faire servir une bière ou un sandwich en période de ramadan : « alors, la maison du Diable était vide ? »

Et moi, piqué, un rien pompeux : « normal, mon vieux ; le Diable ne donne pas de rendez-vous ; il est partout chez lui, sauf chez lui ; le rire du Démon, c'est bien connu, est comme la chouette de Minerve – il éclate une fois qu'on est parti ; mais en même temps... »

Oui, en même temps, je n'ai peut-être rien vu à Binori Town.

Je ne sais toujours pas ce qu'Omar est venu faire, ou chercher, les 18, 19 et 21 janvier, à Binori Town.

Mais j'en sais un peu plus long sur cette mosquée.

Je sais que ce lieu de méditation et de prière où il a tenu à passer l'une de ses dernières nuits est un quartier général d'al-Qaïda au cœur de Karachi.

Je sais, je sens, que l'on a là une sorte de réacteur central, de salle des machines de l'Organisation – en plein Pakistan, à quelques centaines de mètres du consulat américain, une enclave taliban ou post-taliban où s'est replié, benladénistes compris, le pire de l'Afghanistan.

Et si la piste d'Omar Sheikh passait, au fond, par l'Afghanistan ?

Et s'il était temps, pour avancer, de retourner en Afghanistan ?

L'ARGENT DU JIHAD

Escale, Dubaï.

Je suis en route vers l'Afghanistan mais je fais escale à Dubaï.

Avec l'arrière-pensée de retrouver peut-être, au passage, la trace de Saud Memon.

Et avec l'idée, tant que j'y suis, de glaner des informations sur les finances, les réseaux, les trafics et le fonctionnement d'al-Qaïda.

Nous sommes, toujours, fin 2002.

Au début du débat sur l'opportunité ou non de la guerre contre l'Irak.

Je suis de ceux qui, à l'époque, doutent de l'existence des fameux liens – justification, pour les Etats-Unis, de la guerre – entre le régime de Saddam Hussein et l'organisation de Ben Laden.

Je suis de ceux qui – malgré le caractère évidemment criminel de ce régime – sont plus sensibles à la rivalité des deux hommes, à leur concurrence pour l'émirat suprême, qu'à la possibilité de leur alliance.

Je n'ai pas changé d'avis, non plus, depuis mes *Réflexions sur la guerre*, bouclées au lendemain du 11 septembre, où je décrivais al-Qaïda comme une ONG du crime, un monstre froid sans Etat, une organisation de type radicalement nouveau qui n'avait pas besoin, pour prospérer, de s'adosser à quelque Léviathan que ce soit, et pas davantage à l'Irak.

Et je suis là, bien décidé à avancer sur l'un et l'autre front, celui du livre et celui du débat général, dans cette ville que je connais un peu puisque les hasards de précédentes enquêtes m'y ont, dans les dernières années, mené à plusieurs reprises.

Au moment de la guerre de Bosnie d'abord puisque c'est là qu'étaient basés quelques-uns des rares marchands osant violer l'embargo sur les armes à destination de l'armée d'Izetbegovic : c'est à Ankara, mais aussi à Dubaï, que j'étais venu, à l'hiver 1993-1994, réfléchir aux possibilités d'un contournement de cet embargo.

En 1998, retour de mon séjour au Panshir, auprès du commandant Massoud : le général Fahim, patron de ses services secrets, m'avait expliqué que tout le soutien aux talibans, toutes les violations à leur profit des résolutions de l'ONU, toute leur logistique, avaient les Emirats pour plaque tournante ; et j'avais commencé d'enquêter, à Sharjah, l'émirat voisin, vingt kilomètres plus loin, sur deux compagnies d'aviation, Air Cess et Flying Dolphin, qui étaient au cœur de l'affaire et y avaient leur base : l'une fournissait en pièces détachées les derniers avions de combat de Mollah Omar ;

l'autre assurait son approvisionnement en armes et, parfois, main dans la main avec Ariana, la compagnie nationale afghane, en « volontaires étrangers ».

En 2000 enfin, au moment de mes reportages sur les guerres oubliées et, en particulier, sur les guerres africaines : je bouclais mon récit angolais ; j'essayais de tracer les approvisionnements en missiles et en canons de l'Unita ; et j'étais, à ma grande surprise, retombé sur le même Air Cess et sur son sulfureux patron, l'ancien officier du KGB Victor Anatolievitch Bout, dont les avions continuaient d'assurer, à travers toute l'Afrique en guerre et à destination, notamment, des zones de l'Angola sous le contrôle de Jonas Savimbi, le même échange infernal d'armes contre des diamants.

Je suis là, donc, dans cette ville qui est l'une des capitales mondiales de l'argent sale, un lieu de transit incontrôlable pour tous les trafics de la planète – mais aussi, ceci n'étant pas sans lien avec cela, la ville la plus ouverte du monde arabo-musulman, la plus folle, d'une certaine façon la plus libre : je connais les limites, bien sûr, de cette liberté ; je connais le cas de Touria Tiouli, cette Française jetée en prison parce qu'elle a été violée et qu'elle a eu l'audace, en octobre 2002, de s'en plaindre publiquement ; mais comment ne pas avouer, en même temps, que je ne retrouve jamais sans un certain plaisir la folie et l'artifice de Dubaï, son aspect lunaire, son côté Hong Kong proche-oriental ou Las Vegas arabe, son kitsch aussi, ses gratte-ciel sur la plage et ses restaurants sous-marins idiots, ses immeubles de verre et d'acier, ses îles en forme de palmier, son ciel bleu glacé que je n'ai connu qu'au Mexique ?

Je réactive mes vieux réseaux du temps de mes trois enquêtes.

Je reprends contact avec un cadre du ministère de l'Aviation civile, qui m'avait raconté, à l'époque, comment des vieux Iliouchine qui avaient, depuis longtemps, perdu l'autorisation de transporter fret et passagers, venaient, certaines nuits, dans les zones reculées de l'aéroport, charger des cargaisons mystérieuses qui échappaient aux douanes et à la police.

Je retrouve un ami, Sultan B., cadre dans une banque arabe, qui n'a pas son pareil pour vous guider dans le maquis de circuits financiers où l'opacité des comptes off shore ajoute à celle de la hawala, ce système de compensations et de transferts sur parole, vieux comme le commerce, et qui, à grande échelle, ne laisse par définition pas de trace.

Et si je ne trouve rien sur Memon, si, malgré ce que l'on m'avait dit, à Karachi, le maître des lieux du supplice reste, plus que jamais, l'homme invisible de cette affaire, je fais, sur l'autre aspect des choses, sur al-Qaïda et ses finances, quelques découvertes – dont l'une, la dernière, va me ramener, de façon parfaitement inattendue, dans le droit-fil de ce livre.

Première observation. Le gel des comptes suspects opéré, au lendemain du 11 septembre, sur pression des Américains, est, vu depuis Dubaï, comme une vaste plaisanterie. Trop lent. Trop annoncé. Trop de problèmes (ne serait-ce qu'à cause de l'orthographe des noms arabes, des transcriptions en anglais, et même des homonymies) d'identification des titulaires.

« Imagine, me dit Sultan, une circulaire américaine qui arriverait dans une banque anglaise et qui dirait : "gelez le compte de Mr Miller, résidant à Londres". Mieux, imagine qu'elle dise : "Mr Miller ou Mr Miler, ou même Mr Mailer, nous ne savons pas très bien". Tu fais comment ? Vu qu'il y a, à Londres, des milliers de Mr Mailer, et encore plus de Mr Miller, comment tu trouves le bon ? C'est très exactement la question qu'on s'est posée, ici, quand le FBI nous a adressé des listes de Mr Mohammed, ou Mohammad, ou Ahmed, ou Maulana, je caricature à peine... » S'ajoute à cela, me dit-il, le problème des pseudonymes. Celui des organisations caritatives musulmanes qui avaient habilement mêlé l'argent du crime et celui de la bienfaisance. S'ajoute l'embarras des banques occidentales elles-mêmes qui, parce qu'elles n'avaient pas, avant le 11 septembre, de raison majeure de se méfier, ont allègrement, et sans le savoir, trempé dans ces trafics : sais-tu, me dit-il, que Mohammed Atta a gardé, jusqu'au bout, un compte ouvert, ici, dans l'émirat, à l'agence de la City Bank ? sais-tu que c'est sur la succursale de la HSBC que Marwan al-Shehhi, le pilote du deuxième avion, ouvre, en juillet 1999, le compte principal sur lequel il fonctionne jusqu'à la veille de l'attentat ? que penses-tu du fait que lui et les autres ont réussi à ouvrir, avec des pièces d'identité parfois falsifiées, jusqu'à 35 comptes – dont 14 dans la seule Sun Trust Bank – dans les grandes banques américaines ? Bref, le bilan est désastreux. Les organisations terroristes ont eu mille fois le temps de se redéployer et de se protéger. Devine combien il restait d'argent sur les comptes du Harkat ul-Mujahideen le jour où on les a saisis : 4 742 roupies, soit 70 dollars ! Sur le compte du Jaish e-Mohammed, aussitôt rebaptisé al-Furqan, sans que nul ne songe à geler, aussi, les comptes de la nouvelle organisation : 900 roupies, 12 dollars ! Sur ceux du Al-Rashid Trust, dépositaire, ne l'oublie pas, des avoirs des talibans ainsi que du Lashkar e-Toïba : 2,7 millions de roupies, 40 000 dollars – ce qui, là encore, compte tenu de l'importance du Trust, a l'air d'une blague. Devine combien on a saisi d'argent sur le compte de Ayman Al-Zawahiri, l'Egyptien, qui était, comme tu sais, l'un des financiers d'al-Qaïda : 252 dollars ! la fortune d'al-Qaïda, son trésor de guerre, réduits à 252 dollars, on croit rêver ! »

Deuxième observation. Les ressources d'al-Qaïda. Tout le monde fait toujours comme si al-Qaïda et Ben Laden c'était la même chose. Tout le monde, l'Occident autant que la rue arabe, a l'air de tenir pour acquise l'idée d'une organisation terroriste financée sur la cassette du milliardaire saoudien et de sa famille. Et cela n'est évidemment pas indifférent à la propagande du personnage ; ce cliché du fils de famille immolant sa colossale fortune sur l'autel de la revanche arabe n'est pas sans influence sur la fabrication de sa légende ; car quelle meilleure manière d'alimenter sa popularité que cette image d'Epinal – en partie calquée, d'ailleurs, sur celle de nos milliardaires rouges d'autrefois, financiers romantiques de la révolution mondiale, Hammer, Feltrinelli – du fils rebelle et maudit, de l'ascète, de l'héritier décidant de faire don de ses biens aux

damnés de la terre et à Allah ? Le malheur c'est que
c'est faux. Al-Qaïda – c'est ce dont je m'avise à Dubaï
– n'est plus, depuis longtemps, cette vertueuse PME
familiale se suffisant à elle-même. C'est une mafia.
Un trust. C'est un gigantesque réseau d'extorsion de
fonds étendu à la planète et dont Ousama Ben Laden
lui-même, loin de se dépouiller, tirait et tire encore
bénéfice. Cela va du racket banal à l'impôt sur les jeux
comme la mafia de Macao. De l'impôt sur le commerce
de la drogue prélevé en Afghanistan à des mécanismes
d'escroquerie financière sophistiqués, presque indéce-
lables, car reposant, non sur le vol, mais sur la duplica-
tion des cartes de crédit. Ce sont de jeunes financiers,
type Omar Sheikh, qui sont passés maîtres dans l'art
de vendre aux Occidentaux la corde pour les pendre
c'est-à-dire, en l'espèce, de retourner contre l'Occident
marchand ses armes et, parfois, ses vices : « tu connais la technique ? me demande Sultan. Elle consiste à
vendre une action que tu n'as pas mais qu'une banque
te loue moyennant commission et que tu rachèteras, au
prix du marché, un peu plus tard, quand sera venu le
moment de la rendre à ladite banque ; suppose que le
titre vaille 100, mais que tu aies de bonnes raisons de
croire qu'il va valoir 50 ; suppose que tu saches, par
exemple, qu'un attentat contre le World Trade Center va
avoir lieu et qu'il va faire chuter les Bourses ; eh bien
tu loues le titre ; tu le vends, immédiatement, au prix
du marché qui est encore de 100 ; et quand l'attentat
arrive et qu'il fait, comme tu l'avais prévu, plonger ton
titre à 50, tu rachètes 50 ce que tu viens de vendre 100
et tu empoches tranquillement la différence ; cette tech-

nique, ce sont les banques anglaises et américaines qui l'ont mise au point ; mais nous nous y sommes très vite mis, à Dubaï ; et je connais une banque qui a fait ce type d'opération, ici, entre les 8 et 10 septembre, sur les grandes valeurs du Dow Jones, pour le compte d'opérateurs liés à Ben Laden – j'ai le nom d'une banque qui, en "shortant", c'est le mot, 8 000 titres United Airlines le 7 septembre puis 1200 American Airlines dans la matinée du 10, a permis à l'attentat contre les tours américaines de s'autofinancer ». Quelle est cette banque ? Sultan ne me le dira pas. Mais il me donnera, le lendemain, la traduction d'une interview de Ben Laden publiée le 28 septembre, dans *Ummat*, l'un des quotidiens en urdu de Karachi : « al-Qaïda est riche de jeunes gens modernes et éduqués qui connaissent les failles du système financier occidental – who are aware of the cracks inside the Western financial system – et qui connaissent le moyen de les exploiter. Ces failles, ces faiblesses, sont comme un nœud coulant qui étrangle le système ». Tout est dit.

Troisième observation. Ou plutôt témoignage. Celui de Brahim Momenzadeh, un avocat saoudien libéral qui me reçoit au dernier étage d'un immeuble de verre et de marbre noir, dans un bureau futuriste, face à la mer, et que l'on m'a présenté comme un spécialiste international en montages financiers occultes et sophistiqués.

« L'islamisme est un business, m'explique-t-il, avec un grand sourire épaté. Je ne dis pas ça par déformation professionnelle, ni parce que j'en ai des preuves, ici, dans ce bureau, dix fois par jour, mais parce que c'est un fait. Les gens se cachent derrière l'islamisme. Ils s'en servent comme d'un paravent et disent : "Allah Akbar ! Allah Akbar !" Mais on connaît ça, nous, ici. On voit les accords et les mouvements qui se font derrière le rideau et qui, d'une manière ou d'une autre, échouent tous entre nos mains. On fait les papiers. On établit les contrats. Et je peux vous dire que la plupart se fichent, en réalité, d'Allah. Ils entrent en islamisme parce que ce n'est rien d'autre, surtout au Pakistan, qu'une source de pouvoir et de richesse. C'est vrai des gros, des chefs, qui font des fortunes avec leurs associations de bienfaisance qui sont autant de sociétés-écrans basées ici. Mais prenez les jeunes des madrasas. Ils voient les gros qui mènent grand train. Ils regardent tous ces maulanas qui roulent en 4 × 4, prennent cinq femmes, envoient leurs enfants dans de bonnes écoles, bien meilleures que les madrasas. Ils ont sous les yeux l'assassin de votre Pearl, Omar Sheikh. Quand il sort des prisons indiennes et revient à Lahore, les voisins constatent quoi ? Qu'il est bien habillé. Qu'il a une land cruiser. Qu'il s'est marié et que les gros bonnets de la ville sont venus à son mariage. Ils trouvent que l'islamisme lui réussit, que c'est le signe de sa réussite, un levier de promotion – ils savent que c'est un bon moyen d'avoir la protection des agences et des puissants. Croyez-moi, très peu de gens, au Pakistan, deviennent islamistes par conviction ou fanatisme ! Ils cherchent juste une famille, une mafia, capable de les protéger de la dureté des temps. Et la bonne solution est là. C'est aussi simple que ça. »

Est-ce aussi simple, vraiment ? Et peut-on faire si aisément l'impasse sur l'idéologie, le fanatisme ? Je ne sais pas. Tel est, en tout cas, le point de vue d'un homme d'affaires de Dubaï sur cette idéologie, ce fanatisme. Tel est l'autre visage de cette folie du temps, ainsi qu'il apparaît dans l'œil de la capitale arabe de l'argent. Jeunes loups de l'islamisme radical ? Golden boys du jihad ?

Quatrième observation. L'argent des kamikazes. J'avais, à Sri Lanka, rencontré une repentie du mouvement Tigre, le Liberation Tigers of Tamil Eelam, ou LTTE, formée à l'idéologie de l'attentat-suicide, qui m'avait raconté de l'intérieur les mécanismes intellectuels à l'œuvre dans ce type d'aventure. J'avais aussi, à Ramallah, rencontré un père palestinien, lié au Hezbollah et donc, je m'empresse de le préciser, non représentatif de la mentalité des pères de famille palestiniens en général, qui m'avait dit combien il était heureux et fier de savoir que l'un de ses fils allait se sacrifier pour le jihad antijuif : « c'est un honneur, m'avait-il expliqué, mais c'est aussi une chance pour nous tous – n'est-il pas dit, dans le Coran, qu'une famille qui donne un martyr à Allah se voit automatiquement proposer soixante places au paradis ? » Ici, à Dubaï, je recueille des informations plus précises, plus détaillées. Ici, toujours grâce à Sultan et à sa bonne connaissance des mécanismes complexes qui lient les deux systèmes bancaires, j'ai l'impression d'entrer dans l'envers économique et financier du décor sacrificiel.

Le militant d'al-Qaïda a un prix, me révèle-t-il : entre
2 500 et 5 000 roupies (5 000 et 8 000 s'il est étranger
c'est-à-dire, en fait, arabe). Le lanceur de grenade a le
sien : 150 roupies la grenade (prime, si bons résultats).
L'attentat contre un officier de l'armée indienne au
Kashmir a encore le sien : entre 10 000 et 30 000 roupies (prix variable selon le grade de la cible). Eh bien le
kamikaze, lui aussi, a son tarif qui se décide avant, dans
une véritable négociation entre lui, l'organisation et la
famille et qui permettra d'assurer à celle-ci des conditions de vie presque décentes : 5 000 roupies, parfois
10 000 – mais à vie, contractuelles et, quand le contrat
est bien fait, indexées sur l'inflation ou calculées en
devises fortes...

Cas de ce père de famille afghan, réfugié dans la
grande banlieue de Dubaï, qui a reçu, après la mort de
deux de ses enfants, à Tora Bora, en novembre 2001,
les fonds nécessaires à l'ouverture d'une boucherie.
Cas de ce Yéménite, couvert de dettes, qui s'est vu, du
jour au lendemain, après le départ de son fils pour une
destination inconnue, libéré, comme par un coup de
baguette magique, de ses obligations et a pu rentrer à
Sanaa. Ces officines, pas tout à fait des banques, mais
un peu plus que des bureaux de change, où les candidats à l'attaque-suicide viennent constituer des dossiers
de candidature à peu près aussi naturellement que pour
un emprunt immobilier. Ces fondations – la Shuhda e-
Islam Foundation, par exemple, créée, en 1995, par le
Jamaat e-Islami pakistanais – dont la raison d'être est de
prendre en charge, après leur « sacrifice », les familles
des assassins. Et puis l'horreur absolue : plus en amont

encore, ces madrasas où l'on élève, il faudrait dire où l'on dresse, avec le plein consentement des familles, les futurs petits kamikazes.

De la planification du martyre dans un programme général d'assistance sociale aux familles nécessiteuses ? Du rôle de l'attentat-suicide comme ascenseur social et assurance vie ?

Et puis dernière observation enfin – la plus importante puisque je vais retrouver, cette fois, par le biais le moins prévisible, le fil de mon enquête. En fouillant les appartements, les caches, les voitures abandonnées par les pirates de l'air, le FBI, m'explique Sultan, a, dès le 18 septembre, « tracé » certains des virements qui ont servi de base au financement de l'opération : en gros, et selon des évaluations concordantes, 500 000 dollars, peut-être 600 000 – une somme considérable si on la compare aux 20 000 ou 30 000 dollars qu'avait coûtés, huit ans plus tôt, la première attaque contre le World Trade Center. Plus précisément, les enquêteurs se sont focalisés sur l'un de ces virements, peut-être le premier puisqu'il date d'août 2000 et part d'une grande banque des Emirats en direction du premier compte ouvert, aux Etats-Unis, après sa période Hambourg, par Mohammed Atta : 100 000 dollars expédiés par un personnage mystérieux qui est arrivé à Dubaï deux mois plus tôt, en provenance du Qatar, avec un passeport saoudien et qui – c'est toujours Sultan qui parle – prétend se nommer Mustafa Muhammad Ahmad. Plus précisément encore, les enquêteurs ont, en suivant ces 100 000 dollars, en reconstituant en quelque sorte leur trace et leur histoire, fait quatre découvertes :

1. Le compte américain de Mohammed Atta est, dans les mois qui suivent son ouverture, le point de départ de toute une série de petits virements – 10 000 dollars, parfois moins – en direction d'une douzaine de sous-comptes ouverts, pour la plupart, à la Sun Trust Bank, en Floride, au nom de ses complices.

2. L'argent, une fois arrivé sur ces sous-comptes, est retiré, en cash, par paquets de cent, deux cents ou trois cents dollars, aux distributeurs automatiques de ces banques – Abdulaziz Alomari par exemple, compagnon de Mohammed Atta sur le vol American Airlines 11, n'a-t-il pas été filmé, dans la nuit du 10 au 11, quelques heures avant l'opération, en train de faire un retrait au distributeur d'une banque de Portland, dans le Maine ?

3. Le lendemain, 11 septembre donc, Atta, mais aussi Marwan al-Shehhi et Waleed al-Shehri, deux pirates du premier avion, celui qui décollera de Boston, renvoient à Mustafa Ahmad, l'auteur du gros virement initial, l'un 4 000 dollars, l'autre 5 400, le troisième 5 200 – soit un total, à eux trois, de 14 600 dollars correspondant aux frais de mission non utilisés et scrupuleusement retournés, comme dans tous les bons services, à l'agent central de l'administration principale.

4. Mustafa Ahmad, qui n'a pas bougé de Dubaï, réceptionne ces reliquats, les vire sur le compte d'une banque pakistanaise et s'envole, le jour même, soit le 11, toujours avec son passeport saoudien, à destination de Karachi où il procède, dans la journée du 13,

avant de disparaître complètement, à six retraits d'espèces lui permettant de vider le compte.

5. Mustafa Ahmad enfin ne s'appellerait pas Mustafa Ahmad mais Shaykh Saiid, ou encore Saeed Scheik, ou encore Omar Saeed Sheikh – mon Omar, autrement dit ; l'auteur de l'enlèvement de Pearl ; le héros noir de cette histoire...

Inutile de dire l'effet que produit sur moi ce témoignage. Je commence par ne pas y croire. Je commence par me dire : l'ancien de la London School of Economics, le petit Anglais rondouillard et poli, passionné d'échecs et de bras de fer, ami des fleurs de Aitchinson, bon camarade à la Forest School, musulman modéré, ne rechignant pas à assister aux prières anglicanes dans la chapelle, Omar donc, mêlé maintenant au 11 septembre – c'est impossible ! c'est absurde ! c'est trop énorme, trop fou, trop beau, pour être vrai ! Déjà que « la Panthère », ou « la Force », avaient peine à admettre que leur ancien partenaire puisse être mêlé à l'assassinat de Daniel Pearl ! Déjà que Saquib Qureshi et les autres n'en ont pas cru leurs yeux et leurs oreilles quand ils ont vu paraître à la télé, dans ce rôle de coupeur de têtes, leur bon copain, leur frère ! Que diraient-ils s'ils entendaient, maintenant, cela ? Que diront-ils quand ils liront, s'ils le lisent, que ce gentil camarade qui s'opposa, avec eux, à l'OPA des fondamentalistes sur la « Semaine bosniaque » de l'Ecole et dont le seul signe extérieur d'islamité était, quand il venait dans un bar disputer l'un de ses tournois de bras de fer, de ne jamais arriver sans sa cannette de lait, fut, mieux qu'aux manettes, à la caisse du plus grand attentat terroriste de tous les temps ?

Alors, j'ai voulu en avoir le cœur net.

Je suis allé au contact des autorités émiraties : « qu'en dit Sheikh Abdullah bin Zaïd al-Nahayan, ministre de l'Information des Emirats arabes unis ? qu'en disent les autorités financières et bancaires du pays ? »

Je suis retourné, à New Delhi, interroger ceux qui m'avaient déjà transmis les interrogatoires et journaux intimes du prisonnier de 1994 et à qui j'ai posé la question : « voyez-vous Omar dans cet emploi ? en a-t-il la dimension, la carrure ? avez-vous des éléments, surtout, capables de confirmer, ou infirmer, la thèse d'une identité entre Ahmad et Omar ? »

Et puis je suis allé à Washington enfin, les 2, 3 et 4 février 2003, compulser les archives de quelques grands médias (CNN, MBC, *Washington Post*, *New York Times*) et voir ceux des responsables (Ann Korky, au Département d'Etat ; Bruce Schwartz au ministère de la Justice ; d'autres) que je devinais le plus au fait du dossier.

De cette nouvelle enquête, de mes conversations, surtout, de Washington, je tire des impressions en demi-teinte qui ne me permettent pas de conclure – mais assez troublantes pour que je les livre telles quelles, dans le désordre, comme elles sont venues.

1. Le 11 septembre, il faut tout de suite le préciser, a eu d'autres financiers que ce « Mustafa Ahmad » (alias, ou non, Omar Sheikh). Il y a eu, y compris en direction de Mohammed Atta, d'autres virements que ce mystérieux virement de l'été 2000. Il y a eu Mamoun

Darkazanli par exemple, un homme d'affaires syrien qui a opéré, lui, à partir de banques allemandes et dont la contribution à l'événement – deux virements au moins, les 8 et 9 septembre – fut probablement supérieure.

2. Quant à l'identité de Mustafa Ahmad, quant à la question de savoir qui se cache derrière le personnage, il y a, c'est également très clair, d'autres hypothèses en circulation que cette folle hypothèse Omar. L'hypothèse de John Riley et Tom Brune qui, dans *Newsday* du 3 octobre, font de Mustafa Ahmad le pseudo d'un certain Shaykh Saiid qu'ils identifient comme l'un des « lieutenants financiers » de Ben Laden (ce qui n'est pas, en soi, contradictoire avec l'hypothèse Omar) mais dont ils disent aussi qu'il fut, au moment de l'attentat contre l'ambassade américaine en Tanzanie, arrêté puis, très vite, relâché par la police de Dar Es-Salaam (et là, en revanche, cela ne colle plus puisque nous sommes en 1998 c'est-à-dire au moment où Omar est en prison en Inde). L'hypothèse de Associated Press qui, le 18 décembre, diffuse une dépêche où il est dit que Mustafa Ahmad s'appelle en fait Sheikh Saiid, ou encore Sa'd al-Sharif, ou encore Mustafa Ahmad al-Hisawi, ou Al-Hawsawi, et que c'est un Saoudien de trente-trois ans, beau-frère et ministre des finances de Ben Laden, présent à ses côtés depuis les années soudanaises (et dont on sait, par ailleurs, qu'il a ouvert un compte, à Dubaï, pour un autre des terroristes, Fayez Rashid Ahmed, alias Hassan al-Qadi Bannihammad, qui sera, lui, dans le deuxième avion, United Airlines 175).

3. Le problème est d'autant plus complexe qu'il existe un *autre* virement de 100 000 dollars dont nul ne

nie qu'il soit lié, lui, à Omar mais dont rien n'indique qu'il ait à voir avec le 11 septembre. Nous sommes au début août 2001. Soit un an après le virement à Mohammed Atta. Et à une date où le financement de l'attentat est, selon toute probabilité, déjà en place. Le futur meurtrier de Daniel Pearl écrit au mafioso Aftab Ansari qu'il aimerait le voir donner 100 000 dollars pour une « noble cause ». Il lui réécrit, le 19, pour l'informer (*Times of India*, 14 février 2002) que « l'argent qui a été envoyé a bien été transmis ». Transmis à qui ? Pour quelle cause ? Nul ne le sait. Ce virement-là, rien ne permet de dire, je le répète, qu'il soit connecté à l'attaque des Tours de New York. En sorte qu'il suffit de confondre les deux virements, il suffit de penser à celui de 2001 quand on parle de celui de 2000 et de reporter sur celui-ci la connaissance que l'on a de celui-là, il suffit de ne pas voir qu'il y a, non pas un, mais deux virements de 100 000 dollars et de dire : « les 100 000 dollars d'Omar ? mais oui ; on est au courant ! c'est le virement d'août 2001 dont rien n'autorise à penser qu'il ait un lien avec al-Qaïda », pour conclure qu'Ahmad est Ahmad (premier virement), qu'Omar est Omar (second virement) et qu'Ahmad n'est pas Omar (ce qu'il fallait démontrer – mais est-ce la vérité ?). Le piège, encore, des homonymies. Mais qui ne s'arrête plus aux noms. Puisqu'il existe aussi, maintenant, des virements hétéronymes, des quiproquos financiers, des dollars qui, comme les Miller et leurs alias, se font passer pour d'autres dollars. L'argent masqué. L'argent comme masque. Au pays des identités trafiquées, c'est l'argent qui, comme de juste, offre le masque décisif.

4. L'hypothèse Omar, cependant, l'hypothèse selon laquelle Ahmad serait Omar est une hypothèse dont je découvre qu'elle a bel et bien circulé, qu'elle a même été imprimée, dès le lendemain de l'attentat, et à de très nombreuses reprises – sauf qu'Omar, à l'époque, n'est pas encore Omar et que son nom ne signifie rien pour personne. Ainsi ce sujet diffusé sur CNN, le 6 octobre, jour de l'attentat contre l'assemblée régionale du Kashmir, où il est clairement dit qu'« Omar Saeed » et « Mustafa Muhammad Ahmad » ne font qu'« une seule et même personne » et que cette personne serait « encore en prison » sans « le détournement, en décembre 1999, de l'avion d'Indian Airlines » qui a permis de la libérer. Ainsi cet autre sujet, deux jours plus tard, sur la même CNN, où la journaliste Maria Ressa dépeint Mustafa Ahmad comme un jeune Pakistanais de vingt-huit ans, ancien de la London School of Economics, qui fut libéré de sa prison indienne, fin 1999, au terme d'un détournement d'avion dont la ressemblance est frappante avec les détournements du 11 septembre. Ainsi cet article paru le 13 octobre, sous la signature de Praveen Swami, dans *The Hindu* de New Delhi, où il est fait état d'une note des services allemands attribuant « le virement de 100 000 dollars » à Ahmad Omar Sayed Sheikh, « proche associé » de Masood Azhar, le commandant du Jaish e-Mohammed. L'information sera reprise, de loin en loin, jusque après le meurtre de Danny. *Time Magazine* et *Associated Press* par exemple, le 10 février encore, prendront au sérieux cette idée de l'assassin de Daniel Pearl contribuant au financement du 11 septembre. L'hypothèse est énorme. Vue d'Europe, elle

semble parfaitement incroyable. Mais ni le Département
d'Etat, ni le ministère de la Justice, ni les grands médias
de Washington et New York, ne semblent la tenir pour
invraisemblable ou absurde.

5. Mieux, je retrouve, dans deux grands journaux
américains, l'information sensationnelle que m'avaient
donnée les Indiens sur l'implication, dans le financement de l'attentat, du patron des services secrets pakistanais, le général Ahmad Mahmoud. L'information
était, on s'en souvient, selon le *Times of India* du
9 octobre et le *Daily Excelsior* du 10, que c'est « à
l'instigation du général Ahmad Mahmoud » que
l'énigmatique « Ahmad Umar Sheikh » a « transféré
par voie électronique au pirate Mohammed Atta »
ses fameux 100 000 dollars. Eh bien le *Wall Street
Journal* écrit, ce même 10 octobre 2001 : « les autorités américaines confirment le fait que 100 000 dollars ont été virés à Mohammed Atta par Ahmad Umar
Sheikh à la demande du général Ahmad Mahmoud ».
Le *Washington Post* du 18 mai 2002 renchérit : « le
matin du 11 septembre, Goss et Graham (respecti-
vement présidents des Comités du renseignement de
la Chambre et du Sénat) déjeunaient avec un certain
général pakistanais, Mahmoud Ahmad, qui devait peu
de temps après être limogé à la tête des services secrets
du Pakistan ; il dirigeait un organisme qui entretenait
des liens avec Ousama Ben Laden et les talibans ». Et,
plus incroyable encore, je retrouve tout à coup, dans
le *Dawn* du 9 octobre, donc jusqu'à Karachi, l'un de
ces entrefilets que je connais si bien et qui passent à
travers les mailles de la censure avant d'être démentis

ou occultés : « le directeur général de l'ISI, le général Mahmoud Ahmad, a été remplacé après que les investigations du FBI ont établi un lien crédible entre lui et Omar Sheikh, l'un des trois militants échangés lors du détournement d'avion de la Indian Airlines en 1999 » ; puis : « des sources informées indiquent que les agences de renseignements américaines ont la preuve que c'est bien sur instruction du général Mahmoud que Sheikh a transféré ses 100 000 dollars sur le compte de Mohammed Atta... » L'hypothèse, autrement dit, n'est plus celle d'Omar financier du 11 septembre mais d'un Omar opérant sur ordre de l'ISI. L'hypothèse n'est plus seulement celle d'un Omar lié à al-Qaïda à travers son opération terroriste la plus spectaculaire – mais celle d'une collusion, à travers un Omar prenant, pour le coup, une dimension plus grande encore, entre al-Qaïda et l'ISI travaillant ensemble en vue de la destruction des Tours. Pour les services indiens, l'association ne fait pas de doute : j'ai vu, à New Delhi, les résultats du décodage de la puce téléphonique de l'assassin de Pearl montrant, durant l'été 2000, soit au moment du virement, des appels répétés au général Mahmoud Ahmad. Le FBI tient, bien entendu, un langage un peu plus diplomatique : mais je vois des gens, à Washington, qui me confirment officieusement que le numéro de cellulaire décodé par le RAW – 0300 94587772 – est bien celui d'Omar, que la liste des appels donnés à partir dudit cellulaire est bien ce que l'on m'en a montré et que, s'il devait être prouvé qu'Omar fut aussi l'auteur du virement, alors il serait difficile de nier qu'il l'ait fait au su du patron de l'ISI.

6. Deux questions distinctes, autrement dit. Et, en fait,
trois qui nous plongent, plus que jamais, au cœur du tour-
billon des hypothèses et des vérités. Celle du lien entre
notre Omar et l'autre Ahmad, celui de l'ISI : établi par les
services indiens ; à peu près certain ; et ne m'étonnant, en
réalité, pas tant que cela – n'ai-je pas déjà établi qu'Omar
était un homme des services pakistanais donc, en effet,
un agent d'Ahmad ? Celle du lien ou, plus exactement,
de l'identité entre Omar et le premier Ahmad, auteur du
virement de septembre 2000 : probable ; pas certain ;
mais jetant, s'il se confirmait, une nouvelle lumière sur la
personnalité d'Omar – agent, dans ce cas, et de l'ISI, et de
al-Qaïda. Et puis la question enfin, que l'on ne peut plus
esquiver, de la responsabilité des services pakistanais,
ou d'une faction de ces services, dans l'attaque contre
l'Amérique et la destruction des Tours : admettons, en
effet, que la réponse à la première question soit oui ;
supposons que, à la seconde question, la réponse soit
également oui ; comment ne pas penser alors que l'attentat du 11 septembre a été voulu et financé – au moins
en partie – par les barbouzes d'un pays officiellement
« ami », membre de la coalition antiterroriste et ayant
offert aux Etats-Unis son aide logistique et ses sources
de renseignements ? Ces trois questions sont évidemment au cœur de mes conversations de Washington. A
la première, je l'ai dit, la réponse américaine est oui :
preuve par le cellulaire ; contact attesté entre Omar et
le patron de l'ISI ; c'est clair. A la seconde, elle est plus
ambiguë : il existe deux documents, me dit-on, qui permettent l'identification d'Ahmad ; le dossier d'instruction de Zakarias Moussaoui, dont je ne sais rien ; une

bande vidéo, ensuite, issue d'une caméra de surveillance et montrant Mustafa Ahmad entrant, le 11 septembre, à 1 h 15, dans la banque de Dubaï où il vient récupérer les fonds réexpédiés, dans les jours précédents, depuis les bureaux de la Western Union, par Atta – je ne vois pas cette bande mais je crois comprendre qu'elle confirme, en effet, ce que n'a cessé de dire la presse, à savoir l'identité d'Ahmad et d'Omar. Et quant à la troisième question enfin, quant à l'éventuelle responsabilité pakistanaise dans l'attentat du 11 septembre, elle reste le grand non-dit de l'Amérique de George Bush et Donald Rumsfeld : tenir pour le double oui, admettre qu'Ahmad est Omar *et* qu'il est l'auteur du virement, reconnaître, autrement dit, une coresponsabilité de l'ISI dans l'attaque, n'équivaudrait-il pas à remettre en cause tout le bâti d'une politique étrangère qui, à l'époque déjà, faisait de l'Irak la figure même de l'ennemi et du Pakistan un pays allié ? Reste, pour moi, l'essentiel. Reste le meurtre de Daniel Pearl dont j'ai une troisième raison de penser (après Saud Memon, après Binori Town) qu'il pourrait avoir été, lui aussi, commandité par al-Qaïda.

Hallucinante complexité d'Omar.

Etourdissante obscurité d'un personnage à double, triple, fond.

Chaque fois, on touche le fond.

Mais au fond de ce nouveau fond, il y a toujours une nouvelle trappe qui s'ouvre sous nos pieds.

Sur la paroi de la caverne, derrière l'ultime écran, toujours un autre écran qui vous entraîne ailleurs, plus loin, dans une autre spire de ce vertige du Mal.

A moins, bien entendu, que ce vertige ne soit celui de l'enquêteur lui-même enquêtant sur le vertige. A moins qu'il ne soit, lui aussi, rapté dans ce trou, avalé dans cette matrice, emporté sur ce toboggan du pire – ivresse d'un mystère qui finirait par se diluer lui-même. Je ne sais plus.

4

AU CŒUR DES TÉNÈBRES

J'avais toutes sortes de raisons de venir à Kandahar, sud de l'Afghanistan.

Je sais que c'est là qu'est venu se poser le fameux avion de la Indian Airlines détourné, fin 1999, par les jihadistes pakistanais du Harkat ul-Mujahideen et dont les 155 passagers furent échangés contre la sortie de prison d'Omar, Masood Azhar et Mushtaq Zargar.

Je sais qu'Omar, une fois libre, ne rentra pas tout de suite au Pakistan comme ses deux camarades mais, soit qu'il y eût à faire, soit qu'il voulût payer tribut à cet Etat taliban dont les bons offices et la complaisance venaient de faciliter les négociations avec les terroristes et, donc, sa libération, resta quelques mois au pays des « étudiants en religion ».

Je sais enfin (pour l'avoir lu, à Delhi, dans son propre « Journal » de prison) que, dès 1993-1994, au sortir de sa saison bosniaque et alors que se préparait la lutte à mort entre Massoud et ses ennemis fondamentalistes, il avait déjà fait deux séjours dans des camps d'entraîne- ment : l'un près de Miran Shah, dans les zones tribales pakistanaises ; l'autre à Khalid bin Waleed, sur le territoire même de l'Afghanistan.

Et c'est tout cela, donc, que j'ai à l'esprit quand, le plus discrètement possible, sans passer par Kaboul et sans me signaler à l'ambassade dont le contact eût donné un tour inutilement officiel à ce voyage et aux démarches que je comptais entreprendre, j'atterris, en cette fin d'année 2002, sur l'aéroport de l'ex-capitale des talibans.

Mais je n'ai, évidemment, qu'une vraie idée en tête. Je veux dire une idée fixe. Omar encore. Omar plus que jamais. Avoir, ou non, confirmation de ce lien d'Omar Sheikh avec l'Organisation de Ben Laden. Trouver, ou pas, les éléments de preuve qui, s'ils existent, ne peuvent exister que là, dans cette ville qui fut la capitale d'al-Qaïda. Savoir si j'ai rêvé, à Dubaï. Savoir si je me suis laissé prendre au jeu des hypothèses infinies ou si l'on a affaire, vraiment, à l'un de ces personnages à multiple visage qui, comme Oswald, comme d'autres, comme tant de grands espions de la mythologie guerre froide, n'en finissent effectivement jamais de se montrer différents d'eux-mêmes et, quand on les croit au centre d'une énigme, d'aller s'inscrire dans une énigme plus vaste où la première se précise – ou se dissout.

Je passe ma première journée à chercher une pension où l'on accepte les étrangers.

Le lendemain, ne sachant par quel bout commencer, je retourne rôder du côté de l'aéroport, aujourd'hui sous contrôle américain, mais où je parviens à trouver un employé qui était là il y a dix ans, au moment du détournement, et qui me confirme, dans ses grandes lignes, le récit de A.K. Doval, l'homme des services secrets indiens.

Je retourne, à tout hasard, jusqu'à l'immonde villa hollywoodienne, mi-rose bonbon, mi-vert pistache, que Mollah Omar s'était spécialement fait construire et aménager, à l'extérieur de la ville : stucs et radars ; tourelles kitsch et biscornues ; chambres à coucher rococo et systèmes de défense antiaériens ; fresques gigantesques mêlant, dans le plus pur style pompier, scènes de la vie future dans un Afghanistan rêvé, couvert de barrages et d'autoroutes, à des scènes plus bucoliques montrant la vie au paradis.

J'erre entre la mosquée de l'Aïd, les locaux en ruine du ministère de la Répression du vice et de la Promotion de la vertu, les magasins de musique de plus en plus nombreux, le petit stade, près de la place du Marché, où les talibans, chaque dimanche, organisaient des concours de lutte et où il n'était pas rare de voir s'arrêter la Pajero SUV vitres teintées du chef suprême des talibans qui, quand il était bien luné, amenait, tel un Néron moderne, ses gardes du corps personnels disputer le match (il lui arrivait même, veut la légende, d'y venir seul, à pied – personne ne connaissait son visage et il pouvait être là, incognito).

Sauf que, de l'autre Omar, le mien, le seul qui, en vérité, m'importe, j'ai le plus grand mal à retrouver la trace.

Je vois un chef religieux dont les coordonnées m'ont été données à Londres mais qui me parle d'un autre Omar Sheikh, pakistanais aussi, mais homonyme.

Je vais à la madrasa Haqqania dont j'ai entendu dire qu'elle fut l'un des points de chute, dans ces années, des « frères » pakistanais venant faire le jihad mais où l'on n'a pas le moindre souvenir, non plus, de lui.

Je retrouve Mohammed Mehran, un intellectuel croisé lors de ma mission afghane, un an plus tôt, l'un des meilleurs connaisseurs de cet univers de camps d'entraînement « arabes » et « pakistanais » qui fut, pendant plusieurs mois, lors de ses séjours de 1993-1994, celui du jeune universitaire, à peine sorti de sa London School of Economics ; mais s'il est intarissable sur la structure de ces camps et la formation que l'on y reçoit, si nous passons des heures, moi à l'interroger sur leur fonctionnement, lui à me répondre, il n'a, sur le cas particulier d'Omar Sheikh, guère de lumières à m'apporter.

Partout, je devine son empreinte – nulle part je ne la trouve.

A chaque pas, je sens sa présence – mais elle a la consistance des ombres.

Je sais que c'est là, dans ce dédale de rues étroites, que doit forcément se cacher l'autre clef de son mystère et du type de lien qui le relie à la structure d'al-Qaïda – mais rien ne me dit à quoi, si elle venait à surgir, j'aurais à la reconnaître.

En un mot, l'enquête patine.

Pour la seconde fois, comme en Bosnie, je fais la cruelle expérience de l'absence de vestiges et de témoins.

Trois jours s'écoulent ainsi.

Je les passe à lire, réfléchir, marcher dans les bazars, rêver, écouter le chant du muezzin qui me semble (est-ce une impression ?) plus agressif que lors de mes précédents séjours, relire *Les Amants de Kandahar*, une fin d'après-midi, attablé à la terrasse d'un café de la « place des Moudjahidin », attendre, perdre patience, attendre encore. Et puis, quitte à attendre, je profite de la situation pour essayer d'imaginer ce que fut la vie d'Omar, non pas exactement ici, mais à Miran Shah, puis Khalid bin Waleed, à l'époque de son premier séjour, quand il accomplit ses deux stages de formation – quitte à rêver, je m'attarde pour la dernière fois sur ce qui demeure, à nos yeux, l'énigme la plus déroutante : la transformation du petit Anglais en maniaque de la guerre religieuse et du crime.

Pas de témoins directs, bien sûr. Personne pour me dire : « j'ai connu Omar à Miran Shah et Khalid bin Waleed, voilà l'homme qu'il était ». Mais les récits de Mohammed. Plus des bribes de confidence à Peter Gee, Rhys Partridge, ainsi qu'aux autres kidnappés de la période indienne, dont je me rappelle les dépositions. Et puis ma connaissance, maintenant, du personnage. Car c'est cela, n'est-ce pas, connaître un personnage... Etre capable de l'imaginer jusque dans les situations dont on ignore à peu près tout... Et j'ai le sentiment, à force, de commencer de connaître Omar...

Géographie de ces camps de Khalid bin Waleed et Miran Shah. Tous ces camps se ressemblent, m'a dit Mohammed. Taillés sur le même modèle. Dans le creux d'une vallée très verte, la montagne déserte et neigeuse tout autour. Des hangars de mauvaise tôle qui brillent dans la lumière. Des tentes. Une mosquée. Une esplanade immense où l'on se rassemble pour la prière et l'exercice. L'exacte image, autrement dit, de ce tableau naïf qui était au mur de ma chambre de l'hôtel Akbar. Ce camp-ci, cependant, le camp de Khalid bin Waleed qui est le second des camps d'Omar et qui est celui des deux que Mohammed connaît le mieux car il l'a visité juste avant que les Américains ne le rasent, avait une particularité. Une autre esplanade, plus petite, où venaient régulièrement les membres des familles des combattants pour échanger leurs peines et leurs joies, communier dans l'extase de la mort et du sacrifice partagés, parfois se marier entre survivants et constituer ainsi une sorte de communauté sainte des parents de héros – ils venaient aussi, comme au spectacle, généralement avec leurs enfants, voir les « holy warriors », les guerriers saints, leur *jouer* la mort de leurs proches, leur gloire et leur sacrifice remis en scène. Guerre et théâtre. Crime et représentation du crime. Une atmosphère bucolique et austère. Verdoyante et lugubre. Comédiens et martyrs. Allah Akbar. Omar est là.

Vie quotidienne dans ces camps. Les jours. Les nuits. J'essaie d'imaginer les nuits d'Omar à Khalid bin Waleed. Le détail. Toujours le détail. Car c'est là, comme d'habitude, que tout se joue et se dit. Comment dort-il, par exemple ? Dans un lit ? Sur une natte ? Par terre ? Dans la neige ou sur les cailloux ? Seul ? Avec les autres ? Réponse : sur des nattes, à même le sol, sous un arbre, sous la pluie, sans oreiller bien sûr, sans draps ni couvertures, en chaussettes quand il fait froid, serré contre les autres, comme des sardines, pour se réchauffer. Terreur et fraternité. Fraternité-terreur. Chaleur infecte et délicieuse, bonheur de la communauté enfin trouvée. Pour rester dans le registre d'un écrivain philosophe qui m'est cher : l'expérience du hangar et du collectif, le goût moite des humains, leur souffle fétide, la nausée – le devenir autodidacte, en un mot, d'un asocial nommé Omar qui, loin de souffrir des puces et des punaises, du froid, de la promiscuité des corps, des souffles mêlés, de la matière humaine faisandée, y trouve la plus vive, la plus profonde jouissance. Si, vraiment, son problème fut, comme me l'a dit Peter Gee, celui de l'impossible appartenance, si, vraiment, son rêve secret fut d'échapper à sa douloureuse et coupable solitude, alors il est servi à Khalid bin Waleed. L'enfer, donc le paradis, de Khalid bin Waleed.

Les jours à Khalid bin Waleed. Ce qu'on y mange. Ce qu'on y boit. La question peut sembler frivole. Pour Omar, elle ne l'est pas. Omar et sa petite santé. Omar et son corps, sa physiologie, d'Européen prospère. Omar qui, je le sais maintenant, n'avait pas pu entrer en Bosnie car le voyage l'avait fatigué et, finalement, rendu malade. Et Omar qui, arrivé directement de Londres au camp précédent, celui de Miran Shah, avait connu le même genre de mésaventure. Les platées de riz mal cuit. Les vieilles viandes, avariées, qu'on mange dans de grandes assiettes, tous ensemble, avec les doigts. Les huiles cent fois cuites. De la mauvaise eau, croupie. Du lait qui a tourné. Peu de fruits. La saleté des cuisines. La saleté, partout, à tout instant. Résultat, à Miran Shah : comme en Bosnie, mais en pire. Un empoisonnement mais qui, cette fois, le terrasse. Fièvre. Délire. Langue sèche et enflée. Le corps, baigné de sueur, qui lâche par tous les bouts. Garder le lit, si l'on peut parler de lit, pendant que les autres vont à l'exercice. Parti pour le jihad et la gloire, Omar tombe malade au bout de vingt et un jours (fin de la première tranche de la formation du jihadiste) et doit rentrer illico à Lahore (chez son oncle, Rauf Ahmed Sheikh, juge à la Haute Cour de Lahore, ou chez son grand-père, je ne sais pas – repli sur les bases, petite nature, piteux Omar).

Que fait Omar quand il tombe malade ? A Solin, en Croatie, c'était simple. Il resta au lit. Attendit. Et le Convoy of Mercy, au retour de sa mission, le reprit et le ramena à Londres. Mais là ? Ce que je sais de Miran Shah c'est que l'on n'y trouve ni médecins ni infirmières. Ni soins ni médicaments. Ce que je sais de cette armée-là, l'armée des jihadistes, des guerriers saints, des soldats de Dieu, c'est que c'est la seule armée au monde où l'on se fiche de la santé, de l'état physique et même de l'âge des soldats. Pas de limite d'âge, par exemple, pour le recrutement. Pas de conseil de révision. Des vieux de quatre-vingts ans autant que des gamins. Et des gamins qui, par parenthèse, peuvent avoir dix ans, dix mois, dix jours – il y a des mères qui, dès sa naissance, amènent leur nouveau-né au camp ! il y a des quasi-pouponnières, dans les camps, où sont les bébés voués au jihad ! Bref, pas d'hôpitaux à Miran Shah comme, d'ailleurs, à Khalid bin Waleed. L'hôpital le plus proche est celui de Muzzafarabad, à deux cents kilomètres de là, où sont soignés les blessés au combat.

Bien et mal portants, même combat. Marche ou crève, c'est la seule question. Omar, à Miran Shah, manque crever et rentre à Lahore.

Emploi du temps, à Miran Shah et Khalid bin Waleed. Rythme des nuits et des journées. La première chose qui frappe Omar, j'en suis sûr, c'est cette lenteur du temps, sans césures ni événements : suffit pas de cinq prières pour faire un rythme ; ni de trois repas pour organiser une journée. La première chose qui le trouble, et le change, c'est ce temps étale, presque immobile, exsangue comme celui des insomnies, où il ne se passe rien que la succession des jours, des nuits, des aubes, des crépuscules. Un temps réduit à cela ? Le temps de ces grandes et belles scansions – les aubes, les crépuscules – dont il avait, à Londres, comme tous les citadins, perdu le sens ? Même pas. Car on ne voit pas se lever le soleil, dans les camps. On ne le voit pas se coucher. Ou, si on le voit, c'est sans le voir – interdit de s'en aviser, souci d'Européens et de chrétiens, émerveillement d'esthètes et d'idolâtres, taisez-vous ! Le premier commandement du temps jihadiste : faire comme si rien ne se passait. Le premier choc d'Omar jihadiste : ce temps qui ne passe plus, ce pur passage du temps, ce temps vide d'événements, de pensée. Omar ne lit plus. Ne réfléchit plus. Pris dans la mécanique des jours, dans la répétitivité des gestes collectifs et de la survie, c'est à peine s'il lui reste le temps de penser. Non plus autodidacte, mais analphabète. Ivresse, non plus du groupe, mais du vide. Devenir-illettré d'Omar. Devenir pauvre en esprit. Amnésie. Lavage de cerveau ?

Emploi du temps encore. Emploi concret des heures. Le même que dans la plupart des camps. C'est une étiquette, presque un rituel, cela ne change pas d'un camp à l'autre. Première prière avant l'aube. Puis, récitation du Coran, en arabe. Puis conférence de l'émir ou d'un ouléma de passage sur un point de doctrine, un dire du prophète, un paquet de sourates, une page du *Kitabul Jihad*, le « Livre du jihad », de Abdullah bin Mubarik, ce savant coranique qui recueillit les dires du Prophète sur l'idée de guerre sainte. Seulement alors – il est 8 heures – petit déjeuner. Seulement après – il est 9 heures –, entraînement militaire. Prières de midi. Déjeuner. Repos. Prières de l'après-midi. Entraînement. Nouvelle séance d'endoctrinement : les guerres de Mahomet ; les vies de ses compagnons ; sa sainte Face ; le dessin de son Visage ; pourquoi il n'en est qu'Un ; l'horreur des jeux vidéo, de la drogue, de ces films de Stallone et autres qui ont tant compté dans l'éveil d'Omar à la violence et qu'il voit, maintenant, cloués au pilori. Travaux domestiques. Corvées. Prière du crépuscule. Nouvelle récitation du Coran. Nouvelle conférence sur le « jihad » (combat sur le chemin de Dieu) aussi bien que sur le « qital » (art de tuer, selon le chemin d'Allah), sur les saintes valeurs de l'islam (fraternité, communauté, oumma) autant que sur le matérialisme de la vie moderne et la décadence morale de l'Occident (incapacité, en Europe, pour les fils d'aimer les pères, pour les pères d'aimer les fils, pour les frères d'aimer les frères comme s'aiment les frères en terre d'islam – voyez les camps). Dernière prière. Sommeil.

Je fais le compte. Cinq prières. Quatre, ou cinq, plages de temps consacrées à l'endoctrinement religieux, au Coran. Et, face à cela, deux, peut-être trois, séances d'entraînement proprement militaire (en gros : apprentissage du maniement de la kalachnikov, du RPG-7, des grenades, du fusil, du lance-roquettes et, spécialité de Khalid bin Waleed, des mines commandées à distance). Est-ce là ce que l'on appelle un camp « d'entraînement » ? Est-ce ainsi que fonctionnent les camps, si redoutables, d'al-Qaïda ? Le religieux, à Khalid bin Waleed, l'emporterait-il sur le militaire ? Le minaret commanderait-il au fusil ? L'ouléma à l'émir ? Et, dans holy warriors, « holy » compterait-il plus que « warriors » ? Eh bien oui. C'est cela. C'est ce que l'on sait mal, en Occident, quand on pense à ces camps et c'est, pourtant, la réalité. Que ces camps soient des lieux de vie autant que de combat, que le jihadisme soit un mode de vie et d'être au monde autant qu'une disposition à la guerre, c'est une des choses que j'ai comprises depuis vingt ans que je m'intéresse à l'Afghanistan et c'est ce que me confirment mes conversations avec Mehran. Que l'important ce soit moins de faire le jihad que d'y croire, qu'il soit, le jihad, un devoir religieux autant, si ce n'est plus, qu'un devoir militaire, que la libération du Kashmir ou de la Palestine ne soit, en d'autres termes, qu'un point de départ, presque un prétexte, c'est la première chose, aussi, que saisit Omar à l'instant de son arrivée. C'est sa chance, dans le fond. C'est la carte qu'il va jouer. C'est la seule explication de ce drôle de titre d'« instructeur » dont il se vantera, à Tihar Jail, auprès de ses codétenus bangladais et pakistanais et dont je me suis longtemps demandé comment une petite nature, un citadin, avait bien pu se le voir conférer. Jamais Omar n'eût été « instructeur », au camp de Khalid bin Waleed, si la dimension proprement militaire l'y avait emporté sur la religieuse.

Parenthèse sur les lectures du Coran en arabe. Personne, à Khalid bin Waleed, ne parle l'arabe ? C'est vrai. La langue du paradis n'est pas l'arabe mais l'urdu, ou le punjabi, ou le kashmiri, ces langues vernaculaires des illettrés que le camp produit en série. Il y a bien des camps – ceux du Lashkar e-Toïba – où les combattants, passés par les écoles publiques pakistanaises, ont un peu d'instruction, des rudiments de calcul et de lecture, une connaissance élémentaire de l'anglais et de l'arabe. Ce n'est pas le cas de ceux où règnent les organisations deobandies (à l'époque, le Harkat ; aujourd'hui le Jaish e-Mohammed), où l'on sort des grandes madrasas de Peshawar et Karachi (Akora Khattak, Binori Town) – et ce n'est pas le cas, donc, de Khalid bin Waleed. Mais cela ne fait rien. Le problème, chez les fondamentalistes, n'a jamais été de parler mais d'entendre, de comprendre mais d'être là – j'imagine ces dizaines d'hommes de tous âges rassemblés, avant l'aube, sur la grande esplanade devant les hangars ; je les imagine écoutant dans l'extase, répétant, récitant, un texte auquel ils ne comprennent pas un mot. Omar ? Lui, bien sûr, parle arabe. En tout cas, il l'étudie. N'est-ce pas l'ordre que lui donnera Shah Sahab, dans la maison de Delhi, quand il en aura assez de l'avoir dans les pattes : « file dans ta chambre, étudie ton arabe » ? Et dans son procès-verbal d'interrogatoire, à la rubrique « Langues parlées par le prévenu », n'a-t-il pas déclaré : « anglais, urdu, punjabi, français et arabe » ? Il sait, donc, assez d'arabe pour suivre les lectures du Coran. Je parie même que c'est la seule activité intellectuelle qu'il a gardée. Et je suppose que cela contribue, également, à son ascendant sur les autres, ses camarades, ses compagnons – je suppose que, de là aussi, vient qu'il ait « commandé » à ce peuple de paysans qui ne parlait que l'urdu, le kashmiri.

Que veut dire, d'ailleurs, « instructeur » ? Comment se trouve hiérarchisé un camp comme Khalid bin Waleed ? Quelle hiérarchie, d'une façon générale, dans l'armée du jihad ? Quelle structure de commandement ? Des grades ? Quels grades ? Et quel statut exact, pour Omar ? Réponse : l'émir. Le seul grade, dans l'armée sainte, c'est émir. La seule loi à laquelle tous se plient, c'est celle de l'émir. Là où il y a groupe, il y a émir. A l'émir, et à l'émir seul, reviennent tous les pouvoirs, sans discussion possible, sans question (sauf celle que lui-même choisit de poser à l'assemblée des sages, la jirga, par lui réunie). Et il y a, donc, autant d'émirs qu'il y a de groupes dans le jihad. Seul problème : qu'est-ce qu'un groupe ? à partir de quand, de combien, des hommes forment-ils un groupe ? cent ? dix ? deux ? En théorie, au Pakistan comme en Afghanistan, groupe se dit de plus d'un – à deux « holy warriors » vous êtes déjà un groupe. En pratique, il semble qu'il y ait une moyenne – Mohammed Mehran, qui a étudié de près

le Ma'askar Abdullah bin Mubarik, à Mansehra, m'a
parlé de huit professeurs et instructeurs pour une cinquantaine de « holy warriors ». Quid, alors, de Khalid
bin Waleed ? Quelle sorte d'émir fut Omar à Khalid bin
Waleed ? Quel niveau d'émirat, quel degré ? Quand on
dit d'Omar qu'il fut « instructeur » à Khalid bin Waleed,
on veut dire émir, d'accord. Mais petit ou grand émir ?
Régnant sur cent, dix ou deux combattants ? Sur le
camp ou sur son voisin de nuit ? Je ne sais pas.

Omar religieux ? Piété, prières, d'Omar ? Pour ceux
qui le connaissent, ce serait une sacrée surprise. Pour
ceux qui se souviennent de la Forest School et de la
London School, pour Frank Pittal se rappelant leurs
bonnes conversations de Juif et d'Arabe, pour Asad
Khan qui, sur la route de Bosnie, s'étonnait de ne pas
le voir prier plus souvent avec lui, pour ses camarades
même de New Delhi, ou pour Rhys Partridge, qui, après
le camp, verront avec quel aplomb il profite du statut
coranique du « voyageur » pour se dispenser de ses
prières, pour tous ceux qui, en un mot, savent la modeste
place que semble avoir toujours tenue l'idée de Dieu
dans sa vie (encore que Peter Gee : « il croit à l'immortalité de l'âme "comme un œuf est un œuf" »), l'idée
est à la limite du vraisemblable et l'on a peine à l'imaginer confit en dévotion, dans l'attente du Jugement.
Ai-je bien mérité de Dieu ? Démérité ? Nuits passées à
repasser, en pensée, ses bonnes et mauvaises actions ?
Pas son genre. Et pourtant... Pas le choix, à Khalid bin
Waleed. Discipline religieuse de fer. Punitions, châti-
ments corporels, pour ceux qui, à Khalid bin Waleed,

n'ont pas fait leurs prières à l'heure dite et, surtout, collectivement. Alors, Omar fait comme tout le monde. Il se conforme. Il se plie. Soit crise religieuse. Soit, pour la première fois de sa vie, ce sentiment d'appartenir et l'obéissance qui va avec. Soit, juste le cynisme et le sentiment que c'est ainsi que se prend le pouvoir à Khalid bin Waleed.

La mémoire. Le passé. Que fait Omar de sa mémoire ? Comment vit-il, là, au milieu de ces êtres frustes, avec son passé d'Occidental ? Cette connaissance, cette science, auxquelles il a eu accès, sont-elles un atout ou un péché ? Doit-il s'en débarrasser et comment ? Les cultiver en secret, et pourquoi ? A-t-on le droit, chez les soldats de Dieu, d'avoir encore une mémoire ou faut-il, comme chez les Khmers rouges cambodgiens et les Tigres noirs du Sri Lanka, tuer le vieil homme en soi, guérir de la maladie du passé ? Oui, bien sûr, schéma des Tigres et des Khmers rouges. Oui, bien sûr, le passé c'est le péché, la mémoire c'est la honte. Oui, en théorie, le jihadiste, après sa formation, est supposé pur, nouveau-né, immaculé et interdiction, pour le reste, de se souvenir – pardon, Allah, de ce passé ! pardon de ce qui s'est passé et qui ne passe pas tout à fait. Mais mon idée c'est qu'Omar fait exception et que, comme tous les jihadistes de son rang, il joue sur les deux tableaux : haine et amour de l'Occident ; cacher sa science et s'en servir ; la désavouer, mais la mettre au service de son combat ; s'aligner sur l'idée commune d'une connaissance source de tous les péchés tout en la retournant, cette connaissance, contre les chiens qui l'ont inventée ;

et puis, plus maligne encore – témoin de la survie, sous l'habit nouveau, de l'Omar que je connais et de son cynisme –, la tentation d'en faire, jusque parmi les jihadistes, ses frères, un discret levier de distinction et d'influence. C'est ainsi, du moins, que je le vois.

Même chose, je pense, pour le côté kamikaze du jihadisme. Tous les jihadistes ne sont pas des kamikazes, d'accord. Le Coran, quand on le lit bien et quand on lit, notamment, les sourates expliquant que le propre de l'enfer est de vouer l'âme damnée à revivre et répéter, un nombre infini de fois, la scène de ses derniers instants, proscrit le suicide, c'est entendu. Et je crois que le « guerrier saint », dans ses missions les plus impossibles, a le devoir de se laisser une chance, de se battre jusqu'au bout contre le destin, de tout faire pour s'en sortir et échapper à l'inévitable mort – je sais que le martyre ne sera valable que s'il a été, tout à la fois, follement désiré et désespérément conjuré ; je sais que, pour être agréable à Dieu, il ne faut surtout pas prétendre être l'auteur d'une décision qui n'appartient qu'à lui ; je connais le paradoxe du kamikaze qui, en islam, et à rebours de tous les usages, se voit littéralement contraint de maquiller un suicide en mort naturelle et violente. N'empêche. Qu'il y ait un désir de néant chez ces hommes n'est pas douteux. Qu'ils aspirent à la mort, qu'ils prient et supplient Allah, jour après jour, de bien vouloir les appeler à lui, c'est l'évidence. Quelle est ma faute, prie le jihadiste survivant ? Quel crime ai-je commis, mon Dieu, pour que tu tardes à m'accueillir ? Misère des vieux jihadistes. Visage sans âge et sans âme du jihadiste de quarante ans qui sent que la mort, malgré ses prières, l'a oublié. Alors, Omar ? Sa place dans ce théâtre-là ? Comment l'imaginer, lui, le jeune et vivant Omar, dans cette surenchère victimaire et expiatoire ? Eh bien cynisme, oui. Double, voire triple, langage. La phraséologie nihiliste, sans doute. Peut-être, aussi, la crânerie de qui, comme à l'époque des bras de fer, entend être le meilleur c'est-à-dire, en la circonstance, l'un des « lucky ones », des « chosen », qui obtiendront le droit – privilège suprême, chez les jihadistes ! réservé à un très petit nombre ! je lis, dans un article sur la guerre du Kashmir, qu'il y a, au Pakistan, cinq à six cent mille jihadistes, formés pour le jihad, parmi lesquels seulement quelques milliers de combattants actifs ! – l'un des élus, dis-je, ayant l'insigne honneur et le droit de franchir la « ligne de contrôle » et de se battre. Mais, pour le reste, non, une solide volonté de survie.

Les camarades d'Omar ? Pas de camarades.

La sexualité d'Omar ? Comme tout le monde dans ces camps et dans ce monde. Comme Mohammed Atta qui avait une telle aversion pour les femmes qu'il avait prévu, par testament, qu'il leur serait interdit de s'approcher de son tombeau et, plus encore, de participer, sans gants, au nettoyage de ses parties génitales. Une homosexualité larvée. Peut-être active. Ou, sinon, pas de sexualité du tout, le plaisir c'est le péché, le but d'une relation avec une femme c'est la reproduction. Omar, à cette date, si j'en crois tous les témoignages recueillis à Londres, n'a probablement jamais couché avec une femme. Omar, à cette date, n'a jamais pris au sérieux un désir, une idée, un projet, qui vinssent d'une femme. Et comme l'on peut supposer que cela ne s'est arrangé, ni au camp, ni à Lahore chez son oncle, ni, ensuite, en prison, force est de supposer qu'il est vierge, à vingt-neuf ans, quand il rencontre Sadia, son épouse. Une clef de la psychologie d'Omar ? Une explication, partielle, de son mystère ? L'asexualité, et la volonté de pureté qui va avec, comme sources possibles de la morale et de la religion du crime fondamentaliste ? La frustration et le désir morbide d'absolu comme double paramètre d'une nouvelle loi de Mariotte appliquée au Politique dans les conditions extrêmes ? Ceci n'a rien à voir avec cela. Mais je me souviens, je ne peux m'interdire de me souvenir, de ce grand philosophe français, vierge à trente ans et qui... Non. Interdit, justement. Car blasphème, pour le coup. Et trop d'honneur à Omar.

Des images d'Omar en ces jours ? Des photos ? Seuls les camps du Lashkar e-Toïba interdisent les photos. Donc, j'ai cherché. J'ai interrogé. Il existe, sûrement, des photos quelque part. Je n'ai pas trouvé.

La famille d'Omar ? Ce père aimé, cette mère adorée, restés, tous deux, à Londres et dont il disait à Abdul Rauf, l'homme qui, le premier, à Split, l'a invité à s'enrôler : « je ne ferai rien contre leur gré... c'est eux qui décident de tout... eux qu'il faut convaincre de me laisser devenir un guerrier saint » ? Plus de contacts avec la famille. Le jihadiste est quelqu'un qui se pense investi du droit de nommer 72 élus – autant que le nombre des vierges qui l'attendent au paradis – appelés à le suivre dans son ascension. Peut-être Omar croit-il cela. Peut-être se sent-il investi de la responsabilité de faire, s'il monte au paradis, la courte échelle à Saeed, Qauissia, Awais.

Les jihadistes changent-ils de nom ? Oui, bien sûr. Noms de guerre. Disparaître de la circulation. Devenir imperceptible, indétectable, s'effacer, camouflage. Mais raisons religieuses, tout autant. Syndrome des compagnons de Mahomet. Changer de nom comme on se convertit. Un nouveau nom comme une renaissance. L'un des actes initiatiques qui marquent l'entrée dans le jihad. Omar change donc de nom, comme les autres, par devoir religieux. Or je connais tous les noms d'Omar. Je connais dix-sept pseudonymes. Sauf celui-ci, tellement lourd à porter, important, décisif. Son nom secret ?

Making of a jihadist.
Généalogie d'un holy warrior.
Ecole de la guerre sainte et académie du crime.
J'en suis là. J'en suis à ces reconstructions et spéculations sur la zone la plus obscure de la vie d'Omar. J'en suis à ma énième conversation avec Mohammed : crois-tu qu'Omar savait tirer ? place de l'homosexualité dans ces camps ? s'il est possible qu'il n'ait jamais combattu ? le courrier ? n'y avait-il pas des combattants recevant, s'ils le voulaient, du courrier de leur famille, de leurs amis ? J'en suis, autrement dit, à affiner mon portrait de lui, à multiplier les touches et les détails – mais sans que cela, je le sens bien, me fasse le moins

du monde avancer dans ma préoccupation centrale, son
lien avec al-Qaïda. Je suis dans le ressassement biographique, la rêverie morbide, les questions sans réponse,
les réponses dérisoires et futiles – quand me vient, un
matin, l'idée par laquelle j'aurais dû, en réalité, commencer : Gul Aga Sherzaï... le pittoresque et effrayant
gouverneur de Kandahar... le plus simple n'était-il pas,
oui, de retourner voir Gul Aga Sherzaï, cette vieille
connaissance de l'époque de mon *Rapport* afghan
et, au demeurant, patron de cette ville ? n'est-ce pas,
aujourd'hui encore, la meilleure piste et, en tout cas, la
seule qui reste ?

Je pars pour le Palais.

En priant juste pour que nul n'ait eu la fâcheuse idée
de lui mettre sous le nez les pages peu flatteuses que je
lui avais, à l'époque, consacrées dans le *Rapport*.

5

LE FILS PRÉFÉRÉ DE BEN LADEN

Apparemment non.

Car le gouverneur se souvient, certes, vaguement de notre rencontre.

Il se souvient, semble-t-il, de notre rodéo automobile à travers les rues de sa bonne ville : « montrez-moi, monsieur le gouverneur, que vous êtes si populaire que vous le dites chez vos concitoyens » ! et lui, piqué au vif, de mobiliser sa garde personnelle, ses motards d'apparat, son cortège de BMW neuves aux vitres blindées criblées de balles, pour, toutes sirènes hurlantes, nous faire faire, avec Gilles Hertzog, le tour de Kandahar – à chacun de nos arrêts, ses voltigeurs casqués fonçaient dans la foule apeurée et, cravache ou revolver au poing, convainquaient une volée d'enfants terrifiés de venir se faire caresser les cheveux.

Mélangeant tout, confondant cette démonstration de popularité, ce bain de foule musclé et sinistre, avec ceux, probablement identiques, qu'il avait dû organiser, trois mois plus tard, le jour de l'attentat qui faillit laisser l'Afghanistan sans président et Kandahar sans gouverneur, pour son « ami » Ahmid Karzaï, il ôte sa casquette de général d'opérette et, comme s'il faisait un tour de cirque, riant très fort, hurlant presque, et son aide de camp riant aussi et se mettant stupidement au garde-à-vous, me montre son oreille gauche, boudinée, un peu noire : « regardez ça ! est-ce que Gul Aga n'a pas la baraka ? elle n'est pas passée loin, hein, la balle ? vous vous souvenez, quel sang-froid ! »

Mais du méchant portrait que j'ai commis à mon retour en France, de son visage veule, de ses yeux sans âme, de sa voix de nez et enrhumée, de ses lèvres perpétuellement déformées par un rictus idiot, de son physique de Général Alcazar engoncé dans son uniforme trop neuf, de ses décorations trop rouges, de ses moustaches trop noires, de sa casquette trop haute et de ses épaulettes trop amidonnées, de ce front bas et qui se voulait déterminé alors qu'il était juste l'expression d'une stupidité repue, de ses colères terribles et absurdes, de son goût pour les pistaches qu'il gobait sans cesse, mécaniquement, pendant notre entretien, de sa cupidité, il n'a, semble-t-il, et heureusement, rien su.

« Je viens vous voir, monsieur le gouverneur, parce que je m'intéresse à un homme qui était là, à la fin des années 80.

— Oh les années 80... C'est loin, les années 80, fait-il en prenant la poignée de pistaches que vient de lui décortiquer l'aide de camp et en se la fourrant, entière, dans la bouche.

— Oui, mais c'est important... C'est un ennemi de l'Afghanistan... Souvenez-vous de notre conversation, l'année dernière, quand vous me disiez que les Pakistanais étaient les ennemis de votre pays. Eh bien cet homme est pakistanais...

— Oui, je me souviens, grommelle-t-il, l'air soupçonneux, puis en colère : mais c'est qu'il s'est coincé un morceau de pistache entre deux dents – il foudroie l'aide de camp.

— Je suis convaincu, monsieur le gouverneur, que cet homme, qui est aujourd'hui en prison au Pakistan, a subi un entraînement militaire ici, en Afghanistan ; et je suis convaincu qu'il a encore des relais, des appuis, dans la région. »

Il a l'air content, maintenant. Il a réussi à extraire le morceau de pistache et, donc, il est content et me fait un sourire que je choisis d'interpréter aussi, à tout hasard, comme une invitation à poursuivre.

« Le camp s'appelle Khalid bin Waleed.

— Je me souviens, répète-t-il... Je me souviens... »

Mais il est affalé, maintenant, sur sa table. Il a les yeux mi-clos. La voix est rauque, un peu pâteuse. J'ai peur qu'il ne s'endorme. Même les pistaches, il ne les prend plus que mollement, par petites pincées.

« C'est important, monsieur le gouverneur. Très important. Le gouvernement français attache la plus grande importance à ce que... »

Miracle ! Les mots « gouvernement français » ont le don, allez savoir pourquoi, de le réveiller. Il sursaute. Se met la casquette de travers. Et me fixe, terriblement attentif, comme s'il me découvrait.

« L'argent, fait-il... J'espère que vous avez l'argent ! »

Quel argent ? De quoi parle-t-il ? Je n'en saurai rien. Car, sans attendre ni la réponse ni la question, il se redresse, rectifie la position, aboie un ordre à l'aide de camp qui se met à nouveau au garde-à-vous, me prend par le bras, m'entraîne jusqu'au grand escalier du Palais où un escadron de motards attend, prêt au départ. Là, il se ravise, hurle un nouvel ordre à sa suite affolée, trébuche, devient très rouge, me reprend le bras, repart et me ramène, au pas de course, jusqu'au bureau où il s'arrête, stupide, au milieu de la pièce, comme s'il ne savait plus ce qu'il venait faire et où nous rejoint un petit homme très maigre, yeux noirs et brillants dans une silhouette d'insecte, qui semble être le seul à oser le regarder en face.

« Amine est l'un des responsables de notre police, se ressaisit-il en affectant une voix absurdement sonore, comme s'il lui remettait une décoration. Posez vos questions. Toutes vos questions. Amine est là. Il vous répondra. »

Et il va s'affaler sur sa chaise, empoignant les premières pistaches que son aide de camp, essoufflé, recommence de lui décortiquer.

Amine m'avait demandé deux jours.

Il n'avait rien promis. Il m'avait dit : « tout cela est loin, maintenant ; l'Afghanistan d'aujourd'hui est un nouvel Afghanistan ; nous avons une chance, cependant : les talibans étaient des gens organisés, ils notaient tout ».

Au matin du deuxième jour, une voiture du gouverneur, précédée de motards en grande tenue, s'arrête devant ma pension et m'emmène, de l'autre côté de la ville, dans un grand déploiement de klaxons, de gyrophares et de coups de bottes des motards d'escorte, jusqu'à un complexe de bâtiments, regroupés autour d'une cour, dont je ne comprends pas bien si c'est une annexe du Palais ou l'un des centres de la police de Kandahar.

Amine est là, entouré de deux collaborateurs, dans une salle à manger où l'on a préparé un copieux petit déjeuner.

« Nous avons peut-être trouvé, me dit-il. Saeed Sheikh Omar. Né à Londres, en 1973. Double nationalité jusqu'en 1994. Abandonne sa nationalité pakistanaise en janvier 1994. Est-ce que c'est lui ? »

Il fait glisser sur la table, vers moi, une vieille photo noir et blanc, une photocopie de photo plutôt, où, tout de suite, malgré sa jeunesse extrême, malgré son turban noir semblable à ceux des fonctionnaires du ministère de la Répression du vice et de la Promotion de la vertu, malgré le trait de maquillage noir, sous les yeux, censé le rendre, je suppose, plus dur, plus martial, je reconnais mon personnage.

« Eh bien oui, enchaîne-t-il alors. Nous avons des choses, dans ce cas. Buvez vite votre thé. Et venez. »

Nous montons, Amine, ses collaborateurs et moi, dans une Toyota neuve qui est le cadeau d'adieu, me dit-il, du major Fox et des forces spéciales américaines. Et nous voilà en route, toujours avec motards fortement bottés, vers Wazir Akbar Khan, le quartier résidentiel de la ville, près de l'ancien consulat du Pakistan – une maison isolée, deux étages, modeste et visiblement vide, mais gardée par des soldats en armes comme s'il s'agissait du tombeau d'un marabout ou du reliquaire du manteau du Prophète.

Il y a là, rangés sur des étagères comme des pièces de musée, un manuel de pilotage recouvert de papier journal ; des corans ; des passeports pakistanais ; des cassettes vidéo ; des paquets de documents ronéotés, style tracts, en arabe et en urdu ; des photos de combattants tchétchènes ; un brevet de pilotage, encore accroché au mur ; un livre sur l'anthrax ; une carte des bases américaines en Arabie Saoudite et dans le Golfe. Nous sommes, m'explique Amine, dans l'une de ces maisons d'al-Qaïda découvertes en novembre 2001 et dont nul n'a jamais très bien su si elles étaient des mines de renseignements ou des leurres – les vrais secrets d'al-Qaïda, l'essentiel de ses archives, les noms des cadres benladénistes installés aux Etats-Unis, ayant été, dans le deuxième cas, déjà déménagés à Jalalabad. Mais ce fut aussi, un peu plus tôt, en janvier 2000, après qu'il eut été échangé contre les 155 passagers du vol d'Indian Airlines, l'un des lieux de résidence de combattants étrangers et donc, peut-être, d'Omar dont me sont confirmés les trois séjours en Afghanistan.

Le premier en 1994. Mars, sans doute. Peut-être avril. Omar a fait, voici quelques mois, son premier séjour, près de Miran Shah, dans les zones tribales pakistanaises, dans un camp qui s'appelait – le nom qui me manquait – le Salam Fassi Camp (ce camp, contrairement à ce que m'a dit Mehran, existe toujours puisque c'est par là que semble transiter, en janvier 2002, lorsqu'il fuit Tora Bora et qu'il se dirige vers Faisalabad, l'adjoint de Ben Laden, Abu Zubaydah). C'est, maintenant, son vrai séjour en Afghanistan, au camp de Khalid bin Waleed, à Zhavar, que les bombardements américains, en 1997 d'abord, puis en 2001, ont, lui, en revanche, complètement détruit.

Instructeur, vraiment ? Oui, vraiment.

En position de conduire, à son tour, une « istakbalia » ? Oui, sans aucun doute.

D'autant – autre élément que je soupçonnais mais que confirme le policier – que ce camp de Khalid bin Waleed avait pour particularité d'être orienté sur la formation « intellectuelle » des combattants. Le maniement des kalachnikovs et des seminovs, d'accord. Les techniques du combat rapproché, bien sûr. L'art d'égorger selon les règles et celui des explosions à distance, ô combien. Mais aussi l'art du camouflage et du déguisement. De la désinformation et de l'information. De l'intelligence et de la contre-intelligence. Et puis, plus spécifique encore, une section orientée vers l'infiltration en zone « infidèle » de militants et, éventuellement, de kamikazes : vie en Occident, comment se nourrir et s'habiller, comment se déplacer, déjouer la surveillance des polices, rester un bon musulman, prier sans éveiller les soupçons – toutes questions auxquelles Omar était supposé, vu sa biographie, pouvoir apporter des réponses plus précises et précieuses que quiconque.

Bref. Il est là, en bonne santé cette fois, quarante jours durant, à former à l'art du jihad une trentaine de jeunes recrues pakistanaises. L'étudiant en statistiques, le joueur d'échecs, l'homme qui disait, à Londres, qu'il jouait comme Jules César menait ses batailles, a déclaré, sans recours, la guerre à son ancien monde. Et c'est ici que, par parenthèse, et toujours selon Amine, il fait la rencontre qui va peser le plus lourd sur la suite de son existence : son mentor, son ange noir, l'homme qui va l'envoyer en Inde avec mission d'organiser ses enlèvements de touristes et l'homme, aussi, dont l'ironie du sort a voulu qu'il soit lui-même emprisonné peu de temps après et qu'il soit donc celui pour la libération duquel Omar aura à organiser sa première prise d'otages : Masood Azhar, bien sûr, en tournée d'inspection dans les camps de la région et repérant tout de suite, avec ce flair de chef mafieux qu'ont tous ces dignitaires jihadistes, la jeune recrue d'exception et pleine d'avenir.

En janvier 2000, après le détournement d'avion et sa sortie de prison, deuxième séjour.

Omar est une vedette. Il compte assez pour que l'un des groupes islamistes pakistanais les plus actifs, appuyé par les services, ait monté une opération lourde, coûteuse, internationalement périlleuse et médiatiquement spectaculaire pour obtenir sa libération. Car les pirates de l'air, nul ne l'ignore à Kandahar, avaient commencé par annoncer des revendications plus nombreuses. Ils voulaient la libération de plusieurs dizaines de « camarades emprisonnés ». Ils annonçaient qu'ils ne céderaient qu'à partir de « deux cents millions de dollars ». Or ils ont, au fil de la semaine, progressivement renoncé à toutes leurs exigences, sauf une – sa liberté et celle de Masood Azhar ainsi que de Mushtaq

Zargar : quel privilège ! quelle gloire ! et, pour le jihadiste inconnu, quelle preuve d'importance !

Il est, dès son arrivée, reçu par Mollah Omar lui-
même. Celui-ci le met en contact, tout naturellement,
avec les autres étrangers stationnés dans la ville et, à
travers eux, avec Ben Laden. Avec lui, Ben Laden, ils
parlent du Kashmir. Le Pakistanais raconte au Saoudien
la lutte héroïque du peuple kashmiri contre l'occupa-
tion indienne et lui demande son appui. Il lui explique
aussi comment il voit, lui, l'ancien de la London School
of Economics, l'interdiction coranique du « riba », de
l'« accroissement », autrement dit du travail de l'argent
et des mécanismes nouveaux du capitalisme financier –
« ce n'est pas si simple, expose-t-il... il y a d'autres lectures, tout aussi orthodoxes, de la sourate 2, verset 275...
on peut être un bon musulman et retourner contre les
infidèles les méthodes des infidèles... ». Le Saoudien
l'observe. Il est frappé, forcément, par ce rare mélange
de foi et de culture, de fanatisme et de compétence. Et
il voit bien le parti qu'il peut tirer d'un jihadiste fervent
doublé d'un financier hors pair, d'un expert en électronique et internet, ainsi que d'un bon connaisseur du
monde occidental et de ses mécanismes.

Il se méfie, j'imagine. Cela, Amine ne le dit pas
– mais j'imagine, oui, qu'un homme comme Ben
Laden ne peut pas accueillir sans un minimum de précautions un garçon qui sort de six années dans les prisons indiennes et dont rien n'interdit de penser qu'il
ait pu être retourné et devenir un agent ennemi. Alors,
on enquête sur son cas. On le teste discrètement. Est-
ce qu'il sait l'arabe et s'applique à le cacher ? est-ce

qu'il sait l'indien ? le persan ? est-ce qu'il donne des coups de téléphone suspects ? est-ce qu'il n'en fait pas trop – l'erreur classique – dans sa détestation officielle des Etats-Unis et de l'Angleterre ? est-ce que l'on n'est pas en présence d'un autre Ali Mohammed, ce jeune Egyptien qui avait, dans les années 90, infiltré les organisations terroristes arabes pour le compte de la CIA ? Mais les tests doivent être concluants. Car il semble que le Britannique soit adopté.

Pour certains, m'explique Amine, il entre au Majlis al-shura qui est le conseil politique d'al-Qaïda. Pour d'autres, il est chargé des liens avec les grands alliés hors d'Afghanistan – Hezbollah iranien, Front national islamique soudanais. Ce qu'il sait, lui, Amine, et que me confirmeront les services indiens, c'est qu'il se voit confier des tâches extrêmement précises dans la mise en place de la logistique de l'Organisation.

C'est lui qui, par exemple, conçoit, met en ligne et sécurise les sites Web d'al-Qaïda.

C'est lui qui met au point le système de communication sécurisé qui va permettre à une secte obscure, repliée sur elle-même, arriérée, de s'ouvrir sur le monde, de capter les voix amies et ennemies, de tisser sa toile, de faire circuler ses fatwahs aussi bien que ses messages truqués.

Et il est de ceux qui, enfin, dix-huit mois avant le 11 septembre, au moment où l'organisation commence de planifier les opérations qui lui donneront sa dimension définitivement planétaire, se penchent sur ses finances et contribuent à la doter des moyens de ses ambitions : il négocie, avec d'autres, l'achat des terrains où se trouvent les camps d'entraînement de Khalden, Derunta, Khost, Siddiqui et Jihad Wal ; il met au point un système sophistiqué qui renforce la mainmise d'al-Qaïda sur le trafic de l'opium afghan ; il assure le lien avec des ONG saoudiennes comme la Islamic Relief Agency dont le bureau de Dublin est, depuis les attaques de 1998 contre les ambassades américaines en Tanzanie et au Soudan, l'un des grands pourvoyeurs de fonds de Ben Laden ; et puis il installe dans la maison de Kandahar un terminal d'ordinateur qui va fonctionner comme une mini-salle des marchés et lui permettre de rester en permanence branché sur les Bourses du monde : Londres, Tokyo, New York, Francfort – déjà les achats de « shorts » ? les techniques de spéculation à la baisse qui permettront, dans six mois, de « jouer » les effets du 11 septembre ? tout son savoir-faire de jeune trader virtuose mis au service de l'organisation qui prépare la guerre totale contre le système capitaliste américain !

« Nous sommes à l'hiver 2000, conclut Amine. Peut-être au printemps. Ben Laden, vous ne l'ignorez pas, a perdu, en la personne de Mamdouh Mahmoud Salim, tombé en septembre 1998, son ministre des Finances préféré. Eh bien il semble que ce soit lui, Omar Sheikh, qui prenne, à ce moment-là, la place. Mieux : nous nous demandons si ce recrutement ne se décide pas plus tôt encore – si l'Organisation ne l'aurait pas repéré dès ses années de prison à Delhi et si elle ne serait pas, en conséquence, derrière le détournement d'avion qui a permis de le récupérer. Quoi ? Le Harkat ? Vous dites que c'est le Harkat qui, de notoriété publique, signe le détournement ? Oui. Mais c'est compatible. Le Harkat fait partie d'al-Qaïda... L'ISI ? Vous vous demandez si l'ISI n'aurait pas été, lui aussi, dans l'opération ? Là, je ne sais pas. C'est plus délicat. Vous comprendrez que je préfère ne pas faire de commentaire... »

Amine n'en dira pas plus. Mais je vois bien, moi, en l'écoutant, les perspectives ouvertes par cette hypothèse – je vois bien la configuration qui achève de se mettre en place, confirmant, et au-delà, ce que je découvrais à Dubaï : Omar libéré par al-Qaïda *et* l'ISI ; Omar agent, très tôt, d'al-Qaïda *et* de l'ISI ; Omar comme un lien précoce entre *les deux* organisations.

Et puis 2001 enfin. Septembre 2001. Omar est retourné au Pakistan. Il vit, depuis dix-huit mois, sa vie de nabab à Lahore tout en faisant, par ailleurs, de grands et nobles discours sur cette misère qu'il retrouve, ces mendiants qui font les poubelles et lui déchirent le cœur, l'égoïsme de ses pairs, leur âme de pierre. Il jouit du prestige grandissant que lui confèrent ses expériences bosniaque puis kashmirie, ses années de prison en Inde et, maintenant, sa saison afghane. Il voit ses anciens camarades. Il rend de petites visites à ses anciens professeurs du Aitchinson College qui le voient, eux aussi, comme une vedette, presque un héros – « mais oui... cette cicatrice... ce bras légèrement atrophié... c'est donc vrai que ces salauds d'Indiens lui ont sauvagement tiré dessus le jour où ils ont libéré leurs otages... pauvre Omar ! Sheikh le brave... ». Loin de dissimuler ses contacts avec les talibans et les hommes d'al-Qaïda, il s'en vante, il s'en fait gloire. Repris par sa vieille tendance à la mythomanie, il invente même des fables insensées. Aux uns il raconte qu'il a failli tuer de ses mains, lors de la bataille de Taloqan, le renégat Massoud, traître à l'Islam, honte à lui. Aux autres qu'il a été témoin de la scène fameuse (survenue, en fait, vingt ans plus tôt !) où Mollah Omar, au cœur d'une autre bataille, s'arrache lui-même son œil blessé. Et je sais que c'est même l'une des raisons du froid qui s'installe entre lui et Masood Azhar : l'un juge sans doute le temps venu de s'émanciper de son mentor et de se forger sa propre légende ; l'autre en a assez d'entendre son jeune disciple le soûler, et soûler les cadres du Jaish, avec le récit de ses exploits imaginaires et de ses tortures par la police indienne – « ils m'ont fait boire ma pisse... bouffer ma merde... à vous dégoûter, jusqu'à la fin de vos jours, de manger... ».

Arrive l'attaque contre le World Trade Center. S'annoncent les représailles américaines contre l'Afghanistan. Omar s'enflamme à nouveau. Il dit : « ce sont mes frères ; la plus grande puissance du monde menace d'attaquer mes frères – ma place est à leurs côtés, je m'en vais ». Il dit encore : « chaque homme, enseigne le Coran, vient sur terre pour accomplir une mission ; certaines missions sont humbles ; d'autres sont grandes ; la mienne est de servir dans la grande armée d'Allah ». Et le voilà revenu, première semaine d'octobre, dans la maison des étrangers, à Kandahar, où l'on se prépare à la guerre sainte.

On le revoit chez Mollah Omar.

Il est à nouveau reçu par Ben Laden qui le charge de nouvelles missions financières (le contact, notamment, avec un atelier de fausse monnaie installé à Muzzafarabad, dans ce « Kashmir occupé » qu'il connaît mieux que personne et où il a gardé de solides appuis) et auquel il offre des livres rapportés de chez « Mr Books » (une anthologie en quatre volumes, éditée à Beyrouth, *Stratégie des conquêtes arabes* ; un livre sur la « guerre de Palestine », de Rifaat Sayed Ahmed, publié chez un éditeur du Caire ; des manuels d'économie).

Il est en relation avec Tajmin Jawad, chef du bureau de renseignements de Mollah Omar, nommé, début novembre, officier de liaison avec Ben Laden et, par ailleurs, lié à l'ISI.

Il voit Mulla Akhtar Usmani, le commandant en chef des forces armées talibanes dans la région, qui le charge de la formation accélérée d'un paquet de jeunes recrues qui viennent d'arriver du Pakistan.

Il voit Qari Saifullah Akhtar, le leader du Harkat al-Jahad al-Islami, un des proches conseillers de Mollah Omar, qui l'accompagnera bientôt dans sa fuite mais qui voit, lui, d'un mauvais œil ce type étrange, cultivé, si différent des fiers-à-bras qui constituent l'essentiel de ses troupes.

Il roule en Toyota. Il a sa garde personnelle. Il vit entouré de téléphones portables, d'ordinateurs et autres gadgets.

« Savez-vous comment Ben Laden l'appelle maintenant ? me demande Amine. Je vais vous le dire. My favored son. Ou my special son. Il est devenu, en peu de temps, l'un des personnages les plus en vue de la petite société des étrangers de Kandahar, le fils spirituel du

Chef, et il le sait. » De sorte qu'en octobre, quand se déclenche l'offensive américaine, il est là, en première ligne, aux côtés des quelques milliers de combattants qui ont afflué de toute la région et, notamment, du Pakistan. Il ne semble pas qu'il participe aux combats. Mais il est là. Il partage le sort de ses « frères afghans ». Et il est de ceux qui négocient, dans certaines poches encerclées, et face, notamment, au bataillon de moudjahidin mené par le futur président de l'Afghanistan, Hamid Karzaï, la reddition de poches talibanes.

J'ignore comment il quitte l'Afghanistan.

Le fait qu'il réapparaisse, dès le début décembre, à Lahore, fin prêt pour l'enlèvement de Daniel Pearl, prouve que son exfiltration a été facile et qu'il n'appartient pas à cette piétaille de soudards qui ont dû traverser l'Ouzbékistan, le Tadjikistan, passer parfois par la Tchétchénie, avant de revenir, traqués par les forces spéciales américaines, se cacher dans le Waziristan et le Buner, les zones tribales pakistanaises.

Le fait que l'aventure se dénoue si vite et si bien, le fait qu'il échappe visiblement à ce « Rigodon » afghan, ce déluge de feu, puis cette fuite, qui ont été le lot de la plupart des combattants enfermés, comme lui, dans la souricière de Kandahar, les complicités que tout cela suppose, le système de complaisances qui a dû se mobiliser pour qu'il se retrouve, du jour au lendemain, comme par enchantement, dans son jardin de Lahore, tout cela prouve – mais on le savait déjà – son statut très particulier, et au sein de cette LVF qu'est le bataillon pakistanais, et dans l'Etat pakistanais et ses appareils de surveillance.

Ce que l'on ne savait pas, en revanche, c'était sa place dans al-Qaïda.

Ce que, même après Dubaï et la découverte de son possible rôle dans le financement du 11 septembre, j'avais du mal à me figurer, c'est la position qu'il occupait dans l'entourage de son chef.

Je n'ai plus besoin de retourner voir Gul Aga, j'en sais assez.

L'assassin de Daniel Pearl n'est pas seulement lié à la secte. Il n'est pas l'un des innombrables musulmans, de par le monde, à lui faire vaguement allégeance. C'est le « fils favori » du Chef. C'est un homme qui a eu des responsabilités dans la cellule de commandement d'al-Qaïda. C'est un personnage capital dans la partie de « bras de fer » que les nouveaux barbares commencent d'engager avec les démocraties. Et c'est ainsi que l'affaire Pearl achève de prendre sa dimension.

6

MAUVAIS PRÉSAGES POUR L'ENQUÊTEUR

Nouveau retour à Karachi, après Dubaï et Kandahar.

Cette fraîcheur de début d'orage, salée et cinglante, qui me rappelle, chaque fois, la présence de la mer.

Le souffle de la ville, sous mes fenêtres, cris d'enfants, klaxons, plaintes et joie mêlées, tout près du Village Garden – étrange comme mes pas, chaque fois aussi, tel un aimant, me ramènent vers ce lieu.

Demain, c'est Noël.

Cela fera trois cent vingt-huit jours que Daniel Pearl a été assassiné.

Et je sens, pour la première fois depuis le début de l'enquête, le climat qui s'alourdit.

L'autre matin, c'était Grasset, qui m'informait que l'ambassade du Pakistan à Paris avait demandé une copie des *Indes rouges*, mon premier livre, paru, au début des années 70, chez Maspero et réédité, depuis, au Livre de Poche.

« Et donc ? Vous avez répondu quoi ?

— Rien, on attendait votre feu vert.

— Eh bien, non, bien sûr. Il faut traîner. Dire que le livre est épuisé. Appeler le distributeur pour simuler la rupture de stock au cas où ils tenteraient de passer directement par leur libraire. Mieux vaut, tant que je suis au Pakistan, qu'ils n'aient pas ce livre entre les mains. »

Je sens bien que l'on se demande, à l'autre bout du fil, si je ne suis pas devenu paranoïaque. Mais je sais, moi, que ce pays est fou et qu'il vit sous l'œil de services secrets qui sont, eux, pour le coup, parfaitement paranoïaques.

Juif, ce n'est déjà pas très heureux.

S'intéresser à Daniel Pearl n'est, en soi, pas un bon point.

Mais que tout ce monde s'avise que je fus, par-dessus le marché, quoique dans une lointaine jeunesse, l'auteur d'un livre dont il ne faudra pas cinq minutes pour comprendre qu'il n'allait pas dans le sens de la politique pakistanaise de l'époque : voilà qui compliquerait encore les choses et que, depuis le premier jour, j'ai tout fait pour éviter.

L'information, cela dit, est là.

L'ambassade n'a pas appelé par hasard.

Il y a forcément des gens qui, à Karachi et Islamabad, finissent par se poser des questions et se renseigner.

Ikram Seghal, l'ami de Danny, propriétaire de la grosse compagnie de sécurité privée du pays : il m'accueille, l'autre jour, en me disant que sa mère est bangladaise et qu'il est content de serrer la main d'un Français qui, dans sa jeunesse, a connu ce pays magnifique...

Cet autre personnage, la veille, dans un dîner chez un magistrat : cette façon, au moment de sortir de table, de se pencher soudain vers moi et de me glisser, lui aussi, dans le creux de l'oreille : « je suis heureux de vous rencontrer ; on me dit que vous avez, dans votre jeunesse, combattu au Bangla-Desh »...

Le type – comme, d'ailleurs, Seghal – est bien.

C'est un industriel de Lahore, pro-occidental, libéral.

Mais comment, dans ce pays, savoir véritablement qui est qui ?

Comment être certain que les gens ne jouent pas double ou triple jeu ?

Les visages les plus amicaux qui deviennent brusquement suspects... Ce journaliste en qui l'on a confiance et dont on découvre, au détour d'une conversation, qu'il est marié à la fille d'un général... Cet autre qui, lors d'un autre dîner, faisait l'esprit fort, pérorait, expliquait à la cantonade que Mohammed Ali Jinnah, le fondateur du Pakistan, avait épousé en secondes noces une non-musulmane – « alors, il ne faudrait pas que nos amis nous embêtent trop, hein, avec leur zèle islamiste » – cet autre hôte, bienveillant et zélé, qui prit soin de me demander si j'avais bien pensé à crypter mon ordinateur, à ne pas laisser traîner de notes compromettantes dans ma corbeille à papiers : « un exemple, a-t-il insisté, sur le ton du nouvel ami qui vous initie aux arcanes d'un pays dangereux... il ne faut jamais écrire "les services" dans vos papiers personnels... jamais... écrivez "les méchants"... ou "Islamabad"... ou "les cloportes"... ou ce que vous voudrez... mais jamais "les services"... », cet esprit libre, donc, que j'écoute en toute confiance et dont Abdul me révélera, le lendemain, qu'il est lui-même un haut responsable des services !

Il faudrait être flic soi-même pour se retrouver dans ces détours.

Il faudrait être sémiologue, ou herméneute, dans ce pays où tout est signe.

Et la vérité, pour l'instant, c'est que je viens de recevoir un message clair : mon dossier Bangla-Desh, que je pensais enfoui dans les tréfonds de la mémoire des services, est visiblement remonté...

La veille, à mon hôtel que nul, en principe, ne connaissait vu que j'essaie d'en changer tous les soirs, c'était cet autre appel bizarre : « allô ? Monsieur Lévy ? je suis en bas... dans le lobby... je suis journaliste au *Zarb e-Momin*, version anglaise... je voudrais vous voir... je monte... »

C'est moi qui suis descendu.

Je lui ai fait répéter, incrédule : « *Zarb e-Momin*, vraiment ? le journal des jihadistes ? » et, donc, je suis descendu – très vite, car c'était un petit hôtel, deux étages seulement, et je ne voulais pas lui laisser le temps de monter.

L'homme, bizarre lui aussi, avec son regard fuyant, sa voix doucereuse, son menton glabre mais fraîche-ment rasé, plein d'écorchures.

Son journal, version anglaise, posé sur la table et ouvert à une page divisée en deux qui est, à elle seule, tout un programme : à gauche la photo d'un « martyr » tombé au Kashmir, une lettre de sa mère disant combien elle est fière et heureuse du geste de son fils ; à droite, une photo censée illustrer le « bain de sang » en Palestine, le « génocide » perpétré par Israël – et puis un éditorial qui fait du meurtre des Juifs, tous les Juifs, partout dans le monde, un « devoir sacré » qui « plaît à Allah ».

Un vieux magnétophone qui tourne déjà.

Plusieurs cassettes, de modèle différent, c'est presque absurde.

Un sac de cuir, sur l'épaule, en bandoulière, dont il serre très fort la sangle.

Qui êtes-vous, je lui demande ? Comment saviez-vous que je suis ici ? Une interview ? Vous voulez vraiment une interview pour les pages culturelles du *Zarb e-Momin* ? Est-ce que c'est une blague ? Une erreur ? A quoi peuvent bien ressembler les pages « culturelles » d'un journal dont la raison d'être est de populariser la vision jihadiste du monde ?

Et comme il me répond que oui, il voit qui je suis, les Pakistanais ne sont pas des idiots vous savez, ils lisent la presse internationale, et puis pourquoi êtes-vous si surpris ? ce journal n'est pas ce que vous croyez ! ne seriez-vous pas en train de confondre avec *Voice of Islam*, par hasard, qui est le mensuel du Lashkar ? ne savez-vous pas que le *Zarb* touche, lui, un large public et que ce public est intéressé par la pensée française ? – comme il m'explique, donc, tout cela et qu'il ajoute, œil complice : « la seule chose, c'est : pas ici ! on ne peut pas faire l'interview ici ; car la police rôde et ne fait malheureusement pas le détail entre le *Voice of Islam* et le *Zarb*, ah ! où est le temps heureux de la "Military-

Mulla-Market Alliance" ? je suis venu vous chercher, en fait, pour vous emmener dans une "safe house" où on sera tranquilles et où, étant donné ce que vous cherchez, vous apprendrez, en plus, des tas de choses passionnantes », je lui rétorque : « non merci, c'est ici ou rien – et puis pourquoi, dans ce cas, un magnéto-phone qui tourne pour rien, tout cela est idiot » ; et il me répond, lui, à son tour : « alors c'est rien, c'est dom-mage mais ce sera rien, car ici je n'ai pas le droit, on m'a vraiment demandé de vous ramener » et il hausse les épaules, remballe son magnétophone et son journal (mais dans un sac en plastique, pas dans le sac de cuir qu'il n'ouvre et ne lâche toujours pas) et se lève avec un sourire entendu dont je ne saurais dire s'il exprime la déception sincère, la provoc qui n'a pas marché, ou autre chose – mais quoi ?

Repéré, en tout cas, cela ne fait, à nouveau, pas de doute.

Et repéré pour ce que je suis, pas pour ce que je pré-tends être, voilà qui semble également très clair.

La veille encore, à Lahore, cette conversation, pour le moins étrange, avec Irfam Ali, l'« additional home secretary » de l'Etat de Pendjab...

Me sachant déjà repéré et n'ayant, cette fois dans la ville, que des projets fort innocents (aller à Dokha Mandi, le berceau de la famille ; aller voir la maison d'Omar dans la vieille ville ; peut-être la grande mos-quée où je sais qu'il a ses habitudes) j'ai préféré jouer cartes sur table et me présenter, dès mon arrivée, offi-ciellement, dans le bureau modeste, un peu sale, plein de chemises poussiéreuses rangées sur des étagères métalliques, mais où arrivent tous les dossiers sensibles, de celui qui est, en fait, le patron de la police de la région.

Je lui sers le couplet habituel.

Je lui dis, comme aux autres : un roman... Pearl et Omar... ces deux personnages qui se complètent... le jour et la nuit...

J'ajoute, spécial pour lui : je suis ici pour m'imprégner des odeurs et atmosphères de la ville natale du père d'Omar... c'est si intéressant, n'est-ce pas, l'histoire de ce personnage captivant et diabolique, attachant et criminel, qui a passé les années clefs de son adolescence dans cette cité que, personnellement, j'aime tant... ses fleurs... sa verdure... ses maisons coloniales, si pleines de charme... »

Et lui, alors, petit œil dans une tête carrée, mains énormes et potelées qui font sans cesse, tandis que je parle, le geste de se joindre et de broyer une noix et qui, de temps en temps, quand l'agacement est à son comble, ramènent sur son crâne chauve une longue mèche de cheveux, presque une tresse, qui lui pend sur la nuque mais retombe aussitôt – lui, alors, qui m'interrompt et s'engage dans une longue plaidoirie sur le thème « je ne vois pas ce qui vous permet de dire cela... Omar est toujours attachant... Omar est toujours captivant... les gens ne changent pas comme ça, monsieur Lévy... voilà un homme qui fait ce qu'il dit et qui dit ce qu'il fait, qui lutte pour ses principes et reste fidèle à ses idées, est-ce que vous ne respectez pas ça ? est-ce que c'est ça, un criminel ? » ; le tout accompagné d'une

diatribe antisémite insensée, presque grotesque et, surtout, terriblement insistante dont j'ai peine à imaginer
qu'elle vienne comme cela, par hasard, sans idée de qui
je suis et de la façon dont je peux la recevoir (à moins
que l'homonymie, une fois de plus, avec les fameux et
providentiels « Levy Malakand » du premier jour...).

« Ecoutez, s'enflamme-t-il, l'air furieux, la voix
zézayante et ne m'en laissant, à partir de maintenant,
plus placer une. Ne m'interrompez pas, écoutez-moi.
Omar a été condamné et je ne vais ni commenter une
décision de justice ni, encore moins, la critiquer. Mais
enfin qui, dans cette affaire, est le plus coupable de celui
qui a exécuté ou de celui qui, par son attitude, a tout fait
pour se mettre en difficulté ? Vous ne sentez pas comme
M. Pearl a provoqué Omar, comme il est allé le chercher,
comme il a mérité ce qui a fini par lui arriver ? C'est
une chose très juive, ça. Une forme de masochisme
juif. Non, ne dites pas non. Il y a des caractéristiques
juives, personne ne l'ignore. Je sais qu'en Europe il est
de bon ton de douter de ça. Mais rien ne sert de nier
quand les charges sont accablantes. Regardez autour
de vous. Ecoutez. Admettons qu'on oublie les caractéristiques physiques, d'accord. Mais les caractéristiques
morales ? Ces traits que l'Histoire donne à tous les peuples du monde et donc, en particulier, aux juifs ? Vous
allez me dire qu'il y en a qui peuvent être communes
à plusieurs peuples. Je vous l'accorde aussi. Le sens
des affaires, par exemple, l'usure, sont incontestable-
ment communs aux Juifs et aux Hindous. Mais la duplicité... L'aptitude au mensonge... Cette façon qu'ils ont
eue d'inventer le génocide d'Hitler pour mieux cacher

leurs turpitudes... A qui profite le crime ? Dans mon
métier, c'est toujours la question que l'on se pose : il y
a quelqu'un à qui le crime profite, alors c'est qui ? Or
ce crime-là, tout le monde sait qu'il n'a pas profité à
Hitler. Et tout le monde sait qu'il profite extrêmement
à Monsieur Sharon. Bon, je ne suis pas en train de dire
que c'est Monsieur Sharon qui a fait l'Holocauste. Il
y a des gens qui pensent que l'Amérique est dans les
mains des Juifs et les Juifs dans celles de Satan – grâce
à Dieu ce n'est pas mon cas ! je ne suis pas antisémite !
Mais réfléchissez comme c'est commode. Suivez mon
raisonnement. Plus on parle de l'Holocauste, moins on
parle du bain de sang en Palestine. Plus on vous montre
ces photos trafiquées d'enfants juifs en pleurs, moins
on s'occupe du carnage en Irak et dans tous les pays
musulmans du monde. »

Le chef de la police a l'air content de son raisonnement. Il fait de plus en plus souvent, presque en mesure
maintenant, son geste idiot, qui m'énerve, de ramener
son unique mèche sur le devant du front, où elle ne
tient jamais plus d'une seconde, mais ça ne fait rien,
il retourne la chercher, il recommence, elle retombe à
nouveau, il recommence encore. Je brûle d'envie de
lui dire : « arrêtez, à la fin, avec cette mèche ! vous
n'avez pas compris, depuis le temps, qu'elle ne tiendrait jamais ? » Mais non. Il a l'air tellement content.
Et excité. Lisant à peine la note qu'on lui apporte.
N'écoutant pas l'officier qui vient lui annoncer un crime
crapuleux dans une banlieue de Lahore. S'esclaffant, se
tapant vigoureusement sur les cuisses quand il évoque
les « photos trafiquées » d'enfants juifs.

« Une minute, enchaîne-t-il, le visage empourpré, et s'accrochant au bureau comme s'il craignait de tomber ! Je ne nie pas que les Juifs aussi aient souffert. Les Pakistanais sont des gens bons, ils ne nient pas ce genre de choses, ils compatissent. Mais c'est juste une question : ce peuple qui a appris à souffrir, que n'apprend-il à aimer ? puisqu'il a eu le monde entier à son chevet et maintenant à ses pieds, que n'a-t-il pitié des autres, les musulmans persécutés de Palestine, d'Irak et du Jammu Kashmir ? Bref, tout ça pour vous dire que c'est la clef de l'affaire Pearl. Mettez-vous à la place du Sheikh. Il voit ces images des Palestiniens massacrés. Il sait qu'Israël est une écharde en terre musulmane. Et il voit un Israélien... Comment ça, "pas un Israélien" ? Ah ! mais si, je vous demande pardon... Pearl avait un père israélien... Un grand-père... Pour moi, le compte est bon. Un individu qui a un père et un grand-père israéliens est objectivement israélien et il a donc à répondre des crimes israéliens, c'est logique... Donc mettez-vous à la place du Sheikh. Il voit un Israélien qui vient provoquer les Pakistanais en intervenant dans leurs affaires. On ne se mêle pas, nous, des affaires des Israéliens. Ça ne nous viendrait pas à l'idée et on ne se mêle, d'ailleurs, des affaires de personne. Lui, Pearl, le fait. Alors, ça énerve le Sheikh. Il n'en peut plus de voir ce type qui va fouiller partout, poser des questions sournoises. Car ça aussi c'est un trait juif, la sournoiserie.... Comment ? Mais si. N'avez qu'à voir l'Histoire. Il y a un ministre anglais juif qui s'appelait Balfour et qui, en 1918, avait décidé qu'on installerait un Etat juif en Palestine. Eh bien, dès ce moment, vous m'entendez, dès 1918, il avait secrètement prévu que la date finale serait trente ans plus tard, jour pour jour, en 1948, c'est prouvé. Est-ce que ce n'est pas de la sournoiserie, ça ? Est-ce que ce n'est pas la preuve de ce que je vous dis ? Bon. Le Sheikh en a assez. Il est comme nous tous qui voyons, à longueur de temps, défiler des fouineurs juifs qui viennent mettre leur grand nez dans nos affaires pakistanaises et, maintenant, dans l'affaire Pearl. Sauf que lui est plus courageux que d'autres. Il a des principes. Il va au bout de ses principes. Et donc il enlève le Juif. Mais encore une fois : qui est le plus responsable, hein, de celui qui enlève ou de celui qui est enlevé ? »

Il me regarde fixement. L'œil mauvais, tout à coup. Le sourire venimeux. Quelque chose d'à la fois brutal et mou dans la façon qu'il a d'ouvrir légèrement la bouche. Le geste, une dernière fois, de se ramener sa mèche unique sur le haut du crâne. La respiration sifflante.

« Mais, au fait, monsieur Lévy : j'espère que je ne vous blesse pas ; j'espère, au moins, que vous n'êtes pas juif ; ça m'a distrait de parler philosophie avec vous. »

Et moi, stupéfait, n'en croyant pas mes oreilles, hésitant entre la haine, la commisération, l'envie d'éclater de rire et celle de me découvrir :

« J'espère que vous n'êtes pas musulman ; car l'islam est une grande religion, qui respecte les gens du Livre. »

Un autre jour encore, à Islamabad, cette rencontre si étrange avec Asif Farooqi, le fixeur de Daniel Pearl.

Depuis plusieurs mois, je voulais le voir.

Dès le début, c'est même la première personne dont j'ai cherché les coordonnées.

Il avait toujours dit non, jusqu'ici. A tous les intermédiaires qui l'approchaient pour moi, il répondait invariablement : « c'est trop dur ; trop douloureux ; je me sens une telle responsabilité, vous comprenez ; est-ce que ce n'est pas moi qui, après tout, ai fait la connexion de Danny et du Sheikh ? »

Je l'ai même eu, une fois, au bout du fil. J'avais obtenu son numéro de portable. Je l'avais moi-même composé sans passer par Abdul. Et j'étais tombé sur un homme poli, mais étrangement embarrassé, presque apeuré : « je ne suis pas seul, vous devez le comprendre ; j'ai une femme ; des enfants ; on m'a dit, après le procès d'Omar : "ça va comme ça, il ne faut plus jamais parler de tout ça" » ; alors non, merci, je ne peux pas vous rencontrer ; laissez-moi en paix, je vous en prie... »

Je lui avais envoyé un long mail, détaillant le type de questions que je souhaitais lui poser : « la façon d'être de Danny ; comment il se comportait en reportage ; s'il était imprudent, inconscient, courageux ; les dernières semaines ; le dernier jour ; s'il était différent, le dernier jour ; on sent toujours, n'est-ce pas ; on sait que l'on entre dans la zone dangereuse ; alors est-ce que Danny l'a senti, lui aussi ? est-ce qu'il l'a su ? » – mais il m'avait répondu deux lignes sèches pour me redire qu'il avait promis de ne plus parler et qu'il se tiendrait à sa promesse.

Or voici que, ce jour-là, mon portable pakistanais sonne et c'est le même Farooqi : « au fond, j'ai réfléchi... on peut se voir, si vous voulez... » ; voici qu'à ma grande surprise, l'homme qui s'était donné pour règle de ne plus jamais parler de Danny me propose un rendez-vous le soir même, dans le quartier résidentiel d'Islamabad, « ce n'est pas chez moi, non, c'est mon bureau, l'agence japonaise d'informations Jiji, c'est là qu'on s'est rencontrés avec Danny, j'ai pensé que cela vous ferait plaisir » ; et le voici, face à moi, seul, l'employé japonais de l'agence s'éclipsant à mon arrivée (il me semble avoir aperçu, en arrivant, mais je n'en jurerais pas, une voiture stationnée en face, tous feux éteints, avec des gens à l'intérieur) – le voici, physique de jeune homme sage, lunettes cerclées, vingt-cinq ans, peut-être trente, mince, de la rondeur dans le bas du visage, un menton qui se dérobe, une vraie tristesse aussi quand il évoque les bons moments passés avec Danny et Mariane.

Il a tout son temps, maintenant.

Oui, oui, il a réfléchi, il est content de me rendre ce service et il a tout son temps.

Ce n'est pas tous les jours, n'est-ce pas, qu'on peut participer au livre d'un écrivain. Posez les questions qui vous intéressent, je ferai de mon mieux pour vous répondre.

Sauf qu'au bout d'une demi-heure de conversation, m'effleure une désagréable impression.

Cette façon, sans arrêt, de se tromper sur des détails...

Ces erreurs de date (la rencontre à l'Akbar le 13 au lieu du 11), de noms (Bukhari au lieu de Fazal Karim), de lieux (la prison de Danny située à Sorhab Goth alors que je sais bien, moi, qu'elle est plus loin, sur la Super Highway, à Gulzar e-Hijri)...

Cette manière, à plusieurs reprises, de citer un groupe à la place d'un autre, d'attribuer au Lashkar ce qui appartient au Harkat ul-Jihad al-Islami, ou au Harkat ul-Jihad al-Islami ce qui est au Sipah e-Sahaba...

Cette manière, à l'inverse, de me lâcher une information pointue (le brigadier Ijaz ; la reddition d'Omar huit jours avant son arrestation) et de me regarder à la dérobée, de voir si je m'émeus, me récrie ou laisse passer sans réagir.

Au début, je réagis. Je dis : « attendez ! Lahori est le patron du Lashkar, pas du Jaish » ! » ; ou « je vois, bien sûr, qui est le brigadier Ijaz, je crois l'avoir croisé à Lahore »...

Et puis, au bout d'un moment, je me reprends ; je me demande si ce ne sont pas autant de pièges, ou de leurres, dans lesquels je suis en train de tomber et s'il ne faut pas essayer, justement, de ne pas réagir ; je laisse faire, donc ; je laisse dire ; je le vois venir avec sa manière faussement naïve d'évoquer les « trois lettres », ou de me lâcher les noms de Memon ou de Khalid Sheikh Mohammed, et d'observer si je m'étonne, ou si je le relance, ou si je prends ou non des notes, ou si je fais l'informé qui sait déjà – je le vois venir et, à malin malin et demi, je fais celui qui, au meilleur moment, se lève pour téléphoner, ou pisser, ou aller, sur le bureau à côté, lire les dépêches qui tombent sur l'écran.

L'idée qui m'effleure, en réalité, c'est qu'Asif est peut-être moins là pour me parler que pour me faire parler.

L'idée qui me traverse l'esprit et qui, très vite, s'installe, c'est qu'il n'a accepté de me rencontrer que pour savoir où j'en suis, ce que je sais, dans quelles zones je cherche.

Farooqi mandaté ? en service commandé ? en mission ? Là encore, ce serait mauvais signe. Là aussi, cela prouverait que plus personne ne marche dans mon histoire de mise en scène romanesque du face-à-face de Pearl et Omar.

Et puis cet incident bizarre, enfin, dont je n'ai pas trop compris, sur le moment, le sens qu'il fallait lui donner mais qui, rétrospectivement, me paraît confirmer ces impressions éparses.

L'ambassade de France à Islamabad m'avait pris, pour une fois, un rendez-vous avec Hamid Mir, cet ancien directeur de *Ausaf*, le journal urdu d'Islamabad qui est en train, maintenant, de lancer une chaîne de télévision privée.

C'est un personnage important, Hamid Mir. C'est le biographe de Ben Laden. C'est le seul journaliste, depuis des années, à avoir pu l'interviewer. Il l'a fait en mars 1997. Puis en mai 1998. Et même si certains, au Pakistan, doutent de la parfaite authenticité, non pas exactement de sa dernière interview, en novembre 2001, mais du récit qu'il a donné des circonstances de la rencontre – les yeux bandés, puis enfermé dans un coffre de voiture, un scénario de roman d'espionnage – il est clair qu'il est, là encore, l'un des porte-parole privilégiés du maître d'al-Qaïda.

Donc, je dois voir M. Mir. Je dois, je veux, lui parler de tout cela. Je dois, je veux, l'interroger aussi sur Omar dont j'ai lu, quelque part, qu'il l'a connu et qu'il l'a

trouvé instable, intellectuellement perturbé, dangereux.
Et je dois, je veux, le questionner enfin sur son rendez-
vous avec Danny le jour de l'enlèvement, ou la veille,
ou même avant, il faudrait vérifier, mais peu importe,
c'est un détail : l'essentiel c'est qu'il est la seule personne publique qui les ait vus tous les deux, la victime
et le bourreau, à si bref intervalle, et, pour moi, cela
vaut de l'or !

Me voici donc, pour cela, quelques minutes avant
midi, zone bleue, devant les locaux de Geo TV, la nouvelle télévision en urdu par satellite qu'il lance avec
quelques autres.

Un groupe de cinq hommes, les uns en shalwar
kameez, un autre en djellaba, sont là, devant l'immeuble, debout, me regardant approcher.

Un peu plus loin, mais à peine, se tiennent trois
autres hommes, glabres, apparemment des gardes du
corps, ou des flics, une arme à bout de bras, qui font le
vide autour d'eux.

Tous, manifestement, sont là pour moi car, à peine
suis-je arrivé au pied des marches qui mènent à l'entrée
de l'immeuble, que l'homme à la djellaba s'approche,
me prend le bras et, très vite, sans un mot, me laissant
à peine le temps, moi-même, de protester, me fait descendre vers les sous-sols tandis que les autres, barbus et
militaires confondus, nous emboîtent vivement le pas.

Arrivé au sous-sol, je tombe sur un planton qui, le
visage buté, me fouille, prend la carte que je lui tends,
disparaît dans un bureau au bout du couloir et ressort,
quelques secondes plus tard : « M. Mir n'est pas là ; M.
Mir n'a pas de temps pour vous voir ; M. Mir dit qu'il

n'est pas informé de ce rendez-vous avec vous ; M. Mir exige que vous partiez immédiatement ».

Sur quoi barbus et gardes du corps me reprennent par le bras et, comme un seul homme à nouveau, sourds à mes protestations, ne daignant pas jeter un regard sur le « mémo » dactylographié que j'ai sorti de ma poche et où figure bel et bien ce rendez-vous avec Mir, ils me poussent vers l'escalier et, sans ménagement, me reconduisent sur le trottoir, devant ma voiture.

Tout s'est passé très vite.

Très vite aussi, j'appelle Mir dont on avait pris la précaution de m'inscrire le numéro de portable et qui répond à la première sonnerie.

« Monsieur Mir ? – C'est moi. – Je suis... – Je sais. – Je suis là, juste devant, il doit y avoir un malentendu. – Il n'y a aucun malentendu. – Si, nous avions rendez-vous, à midi précis, et... – Votre ambassade me dit que vous voulez que je vous fasse rencontrer Gilani ; eh bien, dans ce cas, pas de rendez-vous, je refuse catégoriquement de vous voir, je n'ai rien à vous dire. – Mais non, voyons, je tombe des nues, l'ambassade n'a pas pu vous dire ça, il n'a jamais été question de vous demander le moindre contact avec Gilani. – Si, il en est question ; c'est exactement ce que votre ambassade a dit ; non, je n'ai rien à vous dire ; ne cherchez plus à me rencontrer, c'est terminé. »

L'ambassade – je m'en assure aussitôt – n'a évidemment jamais parlé d'un contact avec Gilani.

Hamid Mir – j'en ai, en y repensant, la conviction – parlait fort, à la cantonade, avec une brutalité qui ne peut s'expliquer que par le fait qu'il n'était pas seul et voulait convaincre de sa détermination des gens autour de lui.

Qui ? Peu importe. Le fait, de nouveau, est là. Je préfère ne pas insister.

Il pleut à Karachi. J'entends, sous mes fenêtres, l'appel du chiffonnier mêlé à celui du muezzin. Demain, c'est Noël. Je pense au dernier Noël de Pearl. Je pense à Mariane et à cette fin d'année si triste qu'elle doit vivre. Qui m'a dit qu'elle partait passer les fêtes à Cuba, avec le petit Adam ? Elle, sans doute. Elle, forcément. Et moi, là, sur leurs pas, dans la queue de la comète terrible, avec tous ces vilains signes qui s'accumulent.

Gare à la surinterprétation, bien sûr.

Attention au piège qui consisterait, ici comme ailleurs, à donner un sens à ce qui n'en a pas et à exagérer le poids d'un incident.

Mais en même temps... Je ne peux pas ne pas m'étonner, en même temps, de ce que tout cela soit arrivé ainsi, en cascade, dans un intervalle si court...

Ces portes qui se ferment ou qui s'ouvrent, au contraire, mais de façon encore plus suspecte... Ces menues provocations... Cette proposition d'interview bidon... Difficile de ne pas songer qu'il y a un lien entre tout cela et que ce lien c'est un message qu'on est en train de me faire passer.

Quel message ?

Que je suis percé à jour, sans aucun doute.

Que plus personne n'est dupe, ici, de la nature réelle de mon investigation, cela n'est pas non plus douteux.

Bon. Nous verrons bien. Pour l'heure je ne suis pas mécontent, c'est vrai, du chemin parcouru depuis un an.

Je partais du principe, sans doute, qu'Omar était coupable ; condamné et coupable ; mais sans parvenir à exclure complètement l'idée qu'il puisse être un coupable trop commode, trop petit pour un crime trop grand – et que la focalisation sur son nom puisse avoir pour effet de rejeter dans l'ombre d'autres noms, plus grands que le sien, plus embarrassants. Le syndrome Oswald, en quelque sorte, après le meurtre de Kennedy. L'éternel « cela ne peut pas être lui... forcément, derrière lui, des forces qui le dépassent... » décrit par Norman Mailer.

Aujourd'hui, fin 2002, à ce point de l'enquête où je me trouve, je sais qu'il n'en est rien et qu'Omar, loin d'être ce petit criminel, cette potiche, ce lampiste, est un coupable considérable, un prince dans l'univers du Mal, un personnage absolument central puisque se tenant à l'exacte intersection de quelques-unes des forces les plus noires de ce temps. Je sais que ce nom, Omar Sheikh, loin d'être de ceux que l'on met en avant pour empêcher que d'autres soient prononcés, est un nom énorme, bien plus lourd de sens que je ne l'avais imaginé dans mes spéculations les plus hardies et dont l'effet est, non d'occulter, mais de convoquer tout ce que l'encyclopédie de la mort moderne compte de patronymes terrifiants. Je sais que l'on est en présence, avec Omar, d'une configuration criminelle inédite où sont vraies à la fois les deux thèses qui, dans le cas d'Oswald, s'excluaient – lui et pas lui... pas lui parce que c'est lui... des forces considérables en effet mais, en même temps, sa propre force qui en est le condensé. Je dis « Omar Sheikh » et, quand je le dis, se dit la synthèse, en lui, de l'ISI et d'al-Qaïda – voilà la vérité.

CINQUIÈME PARTIE

« Over intrusive »

1

UN GARÇON SANS IMPORTANCE COLLECTIVE

Alors, la question c'est : pourquoi ?

Oui, pourquoi al-Qaïda ? Pourquoi, tout à l'heure, l'ISI et pourquoi, maintenant, al-Qaïda ? Pourquoi plus exactement l'ISI dans al-Qaïda, ou al-Qaïda dans l'ISI ? Pourquoi l'ISI et al-Qaïda ensemble, associés, noués l'un sur l'autre, conjuguant leurs forces pour tendre ce piège à un homme seul ?

Non que cette conjugaison ait, en soi, de quoi surprendre.

Et l'une des thèses de ce livre, si tant est qu'il y ait des thèses dans ce livre, c'est que cette union est dans l'ordre, qu'elle est l'ordinaire de la vie et de la politique ici : la thèse de ce livre, si l'on peut parler de thèse, c'est qu'il existe un axe, un lien de chair et, hélas, de sang entre ces deux forces qui dominent le Pakistan et dont nul ne sait plus dire, avec le temps, laquelle commande à l'autre ; ma thèse – mais faut-il même parler de thèse quand c'est un fait qui saute aux yeux, à chaque pas, à chaque instant ? – c'est qu'il y a dans la façon qu'elles ont d'échanger leurs crimes et leurs pouvoirs, dans cette relation spéculaire qu'elles ont nouée et qui, souvent, les fait se confondre, un trait qui est la marque de ce pays en même temps qu'il le rend si dangereux.

Mais une chose est une thèse ; une autre une expérience.

Une chose est de savoir, fût-ce d'évidence ; une autre de faire l'épreuve, concrète, de cette évidence.

Une chose est de dire, comme je l'ai plusieurs fois fait au fil de cette enquête et comme d'autres l'ont fait avant moi : confusion programmée des rôles ; renvoi incessant de l'un à l'autre ; on cherche l'ISI, on trouve al-Qaïda ; on cherche al-Qaïda, c'est sur l'ISI que l'on tombe ; les barbus sont des agents sans poste ; les agents, des barbus sans barbe et sans turban ; l'hôtel Akbar était-il, à la réflexion, géré par les uns ou par les autres ? le brigadier Ijaz, le Shah Sahab de la cellule indienne de l'enlèvement, Saud Memon, Masood Azhar, sont-ils des hommes des services ou de Ben Laden ? et Khalid Sheikh Mohammed, pour qui travaillait-il vraiment et qui, au dernier moment, l'a-t-il lâché ? Une chose, donc, est de dire cela, de voir surgir ces questions et de les poser – une autre est de voir concrètement opérer, sur le cas concret d'un homme concret, cette grande alliance, cette tenaille.

Et surtout, surtout, on a beau avoir mille exemples de cette consubstantialité ; on a beau essayer de ne rien oublier de l'histoire des talibans et de leur manipulation par les services ; on a beau connaître le cas de Hamid Gul, ce patron de l'ISI du temps de la guerre contre les Soviétiques qui, sitôt limogé, comme s'il se sentait libéré d'une sorte de devoir de réserve ou de fardeau, se met au service de la cause jihadiste et qui, ces dernières années, n'a pas perdu une occasion de clamer son amour de Ben Laden, de Mollah Omar, du jihad ; on a beau avoir à l'esprit le cas de Mahmoud Ahmad, le directeur général de l'ISI au moment du 11 septembre, dont je suis incapable de dire, quand il bénit le virement de 100 000 dollars à Mohammed Atta, s'il le fait au titre de l'ISI dont il est toujours le patron ou en l'honneur de ce jihad dont il sera bientôt, au lendemain de sa démission, l'un des propagandistes attitrés ; on a beau se souvenir d'Ahmad, encore, conduisant, main dans la main avec le recteur de Binori Town, la délégation de religieux chargés d'une visite de la dernière chance en Afghanistan pour dire à Mollah Omar qu'il ne lui restait qu'un moyen d'éviter la guerre, livrer Ben Laden, et on a beau savoir que, ce jour-là, il fut, dans ses propos, dans sa façon de transmettre le message, plus jihadiste que les jihadistes et que, peut-être, il attisa les flammes au lieu de les éteindre ; on a beau savoir, dans les agences de renseignements occidentales autant qu'à Islamabad, que le premier geste, le 8 octobre 2001, lendemain de sa nomination, du nouveau chef de l'état-major, Mohammad Aziz, fut de rencontrer les responsables de tous les groupes jihadistes constitutifs de « l'Armée de l'Islam » et dont certains, comme le Jaish, étaient déjà sur la liste noire américaine des organisations liées à al-Qaïda ; on a beau connaître le rôle personnel qu'a joué Aziz, en principe un officier laïc, dans la mise sur pied, en 1998, du Harkat ul-Mujahideen ; on a beau n'avoir aucun doute quant au fond des choses – c'est quand même la première fois que les deux organisations se rencontrent, joignent leurs efforts, mobilisent de conserve toute leur puissance respective, pour détruire, non un pays (l'Afghanistan), ou un empire (les Etats-Unis), ou même un symbole (l'assemblée du Kashmir à Srinagar, le Parlement de New Delhi), mais un homme (Daniel Pearl).

Il y a eu d'autres cas, bien sûr, de journalistes enlevés, au Pakistan, par des agents de l'ISI que l'on peut soupçonner de s'être appuyés sur des hommes d'al-Qaïda : Husain Haqqani (de l'*Indian Express*) ; Najam Sethi (du *Friday Times*) ; Ghulam Hasnain (*Time Magazine*). Mais aucun ne fut assassiné.

Il y eut, à la veille de la guerre américaine en Afghanistan, le cas d'un autre homme seul, Abdul Haq, qui, envoyé, à l'intérieur du pays, négocier la reddition de quelques tribus pachtounes, est tombé dans un piège dont nul ne sait, aujourd'hui encore, s'il lui fut tendu par les services pakistanais, les combattants étrangers de Ben Laden, les talibans, ou les trois. Mais c'était la veille de la guerre, précisément. Et la liquidation de Haq était un enjeu militaire.

Il y a le précédent Massoud, un homme seul lui aussi, abandonné de tous, dont il est de moins en moins douteux que l'élimination fut l'œuvre conjointe des mêmes ISI et al-Qaïda. Mais Massoud était un chef de guerre. Il était seul, mais occupait une place essentielle sur l'échiquier du grand jeu de l'époque. Il était faible, quasi désarmé, mais il y avait un intérêt stratégique considérable, deux jours avant le 11 septembre, à décapiter l'Alliance du Nord et le tuer.

Daniel Pearl, lui, n'était rien. Ce n'était, apparemment du moins, ni une cible ni un enjeu. Il était désarmé. Inoffensif. Il n'avait la vocation, ni du martyre, ni de l'héroïsme. C'était, comme dit l'épigraphe fameuse de *La Nausée*, reprise de Céline, « un garçon sans importance collective, juste un individu » qui n'avait aucune raison visible de voir se mettre en branle, face à lui, cette double et colossale machinerie. Et il y a, dans cette conjuration massive contre un individu sans importance et ne représentant que lui-même, quelque chose qui, plus j'y pense, me semble énigmatique.

Les philosophes politiques ont médité sur le mystère de ce « contre un » : production d'une victime, d'un esclave ou, simplement, d'un « Autre » en miroir de l'Un de la domination despotique.

La théorie du bouc émissaire nous renseigne sur cet emballement mimétique autour du point aveugle que constitue la victime expiatoire : un innocent, parfois un pur signifiant, et, au terme de l'opération, le miracle calculé de la meute réconciliée et produisant sa propre innocence.

Ma génération (celle de la lutte antitotalitaire) a connu, en URSS et ailleurs, le cas de ces autres hommes seuls, sans communauté ni parti, sans vrai projet politique articulé, interdits de parole et d'expression, bien incapables de faire entendre, en tout cas, un point de vue alternatif sur le corps social asservi ou, parfois, démembré – elle a connu ces individus en très grand nombre mais pris, pour ainsi dire, un à un, au hasard, sans considération de leur dangerosité réelle : c'étaient les « dissidents », comme

nous disions ; mais il y avait quelque chose de presque
impropre dans ce dire et dans ce qu'il suggérait d'un
écart, voire d'une subversion, menaçant réellement le
pouvoir en place ; et il y avait quelque chose, surtout, de
troublant dans le spectacle de ces machines immenses,
toutes-puissantes, qui déployaient tant d'énergie pour
bâillonner des adversaires qu'elles s'étaient employées,
d'abord, à exhiber et presque construire.

Nous avons connu (mêmes années, mêmes combats et, au fond, même schéma) le cas de Cuba et de
son Goulag tropical. Un « homme en trop » d'un côté
(autre formule de Soljenitsyne reprise, à l'époque, dans
son commentaire, par Claude Lefort) – un homme
condamné, jeté en prison, exécuté, pour des motifs
futiles et souvent parfaitement mystérieux. Un appareil
juridico-politique de l'autre (l'« idéologie de granit »
du même Soljenitsyne, commentée par le même Lefort)
mobilisant son énorme puissance pour, contre toute
raison, malgré l'éventuelle réprobation internationale
et le discrédit qui s'ensuivait, en dépit, aussi, de l'inuti-
lité politique, cent fois démontrée, de cette polarisation
sur le cas et le nom d'un simple individu, bétonner ce
régime de proscription. Bref, l'entière société cubaine
devenue comme une immense pyramide inversée reposant de tout son poids énorme, non sur sa base, mais sur
sa pointe ou sur la pointe de quelques têtes : un corps
supplicié ou paralysé, une âme étouffée, un poète, un
homosexuel, un catholique, un Cubain.

Daniel Pearl serait-il l'équivalent, sans la littérature,
et à l'échelle du monde nouveau, d'un Soljenitsyne,
d'un Pliouchtch, d'un Valladares – ces autres hommes

seuls, ces « êtres à côté » de Mallarmé, ces victimes à la fois absurdes et nécessaires dont la cause enflamma notre jeunesse et qui étaient comme le miroir de la toute-puissance du tyran ?

Peut être. Je ne sais pas. Mais on conviendra qu'il y a là une situation décidément bien étrange.

D'autant qu'il y a encore autre chose.

On a vu, n'est-ce pas, apparaître au gré du récit les protagonistes de cette histoire.

On les a vus se présenter, un à un, au fil de l'enquête, puis, tous ensemble, dans « l'organigramme du crime ».

Or il y a un détail dont je n'ai rien dit – peut-être parce qu'il ne m'était, jusqu'ici, pas apparu très clairement : c'est le fait, là aussi très curieux et, à la réflexion, complètement inédit, que lorsque l'on considère les biographies des complices d'Omar, lorsque l'on reprend ne serait-ce que le nom du groupe ou du chef auquel, comme tous les jihadistes, ils ont chacun fait allégeance, on s'aperçoit que ces dix-sept hommes ne relèvent pas d'un groupe, ni de deux, mais de tous les groupes, tous les partis, toutes les factions, de la mouvance islamiste au Pakistan.

D'habitude, il y a un groupe derrière un crime.

C'est le Lashkar pour le Sheraton.

Le Jaish pour les attaques à la grenade ou à la bombe contre l'arrêt d'autobus de Kupwara, ou le marché de Chadoura, au Cachemire.

Le Harkat ul-Mujahideen pour l'attentat-suicide contre le consulat américain de Karachi.

Le Harkat ul-Ansar, devenu Harkat ul-Mujahideen, pour les enlèvements de touristes, au Kashmir, à la fin des années 90...

Parfois, comme dans le cas de l'attaque du 13 décembre 2001 contre le Parlement de New Dehli, deux groupes s'associent, en l'occurrence le Jaish et le Lashkar e-Toïba. Mais c'est rare. Très rare. Ces organisations se détestent. Elles se font la guerre autant qu'elles font la guerre à l'ennemi commun. Rappelons-nous, début 2000, le conflit entre Fazlur Rehman Khalil et Masood Azhar pour le contrôle, au moment du divorce, des biens et immeubles du Harkat ul-Mujahideen... Songeons au jeu de l'ISI lui-même et à l'énergie qu'il dépense, non pour unir, mais pour diviser les groupes qui pourraient être tentés de prendre trop d'importance et de se passer de sa tutelle... Et n'avons-nous pas le cas du Jamiat ul-Ulema e-Islam se scindant, sous l'influence des services, en trois groupes absolument cousins, idéologiquement indiscernables, mais engagés dans une rivalité d'autant plus acharnée : le JUI-F de Fazlur Rahman, le JUI-S de Sami ul-Haq et le JUI-Q de Ajmal Qadri ? Bref, chacun pour soi. Une logique de secte, c'est-à-dire de schisme, de crimes entre amis, de rivalités de proximité, de délations croisées. En sorte que la règle absolue est bien celle de la concurrence permanente, féroce, entre organisations poursuivant les mêmes buts mais se disputant le même espace et aussi (cf. Dubaï) les mêmes sources de financement ; la règle, sauf rarissimes exceptions dictées par la circonstance, est celle du « one crime, one group » – un groupe pour chaque crime, le beau crime jihadiste comme une ressource rare qu'on ne partagera, à aucun prix, avec le frère ennemi.

Alors qu'ici...

Oui, la bizarrerie de ce crime-ci c'est qu'il est impossible de l'affecter à celui-ci ou celui-là ; sa particularité dans l'histoire du terrorisme pakistanais ou benladéniste c'est qu'il semble avoir donné lieu à une concertation, justement, de groupes partout ailleurs divisés.

Hyder, alias Imtiaz Siddiqui alias Amjad Hussain Farooqi, alias Mansur Hasnain, est membre du Harkat Jihad e-Islami.

Arif, alias Mohammed Hashim Qadeer, vient du Harkat ul-Mujahideen.

Adil Mohammad Sheikh, le policier, Suleman Saquib et Fahad Nasim, ses cousins, les trois de la cellule chargée de scanner les photos puis de les envoyer par mail au *Wall Street Journal* et aux agences, appartiennent au Jaish.

Akram Lahori est l'émir du Lashkar qui est aussi le groupe de Fazal Karim et de Bukhari.

Asif Ramzi, lieutenant de Lahori sur cette opération Pearl, est le patron du Qari Hye qui est une sorte de filiale, il est vrai, du Lashkar.

Abdul Samat, pour le peu que l'on en sache, est membre du Tehriq e-Jihad, un petit groupe fondé, en 1997, par des éléments dissidents du Harkat.

Memon vient du Trust Al-Rashid.

Les Yéménites, de l'Armée islamique d'Aden.

Et, quant à Omar, il a son groupe personnel : le Mouvement pour la restauration de la souveraineté pakistanaise.

Bref, tout le monde est là.

C'est comme un parlement de l'islamisme pakistanais.

C'est un syndicat du crime qui se retrouve, autour du corps vivant de Pearl, puis de son cadavre, comme il ne s'est jamais retrouvé pour aucun autre.

D'un côté, un homme seul, fragile, ne représentant que lui-même.

De l'autre l'ISI, plus al-Qaïda – plus, maintenant, le syndicat du jihadisme au grand complet.

Du jamais vu.

Une configuration sans pareille pour un meurtre décidément unique en son genre.

2

L'HOMME QUI EN SAVAIT TROP

Une première explication saute aux yeux. Pearl était journaliste. Juste journaliste. Et il l'était dans l'un des pays au monde où il fait le moins bon être journaliste et où tous les journalistes sont, comme tels, en danger de mort permanent. Parce qu'insubordonnés ? Hommes libres ? Parce que fâcheuse tendance à désobéir et à ne s'aligner sur aucune consigne ? Même pas. Le vrai problème c'est, au contraire, qu'ils sont tenus pour non libres, nullement indépendants – le problème, le vrai grief à leur encontre, c'est que, dans l'imaginaire du militaire pakistanais à front bas ou du militant islamiste animé de sa sainte haine, ils sont, par définition, des espions et que rien ne permet de distinguer un reporter du *Wall Street Journal* d'un agent de la CIA. Un journaliste libre ? Contradiction dans les termes. Un journaliste non lié aux agences, aux « trois lettres », de son pays ? Un oxymore, un impensable. J'ai vu ce que je dis là. J'ai touché du doigt, moi-même, l'extraordinaire difficulté que l'on a, lorsque l'on s'informe au Pakistan, à ne pas donner à penser que l'on renseigne. J'ai observé, chaque fois que, dans mes derniers voyages, j'ai essayé d'expliquer que, bon, d'accord, ce ne sera peut-être pas un roman, mais au moins suis-je un esprit libre, enquêtant librement et ne recherchant que la manifestation de la vérité – j'ai observé, chaque fois, chez les officiels que je rencontrais, chez les chefs et sous-chefs de cette police folle, la paupière lourde de soupçons, le clignement de tarentule, le mauvais air de méfiance macérée et de sous-entendus malins qui semblaient dire « cause toujours, tu m'intéresses... nous le savons bien, nous, qu'un écrivain libre ça n'a pas de sens... ». Nul doute que Danny est mort de cela. Nul doute que les crétins sanguinaires qui lui ont fait dire qu'il était juif ont réellement cru qu'il était, aussi, un agent du Mossad ou de la CIA. Sa mort fait de lui, de ce point de vue, un martyr de cette grande cause qu'est la liberté de la presse. Son nom s'ajoute à la longue liste de tous les journalistes pakistanais, et non pakistanais, emprisonnés ou morts pour que vivent, et la presse, et sa liberté. Saluer Daniel Pearl, honorer sa mémoire et son courage, c'est rendre hommage à tous les vivants qui, après lui, ont pris le même risque que lui, en allant, coûte que coûte, faire leur travail à Karachi : pêle-mêle Elizabeth Rubin, Dexter Filkins, Michel Peyrard, Steve LeVine, Kathy Gannon, Didier François, David Rohde, Daniel Raunet, Françoise Chipaux, Rory McCarthy, j'en oublie – le fer dans les plaies du Pakistan, l'honneur de ce métier.

Il y a le fait – et c'est une deuxième bonne explication – que toute cette histoire s'est produite dans un pays – une région ? un monde ? – où, depuis la guerre d'Afghanistan et dans l'attente de la guerre annoncée en Irak, Washington faisait figure de capitale de l'empire du Mal, de lieu même de l'Antéchrist et de Satan : Daniel Pearl était américain... Bon Américain ? Il n'y a pas de bon Américain, pensent et disent les sectes d'assassins. Adversaire de Bush ? Démocrate ? Choqué par les bavures de Dostom et des forces spéciales américaines à Mazar e-Sharif ? Un Américain qui, s'il avait vécu, et à en croire Danny Gills, son ami de Los Angeles, aurait probablement rejoint la confrérie des libres esprits qui y ont regardé à deux fois avant de se laisser enrôler dans la guerre absurde de George Bush ? « Justement, insistent-ils. C'est presque pire. C'est la plus grande ruse du Diable. Le tour même du Démon. C'est le truc qu'ils ont trouvé pour désarmer la nation arabe »... N'était-il pas proche, au moins, de vous ? Ami de l'altérité ? Daniel Pearl n'était-il pas l'un de ces Américains qui refusent de haïr en bloc, récusent les amalgames et prennent parti pour les humiliés ? « Oui, merci. On a vu. On a eu tout le temps, pendant ces huit jours, de comprendre que ce benêt, en effet, ne nous était même pas hostile. Mais la question n'est pas là. Nous n'avons rien à faire de ce que pense et ne pense pas un Américain puisque le crime ce n'est pas la pensée mais l'Amérique. Nous nous moquons de ce qu'a fait ou n'a pas fait votre Danny puisque l'Amérique n'est pas un pays mais une idée, qu'elle n'est même pas une idée mais la figure même de l'enfer. » On a moins tué Pearl pour ce qu'il pensait ou faisait que pour ce qu'il était. S'il a été, à Gulzar e-Hijri, jugé coupable de quelque chose c'est du seul, unique, ontologique, crime

d'être né. Coupable d'être et d'être né... Culpabilité
sans crime, essentielle, métaphysique... Cela ne nous
rappelle rien ? N'entendons-nous pas, derrière ce type
de procès, la voix d'une autre infamie ? Pearl est mort
d'être américain dans un pays où être américain est un
péché qui n'est pas sans rappeler, dans la rhétorique qui
le stigmatise, le péché d'être juif. Pearl fut la victime de
cette autre saloperie qui s'appelle l'antiaméricanisme
et qui fait aussi de vous, aux yeux de ces néofascistes
que sont les intégristes, un déchet, un sous-homme à
éliminer. Américain, donc salaud. L'Amérique, ou le
Mal. Le vieil antiaméricanisme occidental croisé avec
celui des fous de Dieu. La haine rance de nos pétai-
nistes, relookée tiers-monde et damnés de la terre. J'ai
achevé ce livre à ce moment très précis. J'avais dans
l'oreille, à cet instant, la clameur planétaire qui faisait
de l'Amérique comme telle une région, non du monde,
mais de l'esprit – et la plus noire. Mieux vaut vivre serf
sous Saddam que libre grâce à Bush, clamait la foule
planétaire. On pouvait, comme moi, refuser la guerre
voulue par Bush et trouver, néanmoins, cette clameur
abjecte. Daniel Pearl est mort de cela.

Et puis il y a cette troisième raison, enfin. Pearl était
juif. Il l'était dans un pays où le judaïsme n'est pas
une religion, encore moins une identité, mais un autre
crime, un autre péché. Il était un Juif positif. Un Juif
tendance Albert Cohen ou Franz Rosenzweig. Il était
fier. Affirmatif. Un de ses collègues ne m'a-t-il pas
raconté cette scène, à Peshawar, fief des islamistes, où,
seul dans un groupe de journalistes interrogés sur leur

religion, il a tranquillement répondu « juif », jetant un froid terrible sur l'assistance ? Il était juif comme son père. Comme sa mère. Il était juif comme Haïm Pearl, l'un de ses grands-pères, qui donna, on s'en souvient, son nom à une rue, à Bnei Brak, en Israël. Et il est très certainement, de ce point de vue, un martyr de l'antisémitisme moderne : celui qui part de Bnei Brak justement ; qui noue le nom de Juif à celui, honni, d'Israël ; et qui, sans renoncer à aucun de ses anciens clichés, les reprend sous le nouveau chef, les réintègre dans un système où le nom même d'Israël est devenu synonyme de ce qu'il y a de pire en ce monde et fait de la figure du Juif réel le visage même du crime (Tsahal), du génocide (le thème, ressassé depuis Durban et même avant, du massacre des Palestiniens), du désir faussaire (la Shoah comme mensonge destiné à étouffer la réalité du pouvoir juif). De Durban à Bnei Brak, les nouveaux habits de la haine. Du « one jew one bullet » scandé par certains représentants d'ONG à Durban au couteau yéménite qui opère le meurtre réel de Daniel Pearl, une sorte de séquence. Daniel Pearl est mort parce qu'il était juif. Daniel Pearl est mort, victime d'un néo-antijudaïsme qui se met en place sous nos yeux. Je l'annonce depuis vingt-cinq ans, ce nouvel antijudaïsme. Nous sommes quelques-uns, depuis vingt-cinq ans, à sentir et écrire que les procédures de légitimation de la vieille haine sont en voie de refonte très profonde. Longtemps, la canaille a dit : les Juifs sont haïssables parce qu'ils ont tué le Christ (antisémitisme chrétien). Longtemps : parce qu'ils l'ont, au contraire, inventé (antisémitisme moderne, anticatholique, païen). Longtemps : parce qu'ils sont une race partout étrangère et qu'il faut, cette race, l'effacer de la surface de la terre (naissance de la biologie, racisme, hitlérisme). Eh bien c'en est fini de ces dires, voilà ce que je sentais. On entendra de moins en moins dire que les Juifs sont détestables au nom du Christ, de l'anti-Christ ou de la pureté du sang, voilà ce que je crois. Nous sommes en train de voir se reformuler un nouveau dire, un nouveau mode de justification du pire, qui, un peu comme au temps de notre affaire Dreyfus, mais à l'échelle, cette fois, du monde, associera la haine des Juifs à la défense des opprimés : un dispositif effroyable qui, sur fond de religion victimaire, moyennant la transformation du Juif en bourreau et du haïsseur de Juif en nouveau Juif (mais oui, la canaille n'a peur de rien, elle n'en est pas à une infamie près, et elle peut bien retourner contre les Juifs réels une figure pure du Juif victime supposée s'incarner en d'autres qu'eux) légitimera le meurtre du Juif suppôt de Bush et de Sharon. Daniel Pearl est mort, encore, de cela.

Trois explications, donc, qui pourraient me satisfaire.

Trois raisons de tuer Daniel Pearl qui, chacune séparément et, à plus forte raison, ensemble, devraient suffire à expliquer l'issue du drame.

Sauf que, justement, cela ne va pas.

Non, aucune de ces raisons, si fortes et solides soient-elles, ne parvient à convaincre.

Aucune ne parvient à expliquer pourquoi c'est ce juif, ce journaliste, cet Américain-ci, et pas un autre, qu'al-Qaïda, plus les services secrets, plus le syndicat

au grand complet, ont, au matin du 31, décidé d'éliminer.

Et cela à cause d'un détail qui, depuis presque un
an, maintenant, que je réfléchis à cette affaire, ne cesse
de m'intriguer : Daniel Pearl est kidnappé le 23 ; les
kidnappeurs savent, le 23, qu'il est juif, journaliste,
américain ; ils sont parfaitement conscients, ce jour-là,
de cette culpabilité trois fois hyperbolique ; or ils attendent le 31, soit huit jours après l'enlèvement, pour se
décider à le punir d'être ce triple coupable ; ce qui veut
forcément dire qu'il s'est passé quelque chose pendant
ces huit jours – un élément est apparu qui n'était pas là
le 23 mais qui y sera le 31 et qui fait que la décision de
tuer a fini par s'imposer.

Je sais que l'on a dit : les assassins n'ont découvert que le 30, par un article de Kamran Khan, dans le
News, que Danny était juif – l'élément nouveau, autrement dit, c'est ça, son judaïsme, dont ils ne disposaient
pas jusque-là. Malheureusement, cela ne tient pas.
Connaissant Danny, sachant, par tous ceux qui l'ont
connu, notamment au Pakistan, le point d'honneur qu'il
mettait à ne jamais dissimuler ce judaïsme, je ne peux
imaginer un seul instant qu'il n'en ait pas instruit Omar
dès leur premier rendez-vous à l'hôtel Akbar. N'est-
ce pas, d'ailleurs, ce qu'Omar lui-même a déclaré à
la police ? N'est-ce pas ce que Bukhari et Fazal ont
déclaré, eux aussi, lors de leur interrogatoire : « Omar
nous a appelés, pour nous dire : il y a là un Américain et
un Juif... venez vite... on va l'enlever » ?

Je sais que l'on a dit : c'est cette histoire d'évasion
qui a tout déclenché ; c'est quand il a tenté, pour la

deuxième fois, de s'évader que les geôliers ont perdu patience et pensé qu'il fallait en finir ; voilà l'élément nouveau ! voilà comment tout a basculé ! n'est-ce pas, selon les gens du FBI que j'ai rencontrés à Washington, la règle absolue dans ces affaires – « pas de tentative d'évasion ! jamais, au grand jamais ! ». Là non plus, je n'y crois pas. D'abord parce que – je l'ai dit – ces tentatives d'évasion sont rien moins que démontrées : et l'histoire, notamment, de la balle dans le genou n'est confirmée par aucun des instituts médico-légaux qui se sont penchés sur le squelette démembré de Danny. Mais ensuite parce que je n'arrive pas à imaginer Bukhari, Lahori, Farooqi, les autres, raisonnant de cette façon : on a là, je le répète, les responsables karachiens de groupes importants, la fine fleur du jihadisme, des gens sérieux, des militants, on a là les représentants pakistanais d'al-Qaïda – qui peut penser qu'ils raisonnent de manière aussi puérile ? qui nous fera croire qu'ils se soient dit « pour le punir on va le tuer » ? comment supposer qu'un meurtre de cette importance, décidé et commis par des hommes de ce calibre, ait pu se décider sur un réflexe de geôlier contrarié ?

On a dit encore, j'ai moi-même entendu dire : le temps qui passe... ce qui s'est passé c'est juste que le temps a passé... la lassitude... l'impasse... on a le type sur les bras, on ne sait plus bien quoi en faire, alors on décide de le tuer, de le découper en dix morceaux, puis de le recomposer, c'est encore ce qu'il y a de plus simple... Soit. On peut, de nouveau, tout imaginer. Sauf que le scénario, là non plus, n'est pas vraisemblable. Ce sont les Yéménites, ne l'oublions pas, qui, jusqu'à plus ample informé, ont tué. Or il a fallu, ces Yéménites, prendre la décision de les faire venir. Il a fallu les trouver, les contacter, les amener jusqu'à Gulzar e-Hijri et, enfin, les exfiltrer. Comment cela se serait-il fait à la légère ? Comment cette succession de tâches aurait-elle procédé d'un coup de colère et d'impatience ? Fait-on cela, met-on en branle tant de forces et de procédures, déploie-t-on la quantité d'énergie nécessaire, comme cela, sans y penser, par défaut en quelque sorte, ou par énervement ?

Non.

De quelque façon que l'on tourne la question, on ne peut pas ne pas penser qu'il s'est produit autre chose, pendant ces sept jours de détention, qu'un coup de mou, une évasion manquée ou un article de Kamran Khan.

Mieux : comme tout cela se passe à huis clos, comme ils vivent, lui et eux, dans un confinement total, coupés du monde, comme ils ne font rien d'autre, pendant sept jours, que parler, parler encore, on ne peut pas ne pas songer que cette autre chose ne s'est pas passée mais dite et que c'est un dire de Danny qui a conduit ses geôliers à juger qu'il ne pouvait pas ressortir libre de Gulzar e-Hijri.

Qu'est-ce, alors, que ce dire ? Qu'est-ce que Pearl avait à dire qui fût de nature à convaincre ses geôliers de convoquer trois professionnels du crime afin de l'exécuter ? Comme je n'imagine pas que cela pût avoir trait à la pluie, au beau temps, à la vie à Los Angeles, à son métier, ni même à sa vision générale du Pakistan, des Etats-Unis ou du monde, et comme je crois, par ailleurs, que Pearl a mis à profit ces journées pour continuer son travail, avancer dans la connaissance de ces milieux jihadistes sur lesquels il enquêtait, bref, faire parler ces spécimens politiques et humains qu'une providence mauvaise, mais une providence quand même, venait de placer sur sa route, je ne vois, derechef, qu'une solution.

En même temps qu'il les faisait parler, eux l'ont fait également parler.

En même temps qu'il les soumettait à la question, lui-même, par ses questions, se découvrait.

Il pensait les accoucher de leur vérité : ce sont eux qui, en un sens, et sans qu'il s'en rendît forcément compte, vérifiaient ce qu'il savait et, donc, le débriefaient.

Ou bien ceci encore, cette hypothèse légèrement différente mais tout aussi crédible : avec son extraordinaire métier, il sollicitait les confidences, les aveux, les détails – allez savoir s'il n'aurait pas réussi au-delà de ses espérances et si les autres, sans le savoir non plus ou, en tout cas, sans vraiment le vouloir, ne lui auraient pas lâché des informations sensibles qu'ils se seraient reproché, ensuite, de lui avoir si étourdiment données.

Mon sentiment, en d'autres termes, c'est qu'au fil de la conversation, dans les longues nuits de solitude à plusieurs, dans le feu de l'échange, par exemple, avec Fazal Karim, son gardien, il est apparu, soit que le détenu de Gulzar e-Hijri en savait déjà beaucoup trop, soit qu'il avait réussi à en arracher encore un peu plus à ses geôliers – et qu'il était hors de question, dans les deux cas, de le laisser ressortir libre, porteur de ses secrets.

Danny est mort de ce qu'il savait.

Danny, l'homme qui en savait trop.

Ma conviction c'est que sa mort fut une mort de journaliste – mort, non seulement de ce qu'il était, mais de ce qu'il était en train de chercher, peut-être de trouver et d'écrire.

N'est-ce pas, au demeurant, ce que le Président lui-même, Pervez Musharraf, a dit quand, au lendemain du meurtre, dans un accès de colère stupéfiant, il s'est exclamé que Daniel Pearl avait été « over intrusive » – trop curieux, fourrant son nez là où il ne fallait pas ?

N'a-t-il pas, Musharraf, vendu la mèche quand, dans un propos cité, entre autres, par le *Washington Post* du 3 mai 2002, il a osé déclarer : « un homme de média devrait être conscient des dangers que l'on court lorsqu'on s'introduit dans les zones dangereuses ; lui, malheureusement, s'est excessivement investi (he got over-involved) dans les jeux des services secrets » ?

C'est mon hypothèse.

C'est la conclusion à laquelle je parviens.

La question devenant alors : quoi ? qu'est-ce que Pearl avait trouvé, ou était en train de trouver, qui fût de nature à le condamner ? quel est ce secret volé qu'il était hors de question, pour eux, de le laisser emporter avec lui et écrire ?

Les rapports entre l'ISI et al-Qaïda, bien sûr.

La trame serrée de relations entre ces deux milieux, ces deux sociologies, on peut le supposer.

Cette sainte alliance qui le condamne et qui l'exécute, on peut supposer, oui, que c'est sur sa piste qu'il était et que c'est là, précisément, sa faute.

Mais on n'a rien dit quand on a dit cela.

On ne tue pas un homme parce qu'il évoque, en général, les liens entre un service secret et une organisation terroriste.

On ne déploie pas tant d'efforts pour le tuer, on ne met pas en branle un tel syndicat, parce qu'il va développer une thèse sur l'envers de l'histoire d'un grand pays.

Et la vraie question est évidemment de savoir ce que, sur tout cela, il avait trouvé de précis, et de neuf, qui fût de nature à embarrasser les uns et les autres.

Ici, bien sûr, commence le règne de l'incertitude.

Ici, les témoins se font rares ou, s'ils existent, se taisent ou désinforment.

J'avais, pour l'instant, un peu plus que des conjectures – je crains, désormais, d'en être réduit à un peu moins que des hypothèses.

Mes quasi-hypothèses, donc.

J'en ai deux, distinctes, quoique nullement contradictoires.

Mais d'abord – question de méthode – un tout dernier détour : l'emploi du temps de Daniel Pearl dans les semaines, les jours, les heures, qui précèdent l'enlèvement ; qui il a vu, ce qu'il a lu, les articles qu'il a écrits et ceux sur lesquels il travaillait, cette intrigue, en un mot, tissée dans le fil de la vie et où – comme, dans une tapisserie, se cache le motif qui l'ordonne en secret – gît très probablement l'explication de sa mort.

3

DANS LES PAS DE PEARL

Une fois encore, je donne mes sources.

Le récit d'Asif Farooqi, le fixeur de Pearl à Islamabad, lors de notre rencontre à son bureau de l'agence de presse japonaise.

Le témoignage de Jamil Yusuf, l'ex-homme d'affaires reconverti dans la chasse au crime et dirigeant du Karachi's Citizen-Police Liaison Committee.

Celui d'un autre Pakistanais, de Peshawar celui-là, qui m'a demandé à ne pas être cité mais dont j'ai de bonnes raisons de croire les informations fiables : disons, pour fixer les idées, Abdullah, et mettons qu'il soit une sorte de journaliste travaillant à la fois, sous son nom, pour la presse pakistanaise et, anonymement, pour des journalistes de passage.

Et puis un mémorandum rédigé, le 27 janvier, soit quatre jours après l'enlèvement, par Mariane Pearl et Asra Nomani, la collaboratrice de Danny et locataire de la maison dans laquelle habitait le couple à Karachi : ce mémorandum de vingt pages, rédigé dans l'urgence, alors que nul n'imaginait encore l'issue tragique de

l'enlèvement, était destiné à éclairer la lanterne des
enquêteurs et c'est, évidemment, la source la plus précise, la plus précieuse.

Pearl, je le redis pour mémoire, est arrivé au Pakistan,
une première fois, en octobre, juste avant le début des
frappes américaines en Afghanistan. Il y est resté deux
mois. Il y a écrit trois ou quatre articles marquants. Il
est, fin novembre, revenu à Bombay où était, en principe, sa base. Et c'est le 15 décembre qu'il est de retour,
pour de bon, à Islamabad.

Il est seul, à ce moment-là.

Mariane, enceinte, est restée quelques jours de plus
en Inde.

« C'est triste, lui dit un collègue pakistanais, journaliste au *Dawn*, qu'il croise avec Asif au bar d'un grand
hôtel du quartier des ambassades. C'est bientôt Noël
et vous allez être seul. » Et lui, souriant, mais toujours
fidèle à son parti pris de transparence sur la question :
« oh ! Noël... je ne suis pas chrétien, vous savez... je
suis juif... les juifs se fichent un peu de Noël... »

Avec Steve LeVine, correspondant du Journal à
Alma Ata, en Asie centrale, et de passage au Pakistan,
il commence alors une première enquête sur les risques de transfert, vers l'Afghanistan et les talibans, du
savoir-faire nucléaire du Pakistan. Il est sur la piste,
notamment, d'une ONG prétendument versée dans
l'humanitaire et les programmes agricoles mais qui
servirait en réalité de couverture à ce type de trafic :
l'Ummah Tameer e-Nau dont le président d'honneur
se trouve être le général Hamid Gul, ancien patron de

l'ISI dont j'ai, depuis un an, souvent rencontré le nom. Il enquête également sur le Dr Bashiruddin Mahmoud, un savant pakistanais gagné à la cause des islamistes et qui aurait, en août, vu Ousama Ben Laden.

Il commence, le 23 ou le 24, sans LeVine, une seconde enquête sur la contrebande d'appareils électroniques entre l'Afghanistan et le Pakistan. Il va à Peshawar. Il traîne sur l'immense Karkhano Market où l'on trouve, venus d'Afghanistan, à peu près tous les produits qu'interdisaient en principe les talibans mais dont il découvre, à sa grande surprise, qu'ils faisaient leurs choux gras : rasoirs Gillette au pays des barbus... cigarettes Marlboro alors que fumer était interdit... cassettes vidéo de toutes sortes et tout derniers modèles de télévision Sony au pays de la proscription des images et de l'iconoclastie radicale... quelle tartuferie ! et, pour le journaliste sarcastique qu'il sait être quand le sujet s'y prête, quelle aubaine !

Il commence, le lendemain, une troisième enquête sur les groupes fondamentalistes que Musharraf vient d'interdire mais qui continuent de faire la loi au Kashmir et aussi, pense-t-il, à Lahore et Karachi. Il va, pour cela, à Bawahalpur où il a le projet d'interviewer Masood Azhar, le patron du Jaish et, je le rappelle une dernière fois, l'ami, le maître, le tuteur d'Omar Sheikh. Mais Masood vient d'être à nouveau arrêté, en même temps que d'autres militants dont les appels au jihad antiaméricain commençaient à faire désordre dans le tableau de la grande alliance antiterroriste ralliée par Musharraf. Alors, il doit se contenter du frère qu'il soupçonne, par parenthèse, d'avoir été mêlé au commando de pirates de l'air de Kandahar. Il visite aussi les bureaux du Jaish qui est, en principe, interdit mais dont il constate qu'il continue de fonctionner à visage quasi découvert, d'organiser des meetings, de recruter. Le séjour est court. Plutôt tendu. Il ne reste à Bawahalpur que trente-six heures.

Le 27, alors que son article sur les affaires nucléaires est paru depuis trois jours, il est contacté par un inconnu, bizarre, qui prétend l'avoir lu et détenir une mallette de matières fissiles, sorties d'une centrale nucléaire ukrainienne, qu'il est prêt à lui céder, ou à céder à son journal, pour 100 000 dollars. Danny flaire l'imposture. Il prend contact, à Karachi, avec un familier de ces sujets, employé d'une grande ambassade occidentale, qui le convainc de ne pas donner suite. Mais il est suffisamment intrigué pour reprendre ses notes sur le sujet. C'est étrange, dit-il à Asif, comme notre article d'il y a trois jours n'a pas marché. La date peut-être, veille de Noël... Ou le ton... Ou bien le fait – soyons honnêtes – que nous avions moins de biscuits que Seymour M. Hersh du *New Yorker* (29 octobre, « The risks to Pakistan's nuclear arsenal »), Douglas Frantz et David Rohde du *New York Times* (28 novembre 2001, « Two Pakistanis linked to papers on anthrax weapons ») ou Molly Moore et Kamran Khan du *Washington Post* (12 décembre, « Two nuclear experts briefed Bin Laden, Pakistanis say »)... Ça l'agace, cette idée d'avoir eu moins de biscuits que le *Washington Post*, le *New York Times* et le *New Yorker*. Ça l'agace d'autant plus qu'il n'arrête pas, depuis quelques jours, de recevoir des mails du journal sur le thème : « bougez-vous ! trouvez des infos ! la concurrence est

meilleure que nous ! soyez plus exclusif ! » Emulation
et concurrence. Pression de l'information-marchandise.
Il décide de chercher, chercher encore – il décide, sans
LeVine, de reprendre son investigation n° 1.

Le 31 décembre arrive Mariane.

Il est à l'aéroport, à Karachi, l'accueillant, heureux
comme un enfant.

Le lendemain, 1er janvier, le couple s'envole pour
Islamabad où il retrouve Asif et s'installe à sa guest
house habituelle, Chez Soi, en haut de Murree Road.

A Islamabad, avec Asif, il démarre une quatrième
enquête, très différente, sur les programmes télévisés
comparés de l'Inde et du Pakistan et leurs effets sur la
culture de guerre qui enflamme les esprits dans les deux
pays : comment la guerre se dit-elle ? quel lexique ?
quelles passions ? quelles images, et commentées comment ? y a-t-il, dans cette escalade militaire que l'on
sent entre les deux puissances nucléaires, une responsabilité des journalistes ?

Le 6 paraît, dans le *Boston Globe*, un article sur
une figure peu connue de l'islamisme radical, Sheikh
Mubarak Ali Shah Gilani, dirigeant de la secte al-Fuqrah
et qui serait l'inspirateur secret de Richard Colvin Reid,
l'homme aux chaussures piégées du vol Paris-Miami.
C'est très exactement ce qui passionne Pearl. C'est le
type même de personnage qu'il cherche dans le cadre
de son enquête n° 3, celle qui porte sur les groupes islamistes interdits. Trouvez-moi quelqu'un, demande-t-il
à Asif, qui ait le contact avec ce Gilani ! Trouvez-moi
quelqu'un, absolument, qui puisse nous amener à lui !

Le 7, Asif appelle un de ses collègues dont le nom n'est, bizarrement, guère apparu dans les comptes rendus d'enquête officiels et même, à quelques rares exceptions près, dans les journaux occidentaux : son nom est Zafar Malik ; il est journaliste au *Jang* et très proche, à ce titre, des groupes jihadistes engagés dans la lutte armée en Afghanistan et au Kashmir ; « peut-être, dit-il à Asif... j'ai peut-être quelqu'un qui ressemble à ce que vous voulez... il s'appelle Arif... je l'ai rencontré quatre ou cinq fois... la première, c'était il y a un an, dans les bureaux du Harkat ul-Mujahideen, à Rawalpindi... je ne le connais pas bien, je vais voir si un contact est possible... »

Deux jours plus tard, le 9, Zafar Malik a réussi et le contact est établi. Danny loue un taxi qui vient le prendre devant Chez Soi. Il va, accompagné d'Asif, sur Pindhora Road, à l'exacte jonction d'Islamabad et Rawalpindi. Et, là, il retrouve un homme d'une vingtaine d'années, barbu, vêtu d'un shalwar kameez traditionnel, qui se présente comme le patron d'un atelier de confection à Rawalpindi et qui n'est autre que cet Arif dont lui a parlé le journaliste. L'homme monte, avec eux, dans le taxi. Mais oui, leur dit-il... Gilani... Rien de plus facile que d'aller à Gilani... Je vous mène, de ce pas, jusqu'à sa maison, à Chaklala, dans les faubourgs de la ville, tout près de la base militaire aérienne d'Islamabad (toujours, en chaque circonstance, cette proximité, à la fois symbolique et physique, des deux univers : celui de l'islamisme et du jihad, d'un côté ; celui de l'armée et de l'ISI, de l'autre)... Sauf que la maison, à leur arrivée, est vide et que son propriétaire, selon les voisins, vient juste de partir pour Chak Shazad, un autre quartier, à l'autre bout de la ville, dans une autre de ses maisons dont on ne connaît pas l'adresse exacte. A-t-il pris peur ? Est-ce l'article du *Boston Globe* dont la rumeur est arrivée jusqu'à lui et qui l'a inquiété ? Ou est-ce le piège, sur Danny, qui commence de se mettre en place ?

Le 9 encore, à deux reprises, une fois à 13 h 58, une autre à 15 h 34, il appelle Khalid Khawaja, cet ex-agent de l'ISI, ex-pilote de Ben Laden, ex-moudjahid en Afghanistan et islamiste convaincu, qu'il est venu voir, à son bureau, à son arrivée à Islamabad. On lui avait donné ses coordonnées à Washington. On lui avait dit : « le type est trouble ; c'est lui qui, dans une déclaration à CBS, en juillet 2001, a quasiment annoncé l'attaque contre le World Trade Center ; mais il est paradoxal ; provocateur ; il a des contacts intéressants ; il pourra t'aider ». Alors il est allé le voir. C'est même l'une des premières personnes avec qui il a pris contact lorsqu'il a débarqué au Pakistan. Et il s'est, à sa grande surprise, plutôt bien entendu avec lui – il n'a pas détesté, non, cet islamiste laïc, ce fondamentaliste sans barbe, cet anti-américain imprégné de culture américaine et modelé par son mode de vie, qui est comme une image vivante de toute l'ambivalence, de toute la haine amourée, de la partie la plus radicale de ce monde musulman à l'endroit de l'Occident. Là, donc, il le rappelle. Et, comme il vient de lire, dans l'article du *Boston Globe* du 6 janvier, qu'il est un ami, non seulement de Ben Laden, mais du fameux Gilani, il lui demande : « Gilani... rendez-moi service... je veux voir Gilani... avez-vous un moyen, n'importe quel moyen, de m'aider à rencontrer Gilani ? »

Le 10, à 12 h 21, il appelle une nouvelle fois Khawaja. La conversation est brève. 37 secondes. Deux hypothèses. La première : Gilani encore ; Gilani toujours ; il a appris, la veille, à travers une source d'Asif, que Gilani a épousé la cousine de la femme de Khawaja et que, même s'il en a, depuis, épousé quelques autres, il n'a jamais divorcé d'avec elle ; il a appris, en d'autres termes, que les deux hommes ont des liens plus étroits que ne l'indiquait le *Boston Globe* ; et il appelle, donc, l'ex-pilote pour lui redire, de plus en plus pressant : « Gilani... c'est très important pour moi... je pars dans quelques jours... j'ai la pression du journal... je veux, avant mon départ, ce rendez-vous avec Gilani... » La deuxième : les questions nucléaires ; le mystère de ces transferts de technologie dont je me demande, moi, si Khawaja n'est pas informé ; et, si je me le demande, j'imagine que ce professionnel hors pair qu'est Daniel Pearl se l'est nécessairement demandé avant moi ; il appelle Khawaja, dans cette hypothèse, pour solliciter une conversation, non seulement sur Gilani, mais sur Sultan Bashiruddin Mahmoud et Abdul Majid, ces deux savants atomistes, au fait des techniques les plus en pointe d'enrichissement de l'uranium et du plutonium, et dont la CIA sait qu'ils ont eu, en août, des contacts tant avec Ben Laden qu'avec son lieutenant, l'Egyptien Ayman Zawahiri.

Il ne perd pas de vue, en attendant, son enquête n° 2 – sur la culture de guerre et la propagande. En sorte que, le 10 toujours, il rencontre Naeem Bukhari, un producteur de télévision indépendant et courageux, homonyme de l'avocat de Karachi, qui lui dit : « vous devriez suivre une équipe de la télé pakistanaise ; ils tournent, en ce moment, des programmes courts en forme de micro-trottoirs sur le thème : "que pensez-vous de la situation ? comment voyez-vous vos voisins indiens ? trouvez-vous que le Pakistan devrait en faire davantage, parler et frapper plus fort ?" Vous devriez les suivre, oui, et voir comment ils travaillent ». Ce que fait Danny. Il passe l'essentiel de la journée, crayon en main, avec une équipe. Et il est horrifié par la façon dont le journa-liste, en effet, pose ses questions – il est épouvanté par la façon dont le ton même des questions oriente déjà les réponses. Quelle honte, dit-il ! Qu'est-ce qu'une télévi-sion dont l'esprit se résume à dire aux gens : « difficile d'aimer son pays quand on ne hait pas ses voisins ; un bon Pakistanais se doit de vouer aux gémonies les Juifs et les Indiens » ? N'est-ce pas une façon déguisée de chauffer les esprits, d'appeler au meurtre ? Pourquoi ne pas dire carrément : « produit et dirigé par l'armée » ?

Le 10 toujours, dans l'après-midi, tandis qu'ils sont dans un bazar de Rawalpindi, Asif, son fixeur, reçoit un coup de fil d'Arif, l'homme qui les a menés, la veille, jusqu'à la maison vide de Gilani. Arif dit, en subs-tance : « que ton patron ne désespère pas ! ce n'est que partie remise ! je connais quelqu'un qui est proche de Gilani et qui va établir le contact que vous cherchez ». Ce quelqu'un, qui est censé s'appeler Bashir, s'appelle, en réalité, Omar Sheikh.

Le 11, a lieu la grande rencontre avec Bashir, alias Omar. Taxi, comme l'avant-veille. Rendez-vous sur

Pindhora Road. Arif, accompagné, cette fois, d'un ami, barbu comme lui, qui gardera le silence pendant tout le trajet, les retrouve au même carrefour et les mène à l'hôtel Akbar, chambre 411, où attend Omar. La longue conversation de mise en confiance. Les club-sandwichs. Le café froid que monte le petit homme en djellaba. Cette atmosphère étrange, et tellement glauque, qu'il n'a, bizarrement, pas captée ou qui, s'il l'a captée, ne l'a pas découragé de poursuivre sa quête de Gilani.

« Bizarre, ce Shabir, dira-t-il tout de même, en sortant, à son fixeur. – Pourquoi dis-tu Shabir ? le reprendra Asif ; il a dit qu'il s'appelait Bashir. – Non, soutiendra Pearl, j'ai bien entendu, il a dit Shabir. » Ils ont, en fait, tous deux raison. Car c'est lui, Omar, qui s'est trompé en se prenant les pieds dans son mensonge. Une fois, il a dit Shabir. Une autre fois, Bashir. Au point, d'ailleurs, que, le lendemain, s'en avisant, il essaiera de se rattraper en signant son premier mail de ce nom bizarre, bien peu pakistanais et qui aurait dû éveiller l'attention, sinon de Pearl, du moins d'Asif : « Bashir Ahmed Shabir Chowdry ». La vraie erreur d'Asif ?

Le 12, Danny est, à Rawalpindi toujours, au marché des contrebandiers. Mariane a envie d'un lecteur de CD. Alors, il demande un lecteur de CD. Mais, au moment de le payer, il réclame une facture. Mais non, répond le marchand ! Comment vous ferais-je une facture puisque vous êtes au marché des contrebandiers et que vous achetez un objet volé ? La scène se reproduira plus loin. Et plus loin encore. Elle se reproduira toute la journée, dans tout Rawalpindi – Danny, homme de principes, voulant absolument sa facture ; les commerçants pakistanais, incapables de la lui donner, s'entêtant ; Mariane, au bout du compte, privée de son lecteur de CD ; et l'enquête n° 2, sur les marchés de contrebande entre Afghanistan et Pakistan (un premier article, mais parfaitement abouti, excellent, est déjà paru le 9, trois jours plus tôt), qui continue doucement et s'enrichit de choses vues...

Du 12 au soir au 16, il est à Peshawar. Veut-il, comme Michel Peyrard, passer en Afghanistan ? Cherche-t-il, dans les zones tribales, la trace d'al-Qaïda et de ses liens avec les gangs pachtouns ? Je ne le crois pas. Daniel Pearl, ne pas l'oublier, n'est pas un reporter de guerre. Quand on lui a proposé, en novembre, d'aller en Afghanistan, il a répondu : « non, ce n'est pas mon métier, il faut un entraînement pour être reporter de guerre, je n'ai pas cet entraînement » – pourquoi aurait-il changé d'avis ? pourquoi ferait-il, aujourd'hui, ce qu'il ne voulait pas faire hier ? pourquoi jouerait-il au héros alors qu'il est un personnage lumineux, pas un héros ? Non. Je pense qu'il a deux raisons d'être là. Son enquête, toujours, sur ces circuits de la fraude entre le Pakistan et l'Afghanistan. Ou bien l'autre enquête, celle dont nous savons qu'il avait conscience de l'avoir, en partie, manquée – celle, surtout, qui ne pouvait que rebondir, et prendre sa vraie dimension, en ce lieu stratégique des relations entre le Pakistan et l'Afghanistan que sont la ville et la région de Peshawar : l'enquête sur les questions nucléaires et sur les possibles transferts de technologie organisés, au bénéfice d'al-Qaïda, par des éléments de l'ISI.

Le 18, il est de retour à Islamabad où il restera jusqu'au 22. Ce sont les jours, on s'en souvient, où il reçoit la série de mails de Bashir, alias Omar. Ce sont les jours, autrement dit, où le piège Gilani achève de se refermer sur lui. Asif le trouve étrange, tout à coup. A la fois fébrile et fuyant. Enthousiaste et absent. Il cache quelque chose, se dit-il. Il a beau l'interroger, il voit bien qu'un événement s'est produit et que Danny le lui cache.

« Je vais à Karachi, finit tout de même par lâcher, poussé dans ses retranchements, le reporter du *Wall Street Journal*. – Pourquoi Karachi ? quelle drôle d'idée ! – Parce que c'est de là que je reprendrai l'avion pour Dubaï puis les Etats-Unis. – Mais tu as des avions à Islamabad ! pourquoi passer par Karachi ? – D'accord, fait Danny, lassé ; mettons que j'aie autre chose à faire à Karachi ; je dois y rencontrer Gilani, voilà, mais c'est un secret. »

Asif, soudain, terriblement mal à l'aise. Presque fâché. Pourquoi ces cachotteries, d'abord ? Pourquoi ce voyage à Karachi sans lui ? Vont-ils se quitter, là, si peu de jours avant le départ ? Il s'était attaché, à force, à cet Américain enthousiaste, vertueux, si différent des Américains qu'il connaissait. Et puis il y a autre chose. C'est lui qui, après tout, lui a présenté cet Arif qui lui a présenté ce Bashir. C'est la première fois de sa vie, quand il y pense, qu'il présente une de ses sources à un client. Et cela lui procure, sans qu'il sache s'expliquer pourquoi, un sentiment de trouble, presque de peur...

Le 22, Pearl est à Karachi.

Il voit encore, le 23, à 11 h 30, Syed Zulfikar Shah, responsable de l'immigration à l'aéroport de la ville.

Puis, entre midi et 13 h 15, le brigadier Tariq Mahmoud, directeur de l'aviation civile. Mariane, dans son mémorandum, parle de deux interviews autour de la question du cyber-crime. J'ai revu, moi, le second. Il a été prudent, bien entendu. Embarrassé, lorsqu'il a compris pourquoi je poussais la porte de son bureau. Mais enfin nous avons parlé. Je lui ai demandé de quoi, ce jour-là, il avait discuté avec le journaliste assassiné. Et mon sentiment c'est que, là encore, Danny s'intéressait aux pérégrinations de Richard Colvin Reid donc, encore et toujours, quoique indirectement, à Gilani.

On connaît la suite.

On connaît l'emploi du temps, heure par heure, de la fin de journée du 23. Entre 14 h 30 et 15 h 30, Randall Bennett, patron de la sécurité à l'ambassade américaine, aujourd'hui en poste à Madrid : « ne va pas à ce rendez-vous ; ici, on ne le sent pas ». Le Marriott à pied. Un coup de téléphone, à 15 h 30, à Steph Laraich, le patron de la police au consulat français, qui n'a jamais su comment il avait eu son numéro et qui se reproche, aujourd'hui encore, de n'avoir pas été au bout du fil pour lui dire, lui aussi : « attention ! ne faites pas ça ! ou faites en sorte, au moins, d'avoir une couverture, une voiture suiveuse, quelque chose ». Un autre, à 16 heures, à Asif, resté à Islamabad, et qui se souvient d'une nuance, dans la voix, inhabituellement angoissée : « je me demande, tout à coup... est-ce safe de voir ce Gilani ? » – et lui, Asif, ne voulant pas avoir l'air jaloux ni dépité : « c'est un personnage public ; peu connu, mais public ; si tu le rencontres dans un lieu public, j'imagine que cela ira ; une chose, pourtant : Mariane ; n'emmène pas Mariane ; car le lieu public risque d'être une mosquée, ou une madrasa, et je n'aimerais pas que Mariane t'y accompagne, vêtue à l'européenne et enceinte... »

Mariane et Asra de 16 à 17 heures. Le cybercafé de Lakson Square Building, toujours pour l'affaire Reid. Un coup de téléphone à Jamil Yusuf, à 17 h 10. Le rendez-vous, quelques minutes plus tard, à son bureau, Governor's House, avec le même Yusuf qui, lui aussi, lui dira qu'il ne sent pas ce rendez-vous de 19 heures, au Village Garden. Un coup de fil à Asra chez qui doit avoir lieu, le soir même, le dîner d'adieu des Pearl : « commencez sans moi... j'ai un dernier rendez-vous... j'arrive... » Et puis le Village Garden, enfin, où le dépose le taxi de Nasir Abbas et où l'attend, à 19 heures précises, une voiture, peut-être suivie d'une autre, et précédée d'une moto.

Daniel Pearl, si l'on fait le bilan, aura été, pendant ces quatre ou cinq semaines, obsédé par deux grandes questions et je fais le pari que c'est dans ces deux directions qu'il faut chercher la raison de sa mise à mort – je pense que, pour comprendre, ce sont ces deux enquêtes qu'il faut tenter de reprendre après lui.

L'insaisissable Gilani.

Et la question du nucléaire.

4

LES ASSASSINS SONT PARMI NOUS

Gilani.

Pourquoi cette fixation sur Pir Mubarak Shah Gilani ?

Pourquoi lui, Pir Mubarak Shah Gilani, plutôt que, par exemple, Masood Azhar, ou Ramzi bin al-Shibh ou même Ben Laden qui, dans ces semaines-là, rôde entre l'ouest de l'Afghanistan, les zones tribales pakistanaises et, peut-être, Karachi ?

On a dit : Richard Reid.

On a dit – Danny lui-même a dit – que l'homme aux chaussures piégées du vol Paris-Miami était un disciple de Gilani ; que c'est lui, Gilani, qui lui a peut-être donné l'ordre de passer à l'action ; et que c'est parce qu'il enquêtait sur Richard Reid qu'il s'est intéressé à Gilani.

Soit.

Mais ceci valait-il, vraiment, cela ?

Danny aurait-il cherché à ce point, mobilisé tant de contacts et d'énergie, aurait-il pris de tels risques, s'il ne s'était agi que de reconstituer l'itinéraire d'un voleur

de voitures londonien, même reconverti dans le terrorisme ?

Qui est cet homme, en un mot, qui est ce personnage
mystérieux dont Pearl, le dernier jour de son séjour, au
mépris de toutes les règles de sécurité qu'il connaissait
mieux que personne, ne désirait rien tant qu'obtenir
quelques minutes d'interview ?

Moinuddin Haider, ministre de l'Intérieur au
moment de mon voyage de novembre, avait prétendu,
on s'en souvient, n'avoir jamais entendu parler, jusque-
là, ni de lui ni de son mouvement, la communauté al-
Fuqrah, littéralement « les Pauvres » ou, mieux, « les
Appauvris ».

Le brigadier Javed Iqbal Cheema, son adjoint,
avait développé une thèse légèrement différente mais
qui ne m'avait pas davantage avancé : « qu'est-ce
que c'est que ces façons de prendre quinze intermédiaires pour voir Gilani ? quand on l'a arrêté, Gilani
nous a dit : "OK, gentlemen, I am available ; I am
not underground ; si un journaliste veut me voir, j'en
suis le premier heureux ; or ce M. Pearl ne m'a jamais
appelé ; il n'a jamais téléphoné" ; alors, moi, brigadier
Javed Iqbal Cheema, je vous pose la question : pourquoi Mr Pearl n'a-t-il jamais téléphoné à Gilani ? »
Et quand, du tac au tac, j'avais rétorqué : « chiche ! si
c'est si facile d'interviewer Gilani, si le seul tort de
Daniel Pearl est de ne pas l'avoir demandé poliment,
je vous le demande, moi : pouvez-vous m'organiser la
chose ? puis-je, avec votre aide, rencontrer Monsieur
Gilani ? », il s'était troublé et avait soigneusement
noyé le poisson.

On se souvient aussi de l'épisode Hamid Mir, bio-graphe et interviewer officiel de Ben Laden, et de cette façon si curieuse qu'il avait eue, au mépris de toute cour-toisie et, surtout, de toute vraisemblance, de tirer prétexte d'une demande que je n'avais pas faite pour annuler un rendez-vous qui avait, lui, été convenu.

J'ai repris l'enquête à partir de là.

Je l'ai reprise, pour ainsi dire, au point où Pearl l'avait laissée.

Je suis allé, comme lui, à Chaklala, près de la base aérienne d'Islamabad, où, en principe, habite cet homme mystère mais où j'ai trouvé une maison, non seulement fermée et vide, mais, à en croire les voisins, vendue à « un Koweïtien » qui « doit y faire des travaux ».

Je suis allé à Chak Shazad où j'ai vu son autre maison, celle qu'Asif, Arif et Danny avaient cherchée en vain lors de leur expédition du 9 – plus modeste que l'autre, un étage, murs de briques apparentes, fenêtres protégées par des grillages de bois peint, vide aussi, abandonnée.

Je suis allé à Lahore enfin, dans la vieille ville, où est sa vraie maison, plus belle, ceinturée de hauts murs et gardée comme une forteresse – et aussi, comme l'avait révélé l'article de Farah Stockman, dans le *Boston Globe*, qui avait tellement impressionné Danny, la grande et pres-tigieuse madrasa Jamia e-Namia sur le dôme de laquelle sont gravés les noms des premiers disciples américains de Gilani, convertis au début des années 80.

J'ai retrouvé Zafar Malik, le journaliste du *Jang* qui avait amené Danny et son fixeur jusqu'à Arif qui, lui-même, devait les mener à Gilani.

J'ai rencontré l'un des disciples du maître, fils d'un commerçant de Rawalpindi, Wasim Yousouf, pour qui l'appartenance à al-Fuqrah est un honneur et qui m'en a parlé volontiers.

Et puis je suis allé, enfin, aux Etats-Unis où l'on va très vite constater que remontent toutes les pistes qui conduisent à cet homme et à son organisation...

1. La première chose que j'ai constatée c'est que Gilani est le chef d'un petit groupe. Tout petit. Peu connu. Rien à voir avec les grandes organisations jihadistes auxquelles j'ai eu affaire jusqu'ici et sur lesquelles enquêtait Pearl pendant ses quelques jours à Peshawar. Rien de comparable avec ces Lashkar, Jaish e-Mohammed et autres Harkat ul-Mujahideen qui étaient des organisations de masse ou aspirant, du moins, à le devenir. Rien à voir, dans les intentions et, donc, le recrutement avec ces vastes structures, ces armées, se disputant le contrôle du peuple des martyrs d'Allah. Quelques centaines de membres. Peut-être deux cents. Et l'essentiel, de surcroît, concentré dans la seule ville de Lahore où Gilani a sa maison principale, ses quatre femmes et son lieu d'enseignement. L'homme, du reste, s'exprime peu. C'est un personnage secret qui se prétend descendant direct du Prophète et dont la dernière interview, lorsque Pearl s'intéresse à lui, remonte au début des années 90. Une secte, en somme. Une logique de secte. Des fidèles qui, comme dans toutes les sectes et comme, aussi, dans les camps d'entraînement, changent de nom quand ils y sont admis (Richard Reid, par exemple, devient « Abdul Rauf », « Frère

Abdul »). Et, à la tête de la secte, une sorte de gourou dont le fonctionnement n'a plus grand-chose à voir avec celui des Nizamuddin Shamzai et autres Masood Azhar, ces orateurs de masse qui prêchaient le jihad face à la presse, dans des rassemblements populaires parfois gigantesques. Pas étonnant que les journaux pakistanais, si diserts lorsqu'il s'agit de tous les autres groupes, aient paru si désarmés quand, au lendemain de l'enlèvement, celui-ci est apparu. Pas étonnant non plus que Moinuddin Haider, le ministre de l'Intérieur, m'ait dit qu'il n'avait, avant l'affaire Pearl, quasiment pas entendu parler de al-Fuqrah.

2. Ce petit groupe, cette secte obscure et mystérieuse, n'en a pas moins, comme tous les autres, des liens avec les services. Haider peut-être pas, mais les services sûrement. Inconnu aux fichiers des polices, c'est possible – mais lié au « pouvoir invisible » du pays, cela n'est pas douteux. Omar, qui sait de quoi il parle, en est clairement convenu lorsqu'il a dit de Gilani, après que les Rangers sont venus l'arrêter dans sa maison de Rawalpindi, qu'il a rendu de « signalés services à l'Islam et au Pakistan ». Khalid Khawaja, l'ex-pilote de Ben Laden et ex-officier de l'ISI qui a refusé de me recevoir mais qui m'a tout de même dit, au téléphone, que je devais « prendre garde à Gilani », qu'il en avait assez de se voir « régulièrement mêlé à cette malheureuse affaire Pearl » et que, « à force de le chercher, j'allais finir par le trouver » (le patron d'al-Fuqrah est un « volcan », a-t-il menacé ; « prenez garde aux volcans éteints, ils finissent toujours par exploser »), Khawaja

donc, en est également convenu, probablement pour se protéger et pour protéger son ami, dans les déclarations qu'il a faites lorsqu'ils se sont trouvés, tous les deux, aussitôt après l'enlèvement, dans le collimateur du FBI. Même message chez Vince Cannistraro, ancien patron du contre-terrorisme à la CIA reconverti dans la télévision, qui dit lui aussi, tout de suite, dans la fièvre des premières recherches et, du coup, sans langue de bois : Gilani est « intouchable » car Gilani a, « dans le bureau dirigeant de son organisation », plusieurs « anciens officiers supérieurs de l'ISI ». Et quant à Gilani lui-même, il a, lorsque les policiers de Rawalpindi sont venus le chercher, fait très exactement ce que le policier Tariq m'avait dit que faisaient tous les jihadistes arrêtés : troquant instantanément son habit de vénérable contre celui du mafieux qu'on vient de coincer, il a donné les noms de ses contacts, balancé un ou deux secrets maison et déclaré avoir, dans les années 80, renseigné les services sur ce qu'il voyait et entendait lors de ses séjours, alors fréquents, aux Etats-Unis – moyennant quoi le dernier contact connu de Pearl, son dernier rendez-vous avant le rapt, l'homme qu'il voulait et pensait voir en arrivant au Village Garden, est libéré au bout de trois jours et ne sera jamais plus inquiété.

3. Comme la plupart de ces groupes aussi, probablement même de manière plus étroite encore, plus organique, le groupe de Gilani est lié à Ben Laden. Gilani le nie, bien entendu. Il le nie, plus exactement, aujourd'hui, depuis qu'il est dans la lumière. Mais l'on a cette déclaration de Khawaja au reporter de « CBS

News », George Crile, quelques jours après la mort de Pearl : « Ousama n'a pas, au Pakistan, un disciple aussi lié (one of his followers as committed) que Sheikh Mubarak Gilani. » Et l'on a, surtout, ce film tourné par la télévision canadienne, en décembre 1993, à Khartoum, où l'on voit le patron d'al-Fuqrah au grand « sommet du terrorisme » qu'avait convoqué l'homme fort de la politique soudanaise de l'époque, Hassan el-Turabi. Il y a là des mollahs afghans et iraniens. Des délégués des mouvements de George Habache et Nayef Hawatmeh. Des gens du Hamas, du Jihad islamique, du Hezbollah libanais. On a là le Gotha mondial du terrorisme. Et aussi, main dans la main avec lui, Gilani, un entrepreneur saoudien peu connu, vétéran du jihad anti-soviétique, Ousama Ben Laden. Est-il vrai, demande le journaliste au Pakistanais, que les deux hommes récemment arrêtés dans le cadre d'une enquête sur des projets d'attentats anti-indiens à Toronto sont vos disciples ? Et lui, mélange insupportable de cautèle et d'insolence : « l'un d'entre eux, oui ; j'admets que l'un d'entre eux ait étudié dans notre école de Lahore ; mais c'est une exception ; car, généralement, quand ces jeunes gens passent entre nos mains, ils arrêtent de fumer, de voler, de prendre du bon temps, ils deviennent de bons citoyens... » Ben Laden, à cette date, tisse les premières mailles de son réseau. Il a, en Gilani, un allié, une antenne à New York – et peut-être davantage.

4. Pourquoi davantage ? Y aurait-il des modalités diverses du lien avec Ben Laden ? Mais oui. Il y a une distinction capitale dont font trop peu état les commen-

tateurs européens. C'est la distinction entre al-Qaïda proprement dite, d'une part, qui est une organisation purement arabe, voire saoudienne, comptant quelques centaines de membres qui sont directement liés à Ben Laden, assurent sa protection personnelle et constituaient, en Afghanistan, avec l'appoint de quelques Algériens, Marocains, Palestiniens, Egyptiens et, surtout, Yéménites, la fameuse « Brigade 055 » qui fut, en 1997, « prêtée » aux talibans pour la prise de Mazar e-Sharif ; et puis le Front international islamique pour le jihad contre les Etats-Unis et Israël d'autre part qui est, comme son nom l'indique, une organisation internationale, une fédération de groupes frères, liés, bien entendu, à la personne de l'émir, mais tenus à distance du noyau central – une sorte de Komintern du jihadisme, riche, lui, de plusieurs dizaines de milliers de combattants et gravitant autour d'un Centre qui, modernité oblige, n'aurait plus de territoire. Eh bien Gilani n'est pas membre du Front international. Il n'est, certes, pas non plus « adhérent direct » d'al-Qaïda. Mais il a, par rapport aux autres chefs de groupes frères, un statut particulier qui fait qu'il n'est pas membre non plus, comme eux, du Komintern terroriste. « Pir Mubarak Shah Gilani est un maître, m'a dit Wasim Yousouf. Même Ousama s'incline devant Pir Mubarak Shah Gilani. Savez-vous que Pir, en urdu, signifie maître vénéré ? » Manière de suggérer un lien de nature différente. Manière de dire qu'il y aurait une sorte d'ascendant idéologique, voire politique, de Gilani sur Ousama. Le maître d'al-Qaïda est un chef de guerre. C'est sans doute un bon financier. Est-il, pour autant, un idéologue ? un maître spirituel ? est-il même un lecteur particulièrement averti du Coran ? Ceux qui l'ont approché en doutent. Tous ceux qui ont travaillé sur le discours du fondateur d'al-Qaïda et sur l'évolution de son style au fil des ans, sentent bien que ce maître a eu des maîtres, des souffleurs de haut vol, des tuteurs idéologiques et politiques, des ins-pirateurs plus ou moins secrets mais l'aidant à devenir celui qu'il est. Et l'on se souvient de ce dialogue presque comique avec son interviewer officiel Hamid Mir qui lui parle – nous sommes en novembre 2001 – de l'attaque contre les Tours, qui l'interroge sur les fondements de la fatwah qu'il a prononcée contre les civils américains et qui, dans le feu de la discussion, lui demande comment il résout théologiquement l'épineux problème des Américains qui sont aussi musulmans et qui sont néanmoins morts dans l'attaque : « je vois que tu essaies de me piéger, lui répond un Ousama brusque-ment désemparé et perdant pied ; je vais consulter mes amis et te donnerai la réponse demain matin ». On sait que Mufti Nizamuddin Shamzai, le recteur de la mos-quée de Binori Town, est l'un de ces « amis ». On sait que Sheikh Abdullah Azzam, ce fondamentaliste pales-tinien qui crée, au début des années 80, à Peshawar, le Centre al-Kifah et qui passe pour avoir été, jusqu'à sa mort, en 1989, l'un des réinventeurs d'un jihad authen-tiquement transnational, fut un autre de ces maîtres secrets. Eh bien peut-être Gilani en est-il encore un autre ; peut-être est-ce cela que dit la bande d'actualités canadienne où l'on voit le chef d'al-Qaïda si sage, si modeste, à côté du maître de Lahore ; et peut-être était-ce là l'une des hypothèses de Daniel Pearl.

5. Car quelle est l'idéologie de al-Fuqrah ? Et qu'est-ce qui la distingue de l'idéologie à l'œuvre dans les autres organisations jihadistes ? J'ai deux documents sous les yeux. Un petit livre de propagande, rédigé en arabe et qui donne la vision gilanienne de la guerre sainte. Et puis une carte du monde, distribuée aux fidèles, titrée « les Etats-Unis d'Islam » et montrant, colorié en vert, en continu, avec un drapeau vert planté en plein milieu, tout l'univers de l'Islam depuis les Philippines et le Xinjiang jusqu'à l'ouest de l'Afrique en passant par le Proche-Orient et la Turquie. La carte est, évidemment, intéressante. Et, plus intéressante encore, une autre carte, plus petite, en médaillon dans le bas de la plus grande, et montrant les mêmes « Etats-Unis d'Islam » mais « dans vingt ans » : c'est la totalité de la planète qui, là, se trouve coloriée en vert – le dernier mécréant est supposé avoir cédé ! l'Oummah planétaire est réputée réalisée ! Mais l'essentiel c'est le livre où l'on trouve, dans le plus pur style sectaire, des « poèmes » du maître et où je relève trois motifs majeurs. Le jihad, d'abord ; l'hymne au « fusil-mitrailleur » qui fait la force du « vrai croyant » ; l'exhortation de « notre Sheikh Gilani » à « préparer sa tête au sacrifice » ; la nostalgie du temps où les « guerriers d'Allah » ont su mettre l'Europe à genoux ; et l'idée qu'avec la disparition de l'Union soviétique une troisième guerre mondiale a commencé dont l'Islam devrait triompher. Le thème de la « pureté », ensuite ; l'idée que l'islam a été « corrompu » par un trop long commerce avec les Occidentaux et l'Occident ; l'obsession d'un

retour, contre tous les hérétiques « vendus aux sionistes et aux croisés », aux sources de la vraie Foi ; l'idée que ce retour ne pourra se faire que par la violence. Et puis une autre thématique enfin qui me semble plus inhabituelle en islam et qui tourne autour de la présence, en ce monde, de « forces du mal » ou « de forces du bas », constituant comme un envers invisible du monde visible : un islamisme magique ; un islamisme ésotérique et noir ; un islamisme presque satanique qui, dès le début des années 90, annonce aux Américains que les puissances de l'occulte les guettent et que des tornades sans nombre, des tremblements de terre terrifiants vont se déchaîner contre les manifestations de leur puissance et de leur orgueil. Je n'ose m'avancer davantage, bien entendu, quant aux hypothèses de Daniel Pearl. Mais mon hypothèse personnelle c'est qu'il y a dans cette littérature étrange un ton, une folie, une puissance morbide qui n'ont pu que séduire Ben Laden.

6. Mais ce n'est pas tout. Et voici le point essentiel, dont je ne peux imaginer, là, en revanche, qu'il ait échappé à Danny et qu'il n'ait pas pesé dans sa volonté d'obtenir une rencontre avec Gilani. Ce tout petit groupe, cette secte de fanatiques triés sur le volet et qui ne compte donc pas plus de deux à trois cents fidèles à Lahore, il y a un pays au monde où elle est plus puissante, plus nombreuse – il y a un pays où elle recrute sans compter et a le profil populaire qu'elle n'a jamais eu au Pakistan et, ce pays, ce n'est ni le Yémen, ni l'Indonésie, ni l'Irak, ni aucun des pays constitutifs de l'axe du mal de M. Bush, c'est... les Etats-

Unis d'Amérique ! L'histoire commence à l'aube des
années 80, dans une mosquée de Brooklyn où un jeune
imam nommé Gilani fait ses premiers pas de « maître
vénéré ». Ce sont les débuts de la guerre d'Afghanistan. L'opinion américaine prend fait et cause pour
les combattants de la liberté qui, de Kandahar au
Panshir, résistent à l'armée soviétique. Et voici Gilani,
plus loquace qu'aujourd'hui, plus bruyant, apparais-
sant généralement en tenue militaire, bardé de cartou-
chières, qui, depuis sa mosquée, en plein New York,
fonde son al-Fuqrah dont la raison sociale est le recrutement de volontaires pour le jihad dans les milieux
noirs américains, souvent chez les plus démunis, parfois chez les repris de justice en mal de réhabilitation,
de préférence aussi chez les « convertis » qui semblent
être, dans ces années, sa vraie spécialité, son vivier.
Aujourd'hui, vingt ans ont passé. La guerre d'Afghanistan est loin. La secte al-Fuqrah a fini par être interdite. Et Gilani lui-même, après 1993 et le premier
attentat contre le World Trade Center, a préféré quitter
les Etats-Unis et continuer de diriger son réseau depuis
Lahore. Mais le fait est là. Al-Fuqrah naît à New York.
Al-Fuqrah est une organisation d'abord américaine. Le
plus grand nombre de ses disciples c'est aux Etats-Unis
que al-Fuqrah les a eus et les a encore. Ses premiers
actes de violence, ses premiers meurtres, ses bombes
dans les hôtels, les magasins, les cinémas, dirigés par
des Indiens, ses règlements de comptes intercommu-
nautaires qui ont abouti à l'exécution, entre autres,
d'un imam de Brooklyn, ou d'un autre à Tucson, c'est
aux Etats-Unis qu'ils ont été commis.

7. D'autant que Gilani, sachant probablement que la violence d'al-Fuqrah finirait bien, un jour ou l'autre, par poser un problème aux autorités chargées, sinon de la lutte antiterroriste, du moins de la répression du grand banditisme, a pris la précaution, très tôt, dès le début des années 90, de créer une autre organisation, et même deux, qui sont les façades démocratiques de sa secte et qui, à l'heure où Pearl cherche à le voir, comme à l'heure où, à mon tour, je reprends le fil de l'enquête, sont, elles, en pleine expansion. L'une s'appelle Muslims of Americas. L'autre, International Quranic Open University. Et elles ont pour principal objet de poursuivre, parmi les activités d'al-Fuqrah, celles dont on pense qu'elles n'apparaîtront jamais en contravention avec la loi et qu'elles peuvent donc servir de couverture aux autres. L'enseignement, bien entendu. Les campagnes de sensibilisation sur les « peuples musulmans martyrs ». La Bosnie. La Tchétchénie. La résistance intellectuelle à la « propagande du lobby sioniste ». Et puis la création enfin, qui a toujours été l'un des buts d'al-Fuqrah, peut-être sa mission la plus « sainte », celle, en tout cas, dont Gilani semble avoir été le plus fier, de petites « jamaats », ou « communautés », de fidèles qui se reconnaissent dans l'enseignement du maître et constituent, à la campagne, loin de la pollution morale et du climat de décadence gangrénant les grandes métropoles, des phalanstères où l'on vivra selon les préceptes de l'islam. Des phalanstères de ce genre existent, d'ores et déjà, en Virginie, dans le Colorado, en Californie, en Pennsylvanie, en Caroline du Sud,

au Canada, dans les Caraïbes. Ces étranges « bases vertes » où les préceptes coraniques auxquels on est supposé conformer sa vie sont largement revisités par la pensée-Gilani, il en existe des dizaines, peut-être trente, riches de plusieurs milliers de « frères », dispersés d'un bout à l'autre du continent nord-américain. Et ce sont ces villages modèles, ces kolkhozes islamistes en territoire ennemi, ce sont ces centaines d'hectares achetés dans les régions les plus désertes et offerts, ensuite, aux fidèles qui ont entendu le commandement de quitter les villes du Démon, de retourner, sinon au désert, du moins à la terre et à sa vérité, et d'aller créer, sous l'œil d'Allah, des contre-sociétés protégées de la corruption propre à ce monde matérialiste et sans Dieu – ce sont ces enclaves islamistes au cœur de l'Amérique de Bush qui permettent de dire de l'organisation sur laquelle enquêtait Danny qu'elle est aussi, sinon d'abord, une organisation américaine.

8. J'ai visité l'une de ces enclaves. Je suis allé à Tompkins, dans le Delaware, où une poignée de fidèles ont fondé, il y a dix ans, l'un de ces villages modèles qui a grandi avec les années et compte, aujourd'hui, un peu plus de trois cents âmes. Un paysage de prés et de collines. Une route à deux voies, complètement déserte, qui arrive à une grille de fer toute simple. Une guérite. Un vieil homme, débonnaire, qui fait office de gardien. Des camping-cars formant cercle comme dans les westerns. D'autres, isolés. On est au cœur de ce que les voisins du comté appellent, avec une nuance de crainte ou de superstition, « Islamberg ». Les roulottes en cercle,

c'est l'école. La première roulotte juste après, l'ancienne mosquée. Voici une autre mosquée, plus grande,
construite en dur. Ici, en dur aussi, un magasin où l'on
trouve les denrées de première nécessité et qui permet
aux « Frères » de ne pas sortir de l'enceinte et de vivre,
s'ils le veulent, en quasi-autarcie. Là, en haut de la colline, c'est l'école des grands. Et là, sur l'autre colline,
un atelier de réparation, ou de récupération, ou les deux,
je ne sais, où travaille l'un des rares Blancs du village.
« Nous n'avons rien à voir avec al-Fuqrah, proteste
Barry, un grand Black, sportif et ouvert, qui est restaurateur à New York mais vit ici, avec sa famille, depuis
huit ans. Nous sommes liés à une autre organisation qui
s'appelle Muslims of America et qui est une organisation pacifique, prêchant l'étude et le recueillement. » Et
un autre, médecin à Brooklyn qui, comme Barry, fait le
trajet tous les jours et affecte la même dégaine de pionnier cool et écolo : « nous n'avons rien à voir avec le terrorisme ; aucun des nôtres n'a jamais été impliqué dans
aucun acte de cette sorte ; savez-vous que les enfants de
l'école communale se sont précipités, à New York, dès
le 12 septembre, pour participer, avec les pompiers, aux
travaux de déblaiement de Ground Zero ? Vous ne trouverez pas plus patriotes que nous ». Soit. Tout cela est
sans doute vrai. Et il est certain qu'à Islamberg, dans cet
univers bucolique qui fleure bon l'utopie campagnarde
et la vie au grand air, dans cette communauté prospère et qui semble à cent lieues du monde de truands
et de paumés qui était le lot de l'al-Fuqrah des débuts
et auquel appartient toujours, néanmoins, un Richard
Reid, on est moins dans le schéma du camp d'entraîne-

ment traditionnel que dans celui de la bonne communauté type Larzac ou Lubéron. Sauf que...

9. Oui, sauf qu'il y a l'autre visage de la secte. Je passe sur le passé criminel d'al-Fuqrah proprement dite auquel Barry et les siens opposeront toujours qu'il ne les concerne plus puisqu'ils relèvent, eux, non d'al-Fuqrah, mais de Muslims of America et de l'International Quranic Open University. Je passe sur tout ce que l'on sait, aujourd'hui, des treize assassinats et des dix-sept attentats à la bombe commis par les hommes de Gilani, dans les années 80, sur le territoire des Etats-Unis. Je passe sur telle descente policière menée, en 1989, sur l'un de ses repaires du Colorado et qui permit de découvrir un arsenal d'armes semi-automatiques, quinze kilos d'explosifs, des cartes de sécurité sociale et des certificats de naissance en blanc, des permis de conduire falsifiés, des plans des ponts de New York, des photos de centrales électriques et d'installations pétrolières, des manuels de guérilla, ainsi que des notes attestant que l'on préparait un attentat contre un imam de Tucson, Rashad Khalifa, qui sera, d'ailleurs, effectivement exécuté. Je passe – encore qu'on n'est plus tout à fait, là, chez al-Fuqrah, mais déjà chez Muslims of America – sur tout le système d'ONG mis en place dans les années 90 et fonctionnant comme autant de sociétés-écrans qui permirent, dans le seul Etat de Californie, de détourner un million trois cent mille dollars aussitôt convoyés vers le siège de Lahore. L'important c'est que les aimables communautés rurales de Muslims of America et de International Quranic Open University

continuent de se réclamer, comme si de rien n'était, de l'enseignement du maître d'al-Fuqrah. L'important c'est que continue de figurer, à la grille de certains villages, le sigle de la secte. L'important c'est cette vidéo, produite dans l'un des innombrables procès intentés, dans les dernières années, par la justice nord-américaine et, en l'espèce, canadienne, à l'organisation et où l'on voit Gilani, battle-dress par-dessus son shalwar kameez, présider à une séance de formation militaire dans un paysage de collines verdoyantes qui pourrait être celui d'Islamberg et déclarer à la caméra : « nous donnons à nos recrues un entraînement à la guérilla hautement spécialisé ; vous pouvez nous joindre facilement aux bureaux de l'université coranique ouverte, dans l'Etat de New York, dans le Michigan, en Caroline du Sud, au Canada, au Pakistan – où que nous soyons vous pouvez nous toucher ». L'important, l'essentiel, car c'est le plus récent, c'est cette enquête menée par le FBI en 2001 à la suite du meurtre d'un « sheriff deputy », dans la communauté de « Baladullah » (en arabe, « Cité de Dieu »), sur les contreforts de la Sierra Nevada, et qui dit bien que le présumé coupable est membre des *deux* organisations. Et puis c'est, enfin, le fameux sniper qui terrorisa Washington, John Muhammad, ce converti qui avait quitté Nation of Islam (une organisation relativement modérée) pour rejoindre, non seulement al-Fuqrah, mais Muslims of America (qui apparaît bel et bien, pour le coup, comme une organisation liée à des assassins, les inspirant). J'ai eu connaissance des conclusions de Douglas Wamsley chargé, pour l'attorney général du Colorado, d'enquêter sur l'un des crimes les plus récents des hommes de Gilani. J'ai eu connaissance, également, des rapports de Thomas Gallagher dans le Delaware, des conclusions de l'enquête sur le crime de Baladullah ou des actes du procès, en 2001, de James D. Williams, condamné à soixante-neuf ans de prison pour tentative de meurtre et racket pour le compte d'al-Fuqrah. Aucun ne croit à l'autonomie réelle des deux organisations. Nul ne doute que Gilani soit l'inspirateur des fouriéristes de l'islam autant que de la secte des assassins – nul ne doute que le partage des rôles entre les uns et les autres ne soit, dans une large mesure, une comédie.

10. D'où, évidemment, la question la plus simple en même temps que la plus troublante. Pourquoi les Etats-Unis ne font-ils rien ? Pourquoi les autorités tolè-rent-elles Muslims of America ? Et, pour al-Fuqrah elle-même, la maison mère, dont le Département d'Etat, en 1998, dans son rapport annuel *Patterns of Global Terrorism*, disait que « ses membres ont attaqué diverses cibles considérées comme ennemies de l'islam, parmi lesquelles des musulmans tenus pour hérétiques ou des hindous », pourquoi avoir attendu 2000 pour l'inter-dire ? Peut-être le fait, justement, que les cibles n'aient longtemps été « que » des musulmanes ou hindoues... Sans doute, aussi, le respect du Droit et le fait que, dans bien des cas, à Islamberg par exemple, il soit impossible de prouver la moindre connexion avec une activité ou un complot terroristes concrets... Mais je me demande s'il n'y a pas une autre raison encore, plus profonde, et qui nous ferait remonter à ces temps très reculés, presque oubliés, où l'administration américaine, toute

à sa lutte contre le communisme mondial, appuyait toutes les forces qui, d'une façon ou d'une autre, lui semblaient susceptibles de le contrer – à commencer, on s'en souvient, par les mouvements fondamenta-listes musulmans en Ouzbékistan, au Tadjikistan, au Turkménistan, en Afghanistan et, bien sûr, au Pakistan. L'époque de Zbigniew Brezinski, le Paul Wolfowitz de Jimmy Carter... L'époque de William Casey, directeur de la CIA de 1981 à 1987, et responsable du feu vert donné à l'ISI pour recruter, armer, former, les dizaines de milliers de combattants arabes supposés travailler, en même temps qu'ils luttaient pour leur foi, à la décompo-sition de l'empire du Mal du moment... L'époque, ensuite, où l'administration américaine soutient le FIS en Algérie, les talibans à Kandahar et Kaboul, les Frères musulmans et les courants wahhabites dans les pays arabes, les groupes tchétchènes les plus durs... L'époque où, en Afghanistan déjà, bien avant les tali-bans, on joue Gulbuddin Heykmatiar contre Massoud, les fous de Dieu contre les démocrates... L'époque où, contre la révolution chiite en Iran, l'on croit devoir, dans le monde entier, instrumentaliser les groupes sun-nites les plus radicaux... Et l'époque où, du coup, l'on voit, aux Etats-Unis même, des choses folles et qui, rétrospectivement, donnent le vertige : le recrutement par la CIA du futur cerveau de l'attentat contre le World Trade Center, Ramzi Yousef... le visa donné, via l'am-bassade de Khartoum, au sheikh aveugle Omar Abdel Raman déjà impliqué, lui, dans le meurtre de Sadate... à Oklahoma City, coup sur coup, en 1988 puis en 1992, deux sommets de l'islamisme radical, deux conférences internationales, où viennent et prennent la parole, mieux qu'à Khartoum, quelques-uns des architectes des deux attaques contre le World Trade Center, celle de 1993 donc, et celle de 2001... Azzam, le maître à penser palestinien de Ben Laden, autorisé à ouvrir en plein New York un bureau de recrutement de son Centre al-Kifah... et, donc, Pir Mubarak Shah Gilani, lié aux services pakistanais mais aussi – qui sait ? – américains.

Daniel Pearl était-il en train d'enquêter sur les réseaux américains d'al-Qaïda ? La clef du mystère de sa mort se trouverait-elle, aussi, dans les placards ou les disques durs des agences de Washington ? On attend la reconnaissance claire et publique, par les intéressés, de cette formidable erreur historique qui vit les leaders du monde libre nourrir en leur sein et parfois générer le Golem qu'il faut aujourd'hui débusquer d'un bout de la planète à l'autre : c'est, peut-être, ce qu'attendait Daniel Pearl ; c'est, peut-être, ce qu'il entendait susciter.

5

LA BOMBE POUR BEN LADEN ?

« Des journaux, en Occident, disent que vous êtes en train d'acquérir des armes chimiques et nucléaires. Qu'y a-t-il de vrai dans ces informations ?

— J'ai entendu en effet, hier, le discours du président américain Bush. Il essayait d'inquiéter les Européens en leur racontant que j'allais les attaquer avec des armes de destruction massive. Eh bien je tiens à déclarer que oui, si l'Amérique se prenait à utiliser des armes chimiques ou nucléaires contre nous, nous répliquerions avec des armes chimiques et nucléaires. Nous avons les armes pour cela. Nous avons de quoi dissuader.

— Et d'où tenez-vous ces armes ?

— Passons à la question suivante... »

L'auteur de ces propos est Ousama Ben Laden.

C'est sa première interview après le 11 septembre et l'attaque contre les Tours.

Et l'homme à qui il s'adresse est Hamid Mir, l'ancien directeur du journal en urdu d'Islamabad, l'homme qui avait si curieusement annulé notre rendez-vous en prétendant que je ne cherchais, à travers lui, qu'à arriver jusqu'à

Gilani – et l'homme, aussi, qui fut, avec Khawaja, l'un des tout premiers contacts de Daniel Pearl à Islamabad.

Alors, est-ce l'autre clef du mystère ?

Cette question à laquelle Ben Laden, dans cet entretien avec Mir, se dérobait, est-ce cela même sur quoi travaillait Pearl ?

Avait-il des éléments de réponse, et lesquels, à la terrifiante question de savoir si l'émir d'al-Qaïda bluffe lorsqu'il s'exprime ainsi ou s'il s'est vraiment doté (et, dans ce cas, comment ? où ? grâce à qui ?) d'armes de destruction massive susceptibles de renverser de façon décisive, en sa faveur, le rapport de forces avec le monde civilisé ?

Mon hypothèse est oui.

Je pense ou, plus exactement, je suppose, que Pearl était, aussi, sur cette piste.

Et ce serait, si c'était vrai, une seconde explication possible de sa mort.

Le point de départ, l'indice le plus solide dont je dispose, c'est, bien entendu, l'article du 24 décembre qu'il signe avec LeVine et dont il regrette, on s'en souvient, qu'il n'ait pas eu plus d'écho.

Que dit, au juste, cet article ?

Il raconte, je le répète, comment les auteurs sont tombés sur l'une de ces ONG pakistanaises supposées développer des projets caritatifs dans l'Afghanistan des talibans, et qui s'appelle l'UTN, Ummah Tameer e-Nau, la « Reconstruction de l'Oummah musulmane ».

Il raconte comment le président « honoraire » de cette UTN, notamment chargé d'attirer les investisseurs pakistanais et arabes vers les grands projets de développement agricole que l'on prétend mettre en œuvre dans la région de Kandahar, n'est autre que Hamid Gul, cet ancien patron de l'ISI, à la retraite depuis douze ans, mais qui a conservé, comme il se doit, des connexions dans son ancien métier.

Il révèle encore que le patron opérationnel de l'organisation est un certain Bashiruddin Mahmoud, soixante et un ans, islamiste, disciple d'Israr Ahmed, cet autre ouléma de Lahore qui passe, comme Gilani, pour l'un des gourous plus ou moins secrets du fondamentalisme pakistanais et de Ben Laden en particulier – mais aussi, et c'est énorme, savant de grand renom, inventeur de l'usine de fabrication de plutonium construite, avec l'aide des Chinois, à Khusab et patron du Commissariat à l'énergie atomique pakistanais jusqu'en 1999 (date à laquelle ses orientations politiques, ses protestations véhémentes et publiques contre la ratification par son pays du traité de non-prolifération, commencèrent d'inquiéter les services américains et le firent mettre à la retraite).

Et il révèle enfin que les deux hommes, Gul et Mahmoud, le Général et le Savant, se sont retrouvés à Kaboul, dans des conditions très étranges, à la fin du mois d'août 2001 – alors que le second avait déjà, au début du mois, rencontré, à Kandahar, non seulement les chefs talibans mais Ben Laden en personne...

Alors, Gul a beau nier – et l'article le dit aussi – avoir jamais été informé d'une rencontre entre Mahmoud et Ben Laden.

Mahmoud lui-même a beau dire : « mais non ! mes voyages en Afghanistan, mes rencontres avec les uns ou les autres, n'ont rien à voir avec mon ancien métier ni, donc, avec les secrets nucléaires du Pakistan ; je voulais participer au développement de ce pauvre pays ; financer des moulins ; réfléchir à l'exploitation de ses champs de pétrole et de gaz, de ses mines de fer et de charbon ; accompagner mon fils qui avait un projet de banque à Kaboul. »

Il a beau dire à ceux qui lui reprochent sa rencontre avec l'émir d'al-Qaïda : nous ne parlons pas du même homme ; l'homme que j'ai vu, moi, est un ami du genre humain, bon, généreux, dépensant sans compter pour rénover les écoles, ouvrir des orphelinats, créer des fonds de soutien aux veuves de guerre – Dieu protège Ousama.

Et le gouvernement pakistanais surtout, soumis à la pression des services « amis » et notamment américains (qui, par parenthèse, semblent avoir obtenu, quelques jours avant la parution de l'article, que soient gelés les comptes de l'UTN), a beau arrêter Mahmoud, l'interroger, le garder quelques semaines en prison, puis en résidence surveillée.

Le fait est là.

Ben Laden a eu des contacts avec l'un des pères de la bombe pakistanaise.

Il y a probablement eu – c'est une autre information de l'article, apportée par un « ancien colonel de l'ISI » qui n'est pas nommé – une première rencontre l'année précédente.

Et l'Afghanistan étant ce qu'il est, le contrôle des services sur les allées et venues des savants impliqués à un niveau ou un autre – et Mahmoud, insistent Pearl et LeVine, n'est pas n'importe quel savant ! – dans la filière nucléaire, étant, on le sait aussi, particulièrement étroit, il est impensable que ces voyages en Afghanistan, ces rencontres avec Ben Laden, ces conversations, se soient faits à l'insu d'Islamabad.

Pearl a raison de regretter que son article n'ait pas fait plus de bruit. Car il est en train de lever un double lièvre. Les contacts entre un savant atomiste et al-Qaïda. Et la bénédiction de ce contact par un Etat pakistanais qui passe, en Occident, pour avoir solidement verrouillé ses armements les plus sensibles.

J'ai, moi-même, à partir de là, essayé d'en savoir plus – j'ai, comme pour le dossier Gilani, tenté de reprendre, avec mes moyens, l'enquête laissée en chantier par Danny.

Mahmoud, par exemple. Le personnage même de Mahmoud sur lequel, je fais, très vite, deux découvertes supplémentaires. La première : loin d'être un islamiste comme un autre perdu dans le marais des sympathisants innombrables du mouvement, il est un militant actif d'un des groupes les plus radicaux et, on le sait maintenant, les plus sanguinaires de tous ceux qui peuplent le pays – il est un activiste de cet Harkat ul-Mujahideen dont on sait le rôle central qu'il jouera dans le rapt et l'exécution de Pearl lui-même. La seconde : loin de s'arrêter là où commence son autre passion, loin de déclarer forfait et de s'éclipser quand parle la science, loin d'être une affaire de conscience sans effet sur sa pratique de savant, l'islamisme de Mahmoud contamine tout, gangrène jusqu'à son métier et lui inspire une théorie terrifiante dont il faudrait que prennent conscience ceux qui, en Occident, vivent dans la confortable certitude d'un pouvoir pakistanais affligé de tous les défauts mais cadenassant ses arsenaux – il lui inspire une théorie selon laquelle la bombe pakistanaise ne serait pas pakistanaise mais islamique et appartiendrait, à ce titre, et de droit, à la communauté des croyants tout entière, à l'Oummah.

Abdul Qadir Khan ensuite, patron de Mahmoud et vrai père, pour le coup, de la bombe testée, pour la première fois, le 28 mai 1998. Pearl et LeVine n'en parlent pas. Et pourtant... C'est une vedette nationale et populaire. Un nouveau Jinnah. Une star. C'est l'homme que l'on crédite d'avoir, en lui donnant la bombe, rendu au pays son honneur et sa fierté. On a composé des chansons sur lui. On l'acclame dans les rues de Karachi. Sa naissance est sanctifiée dans les mosquées du Pakistan. Et je n'ai jamais pu l'évoquer, ce personnage, sans voir le visage de mon interlocuteur, à quelque milieu, quelque origine ou quelque sensibilité, qu'il appartienne, s'éclairer comme si je lui parlais d'un saint ou d'un héros. Eh bien il est membre, cet homme-là, du Lashkar e-Toïba. Ce savant, cet Oppenheimer pakistanais, ce cerveau dont on a donné le nom, de son vivant, au plus grand laboratoire nucléaire du pays, est très officiellement membre d'une organisation de terroristes constitutive, au même titre que le Harkat, du tout premier cercle d'al-Qaïda. Nucléariste et fanatique. Détenteur des vrais codes de la bombe, et clairement lié à Ben Laden. Pas besoin de se faire peur en se demandant ce qui se passerait si, d'aventure, Musharraf était

La bombe pour Ben Laden ?

renversé et cédait la place à une clique de fous de Dieu. La clique est déjà là. Les fous de Dieu sont dans la place. Ils ont, puisqu'ils les ont inventés, la clef, le code d'accès des silos, des systèmes de transmission et des têtes de missile pakistanais. Terrifiant.

L'opinion publique. L'opinion, plus exactement, de ces groupes jihadistes dans la compagnie desquels je vis, de près ou de loin, depuis presque un an et dont je découvre, tout à coup, que, non contents d'avoir un avis sur le jihad, une position sur les questions de société ou le statut de la femme en Islam, une ligne ou une orthodoxie sur les grands débats liés à l'interprétation des dits du Prophète, ils ont, de la même manière, et avec un égal sentiment de certitude, une ligne, une orthodoxie, une conviction nucléaires. Témoin cette mosquée de Peshawar où un prédicateur du Lashkar e-Toïba, lors de mon passage, en novembre, mettait en garde Musharraf contre le crime qui consisterait à « brader le patrimoine nucléaire du pays ». Témoin, dans le numéro du *Zarb e-Momin* que mon bizarre visiteur de décembre avait finalement laissé sur la table, cette « tribune » où l'émir du Jamaat e-Islami avertit les dirigeants que c'est « la nation tout entière » qui se soulèverait s'ils cédaient aux injonctions « sionistes et américaines » de renoncer à la « bombe islamique » : il ferait beau voir, s'insurge-t-il, que les musulmans soient, une fois de plus, traités en chiens ! les Juifs ont la bombe ; les Américains ont la bombe ; même les Français l'ont ; pourquoi serions-nous, nous, les seuls à être interdits de bombe ! Et preuve enfin, il y a deux ans, dans un autre journal de la mouvance, cette déclaration du mufti

Nizamuddin Shamzai, recteur de Binori Town dont je
ne crois plus beaucoup, évidemment, à la « haute spiritualité » mais dont les propos, pour le coup, sidèrent : le
Coran ordonne aux musulmans de se donner « une forte
capacité de défense » ; que nos dirigeants y renoncent,
qu'ils signent les traités de non-prolifération scélérats
que leur impose l'ennemi sioniste – et ce sera un geste
de « haute trahison », un acte « non islamique », une
« rébellion contre les injonctions de Allah tout-puis-
sant ». Y a-t-il un autre pays au monde où la question
de la bombe ait ce statut de grande cause nationale ? Un
autre pays où le jour du premier test nucléaire – 28 mai
– ait un quasi-statut de fête religieuse et où l'on défile
derrière des banderoles ornées du « Hatf », le missile
nucléaire pakistanais ? Y a-t-il situation plus cauche-
mardesque que celle d'un arsenal atomique devenu
article de foi, dans la tête des fous de Dieu ? Tel est
pourtant le Pakistan.

Et puis sur le problème d'al-Qaïda enfin, sur la question spécifique de savoir où en est, au juste, Ben Laden
de ses efforts pour se doter d'armes de destruction massive, trois informations dont j'imagine que Daniel Pearl
les avait – plus deux souvenirs personnels.

Le cas de Mamdouh Mahmoud Salim, ce lieutenant
de Ben Laden, cofondateur d'al-Qaïda et impliqué, à
ce titre, dans les attentats à la bombe contre les ambassades américaines du Kenya et de Tanzanie : arrêté, à
Munich, le 25 septembre 1998, en train d'essayer de
négocier, auprès d'intermédiaires ukrainiens, du matériel nucléaire et de l'uranium enrichi.

Le livre de Yossef Bodansky, directeur du centre sur le terrorisme du Congrès américain, qui raconte, en 1998, dans un livre, comment Ben Laden a payé trente millions de dollars cash, plus la contre-valeur de deux tonnes d'héroïne, un groupe de Tchétchènes supposés lui livrer les éléments et les matériaux permettant de monter une ou plusieurs bombes sales.

Les déclarations du général Lebed révélant aux autorités américaines, peu de temps avant sa mort, que le gouvernement de la Fédération de Russie avait perdu la trace d'une centaine de charges nucléaires parmi les sept cents miniaturisées par les Soviétiques dans les années 70 : ces charges, disait-il, tiennent dans une valise ; elles peuvent entrer sur n'importe quel territoire ennemi et, donc, aux Etats-Unis par les mêmes canaux, exactement, qu'un produit de contrebande ; certaines ont une durée de vie assez longue pour pouvoir s'y trouver, en sommeil, depuis les dernières années du soviétisme et attendre d'être réactivées ; ces micro-bombes, disait Lebed, ces valises atomiques capables, en explosant, de tuer plusieurs dizaines de milliers de personnes, peut-être cent mille, sont l'arme idéale pour un groupe terroriste.

Et puis deux souvenirs personnels, donc, qui me ramènent des républiques ex-soviétiques d'Asie centrale au Pakistan et, du Pakistan, à Ben Laden – corroborant, en les prolongeant, les intuitions de Daniel Pearl.

Une conversation au printemps 2002 avec Moshe Yaalon, alias « Bougui », qui vient d'être nommé chef de l'état-major de l'armée israélienne. J'ai vu Ariel Sharon la veille. Je le vois, lui, ce matin-là, au minis-

tère de la Défense – énorme complexe fortifié, atmosphère bon enfant, un côté très civil dans les bureaux,
peu d'emblèmes militaires et des soldates à l'accueil.
Nous parlons d'Arafat. Je lui dis mon indéfectible
soutien à la cause d'Israël et les vives réserves que
m'inspire, néanmoins, le type de réplique choisi face
à la deuxième Intifada. Nous parlons, aussi, de l'Irak
qui me semble, face aux menaces réelles qui pèsent sur
le monde, avoir toutes les caractéristiques de la fausse
cible, du leurre. Je lui dis un mot du Pakistan, forcément. J'évoque, à propos du livre qui prend forme, ce
nœud de vipères, cette poudrière, sur laquelle Israël
a, j'imagine, son avis : « les sites de missiles, par
exemple... les lieux de stockage des matières fissiles...
est-ce qu'ils ne sont pas autrement plus dangereux que
ceux de Saddam Hussein ? et est-ce que la communauté internationale du renseignement n'a pas, pour le
coup, perdu la maîtrise des choses ? » Et lui, surpris,
puis vaguement moqueur avec, dans l'œil, une lueur
qui le fait ressembler à Rabin jeune : « vous vous inté-
ressez au Pakistan ? tiens, tiens... nous aussi... mais ne
vous y trompez pas... la communauté internationale
sait, à l'unité près, où se trouvent les warheads, les
têtes de missiles de ce pays... que l'une d'entre elles
bouge, qu'elle se déplace d'un millimètre (il fait, avec
le pouce et l'index, le geste de mesurer un millimètre)
et nous saurons comment opérer... » Moi alors : « est-
ce à dire qu'un Osirak pakistanais serait pensable ? ce
type d'opération serait-il aujourd'hui, dans le monde
de Ben Laden et de l'après-11 septembre, dans l'ordre
du concevable ? » Et lui, dans un éclat de rire : « c'est

une bonne question ; mais je n'ai pas la réponse ». Un Osirak à Kahuta, Chagaï, Khushab ? Une unité spéciale israélienne capable de sauter sur un site nucléaire si s'annonçait un détournement ? L'hypothèse est à la fois rassurante et terrible. Car le fait même de l'envisager dit bien que le problème peut se poser.

Et puis, quelques années plus tôt, lors de ma visite dans le Panshir, cette autre conversation avec Mohammed Fahim qui était alors le patron des services secrets de Massoud et qui fut plus explicite encore. Nous sommes dans la maison d'hôtes de l'Alliance du Nord, à l'entrée de la vallée. Nous attendons Massoud. Fahim est plus mince qu'aujourd'hui, moins solennel, il a un franc-parler que n'a plus le maréchal-ministre qu'il est devenu.

« L'Occident, me dit-il, sous-estime, une fois de plus, l'immense danger que représentent les Pakistanais. Ils ont fait les talibans. Ils sont en train, maintenant, de faire Ben Laden. Savez-vous que Ben Laden possède un laboratoire, près de Kandahar, où il tente de fabriquer des armes de destruction massive et qu'il le fait au su des services qui lui fournissent tout ce qu'il veut : informations de première main, visites de savants, échantillons de matières fissiles, facilités pour la contrebande ? » Je ne prête, à l'époque, pas trop d'attention à l'information. Comme pour l'adresse, à Kandahar, de Ben Laden – que je donne, elle, mais du bout des lèvres, dans mon récit de voyage du *Monde* – une part de moi met ces confidences au compte de la paranoïa antipakistanaise des gens de l'Alliance et, plus encore, de leurs services. Je reprends, pourtant, mes notes de l'époque. Je les relis à la lumière, et de l'enquête de Pearl, et de mon enquête sur son enquête. Fahim, ce jour-là, me donnait la localisation du laboratoire : à 40 km de l'aéroport, à l'ouest de Kandahar. Le salaire des ingénieurs russes ou turkmènes recrutés par Ben Laden : 2 000 dollars par mois, le double de ce qu'est capable de leur donner, au même moment, la Fédération de Russie. Il me révélait aussi que l'un de ces savants turkmènes avait travaillé, dans les années 80, à Bagdad, sur le réacteur d'Osirak justement : tiens, comme c'est étrange... Mais, surtout, il m'expliquait que tous ces armements sont trop lourds, trop difficiles à transporter puis à entretenir, que leurs systèmes de verrouillage sont trop complexes, pour que ces filières ukrainiennes ou tchétchènes puissent mener al-Qaïda très loin.

« Peut-être une bombe sale, me dit Fahim. Peut-être peuvent-ils, à partir de ces pays, fabriquer des matières nucléaires sans vecteurs qu'ils répandront dans Kaboul le jour où nous y entrerons. Et nous prenons, bien sûr, très au sérieux cette hypothèse. Sauf que les affaires sérieuses c'est avec eux qu'ils vont les faire... »

Il me montre, du menton, la direction du Pakistan.

« Il n'y a qu'eux, les gens de l'ISI, pour leur donner, et les connaissances, et la maintenance, et la quincaillerie, nécessaires à la constitution d'un arsenal d'armes de destruction massive. »

Et il ajoute : « Nous avons toutes les données là-dessus ; nous savons que le processus est en cours... »

Plusieurs hypothèses, à partir de là.

On peut supposer que Danny en a su davantage sur ce « processus en cours ».

On peut supposer qu'il a prolongé son enquête sur le cas d'Hamid Gul et sur ses liens éventuels avec l'aile prétendument laïque et kémaliste des services.

On peut imaginer qu'il était en train de dresser la liste des officiers supérieurs de l'ISI qui, fidèles à la ligne Gul, c'est-à-dire à la doctrine de la bombe islamiste, étaient en train de donner raison à l'analyse de Mohammed Fahim et seraient prêts à fermer les yeux sur un transfert de technologie en direction de groupes terroristes.

S'apprêtait-il à donner l'emplacement exact des têtes de missiles et des vecteurs de l'arsenal d'Islamabad – et à administrer la preuve, ce faisant, que l'information était à la portée du premier terroriste venu ?

Avait-il des éléments démentant les déclarations rassurantes que ne cessait, au même moment, de faire Musharraf sur son plein contrôle de la chaîne de commandement nucléaire et sur la déconnexion des sites de stockage et de lancement ?

Avait-il vu, à Peshawar, l'une de ces valises nucléaires MK 47, « made in USA » ou « in USSR », dont m'ont parlé les représentants de plusieurs services spéciaux occidentaux – grosses cantines grises ou noires, ventrues, trapues, bourrelées comme des cantines militaires, double poignée de métal sur les côtés, une sorte de bouchon comme un bouchon d'essence, et, à l'intérieur, le vingtième ou le trentième de la charge d'Hiroshima ?

On peut imaginer aussi qu'il a ouvert, après la piste Gul et la piste Mahmoud, la piste Khan, Abdul Qader Khan, le vrai père et patron de la bombe islamiste – et on peut imaginer qu'il a, comme je l'ai fait, gratté la biographie officielle du héros pour retrouver ses autres faits d'armes, soigneusement cachés au monde extérieur et, en particulier, aux Américains : les programmes de coopération, par exemple, de 1986 à 1994, avec l'Iran des ayatollahs ; le mémorandum des services secrets irakiens, datant du 6 octobre 1990, et dont on m'a donné copie à New Delhi, où il est fait état de la proposition pakistanaise, via Khan, d'aider Saddam Hussein à construire une usine d'enrichissement de l'uranium ; on peut également imaginer qu'il est tombé sur le dossier de ses relations avec l'industrie nucléaire nord-coréenne ; je suis tombé, moi, en Inde, sur ce secret de Polichinelle que sont les échanges de bons procédés, à travers Khan, entre Pakistanais et Nord-Coréens, les uns offrant aux autres leur savoir-faire, les autres livrant aux uns leurs missiles – pourquoi Danny, là aussi, ne l'aurait-il pas fait ? pourquoi ne se serait-il pas apprêté à donner, dans le droit-fil de son article du 24 décembre, mais cette fois en première page du *Wall Street Journal*, une chronique sur les accords secrets conclus, sur ce chapitre, entre Pyongyang et Islamabad ?

S'il s'est penché sur cette biographie d'Abdul Qader Khan, s'il a, comme je le pense, fini par comprendre que le rôle de Khan était bien plus crucial que celui de Mahmoud ou de Gul, je ne peux pas ne pas le voir, alors, s'intéressant à l'étrange statut du savant après sa mise à la retraite, en 2001 : hors circuit, vraiment ? retiré des dossiers sensibles ? citoyen comme les autres, juste un peu plus fêté que d'autres – genre à se faire offrir, quand on le reconnaît, sa note dans les restaurants ou sa course dans les taxis ? ou bien, comme je le crois et comme il l'a forcément cru, lui aussi, s'il a eu le temps de pousser l'investigation, émissaire officieux, mais plus affairé que jamais, du lobby nucléaire pakistanais ? Je ne peux pas ne pas conclure, non, que la suite logique de l'enquête de Pearl le menait, par exemple, du côté du dernier voyage du savant en Corée du Nord, tout récent celui-là, postérieur à sa mise à la retraite et passé inaperçu : un Abdul Qader Khan, me dit un ministre, ne représentant plus que lui-même et allant juste faire un gentil voyage de tourisme à Pyongyang ; un Abdul Qader Khan qui, insiste un proche, y a été en mission officielle autrefois, alors voilà, il y a pris goût, il y a gardé des amis et y retourne à titre purement privé, allez-vous reprocher à un savant qui a donné sa vie à la nation d'aller prendre un peu de bon temps chez ses amis de Pyongyang ? eh bien oui, je pense que c'est très exactement le type, sinon de reproches, du moins de questions que pouvait formuler un Daniel Pearl à la veille de son enlèvement ; je fais le pari, en effet, d'un Pearl se demandant, comme moi, ou moi comme lui peu importe, quelle sorte de tourisme on fait, aujourd'hui, à Pyongyang, quel genre d'amis on y garde quand on est le recordman du monde de la fabrication de plutonium à partir de l'uranium – je fais le pari d'un enquêteur cherchant à savoir ce que peut bien avoir à dire aux Coréens du Nord, en ce moment, l'homme qui, pendant des années, a enseigné aux savants d'un pays interdit de nucléaire l'art et la manière de tourner les embargos.

Bref, je fais le pari d'un Daniel Pearl en train de rassembler les preuves de la collusion du Pakistan avec les grands Etats voyous et les réseaux terroristes de la planète.

Je forme l'hypothèse d'un article en cours d'écriture sur le double jeu d'un pouvoir pakistanais posant, d'un côté, au bon allié des Etats-Unis et se prêtant, de l'autre, à travers le plus prestigieux de ses savants, aux plus redoutables opérations de prolifération nucléaire.

Pearl, en un mot, était-il en train de briser le tabou ?

En entrant dans cet univers glauque de savants fous et de fous d'Allah, en mettant le pied dans cette nuit où services secrets et secrets nucléaires échangent et partagent leurs zones d'ombre, en travaillant sur cette matière hautement sensible et explosive, était-il en train d'enfreindre l'autre grand interdit qui pèse sur cette région du monde ?

Je le fais, moi, en tout cas.

A la suite de Danny, dans son sillage et, en quelque sorte, à sa mémoire, j'apporte cette modeste contribution à la cause de la vérité qu'il aimait plus que tout.

J'affirme que le Pakistan est le plus voyou des Etats voyous d'aujourd'hui.

J'affirme qu'est en train de se former là, entre Islamabad et Karachi, un véritable trou noir en comparaison duquel le Bagdad de Saddam Hussein était un dépotoir d'armes périmées.

Il flotte, dans ces villes, une odeur d'apocalypse ; et c'est, j'en suis convaincu, ce que Danny avait senti.

6

LES DOUCEURS DE L'ISLAM

Un an déjà.

Un an que, dans le bureau d'Ahmid Karzaï, à Kaboul, alors que nous étions occupés, avec Fahim et Qanouni, ses deux fidèles, à évoquer la mémoire du commandant Massoud, j'ai appris la mort de Daniel Pearl.

Un mot à Mariane dont j'imagine si bien, en ce jour anniversaire, la détresse, le chagrin.

Essayer, avec les amis, de relayer, dans les synagogues de France, la journée de mémoire et de prières qu'organisent Ruth et Judea, les parents-courage, à Los Angeles.

Ce livre qui s'achève, avec ses blancs, ses hypothèses, ses zones demeurées obscures.

Et puis ce dernier séjour à Karachi. Je m'étais promis de ne plus y retourner. Du moins tant que durerait ce régime. Mais c'est un message d'Abdul qui m'y a, de nouveau, décidé : « Memon... le propriétaire du terrain... la pièce manquante de ton puzzle... je crois que j'ai retrouvé Saud Memon... viens... »

Aller à la « librairie islamique » de Rawalpindi, au premier étage d'un immeuble de Murree Road, qui fait office de bureau du Al-Rashid Trust et où je dois rencontrer l'homme qui connaît l'homme qui connaît l'homme qui me mènera à Saud Memon. Le même ballet de barbus hésitant, comme d'habitude, entre l'aménité et la menace voilée. Les mêmes regards courtois mais glacés, comme pour signifier jusqu'où ne pas aller trop loin. La même assurance d'avoir raison, y compris quand on ose me dire que « le meurtrier du journaliste, quel qu'il soit, ira au paradis ». Et puis les mêmes promesses que toujours, la même façon d'entrouvrir la porte en sachant qu'on la refermera aussi vite : « oui, bien sûr... rien de plus facile... notre ami Memon n'est pas en fuite... il est à Karachi... il n'y a pas un endroit au monde où il serait plus en sécurité qu'à Karachi... surtout pas dans ces pays arabes qui collaborent avec les Américains, ces chiens ! »

Aller à Karachi, donc. Essayer cette toute dernière piste, Sorhab Road, extrême nord de la ville, sur la route de Gulzar e-Hijri, dédale de ruelles et de chemins de terre en pleine métropole, paysage de fermes vides, de ruines, de taudis en tôles ondulées et en carton, d'égouts crevés à ciel ouvert, de mares de boue sur lesquelles on a improvisé des ponts. « Qui est-ce ? demande à Abdul un réfugié afghan, silhouette squelettique, qui surgit de derrière un mur éboulé. – Rien. Un Européen. Un Musulman de Bosnie. Il est des nôtres. » Et là, dans ce paysage de fin du monde, une maison assez semblable à celle où Pearl fut détenu et où je vois un homme, allongé

sur un lit de cordes, une veste à même la peau aux man-
ches effilochées, un pot de chambre au pied du lit, l'œil
fiévreux, voix d'avant la tombe. « Je ne suis pas Saud
Memon. Je suis son oncle. Saud était là. Il va revenir.
Mais la police américaine vient d'arrêter Khalid Sheikh
Mohammed. Ils sont partout. Il a dû fuir. Laissez-moi.
Vous voyez bien, je suis malade. »

Appeler Rawalpindi, alors, pour essayer d'en savoir
plus sur cette histoire d'arrestation de Mohammed. Aux
dernières nouvelles, ce serait lui l'assassin de Pearl.
Lui, le « Yéménite » qui a tenu le couteau. Il y a même
un type – un ex-agent de la CIA, Robert Baer – qui
raconte que « c'était ça que faisait Pearl... il cherchait
Mohammed... il était sur la piste de Mohammed... alors,
Mohammed l'a mal pris... Mohammed s'est vengé...
Mohammed, avec Omar, a organisé le rapt et c'est
lui-même qui l'a tué... ». L'idée me semble absurde.
Je n'arrive pas à croire que le nº 3 de Ben Laden, le
chef des opérations d'al-Qaïda, cet intellectuel koweïtien plutôt distingué, raffiné, ait pu lui-même faire le
travail. Je regarde sa photo officielle, celle que la CIA
diffusait depuis deux ans et que chacun connaît, barbe
soignée, œil sans pitié mais intelligent, turban impeccable, et je me dis : « non, pas possible, je ne vois pas
cet homme-là exécutant lui-même la sentence ». Mais
je passe à l'autre photo, la nouvelle, celle que publient
les journaux de ce matin, où on le voit au saut du lit,
à l'instant, j'imagine, où les Rangers font irruption,
le cheveu en bataille, le poil noir sous le maillot de
corps douteux, l'œil hagard et comme poché, la bouche
torve : ce n'est plus le même Mohammed... un moment,

je me dis même qu'on est peut-être en présence d'une énième manipulation, d'une substitution de personnes... mais si c'est réellement lui, alors, oui, pourquoi pas... ce Mohammed-là a pu tuer Daniel Pearl... ne disait-on pas de Saddam Hussein qu'il se réservait le privilège de tuer de ses propres mains ceux de ses opposants qui l'avaient personnellement offensé ?

D'ailleurs, c'est toute cette affaire Mohammed qui est bizarre. Les officiels, à Islamabad, exultent. Les Pakistanais, plus que jamais, nous la jouent bons alliés, copains des Américains, antiterroristes, vertueux. Sauf que nul n'est en mesure de dire où il a été arrêté. Ni comment. Ni même quand. C'est cela le plus extraordinaire. Nul n'a l'air de savoir si c'est bien aujourd'hui que la chose s'est produite ou il y a huit jours, ou quinze, ou six mois : le n° 3 d'al-Qaïda arrêté en douce, mis au frais, au secret, « détenu mais pas chargé » à la façon de la plupart des suspects de l'affaire Pearl – et on le ressortirait maintenant, comme un diable de sa boîte, ou un opportun cadeau au grand ami américain. Quand est prévue, déjà, la séance du Conseil de sécurité sur la guerre en Irak ? Et quel sera, au juste, le vote du Pakistan ? Cette impression, une fois de plus, d'un pouvoir retors, expert en double et triple jeu, qui aurait son stock caché de terroristes et qui les lâcherait au compte-gouttes, selon les circonstances, les besoins, l'intérêt bien compris des « trois lettres », le marché...

Trois photos de Hadi, le bébé d'Omar, ce matin, dans ma boîte mail. Il a une jolie tête ronde. Des grands yeux. Un maillot blanc, marqué « Hello Kiki » en let-

tres vertes, qui découvre des bras dodus. Sur l'une des
images, il est sanglé sur son siège d'enfant. Sur l'autre,
il pleure, son petit poing essuie une larme. Sur la troisième, il rit aux anges – mais on voit derrière lui, sur le
mur, une ombre immense et très noire. Qui m'envoie
ces photos ? Comme c'est étrange.

Des nouvelles d'Omar lui-même. Dans ma boîte mail
également : même expéditeur, une adresse à Londres
où je me porte, mais pas de réponse – un site fictif qui
a disparu aussitôt. C'est une longue interview donnée,
depuis sa cellule, à un journal en urdu. Le prisonnier
d'Hyderabad revient sur la mort de Pearl. Sur ce qu'il
faisait à Kandahar, dans « la maison des amis », à la
veille du 11 septembre. Sur son aventure bosniaque. Sur
l'Inde. Il parle aussi de la guerre en Irak qui le met visiblement en fureur. Et que propose-t-il pour arrêter cette
guerre ? Quelle est l'arme absolue du « fils favori » de
Ben Laden pour décourager ce « massacre » annoncé ?
Son idée fixe. Toujours la même. Cet homme, décidément, est un maniaque. J'en rirais si ce n'était tragique.
Il propose d'enlever... les fils de Bush et de Cheney.

Cet autre homme encore, l'un de mes informa-
teurs de l'an dernier, qui m'apprend l'existence d'un
nouveau suspect, le dix-huitième, un certain Qari
Asad, émir du Lashkar i-Janghvi pour la partie est de
Karachi, qui aurait donné à la police une version différente de l'enlèvement de Danny. Pas deux voitures, une.
Pas de Bukhari sur sa moto. Et un rendez-vous secon-
daire, à mi-chemin, au « Snoopy ice-cream parlour »,
près de la mosquée de Sohrab Goth, où Pearl aurait pris
une glace avant de remonter en voiture et de partir pour

Gulzar e-Hijri. Je cherche le « Snoopy ice cream parlour ». Je ne le trouve pas.

Ai-je tant progressé que cela, quand je fais le bilan,
depuis un an ?

Y vois-je tellement plus clair qu'au tout début de
l'enquête quand les choses me semblaient simples – un
Juif américain, des extrémistes musulmans, une vidéo à
passer en boucle dans les mosquées de choc ?

Tantôt, je me dis que oui. Je m'accroche à mes conclusions, je me répète que ce n'est pas tous les jours que
l'on tombe sur un assassin qui est à la fois un haut cadre
d'al-Qaïda et un agent de l'ISI – et je songe que l'affaire Pearl est bien plus qu'une affaire Pearl et que l'on
est là, entre Washington et Islamabad, sur fond d'armes
de destruction massive devenues folles, dans l'exact œil
du cyclone.

Tantôt, au contraire, je me demande si je n'en ai
pas trop fait, si je n'ai pas été avalé par cette enquête
comme par un siphon, si je n'aurais pas dû laisser Omar
à sa banalité et son néant, si, à trop vouloir démêler
l'écheveau, à trop décortiquer, je ne me suis pas perdu
dans une poussière de faits dont je ne suis plus sûr, tout
à coup, qu'ils prennent, qu'ils fassent brique – je me
demande si je n'ai pas été victime de ma fascination
pour les auteurs de policiers, ces empileurs de notes,
démêleurs de rapports et greffiers jusqu'à l'obsession,
fouilleurs d'indices qui se chevauchent et se contre-
disent, enregistreurs infinis de témoignages infimes,
ces fous de l'envers du décor et du fond des âmes,
ces rêveurs qui se repassent inlassablement le film à
la recherche du détail ignoré, de la connexion inen-

visagée, de la perspective trop tôt abandonnée et qui fait basculer la vérité, de la concordance fortuite, du fil oublié – mais qui, à l'arrivée, voient le mystère se dérober pour ressurgir plus loin, sous un autre angle, autrement trompeur.

Pour la dernière fois, je suis devant le Marriott.

Pour la dernière fois, devant le Village Garden, la première étape du chemin de croix de Daniel Pearl, avec son enseigne en lettres rouges qui, de loin, ressemblent à des caractères chinois.

Je sais, maintenant, que je ne reviendrai plus à Karachi, jamais – je sais que j'ai peu de chances, après ce livre, d'y être encore le bienvenu ; alors je m'emplis les yeux et les oreilles de la vie de cette ville que j'ai détestée, où j'ai eu peur, où il a souvent fait gris et glauque, où j'ai croisé si peu de visages amis mais où j'ai aussi de bons souvenirs et que j'ai aussi, par moments, bien aimée.

Le visage de Jamil Yusuf, le patron du Karachi's Citizen-Police Liaison Committee, acharné dans sa quête à haut risque des assassins de Danny et des autres.

Ce journaliste et cet employé d'une ambassade dont je n'ai pas le droit de dire les noms mais qui m'ont tellement aidé et dont je sais qu'ils sont parmi les derniers des justes dans cette moderne Ninive.

La route de l'aéroport où je retrouve, cette fois, la guest house que j'avais cherchée en vain le premier jour, quand le flic aux yeux bordés de khôl avait arrêté mon taxi avant de laisser repartir le représentant des Levy Malakand.

Mon chauffeur d'aujourd'hui, bon regard, sourire jovial, le premier depuis un an à ne pas me poser la sempiternelle question « where are you from, what is your religion ».

Et puis cette mosquée où il me demande la permission de faire halte : « c'est l'heure de la quatrième prière... vous voulez bien que je m'arrête ? vous pouvez venir, d'ailleurs... deux minutes... you are mostly welcome... de toute façon, vous êtes en avance... »

C'est une petite salle de prières. Une humble mosquée de quartier. Mais les hommes n'y sont pas agressifs. Le premier moment de surprise passé, ils me tendent un coussin et me font signe de m'asseoir, tandis qu'ils prient, contre le mur. Et c'est la première fois, là encore, que j'entre dans une enceinte religieuse, à Karachi, sans y sentir le vent de l'imprécation, de la haine.

Je pense, en reprenant ma route, à cet autre visage de l'islam, fait de tolérance et de modération, que défigurent les fous de Dieu ou plutôt du Diable.

Je pense à cet islam familier, pétri de vie et de piété, amical envers le prochain, consolateur avec les humbles, tolérant pour les faiblesses des hommes, que souille le gang des « combattants de la vraie foi ».

Je me souviens de mes amis de Bosnie et de ceux du Panshir : Izetbegovic et son islam citoyen ; Massoud sur une montagne, au-dessus de la plaine de Chamali, priant son Dieu face au plus beau décor du monde.

Je me souviens de mes amis bangladais qui, déjà, il y a trente ans, mettaient en garde contre les Torquemada qu'ils voyaient se lever dans leurs rangs : ils sont une insulte, disaient-ils, au Dieu de connaissance, de sagesse et de miséricorde qu'est le Dieu des musulmans.

Je revois les dômes bleus de la mosquée de Mazar e-Sharif, les ogives en arabesques de Boukhara et leur douceur colombine, les dentelles de marbre des tombeaux saadiens qu'aurait admirés Michel-Ange – j'entends le murmure de l'eau dans la rigole d'une oasis à Ghardaïa et les extases savantes de Sohravardi dont la beauté ne le cède en rien aux plus grandes pages d'Isaac Luria ou de Pascal.

Il y a cette autre face de l'islam.

Il y a cette douceur de l'islam à laquelle, envers et contre tout, jusqu'à la dernière minute, a voulu croire Daniel Pearl et à laquelle je crois aussi.

Qui l'emportera, des fils de Massoud ou des assassins de Pearl ?

Qui aura raison de l'autre : les héritiers de ce très ancien commerce des hommes et des cultures qui va d'Avicenne à Mahfouz en passant par les sages de Cordoue – ou les furieux des camps de Peshawar qui appellent au jihad et, le ventre bardé d'explosifs, aspirent à mourir en martyrs ?

C'est la grande affaire du siècle qui commence.

C'était, je crois, la grande affaire de Pearl lorsqu'il s'emportait contre tous les doctrinaires d'une guerre des civilisations qui ne nous promet que le pire.

C'était le vrai sujet de ce livre – hommage à mon ami posthume et appel au partage des lumières.

Table

Du même auteur :

Essais

BANGLA-DESH : NATIONALISME DANS LA RÉVOLUTION, Maspero, 1973. Réédité au Livre de Poche sous le titre : LES INDES ROUGES, 1985.

LA BARBARIE À VISAGE HUMAIN, Grasset, 1977.

LE TESTAMENT DE DIEU, Grasset, 1979.

L'IDÉOLOGIE FRANÇAISE, Grasset, 1981.

IMPRESSIONS D'ASIE, Le Chêne-Grasset, 1985.

ÉLOGE DES INTELLECTUELS, Grasset, 1987.

LES AVENTURES DE LA LIBERTÉ, UNE HISTOIRE SUBJECTIVE DES INTELLECTUELS, Grasset, 1991.

LES HOMMES ET LES FEMMES *(avec Françoise Giroud)*, Orban, 1993.

LA PURETÉ DANGEREUSE, Grasset, 1994.

LE SIÈCLE DE SARTRE, Grasset, 2000.

RÉFLEXIONS SUR LA GUERRE, LE MAL ET LA FIN DE L'HISTOIRE, précédé des DAMNÉS DE LA GUERRE, Grasset, 2001.

RAPPORT AU PRÉSIDENT DE LA RÉPUBLIQUE ET AU PREMIER MINISTRE SUR LA PARTICIPATION DE LA FRANCE À LA RECONSTRUCTION DE L'AFGHANISTAN, Grasset/La Documentation française, 2002.

Romans

LE DIABLE EN TÊTE, Grasset, 1984.

LES DERNIERS JOURS DE CHARLES BAUDELAIRE, Grasset, 1988.

Théâtre

LE JUGEMENT DERNIER, Grasset, 1992.

Beaux-Arts

FRANK STELLA, La Différence, 1989.
CÉSAR, La Différence, 1990.
PIERO DELLA FRANCESCA, La Différence, 1992.
PIET MONDRIAN, La Différence, 1992.

Questions de principe

QUESTIONS DE PRINCIPE I, Denoël, 1983.
QUESTIONS DE PRINCIPE II, Le Livre de Poche, 1986.
QUESTIONS DE PRINCIPE III, *La suite dans les idées*, Le Livre de Poche, 1990.
QUESTIONS DE PRINCIPE IV, *Idées fixes*, Le Livre de Poche, 1992.
QUESTIONS DE PRINCIPE V, *Bloc-notes*, Le Livre de Poche, 1995.
QUESTIONS DE PRINCIPE VI, *Avec Salman Rushdie,* Le Livre de Poche, 1998.
QUESTIONS DE PRINCIPE VII, *Mémoire vive,* Le Livre de Poche, 2001.
QUESTIONS DE PRINCIPE VIII, *Jours de colère,* Le Livre de Poche, 2004.
QUESTIONS DE PRINCIPE IX, *Récidives,* Grasset, 2004.

Chroniques

LE LYS ET LA CENDRE, Grasset, 1996.
COMÉDIE, Grasset, 1997.

Composition réalisée par Softwin.

Imprimé en France sur Presse Offset par

BRODARD & TAUPIN

GROUPE CPI

La Flèche (Sarthe).
N° d'imprimeur : 30127 – Dépôt légal Éditeur : 59256-06/2005
Édition 1
LIBRAIRIE GÉNÉRALE FRANÇAISE – 31, rue de Fleurus – 75278 Paris cedex 06.
ISBN : 2 - 253 - 11357 - 3